HEIDELBERG
Jahrbuch zur Geschichte der Stadt 2005/06

Jahrgang 10

Herausgegeben vom
Heidelberger Geschichtsverein

Redaktion:
Jochen Goetze, Ingrid Moraw,
Petra Nellen, Reinhard Riese;

für den Vorstand:
Hans-Martin Mumm und Norbert Giovannini

Kurpfälzischer Verlag

Die Deutsche Bibliothek – CIP-Einheitsaufnahme
Heidelberg: Jahrbuch zur Geschichte der Stadt / hrsg. vom
Heidelberger Geschichtsverein. – Heidelberg: Kurpfälzischer Verl.
Erscheint jährl. – Aufnahme nach Jg. 1.1996
Jg. 1.1996-

2005
© Copyright bei den Autoren

Bestellungen über den Herausgeber:
Heidelberger Geschichtsverein e.V.
c/o Hans Martin Mumm
Kaiserstraße 10
69115 Heidelberg

Kurpfälzischer Verlag Dr. Hermann Lehmann – Heidelberg
Gestaltung und Herstellung: Ulrike Meutzner
Druck: Neumann Druck, Heidelberg

ISBN 3-924566-25-9
ISSN 1432-6116

Inhaltsverzeichnis

7 **Vorwort**

I. Aufsätze zur Stadtgeschichte

9 **Sascha Köhl**
Der Heidelberger Hof zur Zeit Friedrichs des Siegreichen

39 **Ewald Keßler**
Die Habilitation Alexander Haindorfs 1811 und die Frage der Judenemanzipation an der Medizinischen Fakultät der Universität Heidelberg

61 **Rudolf Walter**
Zur Musikpflege in der Pfarrkirche Heiliggeist im 20. Jahrhundert

105 **Norbert Giovannini**
Die Ausweisungen und Deportationen der jüdischen Einwohner Heidelbergs 1937–1945

143 **Michael Buselmeier**
Richard Benz und die Verteidigung der Tradition
Dankrede anlässlich der Verleihung der Richard-Benz-Medaille am 13. November 2003

II. Baugeschichte und Topografie

151 **Hans-Martin Mumm**
Der Ritter am ,Ritter' und seine Frau. Ein neuer Blick auf eine berühmte Fassade

III. Miszellen

181 **Friedrich Karl Azzola, Karl Pauligk**
Das historische Handwerkszeichen der Heidelberger Weißgerberfamilie Hettebach im Kurpfälzischen Museum. 1719 / 1749

187 **Peter Koppenhöfer**
Eine Kutschfahrt durch Heidelberg 1824. Der vergessene Autor J. G. Rieger und Heidelberg

197 **Hans Schmiedel**
Ein Kolonialdenkmal in Heidelberg

205 **Claudia-Anja Kaune**
Willy Hugo Hellpach (1877–1955)
Liberaler Kultusminister in Baden in der Weimarer Republik

233 **Hans-Martin Mumm**
Max Karl Prinz zu Hohenlohe-Langenburg. Zur Biografie eines der Opfer der nationalsozialistischen Justiz auf dem Heidelberger Bergfriedhof

IV. Bericht

239 **Renate Ludwig, Einhard Kemmet**
Funde und Ausgrabungen in und um Heidelberg 2003–2004

V. Rezensionen

245 **Stefan Weber** Das Leben des Eberhard von Kumbd. Heidelbergs Anfänge und weibliche Frömmigkeit am Mittelrhein (Reinhard Riese)
246 **Werner Moritz (Hg.)** Die Gründungsurkunde der Universität Heidelberg (Jochen Goetze)
247 **Theodor Strohm (Hg.)** Almosenordnung des Kurfürsten Friedrich III. für die Pfalz einschließlich der Bestimmungen für die Stadt Heidelberg (Hans-Martin Mumm)
248 **Annette Frese, Frieder Hepp, Renate Ludwig (Hgg.)** Der Winterkönig. Heidelberg zwischen höfischer Pracht und Dreißigjährigem Krieg. (Jochen Goetze)
249 **Peter Bilhöfer:** Nicht gegen Ehre und Gewissen. Friedrich V., Kurfürst von der Pfalz – der Winterkönig von Böhmen (Jochen Goetze)
250 **July Sjöberg** Das große Faß zu Heidelberg. Ein unbekanntes Kapitel kurpfälzischer Kunstgeschichte (Hansjoachim Räther)
251 **Frieder Hepp, Ulrike Pecht, Armin Schlechter (Hg.)** „Und dir schenken ein kunstlos Lied". Dichter auf der Durchreise (Oliver Fink)
252 **Benno K. M. Lehmann, Doris Meyer zu Schwabedissen (Bearb.)** Heidelberg – Karlsruhe. Zentren der Kunst im 19. Jahrhundert (Hans-Martin Mumm)
253 **Carsten Juwig, Reinhard Düchting** Heidelberger Köpfe. Die Professorenporträts von Dénes v. Szebeny (Hans-Martin Mumm)
254 **Volker von Offenberg** Prost Heidelberg! Die Geschichte der Heidelberger Brauereien und Bierlokale (Norbert Giovannini)
256 **Peter Drings, Jörg Thierfelder u. a. (Hgg.)** Albert Fraenkel. Ein Arztleben in Licht und Schatten. 1864–1938 (Ingrid Moraw)
259 **Werner Schreiner (Bearb.)** … an einem Strang. Eisenbahngeschichte im Rhein-Neckar-Dreieck; **Josef Kaiser** 50 Jahre Heidelberger Hauptbahnhof. Von den Anfängen bis zum modernsten Bahnhof Deutschlands (Hans-Martin Mumm)
260 **Gerhard Nebel** „Alles Gefühl ist leiblich". Ein Stück Autobiographie (Reinhard Düchting)

263 Neue Veröffentlichungen zur Stadtgeschichte
273 Verzeichnis der Autorinnen und Autoren

Vorwort

Zehn Jahre HJG sind ein Ereignis, das zu einem Moment des Innehaltens einlädt. Schon der Umstand, dass das Kürzel HJG für „Heidelberg. Jahrbuch zur Geschichte der Stadt", ein nicht völlig logischer, aber doch inspiriert gewählter Titel, noch lange nicht den Bekanntheitsgrad des Kürzels „ZGO" oder „Neues Archiv" erreicht hat, sagt uns, wo wir stehen. Die „Zeitschrift für die Geschichte des Oberrheins", erschienen seit 1850, ist ohnehin unerreichbar. Immerhin haben wir das „Archiv" von 1868–70, die kurzlebigen „Heidelberger Geschichtsblätter" von 1913/14 und die Kurpfälzischen Jahrbücher 1925–30 getoppt und sind in etwa mit den „Mitteilungen zur Geschichte des Heidelberger Schlosses" gleichgezogen. Noch lange nicht erreicht haben wir das „Neue Archiv" 1890–1936 und die „Ruperto Carola", die über 20 Jahre, wenn auch im Nebenauftrag, Beiträge zur Heidelberger Stadtgeschichte veröffentlicht hat. Qualitative Vergleiche zu bemühen, liegt uns fern; denn jede stadtgeschichtlich interessierte Generation hat andere Fragestellungen und andere Maßstäbe.

Im Vorwort zur ersten Ausgabe hatten wir 1996 geschrieben, das Jahrbuch soll „in breiter Streuung möglichst alle Epochen und Sachgebiete berühren. Dieser Anspruch ist hoch und keineswegs schnell einzulösen. Unvermeidlich bleiben Lücken, die sich auch im Turnus vieler Jahre nur annähernd werden schließen lassen. Aber gerade dazu dient die Regelmäßigkeit eines Jahrbuchs." Und vor drei Jahren waren wir stolz darauf, mit dem Jahrbuch ein „kleines ortsgeschichtliches Kompendium" zu haben, das „die wichtigsten Epochen abdeckt".

Der Inhalt des zehnten Jahrgangs orientiert sich wiederum an diesen Zielen. Renate Ludwig und Einhard Kemmet berichten über die archäologischen Grabungen und Funde von 2003/04. Vom Mittelalter handelt der Beitrag von Sascha Köhl über die bedeutende Herrschergestalt Friedrichs des Siegreichen. Ewald Keßler wertet die reichhaltigen Bestände des Universitätsmuseums zur Frage der Judenemanzipation am Beispiel der Habilitaion von Alexander Haindorf aus. Rudolf Walter führt die Geschichte der Kirchenmusik an katholisch Heiliggeist bis zur Gegenwart fort und schließt seine dreiteilige Arbeit damit ab. Michael Buselmeier verteidigt in seiner Dankrede zur Verleihung der Richard-Benz-Medaille die Tradition und würdigt den Namensgeber dieser Ehrung.

Der Geschichte des 20. Jahrhunderts galt immer unser besonderes Augenmerk. Claudia-Anja Kaune stellt mit Willy Hellpach einen liberalen Gelehrten und Politiker der 20er Jahre vor. Norbert Giovannini führt die Forschungen zum Ablauf und Umfang der Deportationen Heidelberger Juden in den Jahren 1937–1945 weiter und gibt Einblick in die Vorarbeiten zu dem großen Projekt einer bearbeiteten Neuauflage des Gedenkbuchs von 1983. Hans-Martin Mumm ergänzt die Nachrichten über Max Karl Prinz zu Hohenlohe-Langenburg, dessen Name auf der Gedenktafel an die Opfer der nationalsozialistischen Justiz auf dem Bergfriedhof steht.

Zwei weitere Beiträge handeln vom Wirtschaftsbürgertum: Hans-Martin Mumm unterzieht die Literatur zur berühmten Ritterfassade einer kritischen Revision; Friedrich Karl Azzola und Karl Pauligk stellen anhand eines Haussteins von 1749 das Handwerk der Weißgerberei vor. Peter Koppenhöfer hat den Autor J. G. Rieger und Hans Schmiedel einen vergessenen Gedenkstein im Stadtwald entdeckt. Entdeckungen zu machen sind auch im Abschnitt „Neue Veröffentlichungen zur Stadtgeschichte": Fast 20 besprochene Veröffentlichungen und zehn Seiten mit Neuerscheinungen sollen helfen, den Überblick zu bewahren.

Zehn Jahre Beständigkeit waren nur möglich, weil die Mitglieder des Heidelberger Geschichtsvereins dem Jahrbuch die Treue gehalten und seine Herausgabe möglich gemacht haben. Den Autorinnen und Autoren, der Redaktion, dem Verlag, den Anzeigenkunden, dem Buchhandel und allen, die am Erfolg mitgewirkt haben, gilt ebenso unser Dank. Den Leserinnen und Lesern wünschen fortgesetzte Erkenntnisse und fortgesetztes Vergnügen.

Heidelberg, im August 2005
Für den Vorstand des Heidelberger Geschichtsvereins
Hans-Martin Mumm
Norbert Giovannini

Sascha Köhl

Der Heidelberger Hof zur Zeit Friedrichs des Siegreichen

1. Einleitung

Einer Arbeit über den mittelalterlichen Hof stellt sich zunächst das Problem einer Definition dieses zentralen, aber schon für die mittelalterlichen Zeitgenossen kaum fassbaren Phänomens.[1] Die vorliegende Arbeit folgt weitgehend dem Ansatz Peter Moraws, der den Hof als „das Medium, durch welches der Herrscher seine Existenz verwirklicht"[2] bezeichnet. Den Hof bildete demnach diejenige Menschengruppe, die, sei es materiell oder politisch, für die Aufrechterhaltung und Sicherung der fürstlichen Herrschaft zu sorgen hatte. Der Wächter gehörte ihm grundsätzlich genauso an wie der Küchenmeister, der Notar oder auch der adlige Rat.

Der mittelalterliche Hof stellte sich als ein soziales, d.h. auch sozial strukturiertes Gebilde dar, in dessen Zentrum der Fürst stand. Aus diesem Grund wird zunächst auch nur vom pfalzgräflichen Hof und erst für die Zeit Friedrichs I. – und hier auch noch mit

Abb. 1:
Ausschnitt aus: Anthony Corthoys d. Ä.: Gedächtnus der Churfürsten vnd Pfalnzgraven bey Rheyn, Holzschnitt Heidelberg 1559. Nürnberg, Germ. Nationalmuseum

Vorsicht – vom Heidelberger Hof die Rede sein. Der Hof war das Medium des Fürsten, die herausgehobenen Schichten seines Herrschaftsbereichs in vielfältigster Weise an seine Person zu binden und somit in den unsteten gesellschaftlichen Bedingungen feste politische Strukturen zu schaffen. Diese ‚Strukturen' dürfen keineswegs modern ‚beamtenstaatlich' verstanden werden, sondern als ein schwer fassbares personelles Gefüge, in dem sich jeder, der Fürst an der Spitze, an seiner ihm zugemessenen Position wiederfand. Derart wurde eine stabile Ordnung zu errichten versucht, soweit eine solche in einer aristokratischen, in ständiger Prestigemehrung wurzelnden und weitgehend ohne Schrift funktionierenden Gesellschaft möglich erscheint.

Die höfische Bindung eines Adligen an den Kurfürsten musste keineswegs dauerhafte räumliche Nähe bedeuten. Vielmehr existierte neben dem täglichen engeren Hofgesinde eine Gruppe weiterer, in der Regel adliger Personen, die sich als ‚familiares' des Fürsten, d.h. als Angehörige seines Hofes und als solche mit dem Fürsten in besonderer Weise verbunden verstanden. Es konnte sich hierbei durchaus um hochadlige Herren mit eigenen größeren Besitzungen – wie in der Pfalz etwa die Grafen von Leiningen oder Katzenelnbogen – handeln. Wer zum Hof eines Fürsten genau zu zählen sei, ließ sich demnach nur schwer abgrenzen.

Andererseits war der Hof ein gesellschaftlicher Anziehungspunkt, der soziale Aufstiegschancen versprach. Auch in der Ära Friedrichs des Siegreichen galt die Nähe zum Fürsten, sei sie im sozialen Rang (Bischöfe, Hochadel) oder im engen persönlichen Kontakt (tägliche Räte, etc.) begründet, als herausragendes Kriterium gesellschaftlichen Ansehens.

Mit den Worten Peter Moraws ließe sich zusammenfassen, dass man den Hof das „Handlungszentrum oder gar Legitimationszentrum des älteren Gemeinwesens nennen kann, woraufhin alle jene Stränge zulaufen, die spätmittelalterliches ‚staatliches' Verfasstsein ausmachen."[3]

Dem Fürsten stellte sich hierbei die Aufgabe, die abstrakte soziale Ordnung des Hofes mithilfe unterschiedlicher repräsentativer Mittel seinen Zeitgenossen zu veranschaulichen. Höfische Festzeremonien und die in diesem Rahmen eingesetzten Formen künstlerischen Schaffens eigneten sich hierfür in besonderer Weise. Welch hohen Wert auch Friedrich I. der höfischen Repräsentation beimaß, mag hier beispielhaft vorab eine Nachricht der sog. Speyrer Chronik verdeutlichen. Sie handelt über das Hoffest zu Weihnachten des Jahres 1458, das Friedrich offensichtlich mit größter Prachtentfaltung vor einem umfangreichen und hochrangigen Publikum zelebrierte. Doch erst vor dem Hintergrund der politischen Situation und in Konkurrenz zu einer ähnlich herausragenden Veranstaltung des Mainzer Erzbischofs in Aschaffenburg lässt sich die hohe Bedeutung einer solchen Festlichkeit nachvollziehen und erahnen, welchen Eindruck diese sowohl auf die anwesenden Gäste und Verbündeten als auch die abwesenden Opponenten gemacht haben muss.

> „Item der pfaltzgraff hertzog Friderich hielt sin hoff zu Heidelberg also kostlich, alz in hundert jaren ye kein pfaltzgraff gedan hette. Er hette by ime hertzog Ludwig von Lanßhut, herre zu Nider- und Ober-Beyern, item hertzog Otten, item hertzog Friderichen, hertzog Ruprechten, hertzog Philipsen, alle fier hertzogen von Beiern und pfaltzgraffen by Rine, item den bischoff von Wormß, item den bischoff von Spier, item den graffen von Katzenelnbogen, item Hennenburg, und hette wol 21 graffen und me by ime, und er spiste wol 20 hundert menschen von rittern und knechten und alle die zu dische sassen, die hetten kein andern geschirre dan ydel silbern, da man uß drang und aß (…) und waz kostlicher essen da waz, daz ist unglaublich."[4]

2. Der pfalzgräfliche Hof von 1329 bis in die Zeit Friedrichs des Siegreichen

Die im Vertrag von Pavia 1329 festgelegte Landesteilung der Wittelsbacher gilt als ein in vielerlei Hinsicht einschneidendes Ereignis der pfälzischen Geschichte. Die neu gewonnene Selbständigkeit der Pfalzgrafschaft bei Rhein sollte sich freilich auch auf die

Entwicklung des pfalzgräflichen Hauses auswirken. Das Jahr 1329 eignet sich deshalb in besonderem Maße als Ausgangspunkt einer Darstellung desselben.

Dem Pfalzgrafen Ruprecht I. (1329 bis 1390) war eine außergewöhnlich lange und erfolgreiche Herrschaftszeit beschieden. Mit seiner Regentschaft, die er bis 1353 gemeinsam mit seinem älteren, politisch jedoch zurückhaltenderen Bruder Rudolf II.[5] ausübte, sind u.a. die Sicherung bzw. der Ausbau der reichsrechtlichen Stellung der Pfalzgrafschaft in der Goldenen Bulle, der beträchtliche territoriale Zuwachs, etwa durch Reichspfandschaften, und nicht zuletzt die Gründung der Heidelberger Universität verbunden. Weiterhin schuf erst die u.a. von Ruprecht 1329 seinem Onkel, Kaiser Ludwig, abgerungene Selbständigkeit der Pfalzgrafschaft die Grundlagen zur Entstehung eines eigenständigen pfälzischen Hofes. Dessen Strukturen konnten sich infolge der gleichermaßen dauerhaften wie stabilen Herrschaft Ruprechts festigen und in ihren wesentlichen Zügen bis in die Zeit Friedrichs des Siegreichen wirksam bleiben.

2.1. Die Struktur des Hofes:
Weiterer und engerer Hof, Hofämter und Hofrat

Im 13. Jh. regierten die Wittelsbacher Pfalzgrafen noch gemeinschaftlich über ihre bayerischen und pfalzgräflichen Gebietschaften, wobei Bayern den eindeutigen Herrschaftsmittelpunkt bildete. Dennoch wurden auch in dieser Epoche rein pfalzgräfliche Hofämter in Form der ‚klassischen' Erbhofämter vergeben, womit die Wittelsbacher in Entsprechung zur Situation auf Reichsebene ihre gehobenen pfälzischen Gefolgsleute an sich zu binden suchten. Es existierte demnach im 13. Jh. durchaus die Vorstellung eines eigenständigen pfälzischen Hofes als der Gemeinschaft des pfälzischen (z.B. lehnsgebundenen) Adels. Die Loyalität dieser Personengruppe dürfte als eine Voraussetzung für die stabile Herrschaft der zumeist abwesenden Pfalzgrafen in den rheinischen Gebieten zu werten sein.

So bekleideten spätestens 1283 die Wild- und Rheingrafen das Hofamt des Marschalls, die Herren von Erbach „vermutlich bereits in der ersten Hälfte des 13. Jahrhunderts" das Amt des Schenken,[6] und die „Truchsessen zu Alzey" übernahmen das bei ihnen schon 1190 nachweisbare Hofamt ebenso wie die Schenken als festen Bestandteil in ihren Titel.[7] Diese Form des erblichen Hofamtes war noch in der Herrschaftszeit Ruprechts I. ‚lebendig', wie urkundliche Erwähnungen und insbesondere die 1360 erfolgte Übertragung des ledig gewordenen Truchsessenamtes an die Herren von Scharfeneck nahe legen.[8] Ein solches Amt verpflichtete auch im 14. Jh. weder zum alltäglichen Dienst noch zum ständigen Aufenthalt in der Nähe des Pfalzgrafen. Man wird es vielleicht, entsprechend den Erzämtern des Reiches (es sei allein auf den ‚Pfälzischen Truchsessen' verwiesen), als einen Ehrentitel und eine Form ‚freundschaftlicher' Bindung des Amtsinhabers an die Pfalzgrafen und ihren Hof verstehen dürfen. In welchen konkreten Tätigkeiten sich eine solche Bindung äußerte, etwa im Zuge repräsentativer Akte (in Analogie zu den Reichserzämtern), lässt sich allerdings nicht mehr rekonstruieren.[9]

Grundsätzlich dürfte die Existenz und anhaltende Bedeutung der Erbhofämter im 14. Jh. als Hinweis darauf zu werten sein, dass der „Hof" weiterhin nicht als eine geografisch zentrale Institution, sondern primär als ein auf seinen Herren hin zentriertes soziales Gefüge gedacht wurde.[10] Die Belehnung mit dem Erbhofamt, die formale Aufnahme ins „Hofgesinde"[11] und engere Bindung an den Pfalzgrafen, hatte demnach eine Hervorhebung der Stellung des betreffenden Adelsgeschlechtes innerhalb dieser sozialen Hierarchie zur Folge. „Für die Verwaltung des pfälzischen Territoriums" wiederum scheinen diese Ämter „keinerlei Bedeutung" besessen zu haben.[12] Doch inwiefern lässt sich eine solche Bedeutung für die ständig in der Umgebung des Pfalzgrafen fungierenden Hofamtsinhaber konstatieren? War „territoriale Verwaltung" vorrangige Aufgabe und Zweck des mittelalterlichen Hofes bzw. wie sah eine solche ‚Verwaltungsarbeit' aus?[13]

Neben den nicht in die alltägliche Herrschaftspraxis eingebundenen Erbhofämtern etablierten sich innerhalb der ‚engeren', täglichen Hofhaltung des Pfalzgrafen im 14. Jh. eine Reihe teils gleich lautender, teils neuartiger Ämter. Eine hervorragende Stellung unter ihnen nahm der Marschall ein, dem grundsätzlich die Versorgung der Pferde und die Gewährleistung der Mobilität des Hofes oblag. Darüber hinaus kam ihm eine besondere Bedeutung im Bereich des Militärwesens zu.[14] Der Kammermeister, in dem ‚klassischen' Hofamt des Kämmerers wurzelnd, war traditionell im weitesten Sinne für den fürstlichen (Finanz-)Haushalt zuständig.[15] Ferner ist der Oberste Schreiber oder Protonotar zu den wichtigen Hofämtern zu zählen. Dieser war mit der Leitung der fürstlichen Kanzlei beauftragt und musste sich in dieser Position offenbar erst im Laufe des 15. Jh. dem Kanzler unterordnen (erste Erwähnung auf pfalzgräflicher Ebene 1433)[16], dessen Amt insbesondere während der Regentschaft Friedrichs über die Führung der Schreibstube hinaus in gänzlich neue Aufgabenbereiche und in eine neue Stellung innerhalb der höfischen Hierarchie hineinwuchs. Über seinen Aufstieg seit der Mitte des 15. Jh. wird im folgenden Kapitel zu handeln sein. Als ranghöchster, d.h. dem übrigen Hofgesinde prinzipiell übergeordneter Amtsträger am Hofe fungierte jedoch der Hofmeister. Seine Aufgabe umfasste ursprünglich die „Organisation und Beaufsichtigung der Hofhaltung"[17], er galt als oberster Richter der Pfalzgrafschaft nach dem Fürsten und genoss eine besondere Autorität innerhalb der Hofgemeinschaft und den pfalzgräflichen Ratsversammlungen.[18] Spätestens gegen Ende des 14. Jh. wurde dem Hofmeister ein Haushofmeister beigesellt, der ihn in den Bereichen der eigentlichen Haushaltung und des Wirtschaftens entlastete und ihm mehr Raum für ‚eigentlich politische' Aktivitäten verschaffte (Erste Nennung eines Haushofmeisters 1397).[19] Neben den genannten existierte freilich eine Reihe weiterer Hofämter, deren Bedeutung für das Funktionieren der täglichen Hofhaltung und der Versorgung der fürstlichen Umgebung von nicht zu unterschätzender Bedeutung war, so etwa der Küchenmeister. Solche Ämter der Hauswirtschaft bekleideten in aller Regel Personen bürgerlicher Herkunft; die damit verbundenen Arbeiten galten dem Adel kaum als standesgemäß.[20] Diese Form der Hofämter soll an dieser Stelle nur deshalb vernachlässigt werden, weil diese Arbeit keine Darstellung der Gesamtstruktur des Hofes zum Ziel hat, sondern ihren Fokus auf die Herrschaftsausübung richtet, die prinzipiell dem Pfalzgrafen und den adligen Angehörigen des Hofes oblag.[21] Wenngleich im 14./15. Jh. vermehrt auch Bürgerliche in die Herrschaftspraxis eingebunden wurden und sie auf diesem Wege immer weiter gehende Kompetenzen an sich zu ziehen vermochten, so handelte es sich hierbei doch primär um Personen gelehrter Bildung und nicht der praktischen Arbeitswelt.

Schwieriger wohl als im Falle des Küchenmeisters gestaltet sich indessen die Aufgabe, Funktion und tägliche Praxis eines dem Adel vorbehaltenen höheren Hofamtes zu konkretisieren. Es besteht hierbei die Gefahr, das mittelalterliche Hofamt nach Art eines neuzeitlichen, in Ressorts spezialisierten und dem Staat verpflichteten Ministerpostens zu behandeln. Das gehobene Hofamt unterscheidet sich hiervon jedoch grundlegend. Insbesondere die den Ämtern traditionell zugeordneten Aufgaben und Zuständigkeitsbereiche dürften keinesfalls zu eng gefasst werden. So würde eine Darstellung des Hofamtes in der Weise, dass sich dessen Wirkungsmöglichkeiten innerhalb der Grenzen eines Ressorts erschöpften, wohl weder dem vorrangig nach sozialer Qualität und erst in zweiter Linie nach Spezialisierung und Kompetenz strukturierten adligen Hofgesinde[22] noch dem grundsätzlichen Selbstverständnis des mittelalterlichen Adligen als ‚Generalisten' gerecht werden.[23]

Eine weitere Besonderheit des Hofamtes ergibt sich, versucht man, sein grundsätzliches Verhältnis zum Herrscher und seine Einbindung in die Herrschaftspraxis näher zu bestimmen. Im Rahmen des herrschaftlichen Mediums des Hofes, der sich als ein um den Herren gruppiertes und auf ihn hin orientiertes soziales Gebilde konstituierte, als ein Netzwerk persönlicher Beziehungen, aus welchem erst allmählich fest etablierte Institutionen und Ämterstrukturen mit konkreten Amtsbefugnissen hervorgehen sollten, verstand sich das traditionelle Hofamt auch im 14./15. Jh. noch als ein funktional eher weit gefasster, persönlich jedoch eng verbundener Dienst am Herren.[24] Die Amtsverpflichtung beinhaltete eine persönliche Treuebindung zum Herren, die nach dessen Tode erlosch;[25] um im Amte zu verbleiben, musste man erneut ein Treuebündnis mit dem nachfolgenden Herren eingehen. Demzufolge zerbrach man in den höfischen Kanzleien anlässlich des Todes des Herrschers die Siegel, so dass alle Amtstätigkeit endete.[26] Vor diesem Hintergrund und in Anbetracht der sich im Laufe des 14. und 15. Jh. erst langsam herausbildenden und konsolidierenden ‚Territorien' (gemäß heutigem Verständnis) wird man – mit aller gebotenen Vorsicht – ‚territoriale Verwaltung' allenfalls in ihrer jeweiligen zeitspezifischen Ausprägung und ‚rationale Verwaltung' lediglich als zukunftsträchtiges Nebenprodukt dem Tätigkeitsfeld des spätmittelalterlichen Hofamtsinhabers zurechnen dürfen. Eine Erfassung des Landes durch Elemente der Verwaltung ist tendenziell zunächst auf der lokalen und später erst auf der höfischen Ebene zu beobachten (z. B. auf Amtsebene bei den meist bürgerlichen Landschreibern).[27] Die Charakteristika des mittelalterlichen, adlig besetzten Hofamtes lassen sich indes recht gut am Beispiel des pfalzgräflichen Kammermeisters des 14./15. Jh. nachvollziehen.

„In keinem der bekannten Fälle trat der Kammermeister in einer Funktion in Erscheinung, die dem Bereich der Finanzverwaltung oder überhaupt dem Finanzwesen im weitesten Sinne zugehörig war."[28] Diese Feststellung trifft Johann Kolb nach Aufarbeitung des Quellenmaterials bezüglich der pfälzischen Kammermeister des 14. Jahrhundert. Man wird diesen Umstand wohl als Hinweis darauf werten dürfen, dass man von den traditionellen, seit dem Hochmittelalter mit dem Kämmereramt verbundenen Funktionen nur bedingt auf dessen tatsächliches Wirken am Hofe schließen kann. Eine ‚Zentralkasse' etwa, über die der Kammermeister hätte verfügen können, existierte (noch) nicht. Die Verwaltung der Geld- und Naturaleinkünfte war weitgehend Angelegenheit der kleineren ‚Einheiten' der pfalzgräflichen Herrschaft, z. B. der Ämter.

Wie bereits erwähnt, dürfte es den sozialen Prinzipien des Spätmittelalters entsprochen haben,[29] dass eine Buch führende ‚Finanzverwaltung' gemäß heutigem Verständnis und in ihren frühesten Anfängen in den Bereich der lokalen bürgerlichen Landschreiber fiel und keinen Bestandteil der täglichen Arbeit des adligen Kammermeisters am Hofe darstellte. Ferner ließe sich eine 1371 ausgestellte Urkunde als weiteres Indiz dafür anführen, dass das Amt des Kammermeisters im 14. Jh. nicht etwa auf einen pfälzischen Staat, sondern allein auf den pfalzgräflichen Herren bezogen und ihm verpflichtet war: So besaß diesem Dokument zufolge neben Kurfürst Ruprecht I. offensichtlich auch sein Neffe, Pfalzgraf Ruprecht II., einen persönlichen „camermeyster", Johann von der Hauben.[30] Kolb zieht bezüglich des Kammermeisters zu jener Zeit den Schluss, dass dieser, wohl in ganz allgemeiner und beratender Funktion, „dem Fürsten für dessen persönliche Bedürfnisse in Fragen der Finanzen und sonstiger Wertgegenstände zur Verfügung stand".[31]

Hiermit dürfte Kolb einen wichtigen Aspekt des Wirkens des Kammermeisters am Hofe erfasst haben. Doch verpflichtete und autorisierte das verliehene Amt darüber hinaus zu vielfältigen, z.T. weit grundlegenderen Aufgaben im herrschaftlichen Dienst. Deshalb könnte man Kolb, der befindet, dass der Kammermeister die ihm urkundlich nachweisbaren Funktionen als Schiedsmann und als Bürge fürstlicher Geldschulden „unabhängig von seinem Amt" wahrnahm,[32] entgegenhalten, dass gerade das Amt sowie das hohe gesellschaftliche Ansehen, das ihm dadurch zuteil wurde, den Kammermeister für derartige Funktionen qualifizierte. Sie stellten wohl einen nicht unbeträchtlichen Bestandteil des vom Kammermeister zu leistenden ‚Herrendienstes' dar. Man wird in diesem Sinne an weitere Tätigkeiten im Dienste des Pfalzgrafen denken dürfen – vielleicht auch in dem noch zur Zeit Friedrichs des Siegreichen schriftlich nicht fest umrissenen Kreis der engsten Räte des Kurfürsten[33] –, am wenigsten jedoch an einen mit Zahlen hantierenden und wirtschaftenden ‚Finanzbeamten'. So lassen sich m. E. anhand des konkreten Beispiels des pfalzgräflichen Kammermeisters bald mehr, bald weniger scharf die wesentlichen Grundzüge des mittelalterlichen adligen Hofamtes, die Formen des damit verbundenen Herrendienstes wie auch das Verhältnis zu einer ‚territorialen Verwaltung' nachzeichnen. Gerade in der Epoche Friedrichs des Siegreichen sowie der Folgezeit verdichteten sich eine Reihe die Hofämter betreffender Entwicklungen und führten teils zu Wandlungen des Amtscharakters, teils zu Ergänzungen der Amtsfunktionen, auch zur partiellen Neuordnung der Ämterhierarchie. Das Hofamt, insbesondere das des Kammermeisters, bleibt daher auch Thema des folgenden Kapitels.

Ein bisher nur beiläufig erwähntes, aber dennoch überaus bedeutsames Element des mittelalterlichen Hofes bildete der pfalzgräfliche „Rat". Ein solcher existierte nachweislich bereits im 14. und frühen 15. Jh.. So äußerte sich Ruprecht I. beispielsweise in einer Urkunde von 1363 über „unser[n] rat, den wir hute zu tage bij uns gehabt [haben]".[34] Dieser in den Quellen häufiger begrifflich fassbare „Rat" (bzw. die „rete"[35]) präsentierte sich freilich nicht als ein in der personellen Struktur und den Kompetenzen festgelegtes Gremium, vielmehr wird man ihn im Spätmittelalter als eine unstete, nur schwer zu umreißende Personengruppe der nächsten und einflussreichsten Vertrauten des Pfalzgrafen ansprechen dürfen, die je nach Bedarf erweitert oder enger eingegrenzt werden konnte. Ihr gehörten sicher die höchsten Hofbeamten, teilweise auch die lokalen Amtleute (z. B. der Vogt von Heidelberg)[36] und eine Reihe weiterer mit der Pfalzgrafschaft auf vielfältigste Weise verbundener Adliger an, so auch die mitunter hochadligen ‚Räte und Diener von Hause aus' (in der Zeit Friedrichs des Siegreichen etwa die beiden fränkischen Grafengeschlechter von Wertheim und Hohenlohe).[37] Für die Regentschaft König Ruprechts können insgesamt 107 „Räte" nachgewiesen werden[38], die zu persönlichen Beratungen mit dem König in größeren oder kleineren Gruppen, wahrscheinlich auch einzeln, herangezogen werden konnten. Doch wurden die Räte darüber hinaus scheinbar auch als eher passive, die fürstliche Entscheidung lediglich legitimierende und bekräftigende Instanz gebraucht.[39]

Allein in den Jahren der Pilgerreise und darauf folgenden Krankheit Ludwigs III. 1426–1436 sowie der Unmündigkeit seines Sohnes Ludwig IV. 1436–1442, in denen dem kurfürstlichen Statthalter Pfalzgraf Otto I. von Mosbach jeweils ein mit besonderen Kompetenzen ausgestatteter Regentschaftsrat zur Seite gestellt wurde, erschien offenbar eine schriftliche Fixierung der größtenteils der altgedienten pfalzgräflichen Ratsgemeinschaft angehörenden einzelnen Räte erforderlich.[40] Wie so häufig im Mittelalter gaben auch in diesem Fall Krisen- und Ausnahmesituationen den Anlass zu „pragmatische[r] Schriftlichkeit".[41] In ‚normalen Zeiten' hingegen repräsentierte das in steter Bewegung befindliche ‚Personen- und Beziehungsgeflecht' des Rates hinsichtlich Form und Funktionsweise ein durchaus charakteristisches Strukturelement des mittelalterlichen Hofes.

2.2. Die Personen am Hofe:
Primat des Adels und Einbindung der Gelehrten

Die gehobenen Hofbediensteten rekrutierten sich in aller Regel aus niederadligen Familien, die meist durch ein Lehnsverhältnis dem pfälzischen Herrschafts- und Einflussbereich angehörten. Sie entstammten im 14. und 15. Jahrhundert nahezu ausschließlich den rheinpfälzischen, selten den oberpfälzischen Gebieten, wobei die Kraichgauer Ritterschaft besonders stark vertreten war.[42] Diese ‚hoffähigen' Familien ließen sich zunehmend teils in pfalzgräflichem (Burg-)Lehns-, teils in eigenem Besitz in Heidelberg nieder[43], versippten sich bevorzugt unter ihresgleichen[44] und bildeten derart eine elitäre Schicht, deren Sprösslinge im Idealfall den Weg in den Herrendienst am pfalzgräflichen Hof einschlugen.[45] Der Weg dorthin führte das gesamte Spätmittelalter hindurch vorrangig über die ‚soziale Qualität' des Anwärters (v. a. seine familiäre Herkunft) sowie über die persönlichen Beziehungen am Hofe (Einbindung etwa durch ‚Patronage'); Ausbildung und Kompetenz können dagegen allenfalls als sekundäre Kriterien gewertet werden.[46] Eine Stellung im Hofdienst war demzufolge am ehesten durch Zugehörigkeit oder durch Eindringen in das Milieu des eng miteinander verflochtenen altgedienten Hofadels zu erreichen. Es begegnen in den Quellen deshalb eine Fülle immer wieder kehrender Familiennamen in pfalzgräflichem Dienstverhältnis: so z. B. Helmstadt, Gemmingen, Venningen, Landschaden von Steinach u.v.m.[47]

Insbesondere seit der Zeit König Ruprechts von der Pfalz (1398 Kurfürst, 1400–1410 König) lässt sich jedoch ein quantitatives Wachstum der gelehrten Personen am Hofe und eine Zunahme ihres politischen Gewichts ausmachen. Akademische Bildung befähigte in höherem Maße zum Hofdienst und zur Aufnahme in das königliche bzw. pfalzgräfliche Hofgesinde. Diese Tendenz lässt sich u. a. auf die rechtlich problematische Stellung des Königs zurückführen, die sich sowohl in Bezug auf die Einbindung der die rechtmäßige königliche Position begründenden juristischen Fachleute als auch auf die Rationalisierung der Kanzleiarbeit förderlich ausgewirkt haben mag.[48] Moraw spricht in diesem Zusammenhang von einer „davor und danach bei uns (im mittelalterlichen Reich, S.K.) unerreichten techn. ‚Perfektion' des Hofes"[49], welche sich in den überlieferten Schriftstücken der Kanzlei widerspiegelt (die „technische Perfektion" bezieht sich demgemäß vorrangig auf die Arbeit der Kanzlei). Es mag bezeichnend sein, dass der königliche Kanzler, Raban von Helmstadt, ‚nur' einer ritteradligen Familie angehörte, während andere hohe Hofämter dieser Epoche wie die des Hofmeisters oder des Hofrichters regelmäßig von höherrangigen Vertretern des Adels besetzt wurden (bevorzugt offenbar Familien des weiteren pfälzischen Einflussbereichs wie etwa Weinsberg, Wertheim und Leiningen)[50]. Wenngleich Raban als Bischof von Speyer 1396 quasi in eine reichsfürstliche Position ‚hineinwuchs', dürfte ihn nicht zuletzt auch seine durch Studien in Heidelberg, Wien und Bologna erworbene akademische Qualifikation[51] für die Ausübung des Amtes empfohlen haben. Gewissermaßen „die Rolle der grauen Eminenz"[52] in der königlichen Kanzlei nahm der einer Schwäbisch Gmünder Patrizierfamilie entstammende Job Vener ein. Bevor dieser als Protonotar in die Dienste Ruprechts trat, hatte er ebenfalls eine beachtliche Karriere an italienischen Universitäten absolviert und genoss als der im deutschen Reichsgebiet vermutlich einzige ‚doctor iuris utriusque', also des kanonischen wie auch des römischen Rechts, besondere Anerkennung.[53] Neben diesen im Kanzleidienst tätigen Gelehrten müssen aber auch eine Reihe weiterer, der Heidelberger Universität verpflichteter Doktoren und Lizentiaten zum Hofgesinde König Ruprechts gezählt werden, die in den Urkunden als „Räte" des Königs zu fassen sind. In welcher Weise sich diese regelmäßig mit Geschenken (etwa Hofkleider) sowie mit Immunität bedachten Gelehrten[54] in den höfischen Dienst stellten, ist freilich eingedenk der bereits skizzierten Charakteristika des höfischen Rates nur vage zu rekonstruieren. Wesentlich erscheint hierbei, dass der Instanz des Rates vermehrt Personen angehörten, deren ‚Hoffähigkeit' sich primär auf akademische Bildung gründete.

Die gesteigerte Wertschätzung und zunehmende höfische Einbindung der Gelehrten lässt sich auch für die Herrschaft der folgenden Pfalzgrafen nachvollziehen. Ein Indiz hierfür wäre etwa die bald einsetzende kurfürstliche Praxis, begabten Studenten Stipendien für eine Lehre an den renommierten und sich durch breit gefächerte Curricula auszeichnenden italienischen Universitäten zu gewähren. Exemplarisch sei hier Heinrich Münsinger genannt, der 1421 bis 1428 auf kurfürstliches Geheiß Medizin in Padua studierte.[55] Münsinger (gest. 1476) sollte noch unter Friedrich dem Siegreichen als kurfürstlicher Hof- und Leibarzt dienen und als eine in Italien intensiv mit den humanistischen Strömungen konfrontierte und zugleich am pfälzischen Hofe hoch angesehene Persönlichkeit eine entscheidende Rolle bei der Förderung des Frühhumanismus am und um den Heidelberger Hof spielen.[56] Der dieser literarischen Richtung zuzurechnende Petrus Antonius de Clapis verewigte Münsinger 1464 gar als literarische Figur in der dem Pfalzgrafen gewidmeten Schrift De dignitate principum.[57]

Auslandsstipendien für Akademiker vergab indessen auch Friedrich der Siegreiche. So wurde Johann Schröder (Luftiguli) 1452 im Kontext der Universitätsreform und der Einrichtung eines Lehrstuhls der Legistik zur Promotion in diesem Fach nach Pavia entsandt.⁵⁸ Nach seiner Rückkehr als Doktor beider Rechte 1455 etablierte er die Legistik an der Heidelberger Universität. Wenngleich Schröder in seiner akademischen Stellung keine nähere Beziehung zum Hof Friedrichs nachgewiesen werden kann, so wirkte sich doch allein die Begründung der neuen Disziplin, aus deren Bereich künftig eine Vielzahl pfalzgräflicher Bediensteter bzw. ‚familiares' hervorgehen sollte,⁵⁹ nachhaltig auf die Entwicklung des Hofes aus. Es ist weiterhin anzunehmen, dass die auffällig früh getroffene Entscheidung Friedrichs zur Einrichtung des Lehrstuhls im Jahre 1452 in einem Zusammenhang mit der rechtlichen Problematik der Arrogation seines Neffen Philipp zu sehen ist. Schließlich fußte dieser Akt auf einer Auslegung des römischen Rechts.⁶⁰ Friedrich war sich offenbar frühzeitig des Nutzens eines juristisch gebildeten Beraterstabs am Hofe zur Rechtfertigung und Stabilisierung seiner streitbaren Position bewusst.

Es sollte zuletzt nochmals betont werden, dass trotz allem die adlige Abkunft weiterhin das vornehmliche Kriterium zum Erwerb einer hochrangigen Stellung am Hofe darstellte. Auch im späten Mittelalter galt: „Primär war die aristokratische oder ‚feudale' Qualität der älteren Gemeinwesen und daher auch die aristokratische oder ‚feudale' Qualität des Zentrums der landesherrlichen Gemeinwesen"⁶¹, also des fürstlichen Hofes. In diesem Sinne ‚leistete' sich Ruprecht III. in seiner neuen Stellung als römischer König gleich mehrere Hofbeamte hochadliger Abstammung.⁶² Noch in der zweiten Hälfte des 15. Jh. unter den Pfalzgrafen Friedrich und Philipp stellte die Integration des Adels durch den Hof „gerade in der Pfalz ein wesentliches politisches Bedürfnis" dar.⁶³ Auch die gelehrten Bürgerlichen im Hofdienst fügten sich den der Hofstruktur zugrunde liegenden feudalen Prinzipien der Gesellschaft und suchten ihrerseits, „zu einer quasi adligen Stellung aufzusteigen und selbst von ihren Herren belehnt zu werden".⁶⁴ Adelsgleiches Verhalten und Besitz von Landgütern nahe Heidelberg sollten ihnen zu entsprechendem Ansehen verhelfen und die Abkömmlinge ihrer Familie auch weiterhin über den erworbenen Bildungsgrad hinaus für den Hofdienst empfehlen.⁶⁵ Der Bedeutungszuwachs akademischer Bildung und fachlicher Kompetenz am Hofe des 15. Jh. ist, zusammenfassend, ein kaum von der Hand zu weisendes Faktum, doch handelte es sich hierbei wohl eher um eine beiläufig wahrgenommene, die Struktur und Funktion des Hofes erst allmählich grundlegend wandelnde Entwicklung.

2.3. Zukunftsweisende Entwicklungen im Umkreis des Hofes: ‚Modernisierung' von Herrschaft und Verwaltung, Heidelberg als ‚Residenz'

Schließt man sich der Annahme einer kausalen Verbindung zwischen der rechtlichen Anfechtbarkeit von Friedrichs Stellung und seiner Förderung der römischen Rechtslehre an, so erwiese sich erneut eine Krisen- bzw. Ausnahmesituation als ausschlaggebendes Motiv einer den Weg in Richtung ‚moderner Herrschaft und Verwaltung' weisenden Maßnahme. Parallel dazu wurden in dieser Arbeit bereits auf zwei (Krisen-)Momente aufmerksam gemacht, die sich ebenfalls ursächlich oder begünstigend auf zukunftsträchtige Entscheidungen ausgewirkt haben könnten: So begleitete einerseits das streitbare Königtum Ruprechts ein Zuwachs an akademisch gebildeten Räten sowie eine technische Optimierung der Kanzleiarbeit und veranlasste andererseits die Einsetzung eines Regentschaftsrates unter Ludwig III. eine unübliche schriftliche Konkretisierung höfischer Teilstrukturen. Im Umkehrschluss ließe sich freilich folgern, dass der Hof auch im 15. Jh. in Zeiten einer stabilen Herrschaft weiterhin ohne schriftliche Regelung ‚funktionierte' – Mangel an Schriftlichkeit muss daher in diesem Zusammenhang keineswegs als ‚Rückständigkeit' gewertet werden. Signifikanterweise wurde unter Friedrich dem Siegreichen, der bekanntlich schon bald souverän und (im Inneren) unangefochten regieren sollte, sowie unter seinem Nachfolger Philipp eine schriftliche Hofordnung – anders als an den meisten größeren Höfen des Reichs – offenbar nicht für nötig erachtet.[66]

Im 13. Jh. bereits kristallisierte sich Heidelberg als bevorzugte Residenz und Herrschaftsmittelpunkt der Wittelsbacher Pfalzgrafen in den rheinischen Gebieten heraus. Diese Entwicklung ist auch unter der selbständigen Regierung Ruprechts I., besonders seit seiner Alleinherrschaft 1353, sowie unter den folgenden Pfalzgrafen zu verfolgen. Für den reisefreudigen Ruprecht I. bildete Heidelberg das ‚Basislager' seiner Reiseaktivitäten, zu dem er stets zurückkehrte und von dem aus er wieder aufbrach.[67] So avancierte Heidelberg, präziser: das Heidelberger Schloss, im Laufe des Spätmittelalters zum festen ‚Sitz' der Pfalzgrafen und zum Zentrum ihrer Herrschaftsausübung. Den Fürsten folgte der Hof. Teile der für die langen Transportwege weniger geeigneten Elemente wie die im 14. Jh. Personal und Produktion stetig steigernde Kanzlei nahmen offenbar dauerhaft Quartier auf dem Jettenbühl[68], das pfalzgräfliche Archiv wurde in einem „gewelbe" der Burg untergebracht[69]. Wer dem Hofgesinde angehörte oder einen Hofdienst anstrebte, den zog es in die nächste Umgebung des Herrschaftszentrums bzw. er wurde an dieses gebunden, so dass sich unterhalb desselben zahlreiche Adelsfamilien in der Stadt niederließen, darunter auch familiares von gräflichem Rang wie jene von Katzenelnbogen, von Leiningen und von Sponheim.[70] Die zunehmende Konzentration des Hofes und die Verankerung großer Teile des höfischen Personals in Heidelberg spiegelt sich auch in der seit 1380 nachweisbaren Existenz einer „bruderschaft des hovegesindes off der burge zu Heid[elberg]"[71] wider. Über diese Bruderschaft wiederum lässt sich die soziale Verflechtung von Hof- und Bürgergemeinde nachzeichnen, da manche ihrer fassbaren Mitglieder zugleich als städtische Räte fungierten.[72]

Die Bedeutung des Heidelberger Schlosses als Herrschaftszentrum der Pfalzgrafen verfestigt sich insbesondere im Laufe des 15. Jh. auch im Bewusstsein der Zeitgenossen, Peter Luder bezeichnet es 1458 als „Sitz der Pfalzgrafschaft"[73]. Die Stadt darunter bildete das pragmatische und wirtschaftlich notwendige Substrat dieses politischen Zentrums. Doch in der zeitgenössischen Wahrnehmung stellte sie vor dem 15. Jh. kaum eine eigenständige Größe, sondern stets, sei es in ökonomischer oder sozialer Hinsicht, ein auf das darüber liegende Schloss, den dort residierenden Kurfürsten sowie seinen Hof hin orientierter Annex dar. In Bezug auf seine Außenwirkung kann man diesem städtischen Gebilde zumindest bis zur Zeit König Ruprechts kaum einen repräsentativen, ‚residentiellen' Charakter bescheinigen. Doch zeichnen literarische Beschreibungen der Zeit Friedrichs des Siegreichen, wie zu zeigen sein wird, diesbezüglich ein gänzlich neues Bild der Stadt Heidelberg und weisen derart auf die vielfältigen Entwicklungen jener Epoche hin.[74]

Zukunftsträchtige Entwicklungen im Umkreis des Hofes: Es wurde versucht darzulegen, wie Entscheidungen von weit reichender Bedeutung am mittelalterlichen

Hofe oft genug von nur kurzfristig durchschauten Herausforderungen motiviert sein konnten, wie herrschaftliche Missstände verwaltungstechnische Fortschritte zu begünstigen vermochten, vor allem aber, wie sehr die Wahrnehmung der Zeitgenossen und die Darstellung der modernen Forschung differieren können. All das wird auch, wie bereits angedeutet, unter Friedrich dem Siegreichen im wesentlichen seine Gültigkeit nicht verlieren. Seine Regentschaft kann m.E. dennoch als Epoche gewertet werden, in welcher Herrschaft, Hof und Residenz betreffende Entwicklungen ganz gezielt weitergeführt und forciert wurden und in welcher aus dem mittelalterlichen Herrschaftsgefüge allmählich neue Formen territorialer Staatlichkeit hervorgingen, in denen auch der traditionelle Hof und seine adlige Klientel erst ihren Platz finden mussten.

3. Der ‚Heidelberger Hof' zur Zeit Friedrichs des Siegreichen

Nach langjährigem Wirken eines Regentschaftsrates unter der Leitung Pfalzgraf Ottos von Mosbach sollte mit Ludwig IV. von 1442 bis 1449 wieder ein Kurfürst an der Spitze der pfälzischen Herrschaft stehen. Seinem frühen Tod, zu dessen Zeitpunkt sein Sohn und Kurerbe Philipp gerade ein Jahr alt war, ‚drohte' eine erneute längere Vakanz der kurfürstlichen Position zu folgen.[75] In dieser Situation nahm Pfalzgraf Friedrich, der

Abb. 3:
Portrait Friedrichs des Siegreichen, Kopie, 1656 datiert. Öl auf Leinwand, Fürstlich Löwenstein-Wertheim-Freudenberg'sche Verwaltung, Kreuzwertheim

jüngere Bruder Ludwigs IV., ausdrücklich auf Anraten seiner verwitweten Schwägerin Margarethe von Savoyen sowie der „treffenlichen rete, manne und merglichen gelider des furstenthums der Pfalczgraveschafft by Ryne"[76] mittels einer sog. ‚Arrogation' 1451/52 den Neffen Philipp zu seinem „rechte[n] naturliche[n] eliche[n] sone"[77]. Friedrich trat durch diesen Kunstgriff in die vollen Rechte des Vaters von Philipp und agierte fortan mit freilich einigen, herrschaftstechnisch jedoch kaum relevanten, Einschränkungen[78] als Pfälzer Kurfürst. Diese angreifbare Stellung, die weder in der Goldenen Bulle vorgesehen war noch vom Kaiser anerkannt wurde, gelang es Friedrich allen voran durch seine militärischen Erfolge in den Jahren 1460 und 1462 (Pfeddersheim/Seckenheim) zu festigen. Bis zu seinem Tode 1476 sollte Friedrich, vom Kaiser unangefochten, von den Nachbarn (oft erzwungenermaßen) akzeptiert und von den inneren Kräften gestützt, eine stabile und äußerst erfolgreiche Regentschaft beschieden sein.

Es stellt sich die Frage, inwiefern die Verwendung des in der Forschung geläufigen Begriffs des ‚Heidelberger Hofes'[79] für die Zeit Friedrichs berechtigt ist. Schließlich stellte auch gegen Ende des 15. Jh. die Person des Fürsten und nicht ein topografischer Ort den vorrangigen Bezugspunkt des im wesentlichen in seinen mittelalterlichen Strukturen fortlebenden Hofes dar. Dennoch: allmählich verselbständigte sich das Hofgefüge gegenüber der fürstlichen Herrschaft und es entstanden neben dem Fürsten neue Bezugspunkte für den Hof wie z.B. das Territorium oder die Hauptstadt – das folgende Kapitel wird dies verdeutlichen.

3.1. Die personelle Struktur des Hofes: Entwicklungen bei Hofämtern und Hofrat

Unter Friedrich I. scheinen sich die personelle Struktur des Hofes, ferner Funktion, Selbstverständnis und Hierarchie der einzelnen Ämter sowie der pfalzgräflichen Räte, nicht grundlegend gewandelt zu haben. Eine in diesem Kontext jedoch äußerst bemerkenswerte Entwicklung stellt der Aufstieg des Kanzlers zum wichtigsten kurfürstlichen Vertrauten am Hofe dar. Abgesehen von dem unter König Ruprecht wirkenden Kanzler Raban von Helmstadt, begegnet dieser Titel auf pfalzgräflicher Ebene in den Quellen erstmalig 1433.[80] Die Einführung dieses in erster Linie mit der Leitung der Schreibstube beauftragten und somit dem Protonotar übergeordneten Hofamtes lässt sich im zweiten Drittel des 15. Jh. an einer Reihe weiterer bedeutender Höfe des Reichs beobachten: 1436 Mainz, 1442 Württemberg und 1444/45 Köln, Hessen und Braunschweig.[81] Der Kanzler nahm in der Folge, weit mehr als zuvor der Protonotar, eine führende Rolle unter den herrschaftlichen Räten ein.[82] Gerade in der Kurpfalz verfügte er in aller Regel über eine beachtliche akademische Qualifikation, wofür der unter Ludwig III. amtierende erste pfalzgräfliche Kanzler Ludwig von Ast, Doktor beider Rechte, exemplarisch stehen mag.[83] Wenngleich der Hofmeister weiterhin die nominell führende Stellung am Hofe einnahm, so erwarb der Kanzler im Laufe des 15. Jh. höchstes Ansehen innerhalb der Hofgemeinschaft und übte de facto den größten Einfluss auf die kurfürstliche Politik aus.[84]

Diese Entwicklung erreichte in der Person des seit 1457 amtierenden Kanzlers Matthias Ramung einen ersten Höhepunkt. Als besonderer Vertrauter und Begünstigter Friedrichs I. wurde er 1464 zum Speyerer Bischof erhoben und bekleidete somit allein durch seinen Rang als geistlicher Reichsfürst bereits eine hervorgehobene Position am pfälzischen Hofe.⁸⁵ Auch als Inhaber des Speyerer Bischofsstuhls ‚residierte' Ramung überwiegend in Heidelberg und bewegte sich vornehmlich im Umkreis des kurfürstlichen Hofes.⁸⁶ Seine Nähe zum Pfalzgrafen und seine einflussreiche Stellung am Hof werden u.a. auch darin deutlich, dass sich Literaten und Poeten wie z. B. Petrus Antonius de Clapis insbesondere an ihn als eine gelehrte sowie den humanistischen Strömungen gegenüber aufgeschlossene Persönlichkeit wandten und sich derart Kontakte zum Kurfürsten und eine Stellung in dessen Diensten erhofften.⁸⁷ Ramungs Nachfolger Johann von Dalberg, seit 1482 Kanzler Philipps des Aufrichtigen und zugleich Bischof von Worms, gilt gar als eine der herausragenden Gestalten des deutschen Frühhumanismus, auf dessen Fürsprache vermutlich das Wirken solch bedeutender Persönlichkeiten wie Agricola, Reuchlin, Wimpfeling und Celtis in Heidelberg zurückzuführen ist.⁸⁸ Die offensichtlich gewichtige Rolle, die die kurpfälzischen Kanzler im Zusammenhang mit dem künstlerischen Schaffen am und um den Hof spielten, steht daher auch im Blickpunkt des hiesigen Abschnitts 3.3.

Abb. 4:
Statue Friedrichs I. von Sebastian Götz an der Fassade des Friedrichsbaus des Heidelberger Schlosses, nach Koch, Julius und Seitz, Fritz: Das Heidelberg Schloß, Darmstadt 1891

Auf die rein ‚politische Perspektive' beschränkt, steht der Aufstieg des Kanzlers in der zweiten Hälfte des 15. Jh., seine vielfältige und weit gehende Einbindung in die Regierungstätigkeit, bezeichnend für den Bedeutungszuwachs akademischer, zumal juristischer Bildung für die Herrschaftspraxis. Juristische Kenntnisse und Methoden dienten Friedrich I. als mehr oder minder erfolgreiches, jedenfalls in zunehmendem Maße angewandtes Mittel, um eigene Interessen durchzusetzen und sich sowohl nach außen gegenüber Kaiser und Standesgenossen, als auch in den inneren Angelegenheiten gegenüber dem sich objektivierenden, von der Person des Fürsten emanzipierenden ‚Staat' zu behaupten. Es wäre hierbei etwa auf die Arrogation sowie die heiklen Erbregelungen für die prinzipiell unrechtmäßigen „lybserben"⁸⁹ Friedrichs hinzuweisen, wobei es sich stets gegenüber „der Pfalcz und kurfurstenthum ere ... , nucz ... und gut ..."⁹⁰ zu verantworten galt. Fachliche Kompetenzen, präziser: Nicht mehr die alten, im adligen Selbstbewusstsein wurzelnden, sondern die neuen, im Rechtsstudium erworbenen Kompetenzen befähigten nun vorrangig gegenüber den sozialen Kriterien zur Ausübung des quasi höchsten Hofamtes – offenkundig z. B. im Falle des vergleichsweise ‚namenlosen' Matthias Ramung.⁹¹

Verkörperte der Kanzler in dieser Form ein durchaus zukunftsträchtiges, nicht zuletzt bis in die heutige Republik fortlebendes Element des Hofes, so verharrten die übrigen, weiterhin dem Adel vorbehaltenen höheren Hofämter weitgehend in ihren traditionell-spätmittelalterlichen Wesenszügen. Einzig das Amt des Kammermeisters wurde entscheidend in die unter Friedrich forcierte territoriale Strukturierung der kurpfälzischen Herrschaft mit einbezogen. Im Rahmen der seit 1464 zu beobachtenden Reformen des fürstlichen ‚Finanzwesens' wurde dem Kammermeister die oberste

Aufsicht über die neu geschaffene Zentralkasse anbefohlen.[92] Als Neuerung gegenüber dem bis zu diesem Zeitpunkt praktizierten dezentralen Geschäftsgebaren der Kurfürsten, bei welchem größere Zahlungen zumeist an die Ämter und v.a. die ergiebigen Flusszölle überantwortet wurden, sollte das Gros der kurfürstlichen Einnahmen und Ausgaben künftig über eine einzige Kasse bewältigt werden. Der diese Maßnahmen begleitende erhebliche Zuwachs an ‚verwaltungstechnischem' Arbeitsaufwand machte einen Ausbau der kurfürstlichen Hofkammer zu einem funktional strukturierten Beamtenapparat erforderlich. Rentmeister, Rechenmeister und Rechenschreiber verrichteten die alltägliche Verwaltungsarbeit, die der adlige Kammermeister als Leiter dieser zentralen Behörde kaum zu seinen vorrangigen Aufgaben gezählt haben dürfte.[93] In seiner Position bewegte er sich zwischen dem noch recht ‚traditionell' anmutenden, den aristokratischen Prinzipien verhafteten Gebilde des fürstlichen Hofes und einem sich aus diesem herausentwickelnden ‚bürokratischen' Element, das durch die von einem Zentrum ausgehende Erfassung und Verwaltung der Herrschaftsteile zur Genese eines durch einheitliche Verhältnisse geprägten Staatsgebildes beitrug. Einen weiteren in diese Richtung weisenden und mit vergleichbaren Intentionen vorangetriebenen Prozess kann man in der Neuorganisation und Zentralisierung des Gerichtswesens erkennen, worauf im folgenden Abschnitt näher einzugehen sein wird.

Personeller Ausbau und funktionelle Ausdifferenzierung der Hofkammer stehen im Zusammenhang mit einer das adlige Hofamt allgemein betreffenden Entwicklung, die bereits im 14. Jh. zu verfolgen war und unter Friedrichs Regentschaft gleichsam ihren Abschluss fand. Den gehobenen, politisch bedeutsamen Hofämtern wurden in dieser Zeit jeweils ein oder mehrere untergeordnete Hofämter beigesellt, welche jene in ‚technischer' Hinsicht entlasten sollten. Die rangniedrigeren Hofämter übernahmen hierbei Arbeitsaufgaben in den Bereichen der zunehmend differenzierteren Organisation der Herrschaft und des höfischen Lebens, die nicht selten einen hohen Grad an Spezialisierung erforderten.[94] In diesen Kontext ist der 1397 erstmalig bezeugte Haushofmeister einzuordnen. Ferner unterstand im 15. Jahrhundert ein Marstaller dem Marschall, der erwähnte Rentmeister dem Kammermeister und in der Schreibstube wirkte der Protonotar weiterhin als technischer Leiter unterhalb des politisch vielfältig eingespannten Kanzlers. Derart von etwaigen Verpflichtungen befreit, vermochten die Inhaber der gehobenen Hofämter sich auf ihre primären, politisch relevanten Aufgaben zu konzentrieren, etwa in ihrer Funktion als kurfürstliche Räte.

In welcher Weise die Hofamtsinhaber ihre Aufgabe als kurfürstliche Räte wahrnahmen, bleibt indessen auch für die Herrschaft Friedrichs weitgehend unklar. Allein die vier Jahre nach dem Tod Friedrichs erlassene Hofgerichtsordnung Philipps des Aufrichtigen lässt annäherungsweise auf das Wirken des Rates zu jener Zeit schließen. In diesem Schriftstück von 1480 erwähnt der Kurfürst „unsern hofemeyster, canzler, marschalk, faut zu Heydelberg und ander unser rete, die wir bey uns teglich in unserm hofe gebruchen" [95]. Man könnte diese Wendung als Indiz für die Existenz eines innerhalb der Vielzahl der als Räte titulierten kurfürstlichen familiares eingegrenzten Kreises regelmäßig tagender und vom Fürsten konsultierter Räte unter Vorsitz der wichtigsten Hofamtsinhaber und lokalen Beamten werten. Sicherlich wären in diesem Sinne bereits Ansätze des frühneuzeitlichen Ratsgremiums zu erkennen. Doch die definitive Existenz eines fest institutionalisierten, d.h. bezüglich Zusammensetzung,

Verfahrensweise und Kompetenzen festgelegten und weitgehend eigenständig agierenden pfälzischen Hofrates wird man, wie angedeutet, wohl erst für die Mitte des 16. Jahrhunderts im Kontext der unter Ottheinrich erlassenen Ratsordnungen gesichert sehen dürfen.[96] Andere höfische Elemente gingen dem Rat in dieser Beziehung offenbar voraus und verdienen daher im folgenden Abschnitt eine eingehende Betrachtung – im Zusammenhang mit der in der Epoche Friedrichs sich deutlich abzeichnenden Verselbständigung des Staatswesens gegenüber der fürstlichen Herrschaft.

3.2. Institutionalisierung höfischer Elemente – Ansätze zu ‚staatlicher Verwaltung'. Kanzlei, Hofgericht und Wandel des Dienstverhältnisses

In seinem den ‚Taten Friedrichs des Siegreichen' gewidmeten Lobgesang (ca. 1470) schloss der höfische Dichter und Sänger Michel Beheim auch eine Beschreibung von Stadt und Burg Heidelberg mit ein.[97] Diese gliederte Beheim in einer wohl als hierarchisch zu bezeichnenden Abfolge der jeweiligen topografischen bzw. sozialen Elemente: 1. die umgebende Landschaft, der 2. die eigentliche Stadt mit Bürgerschaft, Universitätsangehörigen und Klerus folgt sowie schließlich 3. ein Lob der Burg, dem Sitz des primären Adressaten des Lobgesangs. Hierbei erfährt insbesondere das (topografisch wie literarisch) auf halbem Wege zwischen Stadt und Schloss gelegene, jüngst errichtete Kanzleigebäude – Sitz der kurfürstlichen Schreiber wie auch des neu gegründeten Hofgerichts – die uneingeschränkte Bewunderung des Sängers:

> „Wer gesach ie lantferer noch,/nachvolger der ritterschaft doch,/der warlichen gesagen müg,/das er on kunter, neyt und lüg/eyn schriberhauß da bye/geheißen die Cantzelye,/Glegen an dem burgweg herab,/kein zierlichers gesehen hab;/götlicher meisterlicher recht/oder gerichtgemessen schlecht,/glichlicher abgewegen,/nach ieder sach gelegen,/mitt recht sprechen eyner Person/iglicher unbeschwert lon/gentzlich nach der gerechtikeit,/Nit mer sy üch ietz davon geseit,/davon ich so ich mage/warlichen ticht und sage."[98]

Bereits im Jahre 1457 bezog die kurfürstliche Kanzlei ein eigenes Haus in der Stadt, ein ehemals der Artistenfakultät dienendes Gebäude. Dieses brannte bald nieder, so dass 1462 der Bau des besungenen schriberhauß[es] bzw. der „Cantzelye" veranlasst wurde.[99] Es sei daran erinnert, dass die Kanzlei vermutlich schon im 14. Jahrhundert in Form einer ortsfest arbeitenden, wenngleich bescheidenen Delegation von Schreibern teilweise in Heidelberg verankert war. Als entscheidendes Novum der Jahre 1457/62 verdient daher ihr Herabrücken von der persönlichen Umgebung des Fürsten auf der Burg in das eigene Amtsgebäude innerhalb der Stadtmauern hervorgehoben zu werden.[100]

Der Bedeutungszuwachs der Schriftlichkeit für die Herrschaftspraxis, der sich in der Steigerung schriftlicher Produktion ebenso wie in der Erweiterung des Aufgabenbereichs der Notare seit der Mitte des 14. Jh. ausdrückt, hatte notwendigerweise auch eine zunehmende Eigenständigkeit der Kanzlei zur Folge.[101] Die Einbeziehung des Kurfürsten in die Anfertigung und Ausformulierung jedes einzelnen der auf seinen Namen ausgestellten Dokumente erscheint spätestens für das 15. Jh. kaum mehr möglich. Das repräsentative, „zierliche" Kanzleigebäude steht somit als Monument einer schon länger zu verfolgenden Entwicklung, aus welcher die Kanzlei als eine sich gegenüber Kurfürst und Hof sichtbar verselbständigende Institution hervorging. Die Legitimität ihrer Arbeit beruhte freilich weiterhin auf der Übertragung fürstlicher Herrschaftsgewalt, ihre ‚Produkte' erlangten erst durch den fürstlichen Namen ihre Gültigkeit.

Derart spiegelt die städtebauliche Beziehung des in leicht erhöhter Position über der Stadt gelegenen Kanzleigebäudes zu der sich direkt über ihr erhebenden Burg, wie sie die Abbildung Heidelbergs in der Cosmographia des Sebastian Münster (Mitte des 16. Jahrhunderts) illustriert, in eindrücklicher Weise das Verhältnis des Kurfürsten zu seiner Kanzlei wider.

Es sei weiterhin auf die offensichtliche Divergenz in der zeitgenössischen Bewertung der sorgsam im Burggewölbe verwahrten, rechtssichernden (oder in sonstiger Hinsicht politisch relevanten) Schriftstücke einerseits und der ‚einfachen' Schreibarbeit in der Kanzlei andererseits hingewiesen.[102] Beheim erschien letzteres in seinem Lobgesang nicht einmal einer Erwähnung wert, während er die zweite Funktion der ‚Cantzelye' als Gerichtsstätte ausführlich und ‚hymnisch' hervorhebt.

Mit dem unter Friedrich neu gegründeten Hofgericht wurde eine weitere, aus dem pfalzgräflichen Hof erwachsene Institution im Kanzleigebäude untergebracht. Es steht in der Nachfolge der ‚informellen' Gerichtssitzungen unter Leitung des Pfalzgrafen und Teile des Hofes, fallweise ergänzt um universitäre Rechtsgelehrte.[103] Erst mit der 1462 erlassenen Hofgerichtsordnung verlieh Friedrich seiner durch die Goldene Bulle in den Privilegien ‚de non evocando' und ‚de non appellando' konkretisierten Funktion als höchstem Gerichtsherren der pfalzgräflichen Herrschaft schließlich einen formalen, institutionellen Rahmen.[104] Das Hofgericht tagte vier mal jährlich unter Vorsitz eines adligen Hofrichters[105] und in Begleitung von sechs oder mehr Schöffen, darunter im Idealfall wenigstens zwei oder drei gelehrte Juristen. Der Kurfürst selbst oder auch seine höchsten Hofbeamten bzw. -räte wurden offenbar nur in besonderen Fällen in die Gerichtsverfahren eingeschaltet. So arbeitete auch das Hofgericht in der Regel als weitgehend selbständige Institution.

Die Einrichtung des Hofgerichts dürfte u.a. auch aus dem grundsätzlichen Bestreben Friedrichs nach Ordnung und Vereinheitlichung der Rechtsverhältnisse in der Kurpfalz resultieren. Unterhalb der höchsten, zentralen Instanz in Heidelberg bildeten die Amts- und Dorfgerichte die mittlere bzw. untere Ebene eines das ‚Territorium' übergreifenden und durchdringenden Rechtswesens.[106] Darüber hinaus vermochte das Hofgericht nicht nur die pfälzischen Untergebenen und Gefolgsleute vom Gang an überterritoriale Instanzen wie den westfälischen Femgerichten oder den königlichen Landgerichten abzuhalten, sondern wurde auch von adligen Rechtssuchenden der weiteren Umgebung als klärende Instanz angerufen. Innerhalb eines über den eigentlichen Herrschaftsbereich hinausreichenden Einflussgebietes wuchsen Kurfürst und ‚Kurstaat' derart in die Rolle von „Garanten des Rechtsfriedens" hinein.[107]

Institutionalisierung höfischer Elemente – Ansätze zu ‚staatlicher Verwaltung': Die Herrschaftsausübung, die an die fürstliche Person bzw. die persönlichen Getreuen des Fürsten (Hofbeamte, Amtleute) gebunden war, wurde gerade zur Zeit Friedrichs vermehrt auf institutionelle Elemente übertragen. Ausgehend von den sich formierenden Gemeinden sowie der Organisation der Ämter und auf Heidelberg zentriert, entstanden derart ‚staatliche Verwaltungsstrukturen', deren Spitze die aus dem Gefüge des Hofes sich heraus entwickelnden institutionellen Instanzen wie z.B. das Hofgericht oder die Hofkammer bildeten. Nahezu all diese Stränge liefen offensichtlich auf den Neubau der ‚Cantzelye' in Heidelberg zu.[108] Dass letztlich der (vergleichsweise spät institutionalisierte) kurfürstliche Rat ebenfalls dort Quartier nahm,[109] unterstrich die

Bedeutung des Gebäudes als dem administrativen Zentrum der Kurpfalz – als welches man es spätestens im 16. Jahrhundert ansprechen dürfte.

In diesem Kontext sei auch auf den grundsätzlichen Wandel des Dienstverhältnisses zwischen den Pfalzgrafen und ihren Amtsträgern verwiesen. Das Modell des persönlichen Treueverhältnisses, das mit dem Tode eines der ‚Treuevertragspartner' endete, wich zunehmend dem über den Tod hinaus gültigen Amtsverhältnis. Beim Antritt Philipps des Aufrichtigen beispielsweise verblieben Kanzler, Kammermeister und Haushofmeister im Amte, einzig der Hofmeister und der Marschall wurden durch Altvertraute des Pfalzgrafen ersetzt.[110] Man könnte pointiert festhalten, dass der getreue Diener des Kurfürsten sich allmählich zum Beamten des kurpfälzischen Staates entwickelte.

Derlei Einschätzungen von der zukunftsträchtigen Bedeutung verschiedener Entwicklungen am Hofe des 15. Jh. setzen jedoch stets das Wissen vom Endprodukt des neuzeitlichen Staates voraus. Dieser ist der Maßstab, dem sich zahlreiche der hier erfolgten Beobachtungen zur Bewertung aussetzen. Dem steht freilich die zeitgenössische Wahrnehmung gegenüber, die auch gegen Ende des 15. Jh. weiterhin den Fürsten samt den sich um ihn gruppierenden Hof als das Zentrum des Gemeinwesens begriff.[111] Die ‚Pfalz' war trotz aller objektivierenden Tendenzen ohne die Person des Kurfürsten schlechterdings undenkbar.[112]

In dieser auch gegen Ende des 15. Jh. zutiefst aristokratisch geprägten Gesellschaft verstand sich der Adel weiterhin als die elitäre Führungsschicht und fügten sich selbst bürgerliche ‚Aufsteiger' vielfach den vorgegebenen sozialen Prinzipien.[113] Die gesellschaftliche Ordnung und die eigene Stellung in derselben auch in Zeiten mannigfaltiger Neuerungen zu bewahren, war vordringliches Anliegen des Kurfürsten sowie der Gruppe der Hofaristokratie. Hierzu dienten u.a. verschiedenste Formen der Herrschafts- und Standesrepräsentation, in deren Rahmen sich im Umkreis des Hofes Friedrichs des Siegreichen ein reges und innovatives künstlerisches Leben entfaltete, das gerne als ‚kulturelle Blüte' des Heidelberger Hofes tituliert wird.[114]

3.3. ‚Künstlerisches' Schaffen im Umkreis des Hofes. Musik, Literatur und bildende Künste im Dienste der fürstlichen Herrschafts- und adligen Standesrepräsentation

Der Reichtum künstlerischen Schaffens am Hofe Friedrichs äußerte sich innerhalb eines breiten Spektrums unterschiedlicher Gattungen. Die folgende Darstellung richtet sich auf ein diese formale Unterschiedlichkeit der Werke ebenso wie die Differenz in Rang und Selbstverständnis ihrer Produzenten überschreitendes, einigendes Moment: die repräsentative Funktion als hervorragendem Aspekt sämtlicher schöpferischer Tätigkeit am Hofe.

Die politische Relevanz repräsentativer Akte und Zeichen in jener Epoche ergibt sich aus dem Charakter mittelalterlicher Herrschaft. Schließlich war diese kein – etwa durch ein Verfassungswerk – festgeschriebener, dauerhafter Zustand. Ihr lag vielmehr ein Konsens unterschiedlicher Parteien zugrunde, den der Herrscher angesichts der gesellschaftlichen und kommunikativen Verhältnisse jener Epoche ständig zu erneuern hatte.[115] Hierbei galt es, sich der Unterordnung der Beherrschten, der Treue der Gefolgsleute sowie der Anerkennung bzw. Unterstützung außen stehender Instanzen (im Falle der Pfälzer Kurfürsten etwa des Kaisers, des Kurfürstenkollegs, sonstiger Standesgenossen oder auch des Papstes) zu versichern. Um seinen ‚berechtigten' Führungsanspruch[116] den verschiedenen Parteien gegenüber zu behaupten, ließ ihn Friedrich der Siegreiche nicht nur mittels juristisch ausgefeilter Urkunden begründen, er wusste ihn auch zu verschiedenen Anlässen einem breiten Publikum gegenüber demonstrativ und eindrücklich zu ‚inszenieren'. In diesem Kontext kam der ‚Herrschaftsrepräsentation' als der „Vergegenwärtigung"[117] und Veranschaulichung des herrschaftlichen Anspruchs und der herrscherlichen Würde eine entscheidende politische Funktion zu. Dem Herrscher standen hierbei entsprechend der Vielfältigkeit der Adressaten ebenso eine Vielzahl von Formen der Herrschaftsrepräsentation zur Verfügung.

Es sei an dieser Stelle exemplarisch auf zwei Ereignisse verwiesen, im Rahmen derer sich herrschaftliche Repräsentation gegenüber unterschiedlichen gesellschaftlichen Gruppen besonders eindrücklich zu entfalten vermochte. Zum einen wäre dies das schon erwähnte Hoffest zu Weihnachten 1458, bei welchem allein die Vielzahl hochrangiger Gäste, ferner Übermaß und Erlesenheit der Speisen und Getränke und nicht zuletzt das ‚edle' silberne Geschirr Macht und Reichtum des Gastgebers zur Schau stellten.[118] Die Eindrücke dieses glanzvollen Festes dürften über Hofgesinde und Verbündete hinaus auch auf Abwesende eines weiteren adligen Umkreises, darunter freilich auch Opponenten Friedrichs, gewirkt haben (wie dies die Berichte des Speyerer Chronisten nahe legen). Ebenso wusste Friedrich gegenüber der Stadt Heidelberg seine rechtmäßige Regentschaft großartig in Szene zu setzen, allen voran anlässlich der jährlichen feierlichen Dankprozessionen für die Schlachtenerfolge in Pfeddersheim und Seckenheim.[119] Diese Form der Repräsentation, welche die Gewissheit der unter Gottes Gnaden stehenden Herrschaft Friedrichs („allein von gott ist der sig")[120] aufrecht erhielt, wird man aufgrund der aktiven Teilnahme weiter Teile der Stadtbevölkerung: Bürgerschaft, Universität und Klerus, als besonders wirksam einschätzen dürfen.

Neben und innerhalb solch aufwändiger Ereignisse dienten verschiedenste Formen künstlerischen Schaffens zur Repräsentation. So lässt sich bezüglich der höfischen Kunstproduktion zunächst zweierlei festhalten:[121]

1. Die Förderung künstlerischen Schaffens am Hofe Friedrichs hing in hohem Maße von dem repräsentativen Nutzen ab: dieser war sicher nicht der einzige, aber der herausragende Zweck höfischer Kunst.

2. Hieraus folgt, dass die repräsentative Wirksamkeit der Kunstwerks, d.h. seine Rezeptionsbedingungen, von herausragender Bedeutung war: Wie und in welchem Handlungsrahmen wurde das Kunstwerk wahrgenommen? Die Beispiele des Hoffestes und der Dankprozession mögen verdeutlichen, dass festliche Ereignisse, hierzu zählen auch Jagden, Turniere oder feierliche Empfänge, herausragende Anlässe fürstlicher Selbstdarstellung boten, zumal, wenn die Rezipienten als aktive Bestandteile an der Herrschaftsrepräsentation mitwirkten, diese mitgestalteten. Kunstformen, die in einem solchen Kontext nicht einfach wahrgenommen, sondern eindrücklich erlebt werden konnten, wird man daher eine hervorragende Rolle in Friedrichs ‚Mäzenatentum' zuschreiben können.

Daneben bildeten freilich auch künstlerische Qualität und Neuartigkeit der Ausdrucksformen Kriterien der Wertschätzung und Förderung der Kunst am Hofe, doch in der Regel nur insoweit, als sie den repräsentativen Zwecken genügten, und umso mehr, als sie die fürstliche bzw. adlige Selbstdarstellung noch zu steigern vermochten: so scheinen bei den fürstlichen Auftraggebern des 15. Jh. weniger die Entwicklungen im Bereich der Tafelmalerei (was etwa die zunehmend naturgetreue und detaillierte Darstellungsweise wie auch die perspektivische Erfassung des Raumes betrifft) Anklang gefunden zu haben als, beispielsweise, die Verfeinerung und zunehmende (materielle) Pracht der flämischen Tapisseriekunst. Nicht selten schienen Fürst und Adel auch bewusst traditionelle, z.T. gar offensichtlich ‚altertümliche' Kunstformen gewählt zu haben.

Friedrich dem Siegreichen lässt sich insbesondere im Bereich der Musik ein bemerkenswertes, kostspieliges Engagement nachweisen. Hier verdient allen voran die in den Jahren 1472/73 erfolgte Begründung einer höfischen Sängerei hervorgehoben zu werden.[122] Eine solche fest etablierte „Capelley" war keineswegs die Regel an den deutschen Fürstenhöfen.[123] Die Pfälzer Hofkapelle, bestehend aus zwölf bepfründeten Kantoren sowie mehreren auszubildenden Sängerknaben unter Leitung eines Sängermeisters, nimmt zudem eine in musikgeschichtlicher Hinsicht bedeutsame Stellung ein. Wesentliche Entwicklungen im Chorgesang (z.B. die Mehrstimmigkeit betreffend) scheinen, ausgehend von den Niederlanden, vor einer breiteren Rezeption im Reichsgebiet zuerst hier aufgegriffen worden zu sein.[124] Ein solcher Vorgang stünde exemplarisch für die kulturelle ‚Vorreiterrolle' der Niederlande und des burgundischen Hofes im 15. Jahrhundert, wobei die unter den dortigen, diesseits der Alpen einzigartigen gesellschaftlichen Bedingungen hervorgebrachten Errungenschaften erst mit zeitlicher Verzögerung auch den Weg in die Städte und Höfe des Reichs fanden. In vielen Fällen, so auch der Chormusik, führte dieser Weg zunächst über den Heidelberger Hof. Verantwortlich für den musikalischen Reichtum der Heidelberger Hofkapelle zeichnet der Sängermeister Johann von Soest. Nach mehreren Anstellungen an deutschen Fürstenhöfen, etwa Kleve und Kassel, und langjährigen Erfahrungen in den Niederlanden, u.a. in Brügge,[125] begab sich Johann 1472 als Sängermeister in pfalzgräfliche Dienste. In der Anstellungsurkunde[126] gelobt Johann „in der Capelley und sust wo mir das von siner gnaden wegen zu iglicher zitt geburen und zu thun bevolhen[!] wirt" seinen Dienst zu leisten. Die Formulierung „und sust …" mag vielleicht ein Hinweis darauf sein, dass die Sängerei nicht nur zur musikalischen Ausgestaltung der kirchlichen Liturgie, sondern auch in anderem Kontext, etwa zur Bereicherung weltlicher Festlichkeiten, eingesetzt worden sein könnte. Dass die kurpfälzische Hofkapelle mit ihren Sangeskünsten jedenfalls nicht nur den Kurfürsten erfreuen, sondern auch andere Zuhörer am und außerhalb des Hofes beeindrucken sollte, geht aus der Sängerordnung hervor, welche die Knaben dazu anhält, ihre Stücke im Falle, dass „fremd lüt hie syn" oder „sie an fremden enden singen"[127], besonders eingehend zu proben. Entzieht es sich auch unserer exakten Kenntnis, ob und in welcher Weise die Hofkapelle zu profanen Anlässen zu singen hatte, so wird man festhalten können, dass ihre Gesangskunst sicher auch bei kirchlichen Feierlichkeiten den Reichtum ihres weltlichen Herrn zu repräsentieren vermochte.

Wie weit der Aufgabenbereich eines Hofbediensteten wie Johann von Soest gefasst werden konnte, belegen seine literarischen Tätigkeiten am Hofe. So übersetzte er im Auftrag Philipps des Aufrichtigen das umfangreiche ritterliche Romanepos Die Kinder von Limburg „uss flemscher sprach"[128] ins Deutsche – das heute in der Heidelberger Universitätsbibliothek aufbewahrte, 1480 datierte Manuskript ist aufgrund des Widmungsbildes (Buchübergabe des Verfassers an den Kurfürsten) insbesondere auch von kunsthistorischer Bedeutung. Die Arbeit des höfischen Sängermeisters an diesem Roman kennzeichnet ebenso wie die Pfälzer (Prosa)Chronik des Hofkaplan Matthias von Kemnat sowie die Jagdbücher und Petrarca-Kopien des Hofarztes Heinrich Münsinger den literarischen Betrieb am Hofe jener Epoche. Jedes Sujet, jede literarische Gattung konnte für den Kurfürsten von Interesse sein: dynastisch orientierte Chroniken wie auch sämtliche Arten Gebrauchsschrifttum (Jagd, Medizin, Astrologie, etc.) ‚altertümliche' Minnegesänge und Rittergeschichten ebenso wie humanistisches Gedankengut und antike Traktate.[129] Auch übten die Verfasser dieser Werke vielfältigste Funktionen am Hofe aus; spezielle, dauerhaft angestellte Hofliteraten gab es in der Regel nicht. Einzig den „in der Tradition der mittelalterlichen Berufsdichter"[130] stehenden Michel Beheim, als dessen Heidelberger Hauptwerk die sog. ‚Pfälzer Reimchronik' gilt, scheint man für die Jahre 1468–1472 als Hofdichter Friedrichs ansprechen zu können. Er selbst nannte sich „meines genedigen hern her Fridrichs pfalcz graven pei Rein teutscher paet und tichter"[131].

Unter all den das ‚literarische Leben' des Hofes Friedrichs des Siegreichen prägenden Gestalten widmete die Forschung den beiden an italienischen Universitäten ausgebildeten Frühhumanisten Peter Luder und Petrus Antonius de Clapis stets besonderes Interesse.[132] Wenngleich keiner der beiden eine feste höfische Anstellung erlangen konnte, erfuhren sie durch gelegentliche Aufträge sowie Fürsprache an der Universität die Unterstützung Friedrichs. Mit ihren den Pfalzgrafen lobpreisenden und dessen Stellung legitimierenden literarischen Werken zählen sie zu den frühesten Vertetern humanistischen Wirkens im Umkreis deutscher Fürstenhöfe.[133] Mittels humanistisch geschulter Argumentation verschrieben sie seine Herrschaft, jegliche Einwände des Eigennutzes entkräftend, gänzlich dem Gemeinwohl und der Sorge um die ‚patria'. Friedrich als eine (im Vergleich zu seinen Standesgenossen) äußerst gelehrte und höchstwahrscheinlich des Lateinischen mächtige Persönlichkeit[134], Eigentümer zahlreicher antiker Traktate[135], wird, so darf man vermuten, dieses Lob zu schätzen gewusst haben.

Doch wie stand es um die repräsentative Wirkung dieser an deutschen Fürstenhöfen bisher ungebräuchlichen Vortragsform? Diese setzte schließlich zu ihrem Verständnis ein Mindestmaß an gelehrter Bildung voraus. Man wird daher im Rahmen feierlicher Akte darauf geachtet haben, fürstliche Gäste, die (akademische) Bildung noch als standeswidrig und unnütz auffassten (wie es z. B. der bayrische Herzog Albrecht IV. tat)[136], durch die Aufführung derartiger Lobreden und Gedichte nicht zu brüskieren. Zudem hätte die Botschaft des höfischen Vortrags in der von Luder und de Clapis gepflegten Form weder in Heidelberg noch andernorts das weiterhin größtenteils illiterate Hofgesinde erreichen können. Diese rezeptiven Bedingungen scheinen Friedrichs Förderung literarischen Schaffens am Hofe mitbestimmt zu haben. Man wird dem Kurfürsten unterstellen dürfen, auch an traditionelleren Formen der Vortragskunst weiterhin Gefallen gefunden zu haben – es sei allein an das mehrjährige Engagement des vergleichsweise ‚altertümlich' anmutenden Dichters Michel Beheim erinnert. Dessen Reimchronik lag womöglich die Intention zugrunde, die noch in Arbeit befindliche Prosachronik des Matthias von Kemnat in die „höfisch-repräsentative" Form der Versdichtung zu gießen – als eine besonders feierliche und allseits verständliche Variante, die Legitimität und den Glanz der Herrschaft Friedrichs zu verkünden.[137] Die ganze Vielfalt literarischer Äußerungen unter Friedrich dem Siegreichen steht beispielhaft für den durch eine Epoche des Wandels gezeichneten und für Innovationen besonders empfänglichen, doch im wesentlichen in seinen traditionellen Strukturen verharrenden Pfälzer Hof.

Wenn in diesem Kontext von den Anfängen eines ‚höfischen Humanismus' die Rede ist, dann sollte beachtet werden, dass der Kurfürst sicher keine gezielte Förderung der ‚studia humanitatis' – erst recht nicht um ihrer selbst willen – am Hofe betrieb. Wichtiger erscheint hingegen, dass Friedrich eine bemerkenswerte Gruppe akademisch

Abb. 2:
Ausschnitt aus fol. 42 r des Lehnsbuches Friedrichs I.: Friedrich kniet vor Maria und dem Jesuskind. Heidelberg 1471, GLA Karlsruhe

gebildeter, dem Humanismus zugewandter Personen in höheren Positionen am Hofe versammelte: Kanzler Ramung, Hofkaplan von Kemnat, Hofarzt Münsinger und weitere, die ihm möglicherweise auch die Förderung einer zwielichtigen Persönlichkeit wie Peter Luder nahe legten. Gemeinsam mit Angehörigen der Universität begründeten sie eine geistige Kultur in Heidelberg, die gegen Ende des Jahrhunderts unter Kanzler Dalberg den Höhepunkt ihrer Entwicklung erreichen sollte und solch bedeutende Gelehrte wie Celtis, Wimpfeling, Reuchlin, Agricola u. v. m. nach Heidelberg zu ziehen vermochte – oft auch in kurfürstliche Dienste (etwa als Prinzenerzieher)[138]. ‚Höfisch' meint daher in erster Linie, dass diese Entwicklung entscheidend von Mitgliedern des Hofes getragen und z.T. durch kurfürstliche Gönnerschaft sowie höfische Anstellungen (besonders unter Philipp) unterstützt wurde. Vornehmliche Wirkungsstätte der Gelehrten bildete jedoch der humanistisch gesinnte Personenkreis um Hof und Universität und deren städtische Privathäuser.[139]

Weitaus schwieriger gestaltet sich indessen die Aufgabe, die Bedeutung Friedrichs und seines Hofes im Bereich der Bildenden Künste zu ermitteln. Zu viel ging durch die Bilderstürme des 16. Jh. sowie die verheerenden Kriege des 17. Jh. verloren. Insbesondere auf dem Gebiet der Bildhauerei hat sich ähnlich wie in der Architektur nahezu nichts erhalten, das sich sicher in direkte Verbindung mit Friedrich bringen ließe. Als bezeichnend hierfür kann das Schicksal des Grabmals Friedrichs samt der zugehörigen, eigens errichteten Grabkapelle an der Franziskanerkirche gelten (Friedrich war der einzige Kurfürst des 15./16. Jh., der sich nicht in der dynastischen Grablege Heiliggeistkirche bestatten ließ). Weder Kirche, Kapelle noch Grabmal überstanden die Zerstörungswut des Erbfolgekrieges. Immerhin lässt sich zumindest die Gestalt des letzteren als sog. ‚Cadaver-Grabmal' rekonstruieren.[140] Die Wahl dieser im deutschen Raum neuartigen Form, welche den Toten zweifach, nämlich in seiner fürstlichen Herrlichkeit und darunter in seiner irdischen Vergänglichkeit (daher die Bezeichnung) darstellt, fügt sich in das Bild des künstlerisch bedeutsamen Heidelberger Hofes. Einzig im Falle des Trierer Erzbischofs Jacob von Sierck lässt sich eine frühere Rezeption (1462)[141] dieses v.a. im nördlichen Frankreich und England weit verbreiteten Grabmal-Typus nachweisen (bezeichnenderweise eben in Trier). Verwandtschaftliche und topografische Nähe, sicher auch hohe Ambitionen, veranlassten den Pfälzer Hof, sich an den künstlerisch überragenden Gebieten Frankreichs und der Niederlande zu orientieren und dadurch selbst wiederum eine hervorgehobene Stellung unter den Höfen des Reichs einzunehmen.

Für die Malerei und vergleichbare Medien zweidimensionaler Darstellung können an dieser Stelle zwei Beispiele aus Friedrichs Regentschaft angeführt werden, an welchen die Prinzipien höfischer Kunst besonders deutlich zu Tage treten: 1. die zwei Miniaturen des großen Lehnsbuchs Friedrichs des Siegreichen sowie 2. die verlorenen Tapisserien des Heidelberger Schlosses. Bei dem großen Lehnsbuch handelt es sich um eine äußerst repräsentative Handschrift von 1471, in welchem sämtliche Aktiv- wie Passivlehen der Pfalzgrafen verzeichnet sind und auf welches der Vasall beim Treueschwur des feierlichen Lehnsaktes die Hand aufzulegen hatte.[142] Hierbei dürfte der Vasall auch die beiden Miniaturen des Buches zu sehen bekommen haben, wobei die erste einen eben solchen (Lehns-)Vorgang mit dem Kurfürsten im Zentrum darstellt, die zweite die thronende Muttergottes mit Kind sowie dem vor ihr knienden und von den Heiligen Petrus und Philipp (oder einem anderen?) begleiteten Friedrich. Die beiden Miniaturen zeichnen sich weniger durch die eher zweitrangige malerische Qualität – ihre Kostbarkeit und der glänzende Kolorit werden die Zeitgenossen dennoch beeindruckt haben – als durch ihre vielschichtige politische Ikonografie aus. Konrad Krimm deutet das die beiden Miniaturen umfassende Bildprogramm dahingehend[143], dass sich Friedrich als königsgleicher, auch -fähiger, durch die Gnade Gottes sowie auf Fürsprache Mariens, Petri und des Hl. Philipp (dieser in himmlischer Stellvertretung der irdischen Situation) regierender Kurfürst inszenieren ließ. Die politische Botschaft, die sich den Vasallen sicher schneller und eindeutiger erschloss als dem heutigen Beobachter, sowie der feierliche Rahmen der Rezeption lassen das Lehnsbuch und seine Miniaturen als ein besonders ‚repräsentatives' Stück höfischer Kunst erscheinen.

Das Bildmedium von überragender Bedeutung für die fürstliche Repräsentation war jedoch offenbar auch für Friedrich die Tapisserie.[144] Sie eignete sich schon aufgrund ihres beträchtlichen materiellen Wertes, aber auch wegen der Möglichkeit des Transportes in besonderem Maße als Repräsentationsobjekt. In Heidelberg hat sich davon nichts mehr erhalten, einzig schriftliche Nachrichten indizieren eine ehemals reiche Ausstattung des Schlosses mit Bildteppichen. Es erscheint aufgrund von Quellenhinweisen wahrscheinlich, dass ein Großteil dieser Tapisserien bereits aus der Zeit Friedrichs stammten und als bevorzugtes Motiv seine großen Schlachtenerfolge darstellten.[145] So hätten die Tapisserien Friedrichs Bemühen um Selbstdarstellung nicht nur aufgrund ihrer dargelegten repräsentativen Qualität, die insbesondere anlässlich höfischer Festlichkeiten zur Geltung kam, sondern auch dank der speziell auf die Person Friedrichs abgestimmten Ikonographie genügt. Analog zu den literarischen Intentionen, etwa der Chronik des Matthias von Kemnat, wurde den Gästen nicht, wie an anderen Höfen, Ereignisse und Altehrwürdigkeit des fürstlichen Hauses, sondern primär die persönliche Erfolgsgeschichte ihres Gastgebers vor Augen geführt.

Es sei zuletzt noch auf eine bedeutsame ‚Künstlerfigur' verwiesen, die zumeist in den Umkreis des Heidelberger Hofes von 1470/75ff. verortet wird: den sog. ‚Hausbuchmeister'. Dieser Name steht weniger für einen bestimmten Künstler als für eine Reihe von Gemälden, Zeichnungen und Stichen unbekannter Künstler, die sich stilistisch (weitestgehend) um das Hausbuch einer unbekannten Adelsfamilie sowie das sog. ‚Amsterdamer Kaltnadelstichkabinett' gruppieren und die verschiedene Forscher seit dem 19. Jh; zum Oeuvre eines einzigen Künstlers – des ‚Hausbuchmeisters' – vereinigten. Es handelt sich jedoch wahrscheinlicher um das Werk mehrerer Hände und Werkstätten (zumal es sich um verschiedene Kunstgattungen handelt), von denen wenigstens einige in Kontakt mit dem Heidelberger Hof gebracht werden können, so z.B. anhand des erwähnten, 1480 datierten Widmungsbildes der ‚Kinder von Limburg' sowie des berühmten Gemäldes des ‚Gothaer Liebespaars', das zumeist als Bildnis des engen kurfürstlichen Vertrauten Graf Philipp von Hanau mit seiner bürgerlichen Konkubine identifiziert wird. Grundsätzlich vermitteln insbesondere die Kaltnadelstiche das Bild einer in hohem Maße höfisch orientierten Kunst: motivisch, das Adlige idealisierend, das Bürgerliche und Bäuerliche abwertend; stilistisch, mit einer zunehmenden Verfeinerung der Darstellung der Protagonisten (bei weitgehendem Desinteresse an Räumlichkeit); technisch, aufgrund des gänzlich neuartigen druckgrafischen Verfahrens, das zwar feinste Arbeiten, jedoch nur kleinste Reproduktionsauflagen erlaubt: Auflagenbegrenzung als Garantie der Exklusivität höfischer Kunst.

Über die Personalia der unterschiedlichen ‚Hausbuchmeister' und ihr Verhältnis zum Pfälzer Hof ist uns, wie so häufig in der spätmittelalterlichen Malkunst, nahezu nichts bekannt. Arbeiteten sie in einem festen oder freien Verhältnis am Hofe? Waren sie überhaupt am Heidelberger Hof tätig? Zogen sie über mehrere Höfe, um ihren Lebensunterhalt zu sichern? All das ist unklar, doch bleibt festzuhalten, dass sich die Spuren der ‚Meister um das Hausbuch' in auffälliger Weise 1. gesellschaftlich um den höfischen Adel, 2. topografisch in der Region des kurpfälzischen Einflussgebietes verdichten. Sie zählen daher auch weiterhin zu den geringen möglichen Fragmenten des künstlerischen Schaffens am Heidelberger Hof des 15. Jahrhunderts.

Künstlerisches Schaffen im Umkreis des Hofes bedeutete insbesondere auch Tätigkeit für eine höfische Gesellschaft als einer umfangreichen und gleichsam auf standesgemäße Repräsentation bedachten Auftraggeberschaft. Infolge der Konzentration des Hofes auf Heidelberg und dem Aufstieg der kleinen Stadt zu einem gesellschaftlichen Mittelpunkt der Region, auch durch das Wirken der Universität, entwickelte sich die Stadt im 15. Jh. zu einem kulturellen Zentrum. Neben Gelehrten zogen v.a. viele (Kunst-)Handwerker in den Umkreis des Hofes in Heidelberg: Buchmaler, Glasmaler, Buchbinder, Buchdrucker, Bildhauer, Goldschmiede, Seidensticker u.v.m.[146] Dass 1465 Kleriker aus der Metropole Mainz gar ihre Bücher bei dem Heidelberger Buchmaler Caspar Radheimer illuminieren ließen, belegt die neu erlangte Stellung der Stadt am Neckar – mit einem Vorgang, der ein Jahrhundert zuvor wohl undenkbar gewesen wäre.

4. Schluss

Das Fazit kann knapp gehalten werden: Primäres Anliegen dieser Arbeit war es, den Hof Friedrichs des Siegreichen in seiner der Zeit entsprechenden Vielfältigkeit, auch scheinbaren Widersprüchlichkeit zu porträtieren. Er steht exemplarisch für die de facto durch gesellschaftlichen und politischen Wandel gezeichnete, doch weitgehend noch den alten Herrschafts- und Ordnungsvorstellungen verhaftete Epoche. Institutionalisierung der Herrschaftsausübung, Emanzipierung des Territoriums von der fürstlichen Person und akademische Bildung als Voraussetzung einer politischen Stellung sind ansatzweise, jedoch klar erkennbar bereits zur Zeit Friedrichs zu verfolgen. Dies scheint jedoch weder das Selbstverständnis von Fürst und Adel noch das politische Weltbild ihrer Zeitgenossen ins Wanken gebracht zu haben. Wie schon seit ‚unvordenklichen' Zeiten bildete der Fürst das Haupt des Gemeinwesens, der ihm verbundene Hof dessen soziales und politisches Zentrum. Die sich aus dem Hof heraus entwickelnden politischen Institutionen mochten von höchster Relevanz für den künftigen Staat sein, in der zeitgenössischen Bewertung standen sie im Schatten der ehrwürdigen Räte und der glanzvollen Hofgesellschaft.

Diese Zeit des Wandels, die allmählich und kaum bemerkt die seit Jahrhunderten aufrecht stehende gesellschaftliche Ordnung und ihre Prinzipien unterhöhlte; das Aufeinandertreffen von Altem und Neuem; all das findet seinen deutlichsten Ausdruck in der höfischen Kunst in der Pfalz: Die Förderung sowohl humanistischer Gelehrsamkeit als auch mittelalterlich-ritterlicher Literatur kennzeichnet die Stellung des Fürsten zwischen neuen (ursprünglichen standeswidrigen) Bildungsbestrebungen sowie traditionellem Standesbewusstsein. Anhand der bildlichen Darstellungen des eleganten Höflings, sodann des Bauern mit Knoblauchwappen wie auch des von der Königsgemahlin berittenen ‚Gelehrtenfürsten' Aristoteles mag sich der höfische Adel wiederum seines Standes, der sozialen Hierarchie vergewissert bzw. diese präsentiert haben, auch in Abgrenzung zu der an Einfluss gewinnenden bürgerlichen Aufsteigerschicht. Der enorm gesteigerte repräsentative Aufwand dieser Zeit mag vielleicht auch eine Kompensation der abgegebenen konkreten Herrschafts- und Standesfunktionen von Fürst und Adel sein – man denke an die Bedeutung des Turniers zu jener Zeit.

Anmerkungen

1. Vgl. Zotz, Hof und Hofordnung, 1999, S. 63.
2. Moraw, Universität, Hof und Stadt, 1983, S. 526.
3. Ders., Was war eine Residenz, 1991, S. 462.
4. Speierische Chronik, in: Mone, Quellensammlung, 1848, S. 423f.
5. Kolb, Residenz Kurpfalz, 1999, S. 31.
6. Kolb, Residenz Heidelberg, 1999, S. 118–120.
7. Vgl. Grathoff, Art.: Alzey, in: Residenzenlexikon, 2003 / 04, Bd. II, S. 7–9, hier S. 8.
8. Kolb, Residenz Heidelberg, 1999, S. 120.
9. Es bliebe hier als eines der wenigen Beispiele der Fall des Wildgrafen Gerhard III. anzuführen, der 1388 im Krieg gegen die Städte in Vertretung seines alten Onkels und Erbmarschalls Wildgraf Otto von Kirburg das pfalzgräfliche Banner trug und somit eine militärisch führende, zudem repräsentative Position einnahm. S. hierzu Kolb, Residenz Heidelberg, 1999, S. 119.
10. Wenn B. Studt in ihrem Artikel im Residenzenlexikon, S. 442, bemerkt, dass die Erbhofämter im 14. Jh. keine Bedeutung „weder für den Hof noch für die Territorialverwaltung" gehabt hätten, wo doch 1360 noch die Übertragung eines Erbhofamtes aktuell war, so erweist sich diese Aussage als zu weitgehend. „Das druchsezzen ampt, daz da gehoret zu der Pfaltz" (Karlsruhe, Generallandesarchiv, Kopialbuch 67 / 805, fol. 18v..Zit. nach: Kolb, Residenz Heidelberg, 1999, S. 120) war sicher kein ‚bedeutungsloses' ampt, vielmehr verweist es auf die besondere Bedeutung und Konzeption des mittelalterlichen Hofes. Der Hof, das Hofgesinde und die zugehörigen Ämter dürften demnach im 14. Jh. nicht auf das ‚engere' Hofgesinde und den alltäglichen Hofdienst reduziert werden.
11. Der zeitgenössische Begriff des „Gesindes" darf hierbei keineswegs mit einem lediglich niedere Dienste verrichtenden Haus- und Hofpersonal gleichgesetzt werden, sondern sollte vielmehr, umfassender, gemäß dem älteren Sprachgebrauch als ‚Familie' verstanden werden (latein. zeitgenössisch familiares; vgl. Rösener, Art.: Hof, in: Lexikon des Mittelalters, Bd. 5,1991, S. 67.; im Niederländischen heute noch „het gezin" für ‚die Familie'). In seiner Funktion als des Reiches Erztruchsess zählte Ruprecht I. 1354 ebenfalls zum „Hofgesinde" Kaiser Karls IV. (Kolb, Residenz Heidelberg, 1999, S. 107) Ruprecht I. nahm seinerseits adlige Diener zu seinem „Hofgesinde" auf, wie Kolb, Residenz Heidelberg, 1999, S. 108 anhand einer Urkunde von 1357 nachweist. Ein kurzer Abschnitt des bei Kolb zitierten Originaltextes sei hier angeführt: „Wir ... erkennen ..., daz wir ... Masselgot von Cren zu unserm diener und hofe gesinde genomen und empfangen haben." Aus: Karlsruhe, Generallandesarchiv, Kopialbuch 67 / 804, fol. 39r.
12. Kolb, Residenz Heidelberg, 1999, S. 118. s. hierzu auch u.a. Backes, Das literarische Leben, 1992, S. 30f. sowie Studt, Art.: Pfalz, in Residenzenlexikon, 2003 / 04, Bd. I, S. 440–446, hier S. 442.
13. Die bei den oben (Nr. 25) angeführten Autoren, insbesondere Studt und Kolb, selbstverständliche Verwendung des Begriffs der ‚Territorialverwaltung' in Bezug auf den Hof des 14. Jh. – als eine wesentliche Aufgabe desselben – verunklart m.E. sowohl Bedeutung und Wirken des damaligen Hofes wie auch generell Form und Grundzüge spätmittelalterlicher Herrschaft. Ebenso wenig dürfte die Umschreibung als ‚administrativer Apparat' der ‚formalen Herrschaftsausübung' (Kolb, Residenz Heidelberg, 1999, S. 95) dem Wesen und den Eigenheiten des mittelalterlichen Hofes und seiner einzelnen Ämter gerecht werden. Derartige Darstellungen und Formulierungen, die sich m.E. zu sehr an die Funktionsweise und Organisation moderner Regierungen und Ministerien anlehnen, gilt es bei der folgenden Untersuchung des engeren Hofes und der Hofämter zu relativieren, gegebenenfalls zu widerlegen.
14. Cohn, the government, 1965, S. 227.
15. Vgl. Kolb, Residenz Heidelberg, 1999, S. 126f.
16. Kolb, Residenz Heidelberg, 1999, S. 128.
17. Ebd., S. 121.
18. Vgl. Studt, Art.: Pfalz, in: Residenzenlexikon 2003 / 04, Bd. I, S. 440–446, hier S. 442.
19. Kolb, Residenz Heidelberg, 1999, S. 124f.
20. Vgl. Müller, der Fürstenhof, 1995, S. 20.
21. Eine verantwortungsvolle Position und Ansehen innerhalb des Hofgesindes scheint freilich auch dem Küchenmeister zuteil geworden zu sein; so wurde der Küchenmeister Arnold Schliederer von Lachen in den während der Pilgerreise Ludwigs III. ins Heilige Land 1426 fungierenden Regentschaftsrat berufen (Andermann, adlige Klientel, 2000, S. 121f.), andere vermeintlich höher angesehene Hofämter blieben hingegen (laut Urkunde) außen vor. Es stellt sich die

Frage, ob diese ‚Nominierung' aus primär pragmatischen Gründen erfolgte, es sei etwa an die Bedeutung der Hofversorgung erinnert. Jedenfalls indiziert die Berufung des Küchenmeisters im einmal mehr die Unstetigkeit der höfischen Strukturen und Ämterhierarchie bzw. welche Bedeutung die persönlichen Beziehungen einnehmen konnten, so „dass – ob hoch oder niedrig – nicht das Amt die Person, sondern die Person das Amt entscheidend geprägt hat" (Moraw, Verwaltung des Königtums, 1983, S. 28.).

22 Vgl. Moraw, Verwaltung des Königtums, 1983, S. 28 u. 31.
23 Vgl. Paravicini, Alltag bei Hofe, 1995, S. 17.
24 Vgl. Moraw, Verwaltung des Königtums, 1983, S. 35.
25 Cohn, Government, 1965, S. 225.
26 Moraw, Verwaltung des Königtums, 1983, S. 32.
27 Vgl. Kolb, Residenz Heidelberg, 1999, S. 148.
28 Ebd., S. 127.
29 Vgl. Müller, Fürstenhof, 1995, S. 20.
30 S. hierzu Kolb, Residenz Heidelberg, 1999, S. 126.
31 Ebd., S. 127.
32 Ebd., S. 127.
33 In der Hofgerichtsordnung Philipps des Aufrichtigen von 1480, die „unsern hofemeyster, canzler, marschalk, faut zu Heydelberg und ander unser rete, die wir bey uns teglich in unserm hofe gebruchen" (München, Bayerisches Hauptstaatsarchiv, Oberpfalz, 100, fol. 92. Aus: Kolb, Residenz Heidelberg, 1999, S. 131) nennt, wird der Kammermeister nicht einzeln aufgeführt; vielleicht ist er unter den „ander unser rete" zu suchen. Moraw, Verwaltung des Königtums, 1983, S. 36 zufolge lässt sich jedenfalls am Königshof (und wohl auch an anderen Fürstenhöfen) eine führende Stellung des Kammermeisters innerhalb des engeren Hofrates nachweisen.
34 Karlsruhe, Generallandesarchiv, Kopialbuch 67/806, fol. 16v.–17r. Aus: Kolb, Residenz Heidelberg, 1999, S. 129.
35 Hofgerichtsordnung Philipps des Aufrichtigen (wie Nr. 49).
36 Vgl. die (freilich spätere) Hofgerichtsordnung Philipps des Aufrichtigen (s. oben Nr. 49).
37 Cohn, government, 1965, S. 155f.
38 Ebd., S. 527.
39 Diese vorrangige Funktion wird man ihnen wohl auch bei der Arrogation 1452 zugestehen können, die Friedrich durch den urkundlich fixierten eidlichen Ratschlag der trefflichen „rete, manne und merglichen gelider des furstenthums der Pfalczgraveschafft by Ryne" zu rechtfertigen sucht (Schaab/Lenz, Urkunden, 1998, Nr. 115, S. 232.).
40 S. hierzu u. a. Andermann, adlige Klientel, 2000, S. 121 f. sowie Schaab, Kurpfalz, 1988, S. 174f.
41 Zotz, Hof und Hofordnung, 1999, S. 73 sowie Moraw, Zusammenfassung, 1999, S. 560.
42 S. hierzu Andermann, adlige Klientel, S. 117–126.
43 Wendt, mit wybe, 1999, S. 23–28.
44 Backes, das literarische Leben, 1992, S. 31.
45 Freilich galt als absoluter „Idealfall" für die Ritteradligen vermutlich, einen noch höheren Rang, etwa als geistlicher Reichsfürst, zu erlangen. Aber auch hier führte der Weg oftmals über den pfalzgräflichen Hof (auf den Bischofsstuhl), wie dies bei Raban von Helmstadt, zunächst kurfürstl. Vertrauter und dann seit 1396 Bischof von Speyer, offensichtlich der Fall war (Vgl. Schaab, Kurpfalz, 1988, S. 38), später auch bei Matthias Ramung (pfälzischer Kanzler seit 1457, Bischof von Speyer seit 1464).
46 Moraw, Verwaltung des Königtums, 1983, S. 28f.
47 Vgl. Kolb, Residenz Heidelberg, 1999, S. 131.
48 Moraw, Art.: Ruprecht von der Pfalz, in: Residenzenlexikon, Bd. I, 2003/04, S. 319–324, hier S. 320.
49 Ebd., S. 320.
50 Ebd., S. 322.
51 Die „Qualifikation" bezieht sich hier nicht auf einen konkreten Abschluss – offenbar war eine Graduierung für einen Adligen nicht immer vonnöten –, sondern ganz prinzipiell auf seinen Lebenslauf und die betriebenen Studien (Vgl. Moraw, Heidelberg: Universität, Hof und Stadt, 1983, S. 529).
52 Schaab, Kurpfalz, 1988, S. 138.

53 Studt, Art.: Pfalz, in: Residenzenlexikon, Bd. I, 2003/04, S. 443.
54 Moraw, Heidelberg: Universität, Hof und Stadt, 1983, S. 527.
55 Backes, das literarische Leben, 1992, S. 118.
56 Vgl. ebd., S. 118f.
57 Ebd., S. 119 sowie Müller, Der siegreiche Fürst, 1989, S. 26.
58 Moraw, Heidelberg: Universität, Hof und Stadt, 1983, S. 536.
59 So fungierte z.B. der an der Universität wirkende Legist Johann Wacker gleichsam als „Rat und Vertrauter" Kurfürst Philipps des Aufrichtigen. S. hierzu Moraw, Heidelberg: Universität, Hof und Stadt, 1983, S. 538.
60 Schaab, Kurpfalz, 1988, S. 175.
61 Moraw, Was ist eine Residenz, 1991, S. 462.
62 Ders., Art.: Ruprecht von der Pfalz, in: Residenzenlexikon, Bd. I, 2003/04, S. 322.
63 Ders., Mittelrhein und fränkischer Oberrhein, 1985, S. 35.
64 Schaab, Kurpfalz, 1988, S. 207.
65 Vgl. ebd., S. 207 sowie Moraw, Mittelrhein und fränkischer Oberrhein, 1985, S. 35.
66 Vgl. hierzu Moraw, Zusammenfassung, 1999, S. 559. Einzig vom Kurprinzen Philipp ist eine Hofordnung für seinen Oberpfälzer (Neben-)Hof von 1474 erhalten. Man könnte den Entstehungsgrund freilich wieder den besonderen Situationen zuordnen. Wo hingegen eine Kontinuität der erfolgreichen Regierung zu verzeichnen war, wie am ‚Heidelberger Haupthof' seit spätestens 1460 – auch angesichts des ‚reibungslosen' Regierungswechsels 1476 – scheint man auf Hofordnungen verzichtet zu haben.
67 S. hierzu Kolb, Residenz Heidelberg, 1999, S. 41–57 sowie Wendt, den stul der pfalsgraffschaft, 1998, S. 19–27, beide mit ausführlichen Darstellungen der Aufenthalts- und Urkundungsorte des Pfalzgrafen Ruprecht I.
68 S. hierzu Kolb, Residenz Heidelberg, 1999, S. 162–174. Der Begriff „Teile" bezieht sich in diesem Zusammenhang z.B. auf bestimmte Teile des Kanzleipersonals. Höchstwahrscheinlich begleiteten den reisenden Kurfürsten stets auch ein oder mehrere Schreiber, doch scheint es im 14. Jh. ebenfalls einen dauerhaft auf der Burg arbeitenden Stab von pfalzgräflichen Notaren gegeben zu haben.
69 Ebd., S. 188f.
70 S. hierzu Wendt, mit wybe, 1999, S. 23–27, hier v.a. S. 24f. Für die Leininger ist demnach der Besitz eines Burglehens seit 1357 gesichert, 1378 begegnet ein Hof der Sponheimer. Auch den Katzenelnbogener Grafen ist spätestens für das 15. Jh. ein Hof am Schlossberg nachzuweisen.
71 Die Bezeichnung entstammt einer Urkunde von 1390, Karlsruhe, Generallandesarchiv 67/651, fol. 6v–7r. Aus: Kolb, Residenz Heidelberg, 1999, S. 109.
72 Rödel, Art.: Heidelberg, in: Residenzenlexikon, Bd. II, 2003/2004, S. 259.
73 Die Rede Luders bei Kettemann, Heidelberg, 1986 in latein. Originalsprache veröffentlicht.
74 Es sei in diesem Kontext auf einige mit dem Begriff der „Residenz" verbundene Schwierigkeiten hingewiesen. Dieser Terminus war im Mittelalter, zumindest im Falle Heidelbergs, nicht gebräuchlich und seine Verwendung erfordert daher ein gewisses Maß an Vorsicht – zumal unsere heutige Vorstellung einer spätmittelalterlichen ‚Residenz', wie sie die Forschung untersucht, in hohem Maße von den gänzlich anders gearteten frühneuzeitlichen Residenzen beeinträchtigt ist. Die auch von Zeitgenossen im Spätmittelalter durchaus verfolgte Beobachtung, dass sich das Heidelberger Schloss zunehmend als zentraler Ort fürstlicher Reisen, Handlungen und Herrschaftsausübung sowie der Konzentration des Hofes herausbildete, wurde, soweit ich das sehe, im Mittelalter begrifflich nicht verarbeitet. Es bleibt festzuhalten, dass der Begriff der „Residenz", was Heidelberg betrifft, zunächst allenfalls für das Schloss taugt, nicht für die Gesamtheit von Stadt- und Schlossanlage. Letzteres entspräche wohl eher einer neuzeitlichen Vorstellung von „Residenz", wie es im Bezug auf Heidelberg etwa die Merian-Stiche (ca. 1620) vermitteln. Das Zentrum der pfalzgräflichen Herrschaft bildete auch im 15. Jh. primär die Person des Fürsten bzw. bei zunehmender räumlicher Festsetzung auch der (symbolträchtige) „stul", die „sedes" des Fürsten bzw. sein Haus, sein Palast, nicht aber eine durch Verwaltungsinstitutionen und -gebäude geprägte Hauptstadt eines Territoriums. Heidelberg, die überschaubare, von den Pfalzgrafen dominierte und von diesen in vielfältiger Weise abhängige Stadt, innerhalb dessen Mauern allen voran der höfische Adel eine entscheidende Rolle spielte, unterscheidet sich in diesem Sinne grundsätzlich von Prag, der alten böhmischen Königsstadt mit mächtigem (und zahlungskräftigem) Bürgertum, seit Kaiser

Karl IV. zudem auch kirchliche Metropole, sowie von Wien, schon 1277 die „principalis et capitalis (...) eiusdem terre (Austrie) civitas" (Aus: Sauter, Herrschaftsrepräsentation, 2003, S. 133). Wenngleich die Wittelsbacher sich in vielen Aspekten mit den beiden weiteren königsfähigen Geschlechtern, den Luxemburgern und den Habsburgern zu messen trachteten, so sollte man bei Schlussfolgerungen bezüglich der jeweiligen zentralen Städte Prag und Wien sowie Heidelberg doch sehr vorsichtig sein. Der Heidelberger Universitätsgründung 1386 dienten sicher die Gründungen im Prag der Luxemburger und im Wien der Habsburger als Vorbild, doch hatte Ruprecht I. m.E. keine „programmatische Verknüpfung von Universitätsgründung und Ausbau der fürstlichen Residenz zur Landeshauptstadt" (Backes, das literarische Leben, 1992, S. 23) zum Ziel, das Fehlen eines ‚expliziten Hinweises' in den Gründungsurkunden auf eine derartige Absicht – wie es in Prag wiederum der Fall war – dürfte vielmehr bezeichnend sein. Die vielfältigen positiven Rückkopplungen auf die Stadtentwicklung dürften eher als zwar erfreuliche und wohl auch erhoffte, dennoch sekundäre Folgen des Gründungsaktes zu werten sein. Auch die Stadterweiterung 1392 wird, nach dem Wachstum der Stadt infolge der Universitätsgründung, wohl eher aus pragmatischen Erwägungen erfolgt sein, so wie es in mittelalterlichen Städten sehr häufig der Fall war (Bsp.: Ruprecht I. veranlasste auch im pfälzischen Mosbach 1363 eine Stadterweiterung. S. hierzu Schaab, Kurpfalz, 1988, S. 111). „Das Vorbild Prags" (Moraw, Heidelberg, Universität, Hof und Stadt, 1983, S. 542), präziser: die Anlage der Prager Neustadt durch Karl IV. spielte sich hingegen in völlig anderen Dimensionen und innerhalb eines vergleichslosen programmatischen Gesamtkontextes (des Ausbaus & der Ausgestaltung von Burg & Stadt Prag) ab. Die Zeitgenossen, auch die Pfälzer Kurfürsten, dürften sich der Außergewöhnlichkeit dieses Projektes bewusst gewesen sein, eine demonstrative Nachahmung in dem kleinen Städtchen Heidelberg, das Mosbach in jeglicher Hinsicht weitaus näher stand als Prag, war wohl kaum intendiert. In diesem Sinne ist es signifikant, dass Heidelberg bis 1398/1400, der Gründung des Heiliggeiststifts, über keine nennenswerte kirchliche Institution verfügte. Ruprecht II. z.B., der 1398 starb und der mit seiner Neustadtgründung noch das vermeintliche Vorbild Prag vor Augen gehabt haben soll, sah offenbar keinen Anlass, sich als Stifter einer größeren geistlichen Korporation in der „Residenz" Heidelberg hervorzutun und ließ sich stattdessen im Zisterzienserkloster Schönau in der Nähe des väterlichen Grabes bestatten.

75 Zum Schicksal Ludwigs und den genaueren Umständen der folgenden Arrogation s.: Schaab, Kurpfalz, 1988, S. 172–176.
76 Schaab / Lenz, Urkunden, 1998, Nr. 115, S. 232.
77 Ebd., S. 232.
78 Die erwähnten Einschränkungen betreffen vor allem Aspekte der Erbfolge. So durfte Friedrich keine Frau nehmen, keine ehelichen Kinder zeugen, um diesbezüglich keinerlei Komplikationen, was Vererbung und weitere Landesteilungen betrifft, entstehen zu lassen. Friedrich sollte als vollgültiger Kurfürst herrschen, jedoch ausdrücklich nur zum Wohle und Nutzen der „Pfalcz". S. hierzu die Urkunde bei Schaab/Lenz, Urkunden, 1998, Nr. 115, S. 232.
79 Stellvertretend hierfür seien genannt: Schaab, Kurpfalz, 1988, S. 209 sowie Studt, Art.: Pfalz, in: Residenzen-Lexikon, Bd. 1, 2003, S. 444.
80 Kolb, Heidelberg, 1999, S. 128.
81 Schubert, Fürstliche Herrschaft, 1996, S. 31.
82 Ebd., S. 31.
83 Moraw, Heidelberg: Universität, Hof und Stadt, 1983, S. 535f.
84 S. hierzu Cohn, The Government, 1965, S. 222.
85 Vgl. ebd., S. 222.
86 Ebd., S. 222.
87 Vgl. Studt, Fürstenhof, 1992, S. 43. Zur Verbundenheit auch des vornehmlich als Historiographen literarisch tätigen Hofkaplan Matthias von Kemnat zu Matthias Ramung vgl. ebd., S. 41.
88 Zur diesbezüglichen Bedeutung Dalbergs s. Backes, Das literarische Leben, 1992, S. 51f. Zum Wirken des Heidelberger Humanistenkreises gegen Ende des 15. Jh. s. ebd., den Abschnitt zu Philipp dem Aufrichtigen, S. 136–171.
89 Schaab/Lenz, Urkunden, 1998, Nr. 134, S. 292.
90 Ebd., Nr. 134, S. 293.
91 Die mutmaßlich herausragende Stellung des Kanzleramtes schlägt sich leider erst in der Regierungszeit Ludwigs V. (1508–1544) in konkreten Zahlen nieder. Damals stand dem Kanzler

ein jährliches Salär von 300 fl., dem Hofmeister lediglich 100 fl. zu (Cohn, The Government, 1965, S. 226.).
92 Zur ‚finanzpolitischen' Entwicklung der Kurpfalz s. Cohn, The Government, 1965, S. 230–234 sowie Schaab, Kurpfalz, 1988, S. 206f.
93 Vgl. Cohn, The Government, 1965, S. 232f.
94 S. hierzu ebd., 227f.
95 München, Bayerisches Hauptstaatsarchiv, Oberpfalz, 100, fol. 92. Aus: Kolb, Residenz Heidelberg, 1999, S. 131.
96 Vgl. Cohn, The Government, 1965, S. 215.
97 Diese Beschreibung ist, aus dem Kontext des Lobgesangs gelöst, eigens ediert worden: Zur Baugeschichte des Heidelberger Schlosses. Im Anschluß an des Weinsberger Meistersängers Michel Beheim Lob auf Heidelberg v. J. 1470, bearb. v. Karl Christ, 1884.
98 Ebd., S. 8 (Verse 544–561).
99 Kolb, Heidelberg, 1999, S. 173.
100 Dass die Notare, die freilich außer den Urkunden noch mit allerlei sonstiger Schreibarbeit beschäftigt wurden, ihre Arbeit auf der Burg in Heidelberg verrichteten, legt u.a. eine von Backes, das literarische Leben, 1992, S. 50 angeführte Quelle nahe, eine Handschrift, die der Schreiber nach eigenem Bekunden im Jahre 1426 „uff der burg zu heydelberg" vollendete.
101 Vgl. Kolb, Heidelberg, 1999, S. 190–193.
102 Vgl. Moraw, Die Verwaltung des Königtums, 1983, S. 31.
103 Cohn, The Government, 1965, S. 202. Der Begriff ‚informell' meint hier, dass diese Gerichtsverfahren im Gegensatz zur Praxis des künftigen Hofgerichts nicht durch überlieferte Ordnungen o.ä. festgelegt waren, wenngleich sicherlich konkrete Vorstellungen bezüglich der korrekten Durchführung eines Gerichtsverfahrens existierten.
104 Zum Hofgericht s. ebd., S. 202–214.
105 In der Zeit zwischen 1468 und 1480 amtierte z.B. meist ein gewisser Hans von Gemmingen zu Guttenberg. S. hierzu Cohn, The Government, 1965, S. 209.
106 Zur Vereinheitlichung und Gliederung gerichtlicher Ebenen s. Schaab, Kurpfalz, 1988, S. 190–201.
107 Vgl. Schaab, Kurpfalz, 1988, S. 201. Schaab spricht in diesem Zusammenhang jedoch einzig von dem „Territorium" als „Garanten". Doch wird man zu dieser Zeit auch den Kurfürsten hinzuzählen können oder müssen, dem eigentlichen höchsten Gerichtsherrn, auf dessen Namen und herrschaftliche Gewalt sich sämtliche Urteile beziehen.
108 Auch die Rechnungsführenden der Hofkammer verrichteten ihre Arbeit in der Kanzlei. Vgl. Kolb, Heidelberg, 1999, S. 148.
109 Rödel, Art.: Heidelberg, in: Residenzen-Lexikon, Bd. 2, 2003, S. 261.
110 Cohn, The Government, 1965, S. 225f.
111 S. hierzu Schubert, Fürstliche Herrschaft, 1996, S. 82–87. Vgl. auch Moraw, Residenz, 1991, S. 461f.
112 Vgl. Schubert, Fürstliche Herrschaft, 1996, S. 84f., der aufzeigt wie sehr das Herrschaftsdenken des 15. Jh. noch personenorientiert ist. „Wo der Gedanke der Transpersonalität fehlt, ist auch der Gedanke von einem Eigenwert des Staates fremd."
113 Moraw, Mittelrhein und fränkischer Oberrhein, 1985, S. 35.
114 U.a.: Studt, Art.: Pfalz, in: Residenzen-Lexikon, Bd. 1, 2003, S. 444.
115 Ebd., S. 11.
116 Die Bezeichnung des ‚berechtigten Führungsanspruchs' sollte an dieser Stelle in einem vermeintlich mittelalterlichen Sinne verwendet werden, der wenig mit unserem Verständnis von berechtigt oder rechtmäßig gemein haben dürfte. Der ‚rechte' Führungsanspruch wäre in diesem Sinne nämlich dann der Fall, nicht vorrangig wenn er einem bestimmten Gesetz, etwa der Goldenen Bulle entspräche (wenngleich dies sicher von Vorteil wäre), sondern wenn er von den entscheidenden (nicht von allen!) Parteien weitgehend akzeptiert wird, sei es auch infolge eines Krieges – dessen Erfolg ohnehin auf eine Sanktionierung der ‚rechten Führungsstellung' von höherer Stelle, Gottes Gnaden, verweisen könnte.
117 Der Begriff der ‚Vergegenwärtigung' als deutscher Umschreibung der ‚Repräsentation' wurde ebenfalls aus Sauter, Herrschaftsrepräsentation, 2003, S. 11 entnommen. Doch sei darauf hingewiesen, dass Sauter in diesem Zusammenhang die Herrschaftsrepräsentation als „Vergegenwärtigung des Herrschers" anspricht. Es sei für die vorliegende Arbeit diese Definition (vermutlich auch im Sinne Sauters, wie man es S. 13 indirekt entnehmen kann) dahingehend präzisiert, dass nicht einfach (bzw. nicht nur) die Person des Herrschers vergegenwärtigt

werden soll, quasi als Gemahnung an den allseitigen Konsens mit ihm. Die Repräsentation soll hier vielmehr im Sinne der Vergegenwärtigung, der Veranschaulichung eines ‚rechtmäßigen Anspruchs' sowie einer ‚angemessenen Würde' der Person in Bezug auf die Herrschaftsausübung verstanden werden. D.h., das Siegeskreuz auf dem Seckenheimer Feld z.B. wäre in diesem Sinne Mittel der Repräsentation, weil es an den von Gott geschenkten Sieg des somit rechtmäßigen Kurfürsten erinnert. Der prachtvolle Harnisch Friedrichs diente wiederum der Repräsentation, da er, im wahrsten Sinne des Wortes, den ‚Glanz' und die (durch seine Körpergröße freilich noch zusätzlich gesteigerte) Würde des Kurfürsten (d.h. auch Würdigkeit für die beanspruchte Stellung) unterstrich und den Beobachtern unmissverständlich vor Augen führte.

118 Speierische Chronik, in: Mone, Quellensammlung, 1848, S. 423f.
119 Hierzu v.a. Graf, Nachruhm, 2002, S. 315–336. Die Stiftungsurkunde der Prozession, ausgestellt am 19. Juli 1462, ediert bei Wagner, Universitätsstift, 1999, S. 418–421.
120 Dies entnommen aus der Reimchronik Michel Beheims, welche die Prozessionen recht ausführlich thematisiert: Die Reimchronik Michel Beheims, in: Hofmann, Quellen, 1969, S. 145.
121 Diese Beobachtungen resultieren aus einer Beschäftigung speziell mit dem Hof Friedrichs. Doch sie stützen sich z.T. auch auf die generelle Darstellung von Welzel, Sichtbare Herrschaft, 2002, S. 87–106.
122 Zum Gründungsvorgang der Hofkapelle s. v.a. Zak, Die Gründung, 1993, S. 152–163.
123 Vgl. ebd., S. 152.
124 Vgl. Backes, Das literarische Leben, 1992, S. 42.
125 S. hierzu Zak, Die Gründung, 1993, S. 161f.
126 Karlsruhe, Generallandesarchiv, Kopialbuch 67/814, fol. 142v.
127 Die Sängerordnung entnommen aus: Zak, Die Gründung, 1993, S. 159, Anm. 81.
128 Das Manuskript heute aufbewahrt in Heidelberg, Universitätsbibliothek, cpg. 87. Das Zitat entnommen aus Backes, Das lierarische Leben, 1992, S. 164.
129 Vgl. auch Backes, Das literarische Leben, 1992, S. 210.
130 Backes, Das literarische Leben, 1992, S. 124.
131 Heidelberg, Universitätsbibliothek, cpg 375. Entnommen aus: Backes, Das literarische Leben, 1992, S. 121.
132 Zu Luder s. u.a. Backes, Das literarische Leben, 1992, S. 124–126 sowie Müller, Der siegreiche Fürst, 1989, S. 24f.
133 Studt, Art.: Pfalz, in: Residenzen-Lexikon, Bd. 1, 2003, S. 445 sowie Müller, Der siegreiche Fürst, 1989, S. 21.
134 Zum Bildungshorizont der Pfalzgrafen s. Backes: Das literarische Leben, 1992, S. 77–88.
135 Schaab, Kurpfalz, 1988, S. 210.
136 Backes, Das literarische Leben, 1992, S. 78.
137 Vgl. hierzu Müller, Sprecher-Ich, 1994, S. 309–312.
138 Zum ‚Dalberg-Kreis' und der humanistischen Kultur unter Kurfürst Philipp s. Backes, Das literarische Leben, 1992, S. 136–171.
139 Vgl. Backes, Das lierarische Leben, 1992, S. 210.
140 S. hierzu Seeliger-Zeiss, Pfalzgrafschaft, 2000, S. 151f. Leider ist die Quelle der Kenntnis über die Form des Friedrich-Grabmals nicht angegeben.
141 Ebd., S. 152.
142 Das Lehnsbuch heute in Karlsruhe, Generallandesarchiv, 67/1057. Zu den Lehnsbuchminiaturen und der politischen Botschaft s. v.a. Krimm, Ein königsgleicher Lehnhof, 2000, S. 61–73.
143 Ebd., S. 71–73.
144 Zur Bedeutung der Tapisserie als höfische Kunst s. Welzel, Sichtbare Herrschaft, 2002, S. 90–94.
145 Backes, Das literarische Leben, 1992, S. 38f.
146 Studt: Art.: Pfalz, in: Residenzen-Lexikon, Bd. 1, 2003, S. 444.

Ewald Keßler

Die Habilitation Alexander Haindorfs 1811 und die Frage der Judenemanzipation an der Medizinischen Fakultät der Universität Heidelberg

I. Jacob Israel

Am Ende des Dreißigjährigen Krieges standen sich die Konfessionen „als klar und hart geprägte Typen gegenüber. Als Ergebnis des langen Streites, aber auch der erzieherischen Tätigkeit der Obrigkeiten, hatte sich ein geschärftes konfessionelles Bewusstsein entwickelt, ein von Abwehrbereitschaft, Hass, Misstrauen, Verbitterung und Verkennung diktiertes Verhältnis der verschiedenen Kirchengruppen zueinander."[1] Der pfälzische Kurfürst Karl Ludwig[2] passt nicht in dieses Bild. Er war der zweite Sohn des Kurfürsten Friedrich V., des „Winterkönigs", und seiner Gattin Elisabeth von England und erhielt erst 1648 die Pfalz und „führte in kurzer Zeit das verwaiste Erbe zu neuer Blüte." In das entvölkerte Land rief er Einwanderer. „Alle drei christlichen Konfessionen erhielten volle Freiheit, ja, in der Kirche zur ‚Heiligen Einheit'[3] wurden abwechselnd katholische, calvinistische und lutherische Gottesdienste abgehalten. Auch die wiedereröffnete Universität Heidelberg sollte im Geist der Toleranz arbeiten."[4] Hier wurde bei der Restitution der Universität 1652 der jüdische Stadtarzt von Heidelberg Jacob Israel zum Professor für Physiologie, Anatomie und Chirurgie berufen,[5] jedoch anfangs unter Verzicht auf eine Besoldung. Er fungierte zwischen 1658 und 1673 viermal als Rektor der Universität, bevor er 1674 starb. Im Feb. 1673, Israels letztem Rektorat, erhielt der Heidelberger Theologieprofessor Hans Ludwig Fabritius „von Kurfürsten Karl Ludwig den Auftrag, den niederländischen Philosophen Baruch Spinoza (1632–1677) zur Annahme des Rufes auf den Heidelberger Lehrstuhl für Philosophie zu bewegen."[6] Allerdings lehnte Spinoza ab,[7] und als 1685 mit dem Tod des Kurfürsten Karl[8], Karl Ludwigs Sohn, die Linie Pfalz-Simmern erlosch, versank die Pfalz in den Zerstörungen des Orleanschen Erbfolgekriegs. Sie wurde noch schlimmer verwüstet als im Dreißigjährigen Krieg, und mit den neuen Herren setzte bald auch die Gegenreformation ein. Es dauerte bis 1799, bis durch die Religionsdeklaration des Ministers Montgelas die Toleranz wenigstens für die christlichen Kirchen in der Pfalz wieder eingeführt wurde.

II. Erste Promotion eines Juden an der Medizinischen Fakultät

Unter dem Datum des 17. November 1727 beantragte der Mannheimer Schutzjude Elkan Haymann Bacharach bei der Heidelberger Universität die Promotion seines Neffen und Pflegesohns Abraham Heymann von Bacharach[9] und seines Sohnes Seligmann Heymann von Bacharach[10] zu Lizentiaten oder Doktoren der Medizin[11]. Er berief sich in erster Linie auf §15 der „Mannheimer Judenconcessionen", der Juden den Handel erlaubte, „wie nicht weniger die Medicin zu practiciren, wann einer darzu qualificirt, und von unserer Medicinischen Facultät zu Heidelberg behörig examinirt" sei[12]. Außerdem sei „vor ohngefehr 60 Jahren ein sicherer Jud, dessen Eheweib bei 90 Jahr alt noch zu Ladenburg wohnhafft, in dahiesiger hochlöblicher Facultät würklich in Doctorem

Medicinae creiret worden."[13] Weiter seien sein Vater und sein Bruder in Padua[14] zu Doktoren der Medizin promoviert worden und sein Vater sei Leib-Medicus des Kurfürsten Karl Ludwig gewesen. Die beiden Söhne hätten in Heidelberg studiert und sich „mit Hand-Treu an Eisesstatt"[15] den akademischen Statuten unterworfen[16] und müßten „folglich zu den Academischen Dingen, gleichwie andere, die etwa verlangen graduiret zu werden, ohne Exception admittiret werden." Es sei ihm auch geraten worden, nicht „diese zwey Candidatos anderswo promoviren zu lassen, dieweilen nach jüngerem Churfürstlich gnädig emanirten Befelch[17] dergleichen ausländische Promotiones für nichtig geachtet würden". Weiter habe er „vor rathsam befunden, beede Theses von Moyse Sobernheim und Daniel Mayer, so bereits Dignitatem et Privilegia Doctoralia zu Halae in Preußen[18] vor längstem erhalten", beizulegen.

Rektor von Lüneschlos ließ den Antrag schon am 18. November 1728, dem nächsten Tag, bei den Professoren zirkulieren. Als erster bemerkte L. C. Mieg: „Ueber dieses petitum wär meo voto der Medicinischen Facultät Gutachten zuvorderst zu vernehmen und beyzulegen." Dem schlossen sich die übrigen Professoren an, doch erst am Ende kamen die beiden Mediziner Nebel und Beusser zu Wort. Nebel bezog sich auf die Judenkonzession und meinte, die beiden Juden sollten wie die übrigen Studenten geprüft werden, „damit aber ihre Wissenschaft in Studio Medico desto besser bekannt werden möge, hielte vor nöthig, dass bei obgedachten examinibus der Herr Rector Magnificus selbst gegenwärtig zu seyn sich belieben lassen wollte." Danach könne dann im Senat darüber beschlossen werden, wie sie zu promoviren seien. Als Nachschrift ergänzte er, man solle in den „Annalen"[19] nachsehen, ob vor 60 Jahren ein Jude promoviert worden sei. Dem schloss sich Beusser an fügte aber bei, man solle in diesem ungewöhnlichen[20] Fall beim Kurfürsten anfragen.

Rektor von Lüneschlos schickte am 20. November 1727 den Vorgang mit den Voten der Mediziner nochmals an die übrigen Professoren. Mieg meinte nun, bevor man sich an den Kurfürsten wende, solle man in den Annalen nachsehen und sich dann im Senat besprechen. Dieser Meinung waren auch fast alle anderen Professoren. Hertling schloss sich Nebel an und fand „keinen Anstand warum mit den Examinibus nicht fortgefahren werden könne." Dagegen stellte sich Hennemann auf Beussers Seite und meinte, man solle der Anfrage an den Kurfürsten ein Schreiben beilegen mit dem, was sich aus den Annalen ergebe,

> „dan was der Supplicant wegen Mannheimer Juden Concession per extractum [auszugsweise] beyleget, solches machet unserer Universität kein Gesatz, wan nicht ohne dem die Universität Juden zu admittiren ad tales honores per statuta [zu diesen Ehrenstellungen statutenmäßig] angewiesen, es wäre auch ein modus specialis, dass man Juden, welche sonsten aller Ehrenstellungen ohnfähig zu Doctores ordentlich promoviren wollte, welches vielmehr propter malas consequentias [wegen der üblen Folgen] abzustellen, als de novo [als Neuerung] einzuführen rechtlich erachte, ist auch nicht glaublich, dass Summi Pontifices et Imperatores augustissimi honores Doctorales pro judaeis [Päpste und Kaiser die Ehren des Doktorats] zu ertheilen jemal Meynung gehabt, und kann, was etwa per abusum via facti [durch Missbrauch in der Tat] ein oder andern Orths vorgangen, ihnen kein jus machen."

Im Gegenteil zeige das alte Recht, dass die Juden nicht zugelassen werden sollten[21].

Damit weist Hennemann zurück in das Mittelalter, als das Bildungswesen und auch die sich entwickelnden Universitäten noch kirchlich bestimmt waren, es aber auch auf jüdischer Seite eigene bedeutende Schulen gab. Die jüdische Schule in Worms konnte sich damals durchaus mit den neuen christlichen Universitäten messen, sie ging in den spätmittelalterlichen Judenverfolgungen unter. Hertling sieht dagegen in aufklärerischer Manier keinen Grund mehr für eine Sonderstellung der Juden. Offenbar verhinderte der hier aufgebrochene Gegensatz bis zum Jahresende eine Entscheidung der Universität über den Promotionsantrag für die beiden jüdischen Studenten.

In dieser Situation ergriff Alkan Heymann mit einem Brief vom 7. Januar 1728 an den Kurfürsten[22] erneut die Initiative. Er verwies darauf, dass die beiden Söhne in Heidelberg und Halle Medizin studiert hätten und erwähnte die Juden-Konzession. Da es in Heidelberg noch keine Promotion eines Juden gegeben habe, „da die Judenschaft ihre Kinder mehr zur Handlung als Studiis mehrntheils anzuhalten pflegt", wolle die Universität sein Gesuch nicht ohne kurfürstliche Erlaubnis genehmigen. Er erwähnte die medizinische Promotion von 1724 des Juden Moyses Sobernheim in Halle und schrieb, dass die beiden Kandidaten als geborene Kurpfälzer mit ihrem Wissen dem Vaterland dienen wollten. Er bat, dass die beiden nicht nur wie gewohnt

> „promovirt werden, sondern auch entweder publice zu disputiren oder allenfalls ihre Specimina Inauguralia[23] in öffentlichen Druck zu geben Erlaubnis haben mögten."

Von der Regierung wurde die Universität am 19. Januar 1728 zu Bericht aufgefordert, der Rektor gab diese Aufforderung am 31. Januar 1728 an die medizinische Fakultät weiter. In der Antwort an den Rektor vom 5. Februar 1728 bestätigte die Fakultät zuerst, dass die beiden Juden Seligmann Elckan de Bacharach und Haymann Abraham de Bacharach ihre Examina im Dezember 1727 bestanden hätten. Sie schlug dann vor, dass beide erstens ihre „Specimina Inauguralia" drucken und veröffentlichen, aber nicht öffentlich in einem akademischen Akt verteidigen sollten. Zweitens sollten sie einen Eid schwören, dessen Inhalt den akademischen Statuten und dessen Form dem Landrecht zu entnehmen sei. Drittens sollten sie im Namen des allmächtigen Gottes, aber ohne weitere Zeremonien promoviert werden. Dabei seien alle von den Päpsten, Kaisern und pfälzischen Kurfürsten den Christen erteilten Rechte auszulassen, damit sie nur für die medizinische Praxis den Doktorgrad erhielten. Die Antwort der Fakultät wurde vom Rektor dem Senat vorgelegt, dort genehmigt und am 21. Februar 1728 an den Kurfürsten weitergegeben. Der Kurfürst frage am 1. April 1728 nochmals nach, „wie es sonsten in dergleichen Fällen gehalten worden, auch bei anderen Universitäten beobachtet werde." Diese Nachfrage gab die Regierung am 5. April 1728 an die Universität weiter. Die medizinische Fakultät antwortete am 19. Apil 1728, in den Protokollen habe man vor 60 Jahren keinen Präzedenzfall finden können. An auswärtigen Fakultäten müssten die Juden die selben Examen wie die Christen bestehen. Dann könnten sie ihre Dissertationen drucken und verteilen, „mit nichten" sei „aber gestattet, sothane Specimina in locis Academicis publice [Probearbeiten in der Akademie] zu defendiren". Danach erteile der geschäftsführende Professor ohne weitere Zeremonien in seinem eigenen Haus den gewünschten Grad und fertige das übliche Diplom aus.

Diese Antwort der Fakultät wurde vom Senat gebilligt und am 21. Mai 1728 an die Regierung weitergeleitet. Der Kurfürst Carl Philipp genehmigte am 8. Juli 1728 die Promotion von Juden entsprechend dem von der Universität eingeschickten Bericht. Die Nachricht davon erreichte am 28. Juli 1728 die Universität[24]. Seligmann Heymann Bacharach meldete sich nun bei Professor Nebel und zeigte an, „dass seine Theses im Druck verfertiget seyen". Nebel bestimmte als Termin für die Promotion den 8. September 1728 vormittags zehn Uhr in seinem Haus. Neben dem Hausherrn und dem Rektor Ludwig Christian Mieg, einem reformierten Theologen, versammelten sich hier die Professoren Carl Otto Thyllius, Jurist, Friedrich Hertling, Dekan der Juristen, Caspar Wilhelm Beusser, Dekan der Mediziner, Friedrich Gerhard von Lüneschlos, Dekan der reformierten Abteilung der philosophischen Fakultät, und Philip Ludwig Pastoir von der philosophischen Fakultät. Dazu kamen der Stadtdirektor, die beiden regierenden Bürgermeister von Heidelberg und „der Candidatus mit seinem Vatter und einem expresse darzu berufenen Rabbiner[25]." Die Promotion fand statt nach der von der Fakultät im Mai 1728 geschilderten Ordnung in der großen Stube im Erdgeschoss des Hauses, rechts vom Eingang.

Das Protokoll vom 8. September 1728 berichtet, nachdem sich alle eingefunden hatten

„beschahe nach deren genohmenen Sietz der actus Promotionis folgender gestalten. Es thate Dominus promotor [Doktorvater] fördersambst oben am Disch sietzzend auf Latein ein kurtze oration [Rede], welchergestalt neblich Ihro Churfürstliche Durchlaucht gnädigst erlaubet Ihn, candidatum in Medicinae Doctorn zu promoviren, und darauff legte Er demselben auf das aydt, wie solches von dem Senatu Academico, daß dessen formalitäten auß churpfälzischem Landtsrecht, die materialia und Substantialia aber ex statutis genohmen werdten sollten, verordnet wordten, abzuschwehren, welches dann Syndicus Universitätis ihme verordneter massen auch auf arth und weiß, wie folgt, abgenohmen, der promovendus mußte vor allem in das vom erwehnten Rabbiner ihme auf dem Disch aufgeschlagene Buch, worinn die 10 Gebott enthalten geweßen, und zwar auf die wortt Adonai etc. seine handt biß an den Knorren legen, und demnechst ihme Syndico nicht allein, wie titel vom Judten aydt in der Landtsordnung vorgeschrieben stehet, auf die Fragen behörige Antwortt geben, und alles bis auf den letzten Paragraphum des Haubtaydts nachsprechen, sondern auch nach denen ex Statutis vorgeleßenen Puncten, welche die doctorandi in Facultate Medica zu schwehren haben, das von demselben nach obigem aydt in Latein aufgesetzte Jurament von Wortt zu Wortt abschwehren, dasselbe lautete also[:]

Adonai creator coelorum et terrae, et omnium rerum, tam mei, quam hominum hic praesentium Ego NN te invoco et nomen sanctum tuum eo tempore in veritatem, quo ab hac Alma et perantiqua universitate capita, quae in statutis continentur, more consueto juranda, injuncta et eum in finem a Syndico eiusdem praelecta fuere, et sic iuro ac promitto per eundem Deum Adonai omnia haec praelecta capita, quae probe intellexi, quo ad potero sciamque sancte et sine ullo dolo et fraude servaturum, quidemque eum in modum, quod si male iuratus, et sic in hoc non veritate sed falsitate et dolo[26] usus fuero, sim Herem et maledictus in aeternum, et super me veniat, et me perdat ignis, qui venit super Sodomam et Gommorram, et omnes maledictiones, quae in Torah scriptae sunt, et quod etiam verus Deus[27], qui folia et cramina et omnes res creavit, me numquam adiuvet in meis rebus et necessitatibus, sin vero bene, ita me juvet deus verus Adonai.

[Das teutsche Juden Eydt. Adonai ein Schöpfer der Himmeln und des Erdtreichs und aller Dingen, auch mein und der Menschen die hier zu gegen stehen, ich rufe Dich an, und Deinen heiligen Nahm, auff diese Zeith zur Wahrheit, da mir von ersagter hochlöblicher Universität auferlegter massen obliegen will, folgende in ihren Statutis enthaltene Puncten gleich andern neo Doctorandis der bißherigen Observantz gemäs zu beschwehren, welche zu dem Endt mir daraus von derselben Syndico vorgelesen worden, und darin bestehen. 1mo etc.... also schwehre und verspreche ich bey selbigem Gott Adonai alle diese Puncten, so ich verlesen hören und wohl verstanden hab, so viel ich kann und weiß, heilig, steht und vest zu halten, ohne alle Gefehrdte, Arglist und Verberglichkeit dergestalt und also, wo ich nicht recht geschworen, sondern einig Unwahrheit, Falsch oder Betruglichkeit gebrauchet, ich seye Herem und verflucht ewiglich, und daß mich dann übergehe und verzehre das Feuer das zu Sodoma und Gomorha übergienge, und alle die Flüche, die an der Torah geschrieben stehen, und daß mir auch der wahr Gott nimmer mehr zu Hülff, noch zu statten komme in einigen meinen Sachen und Nöthen, wo ich aber wohl gesprochen, also helff mir der wahre Gott Adonai.] [28]

Nachdem aber solches alles geschehen, ist mehrerwähnter Candidatus von dem Herrn Promotore in nomine omnipotentis Dei simpliciter et sine ceremoniis in Doctorem Medicinae [im Namen des allmächtigen Gottes schlicht und ohne weitere Zeremonien als Doktor der Medizin] promoviret, und als die Frembte abgetretten gewesen, die Professoren und Senatoren aber annoch da geblieben, das von dem Herrn Decano Facultatis Mediae vor ihn projectirte Diploma abgelesen, und approbirt, auch noch über ein und andere Materia resolviret wordten."[29]

III. Die Habilitation von Alexander Haindorf

Das Judentum hatte nach den Verfolgungen im Spätmittelalter und den Wirren des Dreißigjährigen Krieges in der Zeit der Aufklärung begonnen, sich in Deutschland wieder zu etablieren. Namen wie Moses Mendelssohn und das Gleichnis von Lessing über die drei Ringe stehen als Zeichen dafür. Trotz aller Umbrüche, die die Französische Revolution mit sich gebracht hatte, war aber die Masse der Juden in ihrer beruflichen Sonderexistenz und geistig-religiöser Abgeschlossenheit verblieben.[30] Zu den bedeutendsten Persönlichkeiten, die diese alten Grenzen überwinden wollten, gehört Alexander Haindorf. Er war am 2. Mai 1784 in Lenhusen (Kreis Olpe) als Sohn frommer jüdischer Eltern geboren worden und kam 1790 zu seiner mütterlichen Großmutter nach Hamm, wo er am Gymnasium 1807 das Abitur ablegte.

Hier sollen anhand der Akten im Universitätsarchiv Heidelberg, die von der Forschung bislang unbeachtet geblieben sind, Haindorfs Promotion und Habilitation dargestellt werden.

Heidelberg war 1803 an das Großherzogtum Baden gekommen. Mit dem VI. und VII. Konstitutionsedikt vom Juni 1808 und Januar 1809 waren hier die Rechte und Pflichten der Juden neu geregelt worden.[31] In den kriegerischen Wirren des 18. Jahrhunderts im deutschen Grenzgebiet zu Frankreich hatte die Universität fast alles verloren. Die neuen Herren versuchten die über 400 Jahre alte Universität mit neuem Leben zu erfüllen. Um die Studentenschaft zur Bearbeitung wissenschaftlicher Fragen anzuregen, wurden von den fünf Fakultäten jedes Jahr Preisfragen gestellt, deren beste Bearbeitungen bei der universitären Feier des Geburtstags des Herrschers ausgezeichnet wurden. Großherzog Carl Friedrich hatte am 31. August 1807 dafür eine Stiftung errichtet[32].

(1) Lösung der Preisaufgabe

Im Protokollbuch der Medizinischen Fakultät der Universität Heidelberg berichtet der Dekan des Jahres 1809, Fidelis Ackermann, im November:

> „D. 14.[33] fordert mich Hr. Justizrath Heise[34] in Abwesenheit des Hr. Prorektors auf, die Preisfrage der mediz. Fakultät zu entwerfen und nahmens der Fakultät einzuschicken[35], weil dieselbe d. 22.Nov. als dem Geburtstage des Grosherzogen öffentlich angekündigt und in dem auszutheilenden Programme gedruckt werden müsse.[36]
> Ich versamle die Fakultät am 18. Nov.[37] und lege den anwesenden Mitgliedern drey von mir ausgefertigte Fragen vor. Die erste betrifft den Unterschied der Nervenkraft von den übrigen organischen Kräften – die zweite die Ausarbeitung einer systematischen Krankheitslehre nach physiologischen Prinzipien – die dritte die Aufklärung der Verhältnisse zwischen dem Harnabsonderungs- und Zeugungssystem. Die Fakultät entschied per majora für die erstere Frage."[38]

Nach der Feier berichtet Dekan Ackermann:

> „Die Feyerlichkeit des Geburtstages Sr. K. H. unseres durchlauchtigsten Grosherzogen wurde von der Universität mit der gewöhnlichen Solenität gefeyert.
> Herr Prorector Langsdorf hielt eine kurze Rede, und schritt zur Preisvertheilung. Die mediz.

Preisfrage vom vorigen Jahre [...] ist unbeantwortet geblieben. Daher ist die Preismedaille nach dem Reglement der allgemeinen Section anheimgefallen[39]. Die neue Preisfrage wurde dann angekündigt für das zukünftige Jahr. Ich hoffe, daß diese unter unseren Zöglingen mehr Bewerber haben wird."[40]

Am 19. Oktober 1809 hatte sich in Heidelberg Alexander Haindorf immatrikuliert. Er hatte zuvor in Würzburg und Bamberg[41] studiert und war „mit Herrn Professor Wagner, seinem Gönner"[42] gekommen. Sein Vater war Kaufmann und als Konfession gab er „jüdisch" an.[43] In Heidelberg wollte er offenbar seine Studien vervollkommnen und abschließen. Da lag es für ihn nahe, das Thema der neuen Preisaufgabe zu bearbeiten, das seiner Forschungsrichtung entsprach.

Der Termin für die Abgabe war der 31. August 1810.[44] Es wurden zwei Arbeiten eingereicht, eine war so kurz, unvollständig und unzusammenhängend, dass sie nicht in Betracht kam. Dagegen wurde Haindorfs Arbeit, die das Kennwort „Opinionum commenta delet dies, veritatem firmat" [Der Meinungen Irrtümer zerstört der Tag, ihre Wahrheit bekräftigt er] trug, am 22. November 1810 mit dem Preis ausgezeichnet. Vor allem der physiologische Teil wurde gelobt, während der pathologische Teil zu oberflächlich war und nicht befriedigte.

(2) Doktorpromotion

Die Lösung einer Preisfrage war damals eine mögliche Voraussetzung für die Doktorpromotion. So ersuchte Haindorf schon am 25. November 1810 die Fakultät, ihn „bald möglichst zur Prüfung für die medizinische Doktorwürde zuzulassen, indem meine äußere Lage fordert, daß es in Bälde geschehe."[45] Als er dieses Ersuchen dem Dekan überbrachte, äußerte er mündlich, er wolle die Gebühren für die Prüfungen gleich bezahlen, die Gebühren für die öffentliche Promotion aber erst später bei deren Durchführung.

Der Dekan schlug in seinem Zirkular vom 26. November 1810 vor, die Vorprüfung am Mittwoch, 28. Nov. 1810 nachmittags um 3 Uhr im kleinen Senatszimmer abzuhalten, bat aber gleichzeitig um eine Meinungsäußerung wegen der Bezahlung und der Frage, ob man einen Preisträger überhaupt wegen des Doktorats nochmals examinieren solle. Die Professoren stimmten alle für ein Examen, es wurde aber angeregt, dass der Einzelne seinen Gebührenanteil dem Prüfling schenken könne.[46] Im Protokoll heißt es dann am 28. November 1810: Heute „wurde Herr Alexander Haindorf tentiert und für das Examen befähigt gefunden."[47] Der Prüfling hatte nun fünf Fragen schriftlich zu beantworten. Die Ausarbeitungen sind in den Promotionsakten erhalten[48]. Am 4. Dezember 1810 teilte Dekan Moser seinen Kollegen mit, dass Haindorf mit den schriftlichen Arbeiten fertig sei und schlug vor, das Examen am nächsten Tag, Mittwoch den 5. Dezember 1810 nachmittags um 3 Uhr im kleinen Senatszimmer abzuhalten. Alle außer Schelver, der verhindert war, wollten zu diesem Termin kommen[49]. Schelver bestätigte:

„Herr Haindorf hat die vorgelegten Fragen zu meiner Zufriedenheit beantwortet, daher ich ihm mein Votum zur Erlangung der Doctorwürde nicht verweigern kann."[50]

Ein Protokoll der Prüfung ist nicht bei den Akten. Am 9. Dezember 1810 bat Haindorf, da die Fakultät „schon mehreren Ausländern die Disputation pro gradu erlassen hat", ihm „eine ähnliche Begünstigung widerfahren zu lassen"[51]. Dekan Moser ließ das Ersuchen noch am selben Tag zirkulieren, da der Kandidat „wegen der Conscription, die den andern Monat statt haben soll, das Diplom nothwendich hätte". Als erster stimmte Professor Ackermann dem Wunsch zu, fügte aber bei, „nur muß alsdann für die Dispensation an die Bibliothek das Erforderliche abgegeben werden"[52]. Dem schlossen sich die übrigen Kollegen an, nur Professor Zipf wollte „in der Sache noch ein besonderes Votum abgeben".[53] Nun konnte „in Stuba academica die Promotion"[54] zum Doctor der Medicin und Chirurgie[55] mit Haindorf vorgenommen werden.

(3) Ernennung zum Privatdozenten

Im neuen Jahr fand am 7. Januar 1811 der Dekanatswechsel statt. In der medizinischen Fakultät folgte auf Prof. Moser nun Prof. Stephan Zipf.[56] Haindorf bat am 10. Januar 1811 den Senat,[57] als Privatdozent auftreten zu dürfen. Dieses Gesuch wurde am 14. Januar 1811 an die Fakultät weitergegeben und vom Dekan allen Professoren bekannt gemacht. Am 22. Januar 1811 berichtete Dekan Zipf an das Akademische Direktorium:

> „Sämmtliche Professoren genannter Fakultät, sind dem Bittsteller Med. Dr. Haindorf nicht entgegen, und können geschehen lassen, daß demselben, bey hiesiger Universität als privat Docent des Studii der psychischen Heilkunde aufzutreten, gestattet werde. Indessen könne man um so weniger gesonnen sein, denselben von der gesezmäßigen Habilitirung zu dieser Erlaubniß freizugeben; da man die akademischen nüzlichen Übungen nicht außer Gewohnheit und zu leeren Vorschriften[58] kommen lassen dürfe, zumalen (wie Spengel[59] sagt) sich daraus sogleich ergibt, wer schon im Vortragen und Denken zum öffentlichen Unterrichte tauge; bevor blinde Versuche angestellt werden."[60]

Das Akademische Direktorium[61] gab Gesuch und Bericht mit Datum vom 28. Januar 1811 an das Ministerium weiter. Prorektor Ackermann bemerkte dazu,

> „daß der Petent derjenige sey, welcher am verfloß. Geburtstage Sr.K. Hoheit die Preismedaille in der mediz. Aufgabe errungen, und zugleich sich durch eine gut gerathene Schrift über Geistes und Gemüthskrankheiten dem Publikum vortheilhaft gezeigt hat. Es daher zu wünschen wäre, daß er als Privatdocent vorzüglich auf das Fach der psychischen Heilkunde angewiesen würde, welches auf allen Akademien entweder gar nicht oder nur fragmentarisch gelehrt wird."[62]

Dem stimmte das Ministerium am 4. Februar 1811 zu.[63]

Das weitere Vorgehen wurde am 2. März 1811 anlässlich eines Prüfungstermins besprochen. Der Dekan hat

> „den noch am Schlusse der Prüfung anwesenden Herrn Professoren Moser und Herrn Naegele das Ansuchen des Herrn Doctor Haindorf vorgebracht, welches darin bestunde, daß sein geliffertes Werk [Versuch einer Pathologie und Therapie der Geistes- und Gemüthskrankheiten[64]] für eine Dissertation gehalten werden mögte, und er sohin mit thesibus bey seiner zu leisten habenden Disputation auftreten dürfte. Wobey die vota dahin gegangen, daß dessen Werk allerdings dafür gehalten werden könnte, und sogar die Disputation ihm hätte nachgesehen werden können.
> Indeß wurde beschlossen: Daß derselbe befohlener maßen eine Defension dennoch zu erstehen hätte, jedoch dabey theses sich bedienen dürfte."[65]

Haindorf legte unter dem 10. März 1811 acht Thesen vor, um deren Unterzeichnung er die Fakultät bat. Es wurde beschlossen: „Das Imprimatur wäre beizusetzen."[66] Anschließend notiert Dekan Zipf lakonisch:

> „Herr Doctor Haindorf legte seine gedruckte[n] Theses vor, und hatte zur Defension, welche ihm auf den 16. März gestattet war, eingeladen. Da nun Unterzogener wegen zwey äußerst gefährlichen Kranken auf dem Lande der Defension als Decan nicht beywohnen konnte, indem er schlechterdings verreisen mußte: so wurde Prodecan Herr Professor Moser freundschaftlich ersucht, die Stelle zu versehen."[67]

Am Tag der Defension war auch eine Sitzung des akademischen Senats, in der neben Prorektor Ackermann die Professoren Schwarz (Theologe), Martin (Jurist), Wilhelm Mai (Mediziner, Prof. für Chemie und Pharmakologie), Reinhard (Staatswirtschaftliche Sektion) und Wilken (Dekan der phil. Fakultät) anwesend waren. Im Protokoll heißt es:

„Es kam in Vortrag, daß Doct. Haindorf um sich als Privatdocent zu habilitiren nach den bestehenden Gesetzen weder eine Dissertation geschrieben (welches um so nothwendiger gefordert werden mußte, da derselbe pro gradu weder eine Dissertation geschrieben, noch disputirt habe) sondern blos gedachte Theses pro Licentia legendi vertheidigt habe.

2) Daß kein Professor, wie das hierüber bestehende Reglement will, [opponiert habe,] der ganze Actus also als nichtig und nicht [geschehen] anzusehen sey.

Beschluß

Da es Obliegenheit des zeitlichen Decans ist, auf die genaue Beobachtung dieser Gesetze zu wachen, so wird der jetzige Decanus ordinis medici aufgefordert, sich binnen acht Tagen bey dem engeren Senate zu verantworten, warum derselbe einen solchen Actus den Gesetzen zuwider habe vollziehen lassen."[68]

Dekan Zipf berichtete darauf am 24. März 1811 an den Senat:

„Der Vorwurf, daß Dr. Haindorf gesetzwidrig einen Professor zum Opponenten nicht gehabt habe, und darum der ganze Actus nichtig und nichtig (sohin doppelt nichtig) seye, zerfällt durch die Gesetze, welche über die Habilitirung [der] Privatlehrer bestehen; indem darin nirgends eine Bestimmung über die unbedingte Nothwendigkeit enthalten, daß ein Professor opponiren müsse. Im §28 der Vorschrift über die Ertheilung der akademischen Würde in der juristischen Fakultät, ist lediglich enthalten: ‚daß im Falle kein anderes taugliches Subject zum opponiren gefunden werden sollte, so wäre, nöthigen Falls, der jüngste Professor dieses Amt zu übernehmen schuldig.'[69] – Indessen Dr. Haindorf wird nicht verneinen können, daß er von unterzogenem angewiesen war, Herrn Professor Naegele zum opponiren zu ersuchen.

Der zweyte Vorwurf, daß besagter Doctor eine Dissertation nicht geschrieben habe, ist die Folge einer nicht genauen Bekanntschaft des Vorganges. – In den vorerwähnten Gesetzen ist blos von Herausgabe eines Programms die Rede; die Herausgabe aber nach vorgängiger Proposition bei der unter d. 2t. d. gehabten Fakultätssitzung von den anwesenden Herrn Professoren (laut Fakultätsprotokoll No. 10) um deswillen erlassen wurde, weil das von Dr. Haindorf geschriebene Werk (Versuch einer Pathologie und Therapie der Geistes und Gemüthskrankheiten) welches außer dem allgemeinen Beifall, auch jenen besonderen Seiner Excellenz Herrn Minister Freiherr von Andlau gefunden hat, solches Programm als hinlänglich ersezend anerkannt wurde. – Wer ein Werk schreibt, mag mehr geleistet haben, als Er durch jene Verbindlichkeit auf sich hatte.

Eine Nichtigkeit des Acts mag also nach den Gesezen hier nicht vorhanden sein, es seye dann, daß durch den Herrn Ankläger (nach §9 oft belobter Gesetze[70]) nachgewiesen werden könnte: Doctor Haindorf habe aus Mangel an Sprachkenntniß, oder Unfähigkeit seine Sätze zu vertheidigen, sich offenbar lächerlich gemacht.

Daß Dr. Haindorf pro gradu weder eine Dissertation geschrieben noch eine Disputation gehalten habe, hat seinen Grund in einer erhaltenen Dispensation der medizinischen Fakultät, welche Dispensation dadurch motivirt wurde, weil derselbe kein eigenes Vermögen, und schon damals die Absicht zeigte, Doctor legens werden zu wollen, und sohin in dieser Eigenschaft disputiren und eine Abhandlung schreiben mußte, welches nun auch insofern geschah, als dessen Werk für solche Abhandlung von der disseitigen Fakultät satsam geltend angenommen worden ist. – Übrigens haben die Erfordernisse pro gradu doctoris auf die pro licentia docendi hier nur in so fern Einfluß, als Dr. Haindorf darum, weil erstere ihm nachgelassen wurde, letztere erfüllen, somit disputiren mußte, und die Herausgab einer Abhandlung erforderlich war[71]. Daher auch, das von demselben geschriebene Werk als inaugural Dissertation angenommen, und ihm erlaubt wurde, Disputirsätze aus solchem auszuheben, und besonders drucken zu lassen. Wobey Decan auf den Verdienst von 8 fl. verzichtete.[72]

In jedem Fall sind die Geseze[73], soweit Unterzogenem bewußt, beobachtet, und hat man hiebey noch dieses zu bemerken, daß wegen Besuche gefährlicher Kranken die Leitung der befraglichen Disputation dem Prodecan Herrn Professor Moser übertragen war, somit was die Disputation selbst angehen mögte, der Vorgang diesseits nicht verantwortet werden könne. Im Ganzen aber erlaubt man sich die Bemerkung beizusetzen, daß es unerwartet wäre, daß der Herr Ankläger in dieser Sache schon unter d. 16t. d. an dem nemlichen Tage der vorgegangenen Defension aufgetreten, bevor noch in einer Fakultätsstimmung der ärztlichen Section über die Gültigkeit der Disputation, und Anerkennung der vollbrachtren Habilitirung des Dr. Haindorf beschlossen wurde, und beschlossen ist."[74]

Dieser Bericht wurde in den Senatssitzungen des am Dienstag nach Ostern[75] zu Ende gehenden Prorektorats von Prof. Ackermann nicht mehr behandelt.[76] Dekan Zipf sandte ihn zusammen mit den Fragen des Senats am nächsten Tag, dem 25. März 1811, an die Fakultätsmitglieder und schrieb dazu:

„Da nun die Berichtigung obiger Fragen schlechterdings erforderlich ist, so stellt man das freundschaftliche Ersuchen auf, das Votum in diesem Betreff gefälligst beizusetzen: annebst werden vorzüglich jene Herrn darum collegialisch ersucht, welche der Disputation anwesend waren, und die beste Auskunft beliebigst zu ertheilen, im Stande sind."[77]

Rektor Ackermann antwortete:

„Über die von dem Hr. Decan vorgebrachten Gründe muß der Senat entscheiden. Da ich bei der Disputation nicht selbst gegenwärtig war, so kann ich zur Unterstüzung der angeführten Gründe nichts beytragen."

Prof. Mai unterzeichnete kommentarlos. Prof. Heger meinte:

„Ich wohnte nur dem Ende der Disputation bey, glaube aber ersehen zu haben, daß H. Dr. Haindorf allerdings unter die vorzüglichen Subjecte gehöre."

Prof. Moser schrieb:

„Herr Decan hat mich am Morgen des nämlichen Tages, wo Hr. Haindorf die angeschlagenen Theses pro licentia legendi verteidigt, in einem Billet ersucht, in seinem Namen dieser Disputation beizuwohnen, welches auch geschehen ist. Die Disputation, oder vielmehr das Resultat davon, ob Herr Haindorf dabey so viel Fähigkeit gezeigt, daß er als Doktor legens angesehen werden könne, so kann er nach meiner Ansicht allerdings zu den Subjecten gezählt werden, welche zu den brauchbaren gehören."

Offenbar nachträglich setzte er noch bei:

„Doch werden es d.h. Geh. Rath Mai[78], die sehr viel mit H. Haindorf gesprochen haben, am besten bestimmen können."

Schelver und Nägele, die verhindert waren, sahen sich von den Fragen des Senats an den Dekan nicht betroffen.[79]

Diese Voten waren zwar für Dekan Zipf „nicht die bestimmte Beantwortung der vorgelegten Fragen", er fand aber am 29. März 1811,

„es zeigt sich jedoch daraus, vorzüglich aus dem Voto des Herrn Collega Moser, daß Geheimrath Herr Mai wirklich opponiret habe, wie auch aus demselben Voto und jenem des Herrn Professor Heger, daß Dr. Haindorf sich bei seiner Defension gut ausgezeichnet, und allerdings unter die vorzüglichen Subjecte gehöre. Da nun von den übrigen Herrn Professoren außer noch Herr geheime Rath May (welcher kein besonderes Votum beigesetzt hat) in der Defension gegenwärtig war: so wäre hinlängliches Vertrauen auf die Angabe der beiden Herrn Professoren Moser und Heger zu setzen, und daher zu begründen der Beschluß: daß die Defension des Dr. Haindorf befriedigend ausgefallen seye."[80]

Im neuen, seit Ostern amtierenden Senat wurde am 6. Juni 1811 „in Erinnerung gebracht", dass der am 16. März 1811 angeforderte Bericht des Dekans Zipf zur Habilitation Haindorf noch nicht eingegangen sei. Der Senat setzte dafür eine Frist von 14 Tagen[81]. Da am 13. Juli 1811 immer noch kein Bericht vorhanden war, wurde eine neue Frist von 8 Tagen anberaumt, mit der Drohung, dass „man sich höheren Orts diesfalls beschwehren werde", wenn von Zipf keine Erklärung darüber erfolge[82]. Zipf antwortete am

25. Juli 1811: „Der pflichthafte Bericht in der Sache … wurde schon unter d. 24t. März abhin an das akademische Directorium abgegeben"[83]. Darauf antwortete der Senat am 5. August 1811,

> „daß nach der Erklärung des Herrn Geheimen Hofrath Ackermann der Bericht, dessen der Herr Dekan in seinem Schreiben vom 25.Juli d.J. gedacht, nicht eigentlich ein Bericht an das akademische Directorium, sondern vielmehr ein Facultätsschreiben gewesen, welches Herr Geh. Hofr. Ackermann qua Assessor facultatis in Händen gehabt und weiter geschickt habe, aber nicht qua Prorector habe aufnehmen können; daß vielmehr die Form eine Abhandlung und Einreichung dessen erfordere, was die Vota als Resultat ergeben; und daß daher der engere akademische Senat den Herrn Dekan Zipf wiederholt ersuchen müsse, entweder dieses Resultät oder wenigstens Abschrift von jenem in der Facultät circulirten Schreiben baldgefälligst an das akademische Directorium zu schicken."[84]

Zipf legte am 13. August 1811 „willfährig" dem Senat die Abschrift des bereits oben zitierten Berichts und der „Fakultätsstimmung" vor[85]. Der Senat nahm die Abschrift in der Sitzung am 23. August 1811 zur Kenntnis und beschloss:

> „Ist diese Lage der Sache dem hohen Minist. d. I. unterthänigst vorzulegen, und Hochdemselben anheim zu stellen, ob nicht diese Habilitirung als legal angesehen werden dürfe, da jenes Werk wohl verdiene die Stelle eines latein. Programms zu vertreten, ob es gleich nicht selbst in lateinischer Sprache abgefaßt worden, sondern nur lat. ausgezogene Theses zur Begleitung gehabt?"[86]

Eine Antwort des Ministeriums auf diese Anfrage ist in den Akten nicht zu finden und war wohl auch nicht nötig, da das Ministerium die Habilitation grundsätzlich bereits genehmigt und die Durchführung der Fakultät überlassen hatte.

(4) Vorlesungstätigkeit

Schon während dieser Querelen hielt Haindorf im Sommersemester 1811 „wöchentlich zweimal über Psychologie und Anthropologie Vorlesungen", die er am 11. Mai begonnen hatte.[87] Eine neue Querele ergab sich, als Dekan Zipf bei der Aufstellung des Vorlesungsverzeichnisses zum WS Haindorfs Ankündigung kürzen wollte. Prorektor Schwarz versandte am 25. August folgendes Zirkular:

> „Meinen hochzuverehrenden Herren Collegen muß ich die Beschwerde mittheilen, welche der Privatdocent Dr. Haindorf dem Redacteur des dermaligen Lectionskatalogs, Hrn Collegen Voß, geäußert und dieser mir so eben mündlich angezeigt hat. Der Dekan der medic. Facultät, Hr. Prof. Zipf hatte mehrere Collegien, die Hr. Dr. Haindorf angekündigt, nicht in das Verzeichniß das eingeschickt worden, eingerückt. Die Folge davon war, daß sie nicht in den Katalog kamen u. Haind[orf] erstaunt war, sie bey der Correctur nicht zu finden. Er gieng augenblicklich zu dem Hrn Dekan, welcher unter den beygehenden Zettel seine Einwilligung zur Einrückung schrieb, bis auf ein Colloquium, das er ausgestrichen. Wegen der übrigen ist aber bereits Sorge getragen, daß sie noch eingerückt werden; wegen des Durchgestrichenen fragt aber H. Prof. Voß bey mir an, und bemerkt dabey, daß Dr. Haindorf wünsche die Sache werde vor den Senat gebracht. Weil es nun eilt, indem noch grade jetzt Zeit zum Nachtrage ist, so bitte ich meine hochverehrten Herren Collegen schriftlich deßhalb abzustimmen. Die Statuten wegen der Habilitirung habe ich nicht mehr bey der Hand, ich erinnere mich aber, daß es dem Privatdocenten darin zugestanden ist, daß er jedes Collegium seiner Facultät (worin er sich habilitirt hat) ankündigen darf, auch selbst wenn dasselbe ein Professor lieset. Es würde also eine Anmaßung von dem Hrn. Dekan seyn, wenn er eines durchstreichen wollte. Daher wäre ich der Meynung, daß auch jenes durchgestrichene: Prakt. u. theoret. Materia medica etc. noch in den Katalog aufgenommen würde. Ich werde noch heute in den Statuten nachsehen, u. bitte nur einstweilen, meine Herren Collegen, falls Sie sich nicht bestimmt jenes Befugnisses der Privatdocenten erinnern, darüber abzustimmen, was in dem Falle, wenn es sich so verhielte, zu thun sey, inwieferne Sie meinem voto beytreten oder nicht?"

Direkt anschließend berichtet Voß:

> „Der Herr Prof. Zipf hat ein Collegium des Hrn. Dr. Haindorf angeblich aus Versehen ausgelassen, mithin seine Dekanenpflicht nicht erfüllt; Nr. 2 Privatissima etc. einzutragen hat er für unnöthig gehalten, ‚weil Hr. Haindorf ja Privatdocent sei, u. es sich mit den Privatissimis von selber verstehe' (sic.) Nr. 3 Practische u. theoretische Materia medica hat er absichtlich ausgelassen, dabei von Undank gesprochen, u. Hrn. Haindorf den Rath gegeben, zu klagen, wenn er mit seinem Verfahren nicht zufrieden wäre. – Hatte Herr Decan Zipf gewichtige Gründe gegen dies Collegium des Hr. Dr. Haindorf, so stand ihm frei, diese gehörigen Ortes geltend zu machen, aber auslassen durfte er diesen Artikel in s. Vorlesungsverzeichnisse nicht, noch viel weniger den Hr. Dr. H. von dieser Auslassung ununterrichtet lassen. – Ist es den Statuten nicht zuwider, daß auch ein angehender Docent diesen Colleg. quaestionis lese, so wünsche ich, daß mir Vollmacht gegeben werde, es noch irgendwo in einem Anhang des Catalogs nachzutragen – und um meinentheils dahin zu wirken, trete ich dem Votum S. Magnificenz des Hrn. Prorector auf das vollkommenste bei."

Es folgt Professor Martin:

> „Als Decan der Juristenfacultät habe ich die Habilitationsstatuten gerade in Verwahrung, habe sie nachgeschlagen und stimme für die Aufnahme des Collegii quaest. In den Catalog, weil die Statuten ganz so lauten, wie S. Magnificenz es bemerkt haben. Zugleich aber trage ich darauf an durch ein motivirtes Conclusum solches dem Decano facult. Medicae zu notificiren und ihm seine Illegalität zu verweisen."

Dem stimmten die Professoren Franz Anton Mai, Daub und Seeger zu.[88] In der Senatssitzung am 28. August 1811 wurde dieses Zirkular nochmals vorgelegt und beschlossen: „… ist dem Doct. Zipf als Decan der medizinischen Facultät wegen seiner Illegalität ein Verweis zu ertheilen."[89] Den Verweis verfaßte Dekan Martin, er lautet:

> „Auf die Beschwerde des Privatdocenten Dris. Haindorff, daß der Decan der medicinischen Facultät einige der von ihm für nächstes Semester angekündigten Vorlesungen aus dem Lectionsverzeichnisse ausgelassen und sich sogar geweigert habe, dessen Collegium über theoretische und practische Materia medica aufzunehmen, daher er solches zu verfügen bitte;
>
> Conclusum:
>
> 1) Die Redaction des Lectionscatalogs für das bevorstehende Semester ist zufolge §14 des Statuts über Habilitation der Privatdocenten berechtigt alle Vorlesungen ihrer Facultät, selbst wenn ein ordentlichen Professor dieselben zugleich ankündigt, zu annonciren – hierdurch zu auctorisiren, das in Frage stehende collegium des Dris. Haindorff in dem abzudruckenden Lectionscatalog mit anzukündigen; davon auch 2) der Dr. Haindorff zu benachrichtigen; überdies aber 3) dem Herrn Professor Zipf, als zeitigen Decan der hiesigen medicinischen Facultät, unter Mittheilung des vorstehenden Beschlusses, bemerklich zu machen, wie unerwartet dem academischen engeren Senate sein in dieser Sache beobachtetes, deutlichen Gesetzen widersprechendes und illiberales Benehmen gewesen sey. Daher man sich in Zukunft die genaue Befolgung der Statuten, namentlich in Ansehung der Privatlehrer, mit Zuversicht verspreche."

Dieser Beschluss wurde am 3. September 1811 ausgefertigt.[90] Für das WS 1811/12 konnte Haindorf nun folgende Vorlesungen ankündigen:

(1) „Psychologie und physisch-forensische Anthropologie mit steter Ruksicht auf Gemüths- und Geisteskrankheiten, und der Zurechnung der Verbrechen wovon sie Ursache sein können"[91], wöchentlich 5-mal.

(2) „Theoretische und practische Materia-Medica in Verbindung mit Rezeptirkunst", nach eigenen Heften, wöchentlich 4-mal.

(3) „Pathologie und allgemeine Therapie mit besonderer Ruksicht auf Kinderkrankheiten", nach Diktaten, wöchentlich 4-mal.

Dazu schrieb er: „Auch bin ich zu Privatissimis[92] über die drey von mir angezeigten Vorlesungen, so wie über Natur und Ideal-philosophie bereit."[93] In einer Notiz von Ende

November 1811 berichtet Haindorf, dass er die Vorlesungen am 28. Oktober, 3. November und 1. November begonnen habe.[94] Für das SS 1812 kündigte Haindorf als Vorlesungen an[95]:

(1) „Allgemeine Pathologie und Therapie nach Diktaten"
(2) „Materia-Medica in Verbindung mit Receptirkunst nach Diktaten"
(3) „Anthropologie und Psychologie mit steter Rücksicht auf Gerichtliche Arzneykunde, nach meinem Versuch über Geistes- und Gemüthskrankheiten"
(4) „Geschichte der Medicin mit vorzüglicher Rücksicht auf (Geschichte) Naturphilosophie nach eignen Heften".[96]

Später berichtet er:

> „Meine Collegien sind alle, außer der Geschichte der Medizin und der Pathologie zu stande gekommen. Angefangen habe ich die Materia Medika am 25. April, die übrigen am 6. Mai."[97]

Am 8. Mai 1812 trat er bei der Disputation zur Habilitation von Dr. Ludwig Lucae als Opponent auf.[98]

(5) Bitte um eine außerordentliche Professur

Am 15. Juni 1812 richtete Haindorf, offenbar über den Senat, an den Großherzog von Baden ein Gesuch um Ernennung zum außerordentlichen Professor.[99] Tags darauf forderte der Senat die medizinische Fakultät zu einem Bericht auf.[100] Dekan Schelver bat daraufhin am 18. Juni 1812 die Mitglieder der Fakultät um ihr Votum. Zipf fand

> „nicht einen einzige Grund, welcher Würdigung verdiente, um das Gesuch von Dr. Haindorf von Fakultäts wegen zu unterstützen. Denn weder kann durch diesen jungen Mann die Fakultät etwas gewinnen, noch ist ein besonderer Professor nothwendig",

er könnte nur einem andern den Platz wegnehmen. Als er nach Heidelberg gekommen sei, habe er noch Vorlesungen gehört.

> „Das Glück wollte ihm, daß er anno 1810 den akademischen Preis erhielt, ohneracht dessen Bearbeitung der Preisfrage keinen besonderen Werth hatte und vieles tadelhafte enthielte; dadurch erfrischt verlangte er den gradum Dr. wo er weder bei dem tentamen noch examen, ohneracht die Fragen auf die Arzneymittellehre beschränkt waren, welche er schon privatim zu lesen sich gewagt hatte, nur einiges Genügen geleistet hat; auch die ihme zur schriftlichen Ausarbeitung gegebene Frage wurde ganz unrichtig abgefaßt, indessen er wurde Doctor, schrieb keine Dissertation, sondern legte nur das Werk [über Geistes- und Gemütskrankheiten vor]. Gleich darauf entwickelte sich seine weitere Tendenz, er suchte an, Doctor legens zu werden, er erhielte die Zusage unter Bedingung sich dazu gesetzlich zu habilitiren; auch hier unterlag er der Kritik, daß er keine gesetzlichen Opponenten hatte und kein Programm lifferte. Nachdem er nun zwey Kurs einigen Candidaten Vorlesungen hielte, von welchen keine besondere Auszeichnung bekannt ist, so kommt er schon mit seinem Gesuch für eine extraordin. Professur zum Vorschein, welche wieder das genannte Werk begleitet, worüber ich dermalen nicht bergen kann, daß sein Gönner Herr Professor Wagner wohl den größten Antheil davon haben möge. – Wenn weiters dieser Mann keine auswärtige Bildung und Kenntnisse erhalten; wenn er selbst im großherzoglichen badischen Lande noch nicht einmal als ein gesetzlicher Arzt aufgenommen ist, da ihm die Erlaubnis Doctor legens zu sein, noch nicht von den Schuldigkeiten im Staate befreyt; wenn man von ihm noch nicht sagen kann, daß er zur Reife eines vollständigen Arztes gelangt seye: so mag das Resultat, daß die medizinische Fakultät durch diesen jungen Mann nichts gewinne, um so gewisser sein, da Alles, was er zu leisten versucht, andere Professores ordinarii schon leisten".

Er bittet am Ende den Dekan, dieses Votum unbedingt in seinen Bericht aufzunehmen.[101]

Ackermann schloss sich Zipf an und meinte, Haindorfs

> „Collegien sind nicht besucht – sein Werk ist nicht ebenso wie die Preisschrift, von ihm gefertigt, sondern es ist mehr als wahrscheinlich Pr. Wagner der Vf. davon."

Er empfahl dann Dr. Nebel und Succow den jüngeren, zwei Professorensöhne, als Privatdozenten.

Schelver berichtet daraufhin, dass „zwei Mitglieder" Zipf und Ackermann,

> „gegen die Anstellung waren der Prof. Moser sich unbestimmt ausgedrückt hatte indem er gegen Character und Gelehrsamkeit des Dr. H. nichts einzuwenden hat[102] aber aus Gründen die nicht die Facultät sondern dem Ministerium zur Entscheidung angehören[103] sich widersetzt"

und dass „ferner 3 Mitglieder mehr für als gegen den Dr. Haindorf sind". Der Dekan entwarf einen entsprechenden Bericht, den er in der Facultät zirkulieren ließ. Nun ergab „sich aber, daß Professor Moser ausdrücklich negativ sein Votum verstanden haben wolle. Da nun die halbe Facultät für und die halbe gegen den Supplicanten ist" zog Schelver seinen Bericht zurück und berief eine Facultätsversammlung ein.[104] Hier ergab sich schließlich am 27. Juni 1812 folgendes Votum:

> „Es sey wünschenswerth daß der Dr. Haindorf, da er erst [seit] einem Jahre Privatdocent sey, noch durch die fernere Fortsetzung seiner Vorlesungen die Fähigkeit zum akadem. Lehrer und seine Würdigkeit zum Professor extr. erhoben zu werden, beweisen möge, um so mehr da es noch ungewiß sey, ob er wirklich den Beyfall seiner Zuhörer habe, was indeß auch daher entspringen könne, daß die Zahl der Medizin Studirenden gering ist."[105]

Es gab damals nur 42 Medizinstudenten in Heidelberg,[106] und als 1809 Prof. Zuccarini gestorben war, hatte die Fakultät keinen Wert auf die Wiederbesetzung seines Lehrstuhls gelegt, da „in Bezug auf medicinische Vorlesungen" „keine Lücke entstanden" sei[107]. Der Bericht wurde am nächsten Tag an den Prorektor weitergegeben.[108] Der Senat beschloss am 11. Juli 1812, den

> „Prorektor zu ersuchen dem Doct. Haindorf mündlich zu bemerken, daß er noch zur Zeit sein Gesuch als Prof. extraord. zurücknehmen möge, da er erst seit einem Jahr Privatdocent sey, noch durch die fernere Fortsetzung seiner Vorlesungen die Fähigkeit zum akademischen Lehrer und seine Würdigkeit zum Prof. erhoben zu werden beweisen möge, so könne der Senat noch für Ihn nicht günstig berichten.
> Wenn er sein Gesuch zurücknehmen würde, dann sey der Bericht ad acta zu legen. Im andern Fall sey dem hohen Minist. des Innern (Gen. Direct.) zu berichten, daß er kaum Docent geworden, und in keiner Facultät sey es so gefährlich, einen Mann die höhern Stufen steigen zu lassen, wenn man sich noch nicht von seiner Geschicklichkeit vollkommen überzeugt habe, wie hier der Fall eintrete"[109].

Haindorf antwortete am 15. und 19. Juli 1812,[110] „daß man sein Gesuch mit dem Facultäts Bericht um die außerordentliche Professur an das Hohe Minist. des Innern (Gen. Direct.) einsenden möge." Diesem Wunsch entsprach der Senat in der Sitzung vom 18. Juli 1812 „mit dem Bemerken, … daß man dem Facultäts Bericht in seinem ganzen Umfang beytrete."[111] Rektor Gambsjäger erhielt den ausgefertigten Bericht am 28. Juli 1812 und sandte ihn umgehend ab[112] das Ministerium antwortete am 3. August 1812 dem Senat, es sei

> „zur weiteren Eröffnung bekannt zu machen, daß die Bitte des Dr. Legens Haindorf um Verleihung einer außerordentlichen Professur der Heilkunde an die dortigen Universität, nicht statt finde."[113]

(6) Abreise von Heidelberg

Für das WS 1812/13 hatte Haindorf als Vorlesungen angekündigt:[114]
(1) Anthropologie forensis und Psychologie, 4-stündig

(2) Fieberlehre und chronische Krankheiten mit besonderer Rücksicht auf Kinder und venerische Krankheiten, 8-stündig

(3) Gemüths- und Geisteskrankheiten, 2-stündig, öffentlich[115].

Er beantragte jedoch am 10. Oktober 1812 beim Senat „zu seiner Ausbildung" eine

> „Reise nach Frankreich, Italien und Deutschland ..., mit dem Vorbehalt, daß er nach vollendeter 2jähriger Reise, seine jetzige Stelle als Privatlehrer wieder bekleiden dürfe."[116]

Er entsprach damit offenbar auch kritischen Stimmen in der Fakultät, die anlässlich seines Gesuchs um eine außerordentliche Professur laut geworden waren. Die Senatsmitglieder Seeger und Zipf stimmten sofort zu, Prof. Schwarz meinte, Haindorf müsse das Gesuch dem Ministerium vorlegen, „und dann könnte ihm eine Unterstützung von dem akadem. Senat nicht fehlen, so wenig wie ihm das Zeugniß fehlen kann". Daruf schrieb Thibaut:

> „Da die Bittschrift an den Senat als Bittschrift an das Ministerium gelten kann, wenn sie der Senat so behandeln will, so stimme ich dafür, die Sache brevi manu [kurzerhand] mit einem beyfälligen Bericht an das Ministerium gelangen zu lassen."
>
> Diesem Votum schloss sich Fries an, und so fertigte Prorektor Gambsjäger am 10. Oktober 1812 den Beschluss aus, dass Haindorfs
>
> „Vorstellung, welche nach Inhalt derselben eine Bildung im Wissenschaftlichen zum Zweck hat, ohnehin auch keine Lücke in den Vorlesungen dadurch entsteht, ehrerbietigst zu empfehlen."[117]

Offenbar im Vertrauen auf die Genehmigung seiner Bitte um Urlaub fuhr Haindorf nach Karlsruhe. Von dort berichtete die Polizeidirektion am 13. Oktober 1812 an den Heidelberger Prorektor:

> „Es ist heute bei uns der dortige Doctor medicinae Alexander Haindorf mit dem Ansuchen erschienen, ihm zu seiner Reise nach Paris einen Paß zu ertheilen.
>
> Strengen und richtigen Begriffen von Paßertheilung zu Folge könnte Haindorf nur zu Heidelberg als wo man ihn und seine jüngsten Verhältnisse völlig genau kennt, einen Paß erlangen. In Hinsicht auf seine Papiere jedoch, seine muthmaßliche Unbekanntschaft mit den desfallsigen Verhältnissen und Vorschriften und in fernerer Erwägung, daß ihn die Rückreise nach Heidelberg in Aufenthalt und Kosten versetzen würde, haben wir – diesmal abweichend von unserer sonstigen Verfahrensart – den Paß ausgestellt, finden uns aber in alle Wege verbunden, dem Vorstande des akademischen Senats davon in Dienstfreundschaft Nachricht zu ertheilen."[118]

Das Ministerium beschloß am 15. Okt. 1812: „Es waltet bei der Bewilligung dieses Gesuches kein Anstand ob und eben so wenig daß dem Bittsteller der Rücktritt als Privatlehrer in sein akademisches Verhältniß, bei seiner Rückkehr offenbleibe."[119].

Die Entscheidung der Regierung, dem jungen Privatdozenten eine Bildungsreise zu ermöglichen, erlaubte beiden Seiten, ihr Gesicht zu wahren. Ob das nachgereichte Sondervotum Mosers hier eine Rolle gespielt hat, ist wohl eher zu bezweifeln.

Offenbar ist Haindorf von Karlsruhe aus direkt nach Paris gefahren. Er hat die angekündigten Vorlesungen im WS 1812/13 nicht mehr gehalten und ist nach den militärischen und politischen Umwälzungen der nächsten Jahre nicht nach Heidelberg zurückgekehrt. In Preußen, an das seine Heimat fiel, war 1812 die Gleichstellung der Juden von Staatskanzler Hardenberg oktroyiert worden.[120] Haindorf kehrte in seine westfälische Heimat zurück. Er assimilierte sich und war wirtschaftlich und politisch erfolgreich. Das schlug sich auch in bedeutenden Stiftungen für seine jüdischen Mitbürger nieder.

IV. Zur weiteren Entwicklung

Dagegen schlug das Pendel in Heidelberg 1815 erst einmal wieder in die andere Richtung aus. Nach dem Ende der Zeit der Französischen Revolution und Napoleons traten die weltanschaulichen Grundlagen der Bildung wieder mehr in den Vordergrund. Auf der anderen Seite sollten alle Staatsangehörigen an zeitgemäßer Bildung teilhaben können. Meier Marx, ein Jude, der 1813 nach der Beantwortung der philosophischen Preisaufgabe promoviert worden und 1814 Privatdozent geworden war, bat am 23. April 1815 um die Ernennung zum außerordentlichen Professor[121]. Nun stellte sich der Engere Senat in einem Gutachten auf den Standpunkt, dass ein Jude an einer christlichen Lehranstalt nicht christliche Grundsätze vertreten könne[122] und lehnte die Beförderung ab, schlug dafür aber seine Förderung für den Einsatz zur Bildung seiner jüdischen Mitbürger vor.[123] Dieses Konzept eigener jüdischer Institutionen für die moderne höhere Bildung wurde in der zweiten Hälfte des 19. Jahrhunderts mit dem jüdischen Seminar in Breslau und der Hochschule für die Wissenschaft des Judentums in Berlin verwirklicht,[124] in deren Tradition auch die Jüdische Hochschule in Heidelberg steht. Schon 1825 hatte Alexander Haindorf in Münster einen „Verein zur Beförderung von Handwerken unter den Juden und zur Errichtung einer Schulanstalt" gegründet, der erfolgreich eine Schule betrieb und über ein Jahrhundert bestand bevor er im Holocaust unterging.[125]

Die Universitäten blieben trotz allen Widerstands konservativer Professoren im 19. Jahrhundert führend als Verfechter der Freiheit und Gleichheit aller Bürger und damit auch der Juden. So besuchte der Heidelberger Jurist Karl Mittermaier 1847 den Juden Berthold Auerbach „in Badenweiler, um ihn für die Mitarbeit an der ‚Deutschen Zeitung' zu gewinnen"[126]. Mitte der 1860er Jahre war er im Schulkampf der Führer der Heidelberger liberalen Katholiken, die gegen die kirchliche Obrigkeit die Christliche Gemeinschaftsschule durchsetzten. Als Vorsitzender des katholischen Ortsschulrats lud er auch die jüdischen Ortsschulräte zur gemeinsamen Sitzung der Heidelberger Ortsschulräte ein.[127] Im März/April 1848 schützte der damalige Student und spätere Professor Adolf Kußmaul die Juden in Wiesloch, nachdem zuvor in Walldorf „Ausschreitungen gegen die Juden begangen" worden waren und sie in Wiesloch bedroht wurden.[128] Sein Schwiegersohn Vincenz Czerny beschäftigte in der von ihm gegründeten Stiftung für experimentelle Krebsforschung selbstverständlich den getauften Juden Richard Werner[129]. Der Kirchenhistoriker und führende katholische Theologe Ignaz von Döllinger hielt am 7. Mai 1846 als Vertreter der Münchener Universität im bayerischen Landtag eine Rede zur Judenemanzipation, in der er forderte,

> „daß zum Besten der 60 000 bayerischen Israeliten alles dasjenige geschehen möge, was mit der Rücksicht, die auf sie selber zu nehmen ist, und mit der Rücksicht, welche unser bayerisches Volk und insbesondere unsere Landbewohner in Anspruch nehmen dürfen, vereinbar ist."[130]

Als der ehemalige Heidelberger Historiker Heinrich von Treitschke 1881 in Berlin die Juden zu „unserem Unglück" erklärte, hielt Döllinger als Präsident der Bayerischen Akademie der Wissenschaften am 25. Juli 1881 eine Festrede über „Die Juden in Europa" in der „die Lebenslehrerin Geschichte drohenden neuen Verirrungen den warnenden Spiegel vormals begangener Mißgriffe entgegenhält."[131] Die Rede gipfelte im Schlusszitat aus der Antigone des Sophokles: „Nicht mitzuhassen, mitzulieben bin ich da."[132]

Anmerkungen

1. Ernst Walter Zeeden, in Gebhardt: Handbuch der deutschen Geschichte, Bd. 2, Stuttgart 1970⁹, S. 235, s.a. ebd. S. 202.
2. Geb. 22.12.1617, gest. 28.8.1680. Zu Recht mahnt Hermann Weisert: Die Verfassung der Universität Heidelberg, Heidelberg 1984, S. 64, dass man neben Ruprecht I. und Karl Friedrich von Baden die Verdienste Karl Ludwigs um den Bestand der Universität nicht vergessen sollte.
3. Erbaut 1667 bis 1670 in Mannheim.
4. Gerhard Oestreich, in Theodor Schieder (Hg.): Handbuch der europäischen Geschichte, Bd. 4, Stuttgart 1968, S. 389, s. a. Hans und Marga Rall: Die Wittelsbacher in Lebensbildern, Graz 1986, S. 279. Am 30.8.1764 erhielten englische Sabbatarier oder Siebten-Tags-Baptisten ein siebenjähriges Nutzungsrecht für Gebäude und Liegenschaften des Klosters Lobenfeld. Ihre Siedlung existierte bis 1769, als sie mit der Pacht in Rückstand kamen und die Siedlung aufgehoben wurde (nach: Ursula Perkow: Engländer an Neckar und Rhein, Eberbacher Geschichtsblatt 1993, S. 114–156, hier S. 141). Claudia Rink: Die Juden in Rohrbach, HJG 8, 2003 / 04, S. 65–87, sieht diese Toleranz nur auf Mannheim beschränkt, während die Juden „in den übrigen Orten der Kurpfalz weiterhin scharfen Beschränkungen ausgesetzt waren."
5. Biografische Daten in Dagmar Drüll: Heidelberger Gelehrtenlexikon 1652–1802, Berlin u.a. 1991, S. 75; zur Besoldung ebd. S. 76 unter „Jena" mit Hinweis auf UAH (Universitätsarchiv Heidelberg), RA 849, fol. 3 v. Die Angaben bei Eberhard Stübler, Geschichte der medizinischen Fakultät der Universität Heidelberg 1386–1925, Heidelberg 1926, S. 84–87 sind ungenau, s.a. Petra Schaffrodt, Juden an der Universität Heidelberg. Dokumente aus sieben Jahrhunderten (Ausstellungskatalog), Heidelberg 2002, S. 7 mit Bild und S. 9.
6. Drüll: Gelehrtenlexikon 1652–1802 (wie Anm. 5), S. 32.
7. Norbert Giovannini, Christian Jansen: Judenemanzipation und Antisemitismus an der Universität Heidelberg, in Norbert Giovannini, Jo-Hannes Bauer, Hans-Martin Mumm: Jüdisches Leben in Heidelberg, Heidelberg 1992, S. 155–199, hier S. 155f.
8. Geb. 10.4.1651, gest. 26.5.1685, s. Rall: Wittelsbacher (wie Anm. 4), S. 284–287.
9. Immatrikuliert 20.9.1724, s. Gustav Toepke: Die Matrikel der Universität Heidelberg, IV. Theil, Heidelberg 1903, S. 51. Die 19 jüdischen Studenten bis 1804 waren am Ende des Bandes der Matrikel in einem eigenen Verzeichnis zusammegefasst, s. ebd. S. 1, Anm. 2 und UAH, A-702/6, fol. 363v.
10. Immatrikuliert 17.5.1724, s. ebd., S. 51.
11. UAH, RA 5936, s. a. Schaffrodt: Juden (wie Anm. 5), S. 9, wo allerdings Vater und Sohn Haymann Bacharach als eine Person gesehen werden, und Giovannini: Judenemanzipation (wie Anm. 7), S. 156.
12. UAH, RA 5936, Abschrift als Beilage Nr. 1 zum Antrag vom 17.11.1827, Judenkonzessionen von 1691 und 1717, s. a. Schaffrodt: Juden (wie Anm. 5), S. 9.
13. Diese Behauptung konnte später nicht bestätigt werden, s. UAH, RA 5936, Antwort der Fakultät vom 19.4.1728. Sie könnte vielleicht eine späte und ungenaue Erinnerung an Jacob Israel sein.
14. Die italienischen und niederländischen Universitäten ließen „bereits seit dem 16. bzw. frühen 17. Jahrhundert Juden zum Studium der Medizin" zu, s. Schaffrodt, Juden (wie Anm. 5), S. 8.
15. Der Eid der Studenten war 1652 bei der Wiedereröffnung der Universität durch die Handtreu, ein Gelöbnis, ersetzt worden, s. Toepke, Matrikel (wie Anm. 9), Bd. I, S. L-LI und 651, und August Thorbecke: Statuten und Reformationen der Universität Heidelberg vom 16. bis 18. Jahrhundert, Leipzig 1891, S. 252f.
16. Die Immatrikulationsbestätigung liegt als Beilage 2 an. Sie lautet: „Nachdem bey hiesiger Universität Studiosus Medicinae Haymann Abraham de Bacharach ein zu Mannheim gebürtiger Judt sein Testimonium producirt, und um die protection sowohl, als auch seine Studia weiter zu proseguiren zu dörfen, von deswegen mündlich geziemende Ansuchung gethan, weilen er vorhabens seye, sich hiernechst hieselbst graduiren zu lassen, und dann demselben hierin willfahret, mithin auch so viel, daß er ohne Hindernuss academice Frequentor und in denen Collegiis lectiones hören könne, erlaubet worden. Als wird in urkundt dessen von Universitäts wegen demselben zu seiner legitimation dieses Certificat darüber, loco des matricul Zettels, und zwar mit beygedrucktem gewöhnlichen Rectorats Insigel hiermit ertheilet. Datum Heidelberg den 8ten Novembris 1724."

17　S. UAH, RA 4607, Landeskinder sollten an der Landesuniversität studieren, erwähnt auch in UAH, RA 6637.
18　„Die meisten der etwa 300 jüdischen Studenten im 18. Jahrhundert sammelten sich an den preußischen Universitäten Königsberg und Halle als Zentren der Aufklärungsbewegung." Schaffrodt, Juden (wie Anm. 5), S. 9.
19　Gemeint sind die Rektorbücher bzw. Senatsprotokolle, die heute im UAH liegen.
20　Die Darstellung bei Schaffrodt, Juden (wie Anm. 5), S. 9 verkürzt hier zu sehr.
21　Hennemann weist hier auf das Corpus Juris hin: „l. 1. Et 4. Cod.: de haereticis manichaeis et samaritis inter quos etiam comprehendi judaeos iudicat l. 2 §1."
22　UAH, RA 5936.
23　D. h. ihre Disputationsthesen bzw. Dissertationen.
24　UAH, RA 5936, Protokoll vom 8.9.1728, S. 2. Es heißt hier weiter, dass die Fakultät „vor allen Dingen die sämmbtlichen Promotions Jura wie bei der Universität Herkommens, auch andere Praestanda ratione Librorum pro Hypotheca [wohl Versehen für Bibliotheca] entrichten zu lassen hette." Die Juden hatten also die üblichen Sporteln (Jura) und Gebühren (Praestanda) zu entrichten.
25　In Heidelberg fungierte Matthias Ahrweiler 1708 bis zu seinem Tod 1728 als Rabbiner, 1728 kam als Nachfolger David Ullmann, s. Giovannini, Bauer, Mumm: Jüdisches Leben (wie Anm. 7), S. 314. Die jüdische Gemeinde war von 1714–1737 im „Synagogenstreit" gespalten, s. ebd. S. 311.
26　„Et dolo" fehlt im Protokoll und steht nur auf dem Blatt, auf dem der Eid konzipiert wurde.
27　„Verus Deus" im Protokoll, auf dem Blatt „Deus verus".
28　UAH, RA 5936.
29　Hier folgt als Anmerkung: „NB. Anstatt in der Landts Ordnung stehet, Judt du soll schwehren ist beliebt wortt ihr sollet schwehren, was euch etc."
30　Auch auf jüdischer Seite war die Emanzipation nicht unumstritten. Es konnte von ihr als „Grab des ganzen Judentums" gesprochen werden, s. Manfred Görg: Döllingers Stellung zum Judentum, in Georg Denzler, Ludwig Grasmück: Geschichtlichkeit und Glaube, München 1990, S. 449–558, hier S. 451.
31　Hans-Martin Mumm, „Denkt nicht:,wir wollen's beim Alten lassen'" in Giovannini, Bauer, Mumm: Jüdisches Leben (wie Anm. 7), S. 21–59, hier S. 21–25.
32　Georg Jellinek: Gesetze und Verordnungen für die Universität Heidelberg, Heidelberg 1908, S. 42–45.
33　D. h. unter dem Datum des 14.11.1809.
34　Georg Arnold Heise, Prof. für Kirchenrecht, in Heidelberg 1804–1814, Prorektor 1808 (s. Dagmar Drüll: Heidelberger Gelehrtenlexikon 1803–1932, Berlin u. a. 1986, S. 107; hier auch die Daten zu den weiteren genannten Heidelberger Professoren).
35　UAH, RA-600, 30.10.1809; s. zu den Preisfragen: Almanach der Universität Heidelberg auf das Jahr 1813, hg. von Julius Lampadius, Heidelberg 1812, S. 209f. Das Vorwort für den Almanach ist vom Juli 1812 datiert.
36　S. Jellinek: Gesetze (wie Anm. 32), S. 83–85.
37　Die Einladung vom 14.11.1809 befindet sich in UAH, H-III-111/6, fol. 74. Danach fand die Sitzung am 15.11., nachmittags um 4 Uhr statt. Es erschienen neben dem Dekan die ordentlichen Professoren Franz Anton Mai, Franz Xaver Moser, Franz Joseph Schelver und Johann Jacob Loos; Johannes Stephan Zipf entschuldigte sich mit Krankheit.
38　UAH, H-III-111/6, fol. 11r–12r. Im Brief an den Prorektor ist die Frage etwas umformuliert, und außerdem schreibt Ackermann, wenn „dieselbe dem Druck wird übergeben werden, so bitte ich mir eine Revision der Correctur aus, damit nicht wie im vorigen Jahr Fehler in dem Programm stehen bleiben." UAH, RA 600. Die endgültige Fassung der Preisfrage steht in der erhaltenen Preisschrift UAH, Pr-2, S. 1–2; Druck in Natalitia Octogesima Secunda … Caroli Friderici Magni Ducis Badarum … celebrat die XXII. Novembris …, Heidelbergae MDCCCIX, S. XLI und in Natalitia Octogesima Tertia …, Heidelbergae MDCCCX, S. XXXIV. Weiterer Druck in (Heidelberger) Intelligenzblatt 1810, Nro. 1, S. 2.
39　Auch die theologische Preisfrage war unbeantwortet geblieben, sodass nur die juristische, die philosophisch-historische und die kameralistische prämiert worden waren. UAH, RA-600, 10.11.1809. Das Ministerium forderte einen Bericht, warum Preisfragen nicht beantwortet wurden (ebd. 17.11.1809), und so berichtete der Rektor die theologischen Bearbeiter seien nach

Hause berufen worden, „die medic. Fakultät weiß aber durchaus keinen Grund jener Erscheinung anzugeben. Unterzeichneter hat daher jene Lethargie in seiner Rede öffentlich gerügt" (ebd. 2.12.1809).

40 UAH, H-III-111/6, fol. 12r–12v.
41 Almanach 1813 (wie Anm. 35), S. 75.
42 So Prof. Zipf in seinem Votum auf dem Zirkular vom 18.6.1812, UAH, H-III-111/9, fol.142v. Johann Jakob Wagner, geb. 1775 in Ulm, studierte 1795–97 in Jena und Göttingen, 1798 Redakteur in Nürnberg, 1801 Privatgelehrter in Salzburg, 1803 in München, dann a. o. Prof. für Philosophie in Würzburg, 1809, als Würzburg an den Großherzog von Toskana fiel, pensioniert, ging er als Privatdozent nach Heidelberg. Als Würzburg 1815 wieder bayerisch wurde, kehrte er zurück, 1818 o. Prof., 1834 erneut pensioniert, gest. 1841 in Neu-Ulm. S. Heinze in Allgemeine Deutsche Biographie, Bd. 40, Leipzig 1896, S. 510–515, s. a. Petra Emundts-Trill: Die Privatdozenten und Extraordinarien der Universität Heidelberg 1803–1860, Frankfurt 1997, S. 91, mit A. 364; Intelligenzblatt 1810, Nro. 1, S. 4, Beginn seiner Vorlesungen, ebd. Nro. IX, S. 37; Vorlesungsankündigung für Sommer 1810, ebd. Nro. XX, S. 86 für Winter 1810/11, Intelligenzblatt 1811, Nro. VI, S. 46 für Sommer 1812, ebd. Nro. XIX, S. 149 für Winter 1811/12, wobei er immer als „Professor in Würzburg" bezeichnet wird, s.a. UAH, RA 5999.
43 Toepke: Matrikel (wie Anm. 9), Bd. V, S. 38, Nr. 161. Original: UAH A-702/6, fol. 346 v. Im akademischen Jahr 1809/10 immatrikulierten sich unter 347 Studenten zwölf Juden.
44 UAH, RA-600, 17. und 19.Nov.1808.
45 UAH, H-III-111/7, fol. 114 und 4r, Nr. 18; die Promotionsbestimmungen sind bei Emundts-Trill, Privatdozenten (wie Anm. 42), S. 69–70 zusammengefasst.
46 UAH, H-III-111/7, fol. 113 und 116.
47 UAH, H-III-111/7, fol. 117.
48 UAH, H-III-111/7, die Fragen behandelten den weißen Fluss aus den weiblichen Geschlechtsteilen (fluor albus) (fol. 119–127), die Arzeneimittel gegen das Wechselfieber (fol. 128–133), das splachnische System (Verdauungsapparat) (fol. 134-137), die Harnruhr (Diabetes) (fol. 138–144) und schließlich Hypochondrie und Manie (fol. 146–153).
49 UAH, H-III-111/7, fol. 160.
50 UAH, H-III-111/7, fol. 154.
51 UAH, H-III-111/7, fol. 157. Haindorf schrieb weiter „zumal da ich wegen meiner Zeit sehr beschränkt bin und zugleich meine Freywerdung von der Conscription es fordert, mein Diplom bald möglichst nach Hause zu schicken".
52 In UAH, H-III-111/7, fol. 161, ist ein Blatt eingeheftet, auf dem u.a. steht: „Quittung des Herrn Bibliotheks-Cassirer tit. Hofkammerrath Semer über die von der Medicinischen Facultät zur Bibliothek gelieferten Promotionsgelder." Die Quittungen selbst sind nicht erhalten.
53 UAH, H-III-111/7, fol. 156. Das Sondervotum Zipf ist nicht bei den Akten.
54 UAH, H-III-111/7, fol. 4r, Nr. 21 (Inhaltsverzeichnis des Bandes). Für den Promotionsakt selbst wurde kein Protokoll angefertigt.
55 (Heidelberger) Intelligenzblatt 1811, Nro. II, S. 9, wo als Promotionsdatum der 27.11.1810 angegeben wird, was nur die Einleitung der Promotion bedeuten kann. Eine Promotionsurkunde ist nicht bei den Akten.
56 UAH, H-III-111/8, fol. 2r und Intelligenzblatt 1811, No. II, S. 9.
57 Das Schreiben ist abgedruckt bei Bernhard Brilling: Alexander Haindorf, seine Bemühungen um Anstellung als Universitätsprofessor (1812–1815) und seine Tätigkeit als Dozent in Münster (1816–18 und 1825–47) Westfälische Zeitschrift, 131./132. Bd. 1981/82, S. 70-120, hier S. 98f. Brilling nennt als Quelle: Generallandesarchiv Karlsruhe, Abt. 205 Fasc 265. Das UAH hat er nicht benützt.
58 Zusammen mit anderen Vorschriften zur Organisation der Universität war am 7.12.1805 auch eine Habilitationsordnung erlassen worden (s. UAH, RA 244, S. 518–525, s.a. Emundts-Trill: Privatdozenten (wie Anm. 42), S. 74–75. Danach sollten Personen, die von den „Staats-Würden ausgeschlossen" waren nicht ohne besondere Genehmigung Privatlehrer werden).
59 Joh. Franz Nik. von Spengel (1747–1821), Prof. der Rechte in Heidelberg 1769–87, dann in Ingolstadt, seit 1801 Aufenthalt in Mannheim (s. Drüll: Gelehrtenlexikon 1652–1802 (wie Anm. 5), S. 145–147).
60 UAH, H-III-111/8, fol. 2v-3r, No. 2.

61 Das Akademische Direktorium entspricht dem Senat.
62 UAH, PA 1656, Konzept, expediert 29.1.1811. S. a. Brilling (wie Anm. 57), S. 99.
63 UAH, PA 1656; UAH, H-III-111 / 8, fol. 3r, No. 3 und fol. 23, No. 1.
64 Das Werk wird im Intelligenzblatt 1811, Nro. X, S. 80 angekündigt.
65 UAH, H-III-111 / 8, fol. 5 b r, No. 10; die Bestimmungen in Almanach 1813 (wie Anm. 35), S. 153 – 154, Dispensationen waren der Curatel, d. h. dem Ministerium vorbehalten, s. ebd., S. 156 – 157. Diese Disputation erfolgte offenbar auch im Hinblick auf die nun folgenden Querelen.
66 UAH, H-III-111 / 8, fol. 6r, No. 13.
67 UAH, H-III-111 / 8, fol. 6r, No. 14.
68 UAH, RA 788, fol. 85-86, Nr. 166; Ausfertigung UAH, H-III-111 / 8, fol. 31, No. 5, s.a. Emundts-Trill, Privatdozenten (wie Anm. 42), S. 54 mit Anm. 201.
69 UAH, RA 244, S. 615. Diese Vorschriften wurden am 7.12.1805 zugleich mit der erwähnten Habilitationsordnung erlassen.
70 Habilitationsordnung in UAH, RA 244, S. 521.
71 Habilitationsordnung UAH, RA 244, §4, S. 519, „ein Programm liefern" und „die öffentliche Disputation nachholen".
72 Nach: Almananch 1813 (wie Anm. 35), S. 154, standen dem Dekan 8 fl. „für die Censur des Programms und 4 dem Pedell" zu, s.a. Habilitationsordnung, UAH, RA 244, §7, S. 520 – 521.
73 Unter den Gegenständen, die Dekan Zipf am 4.1.1812 seinem Nachfolger im Dekanat, Prof. Schelver, übergab, werden ausdrücklich vermerkt: „Vorschriften über die Habilitirung der Privatlehrer und Vorschriften über die Ertheilung der akademischen Würden in der juristischen Facultät". UAH, H-III-111 / 9, fol. 1v.
74 UAH, H-III-111 / 8, fol. 33 und 40, No. 6; Abschrift in PA 1656, Bericht Zipf vom 13.8.1811.
75 S. Hermann Weisert, Die Rektoren und die Dekane der Ruperto Carola zu Heidelberg 1386 – 1985, in Semper Apertus. Festschrift, bearb. v. Wilhelm Doerr, Berlin u.a. 1985, Bd. VI, S. 317. Rektoratswechsel war am 16.4.1811, UAH, RA 788, S. 100f.
76 Der Senat hatte allerdings am 21.3.1811 über Dekan Zipf verhandelt, weil er in einer Flugschrift „solche Grundsätze aufgestellt habe, die nicht allein die ganze Facultät sondern selbst die ganze Univ. herabwürdigen, wovon man das hohe Ministerium des Innern in Kenntniß zu setzen sich verpflichtet sehe." UAH, RA 788, S. 84, Nr. 177, s.a. UAH, RA 5929.
77 UAH, H-III-111 / 8, fol. 41, No. 7, s.a. ebd. fol. 6v, No. 16.
78 Franz Anton Mai, der damals bereits emeritiert war, und sein Bruder Wilhelm Mai.
79 UAH, H-III-111 / 8, fol. 41, No. 7.
80 UAH, H-III-111 / 8, fol. 7v-8r, No. 19; Abschrift: UAH, PA 1656, Bericht vom 13.8.1811.
81 UAH, RA 789, S. 16 – 17, Nr. 39, UAH, PA 1656 mit Vermerk „Expedirt den 8. Juni 1811", Ausfertigung UAH, H-III-111 / 8, fol. 34.
82 UAH, RA 789, S. 29-30, Nr. 56, UAH, PA 1656 mit Vermerk „Expedirt d. 16. Julii 1811", Ausfertigung UAH, H-III-111/8, fol. 36.
83 UAH, PA 1656.
84 UAH, PA 1656 mit Vermerk „Expediert 6t. Aug. 1811", Ausfertigung UAH, H-III-111 / 8, fol.38; der Beschluss ist im Senatsprotokoll der Sitzung vom 3.8.1811 nicht eingetragen, er wird im Protokollband der Fakultät UAH, H-III-111 / 8, fol. 11 r, No. 31 referiert.
85 UAH, PA 1656. Der Bericht vom 24.3.1811 trägt die Überschrift: „Pflichtmäßiger Bericht des medizinischen Dekans auf verehrlichen Beschluß eines engeren akademischen Senats vom 16t. d. N. 170. Die Habilitirung des Dris Haindorf als Privatdocent betreffend".
86 UAH, PA 1656. Weiter heißt es hier im zweiten Punkt: „Dabey unterthänigst zu bitten, daß die Statuten wegen der Promotion für die medicinische Facultät, so wie die für die theologische u. philosophische, die schon seit mehreren Jahren in der Registratur zu Karlsruhe liegen, baldigst hierher befördert werden möchten, weil bisher die medicinische Facultät sich nach den juristischen richte, die sich schon längst hier befinden, welches aber doch nicht durchaus passend seyn dürfte." Der Bericht ging am 25.8.1811 ab. S.a. das Sitzungsprotokoll in UAH, RA 789, S. 41 – 42, Nr. 81.
87 UAH, H-III-111/8, fol. 61, 67 und 73; er benützte dazu seinen „Versuch einer Pathologie und Therapie der Geistes- und Gemüthskrankheiten", s. Intelligenzblatt 1811, Nro IV, S. 43.
88 UAH, RA 6599
89 UAH, RA 789, S. 43f.

90 UAH, RA 6599
91 Auch hier benützte er seinen „Versuch einer Pathologie und Therapie …"
92 Im Almanach der Universität Heidelberg heißt es S. 220: „Bey Privatissimis beruht das Honorar auf jedesmaliger Abrede; sie werden nach Umständen mit 30 bis 100 und mehr Thalern bezahlt." Für eine gewöhnliche Vorlesung waren im Durchschnitt 8-12 fl. üblich. Die genannten Vorlesungen werden hier S. 75 in kurzer Form angegeben, zum Ort heißt es: „Fast immer im Univ. Gebäude", s. a. Emundts-Trill, Privatdozenten (wie Anm. 42), S. 118–120 und S. 124.
93 UAH, H-III-111 / 8, fol.92; die Vorlesungen sind auch im Intelligenzblatt 1811, Nro. XIX, S. 147 und in der Allgemeinen Zeitung 1811, Beilage Nro. 27, S. 107 (UAH, RA 6599) angekündigt.
94 UAH, H-III-111 / 8, fol.139.
95 Der Almanach 1813 (wie Anm. 35), hat S. 168–173 einen Vorlesungsplan für die medizinische Fakultät, der für längere Zeit gelten sollte. Danach plante Haindorf: „Geschichte der Medizin mit vorzüglicher Rücksicht auf Geschichte der Naturphilosophie", täglich; „Arzneymittellehre in Verbindung mit Rezeptirkunst", täglich; „Psychologie mit vorzüglicher Rücksicht auf Gemüths- und Geisteskrankheiten, und der Zurechnung der Verbrechen, von denen sie Ursache seyn können", nach seinem Handbuch, 5-mal; „Allgemeine Pathologie und Therapie" 4-mal; außerdem war er „zu Privatissimis in den bey seinem Namen nicht genannten Theilen der Medizin … erbötig."
96 UAH, H-III-111 / 9, fol. 102; die Vorlesungsankündigungen auch im Intelligenzblatt 1812, Nro. IV, S. 19–20.
97 UAH, H-III-111 / 9, fol. 132.
98 UAH, H-III-111 / 9, fol. 9r, Nr. 19. Auf dem Zirkular zu dem Programm für die Disputation bemerkte Prof. Franz Anton Mai: „Da der Author den besten litterarischen Ruf hat, so gebe ihm auch ohne sein Programma genau zu lesen zu jeder Gattung seines Gesuchs mein Votum" und: „Herr Collega Zipf stimmt bei", ebd. fol. 123, No. 33.
99 Abdruck bei Brilling (wie Anm. 57), S. 99f.
100 UAH, RA 790, S. 49, Nr. 180.
101 UAH, H-III-111/9, fol. 142v.
102 Moser schreibt „im Gegentheile ich schätze ihn", UAH, H-III-111 / 9, fol. 142r.
103 Moser fährt fort: „aber gegen die Überladung der Med. Facultät mit Professoren, darüber ließe sich wohl ein Wort sprechen," der Ruhm einer Universität hänge von der „Celebrität" ihrer Professoren ab. Die Heidelberger medizinische Fakultät bestehe „aus sechs ord. und einem außerord. Lehrer, die Doctores leg. nicht einmal mitgerechnet, die ord. Lehrer dociren alle daß[sic] was zur inneren und äußeren Heilkunde gehört, mithin braucht ihre Zahl wirklich nicht vermehrt zu werden." UAH, H-III-111 / 9, fol. 142r.
104 UAH, H-III-111 / 9, fol. 10r, Nr. 23.
105 UAH, H-III-111 / 9, fol. 148, Nr. 46. S.a. Brilling (wie Anm. 57), S. 100.
106 Im Juli 1812 waren in Heidelberg 342 Studenten eingeschrieben, nur die Philosophen hatten mit 22 noch weniger Hörer, Theologen und Kameralisten waren jeweils 45, die Juristen dominierten mit 188, s. Almanach der Universität Heidelberg … 1813, S. 37, Emundtds-Trill, Privatdozenten (wie Anm. 42), S. 47, Anm. 166 und S. 85 mit A. 342.
107 UAH, RA 6635, Schreiben des Senats an das Ministerium, 9.12.1809, Nr. 744.
108 UAH, H-III-111 / 9, fol.10r, Nr. 23.
109 UAH, RA 790, S. 57f, Nr. 196.
110 UAH, PA 1656, Bericht 18.7.1812, erhalten 28.7.1812, Nr. 198. Die Unterredung fand offenbar am 15.6. statt. Am 19.6. nahm Haindorf schriftlich Stellung, Abdruck bei Brilling (wie Anm. 57), S. 101.
111 UAH, RA 790, S. 62f, Nr. 206.
112 UAH, PA 1656, Bericht 18.7.1812, Nr. 198. Gambsjäger sandte mit dem Bericht auch das Votum der medizinischen Fakultät und „ein votum particulare", offenbar den Bericht von Prof. Zipf vom 18.6.1812. Mit Datum vom 29.7.1812 sandte Prof. Moser ein weiteres „votum particulare" an das Ministerium, in dem er schreibt, er habe der entsprechenden Fakultätssitzung nicht beiwohnen können. Haindorf wird hier vorgeworfen, er habe beim Doktorexamen „den Anforderungen nicht entsprochen", er habe das Diplom ohne Disputation und Dissertation bekommen – was richtig war –, er habe zur Habilitation keine besondere Schrift drucken lassen – davon war ausdrücklich dispensiert worden – und schließlich „weilen er kein Christ,

sondern ein Jude ist, und weilen noch kein einziges Beispiel vorhanden, daß auf irgendeiner Universität Deutschlands ein Jude als öffentlicher Lehrer angestellt war." Abdruck des Votums bei Brilling (wie Anm. 57), S. 102. Beim letzten Punkt irrte sich Moser, denn 1652–1674 lehrte mit Jacob Israel ein Jude an der Heidelberger medizinischen Fakultät, s. o. mit Anm. 5.

113 UAH, PA 1656, Brilling (wie Anm. 57), S. 102f.
114 Dekan Schelver hatte die Dozenten am 2.7.1812 um die Einsendung der Vorlesungsverzeichnisse gebeten. UAH, H-III-111/9, fol. 151, Nr. 49.
115 UAH, H-III-111/9, fol. 152–153, Nr. 50, Pos. 4, 18 und 19; s.a. Intelligenzblatt 1812, Nro. XIX und XX, S. 140–141, wo die Vorlesungen etwas anders angekündigt werden.
116 UAH, PA 1656, Zirkular des Senats vom 10.Okt.1812. Abdruck des Antrags bei Brilling (wie Anm. 57), S. 103; Haindorf erbat sich hier auch ein Zeugnis über seine Promotion und Habilitation, die zweijährige Vorlesungstätigkeit und sein sittliches und bürgerliches Betragen.
117 UAH, PA 1656, Zirkular vom 10.10.1812 und Eingabe des Senats an das Ministerium vom 10.10.1812, expediert am 11.10.1812.
118 UAH, PA 1656, Schreiben der Polizeidirektion Karlsruhe.
119 UAH, PA 1656, Schreiben des Ministeriums des Innern vom 15.10.1812 und UAH, RA 790, S. 105, Nr. 318.
120 Jan-Christoph Hauschild und Michael Werner, Heinrich Heine, München 2002, S. 29; diese Gleichstellung wurde allerdings durch königliche Kabinettsordre wieder zurückgenommen.
121 S. Personalakt in UAH, PA 1981; Emundts-Trill, Privatdozenten (wie Anm. 42), S. 168 und 294.
122 Mutatis mutandis gilt das auch für christliche Minderheiten an konfessionellen Schulen und Anstalten. So konnten in Bayern bis zum Ersten Weltkrieg Alt-Katholiken nicht Volksschullehrer werden.
123 Das Gutachten wurde im Engeren Senat am 17.7.1815 beraten und am 22.7. expediert.
124 Rachel Heuberger „Weshalb soll der Mensch eine Richtung haben" in: Georg Heuberger und Fritz Backhaus (Hg.): Leo Baeck 1873–1956. Aus dem Stamm von Rabbinen, Frankfurt 2001, S. 26–43, hier S. 26–29.
125 Dieter Aschoff, „Ein Ehrenmann, im Wohltun unermüdlich", Westfälischer Anzeiger, Hammer Zeitung, 22.9.2002
126 Hans-Martin Mumm, „Freiheit ist das, was wir – nicht haben", in: Giovannini, Bauer, Mumm: Jüdisches Leben (wie Anm. 7), S. 61–105, hier S. 73; die Deutsche Zeitung war 1847 von Ludwig Häusser, Mittermaier und Georg Gervinus gegründet und bis 1848 von Gervinus redigiert worden.
127 Ewald Keßler: Mittermaier – nicht nur ein Straßenname, in Katholische Pfarrgemeinde der Alt-Katholiken Heidelberg-Ladenburg (Hg): 125 Jahre unterwegs, Heidelberg 1999, S. 80–83, hier S. 83.
128 Adolf Kußmaul: Jugenderinnerungen eines alten Arztes, Stuttgart 1899, S. 404–405. Mit dieser Geschichte in seinen Jugenderinnerungen nimmt der Autor auch Stellung gegen den Antisemitismus um 1900.
129 Beurlaubt aus rassischen Gründen am 3.5.1933, gestorben Ende 1943 im KZ Theresienstadt. S. Vincenz Czerny: Aus meinem Leben, Ruperto Carola 41, 1967, S. 214–233, hier S. 233, und Drüll: Gelehrtenlexikon 1803–1932 (wie Anm. 5), S. 206.
130 Döllinger: Drei Reden gehalten auf dem bayerischen Landtag 1846, Regensburg 1846, S. 59–84, hier S. 59, zitiert nach: Görg, Döllingers Stellung (wie Anm. 30), S. 451. Es ging dabei nicht nur um den Schutz vor Ungerechtigkeit, sondern um „grundsätzlichen Respekt vor jüdischer Glaubenstradition", ebd. S. 453.
131 Ignaz von Döllinger: Die Juden in Europa, in ders.: Akademische Vorträge, Bd 1, München 1890, S. 209–241, hier S. 210; die Rede wurde schon eine Woche später am 2./3.8.1881 in der Augsburger Allgemeinen Zeitung, S. 3129–3131 und 3145–3147 veröffentlicht und 1924 und 1947 erneut gedruckt. Die Wochenzeitung „Die Zeit" brachte Anfang Juni 2002 einen Artikel von Uffa Jensen mit dem Titel „Die Juden sind unser Unglück" über H. v. Treitschkes Antisemitismus, in dem es heißt: „Warum aber fand sich kein Christ, kein nicht-jüdischer Deutscher, den Professor in die Schranken zu weisen?" und am Schluss: „Dennoch bleibt der bittere Nachgeschmack, dass sich weder Mommsen noch ein anderer Nichtjude unter den gebildeten Bürgern zum Anwalt ihrer Position, ihrer eigentlichen Emanzipation gemacht hatte. Damit ist eine große Chance vertan worden, ein für alle Mal anzuerkennen, dass Juden Teil des politischen Lebens,

der Kultur der Bürger und der deutschen Nation als Ganzes geworden waren – und zwar als Juden." Döllinger hatte genau diese Forderung der „Zeit" erfüllt. Trotzdem lehnte es die Zeitung ab, einen berichtigenden Hinweis zu drucken. Als Treitschke im Nov. 1879 seinen antisemitischen Aufsatz veröffentlicht hatte, protestierte Mommsen dagegen in einer Erklärung und veröffentlichte noch 1880 einen Aufsatz „Auch ein Wort über unser Judentum". 1895 legte Mommsen sein Amt als Sekretär der Berliner Akademie der Wissenschaften nieder. Es „kann kein Zweifel daran bestehen, daß ihn die Wahl seines politischen Gegners Heinrich von Treitschke zum ordentlichen Mitglied der Akademie zu diesem Schritt veranlasst hatte. Dem ehemaligen Weggefährten verzieh Mommsen die antisemitische Agitation nicht" (Stefan Rebenich: Theodor Mommsen, München 2002, S. 170–173 und 143).

132 Döllinger, Juden in Europa (wie Anm. 131), S. 241. Der oben genannte Berthold Auerbach dankte dem Redner persönlich in einem Brief, der in den Döllingeriana der Bayerischen Staatsbibliothek, München, liegt.

Rudolf Walter

Zur Musikpflege in der Pfarrkirche Heiliggeist im 20. Jahrhundert

Der Überblick über die Kirchenmusikpflege an Heiliggeist im 20. Jahrhunderts will eine historische Darstellung sein. Er nennt – soweit feststellbar – die bei den Gottesdiensten verwendeten Kirchengesangbücher, gregorianischen Choralbücher und mehrstimmigen Kompositionen, bei den Geistlichen Konzerten und konzertanten Orgelmusiken die Programme, soweit überliefert. Quellen bilden das Verzeichnis von Domorganist Wilhelm Weitzel von 1927[1], der Nachruf von E. J. Vierneisel von 1962 für die Amtszeit von Otto Bundschuh,[2] die persönlichen Mitteilungen der Stelleninhaber und die gedruckten wöchentlichen Mitteilungen des Pfarramts für die fünf folgenden Kantoren.

Diese wöchentlichen Mitteilungen an die Pfarrangehörigen unterrichten manchmal genau, öfter in pauschaler Weise, bieten wiederholt keine vollständigen Programme. Die Informationen über die Choralschola verdankt der Verfasser ehemaligen Mitgliedern dieser Gesangsgruppe, besonders den Herren Eberhard Grießhaber und Helmut Mölls.[3] Beurteilungen der Programmwahl und der Aufführungen werden nicht geboten. Dreimal sind lediglich grundsätzliche Überlegungen dazu eingefügt. Bei den Ausführenden werden die Cappella Palatina und die Gastchöre sowie der jeweilige Kantor erwähnt (keine Solisten und keine Orchester). Bei konzertanten Orgelmusiken wird der Spieler mitgeteilt. Zeitungsberichte über Gottesdienste, Geistliche Konzerte und konzertante Orgelmusiken sind nicht benützt. Von Nachrichten in Zeitschriften und Jahrbüchern wurden nur die sachlichen Mitteilungen übernommen. Weitere Quellen wie das Erzbischöfliche Archiv Freiburg, das Amtsblatt der Diözese, die Schrift über den Diözesan-Cäcilienverein von Wolfgang Hug, werden jeweils genannt.

I. Die Pfarrer

Franz Joseph Wilms	1864–1908
Franz Xaver Schanno	1909–1919
Franz Xaver Raab	1919–1943, auch Dekan
Richard Hauser, Dr. theol.	1943–1980, auch Dekan[4]
Fridolin Keck, Dr. theol.	1981–1999
Klaus von Zedtwitz, Dr. theol.	seit Oktober 1999, auch Dekan.

II. Deutscher Gemeindegesang

1904 erschien eine Neuauflage des Diözesangesangbuchs „Magnificat" von 1892. Kirchenmusikalisch enthielt diese einige Änderungen, doch keine strukturelle Neubearbeitung. Das Choralrequiem wurde eingereiht und die lateinischen Vespern wurden durch solche in deutscher Sprache ersetzt.[5] 1929 edierte das Ordinariat eine stark veränderte Fassung unter dem bisherigen Titel „Magnificat". Unter anderem waren die 23 Einheitslieder der deutschen Katholiken integriert. Im 1. Weltkrieg waren sie zusammengestellt, von der Deutschen Bischofskonferenz 1916 genehmigt und beim Verlag

Herder, Freiburg, danach als Beilage zum Magnificat gedruckt erschienen. Alle Begleitsätze dieser Ausgabe des Magnificat verfasste Franz Philipp (1890–1972), Direktor der Musikhochschule Karlsruhe.[6]

Nach dem 2. Weltkrieg wurde eine weitere Neuauflage erforderlich, weil die Druckvorlagen des Verlags Herder bei Bombenangriffen auf Freiburg zerstört wurden und weil nach Kriegsende Vertriebene aus den Ostgebieten zugeströmt waren. Anregungen des Gesangbuchs der Katholischen Jugend „Kirchenlied", Freiburg 1938, und die „74 Einheitslieder der deutschen Bistümer", welche die Bischofskonferenz 1947 approbiert hatte, wurden eingearbeitet.[7] Zu den 74 Einheitsliedern publizierte der Christophorus-Verlag, Freiburg, Intonationen, Praeambula und Nachspiele. Verfasser waren Kirchenmusiker aus fast allen deutschen Bistümern.[8] Zudem boten manche Diözesen im jeweiligen Orgelbuch neben Liedbegleitungen auch Liedvorspiele. Die weitere Edition des Magnificat von 1960 enthielt eine reiche Auswahl von Choralmelodien. Das waren: fünf Choralmessen, zwei Credomelodien, Requiem mit Responsorium Libera me und Antiphon In paradisum, Asperges me und Vidi aquam, drei Hymnen und vier Marianische Schlussantiphonen, acht Gesänge für Palmsonntag bis Ostervigil.

Die nach dem 2. Weltkrieg üblich gewordenen ökumenischen Gottesdienste von Christen verschiedener Bekenntnisse verlangten ein eigenes Gesangbuch. Die unterschiedlichen Konfessionen besaßen wohl einen erheblichen Schatz gemeinsamer Lieder, die aber textliche und melodische Varianten aufwiesen. Bei diesen historischen Kirchenliedern waren deshalb ein gemeinsamer Wortlaut der Texte und eine gemeinsame Fassung der Melodien zu vereinbaren. Die „Arbeitsgemeinschaft für ökumenisches Liedgut" unter Vorsitz von Prof. Dr. Chr. Mahrenholz, Hannover, und Weihbischof Dr. P. Nordhues, Paderborn, leistete diese Arbeit und publizierte als Ergebnis ihrer Bemühungen um Pfingsten 1972 „Gemeinsame Kirchenlieder der deutschsprachigen Christen". Diese wurden in deutschen, österreichischen und Schweizer Verlagen publiziert.[9] 102 Lieder bietet diese Edition, darunter ein reichliches Dutzend zeitgenössischer (Nr. 19, 28, 61, 62, 71, 79, 80, 82, 84, 89, 90, 95, 101, 102).

1975 erschien nach jahrelangen Beratungen und Verhandlungen das „Gotteslob. Katholisches Gebet- und Gesangbuch", herausgegeben von den Bischöfen Deutschlands, Österreichs und der Bistümer Bozen-Brixen und Lüttich (ohne die deutschsprachigen Bistümer der Schweiz). Die Lieder des ökumenischen Gesangbuchs wurden wörtlich übernommen. Für weitere – etwa Sakraments- und Marienlieder – hatte man gemeinsame Fassungen zwischen den beteiligten Diözesen vereinbart. Um landschaftliche und diözesane Traditionen zu erhalten, gliederte man das „Gotteslob" in einen allgemeinen Teil und in einen Diözesan-Anhang. Die Diözesen Freiburg und Rottenburg, die in ihren südlichen Dekanaten aus dem Bistum Konstanz hervorgegangen waren, entschieden sich für einen gemeinsamen Eigenteil.[10]

Neben dem Orgelbuch wurden zum Gotteslob mehrere Hefte Choralvorspiele erarbeitet und ediert (sechs Hefte erschienen im Verlag Bonifacius-Druckerei, Paderborn). Nicht verwirklicht wurde ein Begleitbuch für Orgelpositiv und Choralvorspiele für Hilfsorganisten mit ausschließlicher Schulung am Klavier. Wiederholt konnte der Verfasser beobachten, dass solche unverzichtbaren Helferinnen und Helfer nur Sopran, Alt und Tenor des Begleitsatzes spielten, weil der für Pedalspiel entworfene Bass die Spannweite der linken Hand überschritt. Die Herausgeber von Begleitbuch, Intonationen und Choralvorspielen zum Evangelischen Gesangbuch von 1950 für Württemberg hatten dieses Problem erkannt und gelöst. Sie publizierten zusätzlich ein Begleitbuch sowie Intonationen und Vorspiele für Positivsatz.[11]

Nicht in allgemeinen Gesangbüchern, sondern in diözesanen oder pfarreilichen Anhängen, auch auf vervielfältigten Zetteln, die vor dem jeweiligen Gottesdienst verteilt werden, findet sich das Eindrängen der sog. „Rhythmischen Gesänge" in den Gemeinde-, besonders Jugendgesang nach dem 2. Weltkrieg dokumentiert. Dabei handelt es sich um Gospelsongs, öfter um Einflüsse amerikanischer Unterhaltungs- und Tanzmusik. Hierbei ist das pädagogische Geschick und die Überzeugungskraft von Seelsorger und Kirchenmusiker gefordert. Nicht mit Ablehnung, sondern mit Erläuterung des Unterschieds zwischen Unterhaltung und Gebet werden sie Übertreibungen vorzubeugen vermögen.[12]

Ältere Katholiken beklagen immer wieder, dass Gesangbuch-Kommissionen zu rasch Änderungen an Text und/oder Melodie historischer Kirchenlieder vornehmen. Im Gegensatz zur evangelischen Praxis wird die Tradition des Kirchengesangs missachtet. Nicht ein-, sondern zwei-, ja dreimal müssen ältere Gemeindemitglieder auswendig eingeprägte Texte und Melodien umlernen. Dass ein von einem Spezialisten (nicht von einer Kommission) verantwortungsbewusst gestaltetes Gesangbuch drei Generationen befriedigen kann, belegt das evangelische Bayerische Gesangbuch von 1854. Bis zur Einführung des Evangelischen Kirchengesangbuches um 1950 blieb diese vom Hymnologen Johannes Zahn (1817–1895) zusammengestellte Liedauswahl gültig.[13]

Das beliebt gewordene „Basteln" an Texten und Melodien von Kirchenliedern erzeugte ein juristisches Problem für die Komponisten. Im Lauf des 20. Jahrhunderts wurden Liedtexte und Liedmelodien durch die Gema „geschütztes geistiges Eigentum" von Textern und Melodisten. Ja, man erweiterte den Schutz auf kleine Änderungen an Melodie oder Text oder an beiden. Der betroffene österreichische Komponist J.-F. Doppelbauer verfasste 1980 dazu die Stellungnahme „Wird das Komponieren kirchlicher Vokalmusik zum Monopol?"[14] Er führte u.a. aus:

> „Das ‚Gotteslob' ist als Basisgesangbuch für den Vollzug des Gottesdienstes gedacht. Es dient der singenden Pfarrgemeinde. Zugleich soll es als Quelle für eine daraus entstehende Sekundärliteratur dienen. Uns Komponisten wird an das Herz gelegt, daß Liedsätze, Kantaten, Liedmotetten, Vor- und Nachspiele jeder Art unsere Aufgabe seien. Ein guter Teil des EGB-Gotteslob ist aber urheberrechtlich geschützt. Ohne Genehmigung des Autors (bzw. von Texter und Melodist) und des Verlages darf kein neues Lied weiter bearbeitet werden. Darunter fallen auch alte Lieder, die aus irgend einem Grunde verändert wurden (und wenn es sich nur um geringfügige Textkorrekturen handelt!)".

1. Gregorianischer Choralgesang

In der zweiten Hälfte des 19. Jahrhunderts hatten Mönche der französischen Benediktinerabtei St. Peter, Solesmes, aufgrund sorgfältiger Quellenstudien die Voraussetzungen dafür geschaffen, dass eine originalgetreuere Choraledition möglich wurde. Zahlreiche wissenschaftliche Editionen bester Quellen hatten die Patres publiziert. Das war die Edition Paleographie Musicale, 23 Bände, Solesmes und Tournai 1889–1992.[15] Eine Päpstliche Kommission entschied jedoch die Auswahl für die Editio Vaticana.[16] Die wichtigsten Neuausgaben bildeten:[17]

1911 Missale Romanum (Das Messbuch mit Melodien der Gloria- und Credo- Intonationen, der Präfationen, des Pater noster, der Ite, missa est- und Benedicamus Domino-Melodien und einigen weiteren Priestergesängen),

1905 Kyriale (Die Gesänge des Ordinarium Missae),

1908 Graduale Romanum (Die Gesänge des Proprium Missae),

1909 Officium Defunctorum (Officium und Messe des Totengedenkens),

1911 Cantorinus Romanus (Melodien der Psalmen, Cantica und Priestergebete),

1912 Antiphonale Romanum (Gesänge der priesterlichen und klösterlichen Gebetstunden außer der Matutin),

1922 Officium Majoris Hebdomadae et Octavae Paschae cum cantu, (Officium und Messen der Kar- und Osterwoche mit Gesang),

1926 Officium Nativitatis Domini (Officium und Messen von Weihnachten),

2002 Nocturnale Romanum (Die Gesänge des priesterlichen und klösterlichen Stundengebets beim Tagesbeginn) Heidelberg 2002 (1360 S.).

1924 bot der Verlag Desclée, Paris, den Liber usualis (das Gebrauchsbuch, die Choralgesänge zu Messe und Vesper für den Bedarf der Pfarreien).

1938, zweite erweiterte Auflage 1948, edierte die Benediktinerabtei St. Matthias, Trier, ein Choralmessbuch[18]. Dieses bietet die in Pfarreien üblichen Messgesänge und interlinear die deutsche Übersetzung der lateinischen Texte. Ferner reiht es ein die orationen der Messe, die Epistel und das Evangelium der berücksichtigten Formulare mit deutscher Übersetzung. Schließlich eröffnet das Buch eine knappe deutschsprachige Einführung in den gregorianischen Choral.

1967, nach dem 2. Vatikanischen Konzil, publizierte die Ritenkongregation in der Vatikanischen Druckerei zu Rom Graduale simplex in usum minorum ecclesiarum (einfaches Gradualbuch zum Gebrauch schlichterer Pfarreien)[19]. Die 431 Seiten zählende Edition bietet knappere und weniger melismatische Melodien der Tradition (keine „Neugregorianik") zum Proprium Missae, teilweise zu nicht im Missale enthaltenen Texten. Sie enthält auch Proprien-Zyklen für die Advents-, Fasten-, Osterzeit und die Monate nach Pfingsten, die an mehreren Werk- und Sonntagen benützt werden können. Nach dem Vorwort (Praenotanda) darf in der gleichen Messe Graduale simplex und Graduale Romanum nebeneinander benützt, z. B. drei Sätze aus dem Graduale simplex und zwei aus dem Graduale Romanum oder, die fünf Gesänge nach dem Verhältnis 4:1 aus den beiden Editionen gewählt werden. Das Graduale simplex schließt gewiss eine Lücke. Wünschenswert wäre gewesen, dass es Jahrzehnte früher, etwa unmittelbar nach dem Graduale Romanum publiziert worden wäre.

In Deutschland ließ die Erlaubnis der Muttersprache als zweite liturgische Sprache das Graduale simplex bisher kaum wirksam werden. In übertriebener Auslegung der Konzilsdokumente wurden von vielen Pfarreien jahrzehntelang nur Gottesdienste mit Gesängen in der Landessprache gefeiert. Die Zugehörigkeit zu einer Weltkirche sollte in der Zeit verbreiteter Reisen in anderssprachige Länder die Feier des lateinischen Amtes wenigstens einmal im Monat nahe legen und ermöglichen. Videant consules!

2. Volks-Choralgesang

Die Empfehlungen des Motu proprio Papst Pius X. von 1903 regten Eucharistiefeiern mit gregorianischem Choralgesang der Pfarrgemeinde an.[20] So wurden Volkschoral-Ämter auch in der Erzdiözese Freiburg üblich, vor allem in städtischen Gemeinden. Choralkurse hielten in den Pfarreien Mönche der Erzabtei Beuron, die Patres Fidelis

Böser (1876–1955), Dominikus Johner (1874–1953), Corbinian Gindele (1901–1986) u.a. Bei solchen Ämtern mit Choral-Gemeindegesang trug der Chor entweder das entsprechende Choralproprium und die eine oder andere Motette vor oder eine mehrstimmige Komposition der betreffenden Texte des Tagesproprium. Musikalisch so gestaltete Gottesdienste übertrug Radio Stuttgart aus Heiliggeist Heidelberg beim Kirchenmusiktag im April 1959 und am Pfingstsonntag 1967.

Das 2. Vatikanische Konzil erlaubte in der Constitutio de sacra Liturgia vom 3. Dezember 1963 die Einführung der Landessprache als zweite liturgische Sprache. Diese Ergänzung wäre bereits in der zweiten Hälfte des 16. Jahrhunderts nötig gewesen. Entsprechende Bemühungen unternahm u.a. Dompropst Johann Leisentritt, Bautzen.[21] Die Päpstliche Regierung in Rom ging jedoch darauf nicht ein. Sie hoffte wohl, dass die reformatorischen Kirchen für die Rückkehr zur einen Kirche und zu Latein als gemeinsamer liturgischer Sprache zu gewinnen sein würden.

Nach 1963 verfielen nicht wenige deutsche Pfarrer und Kirchengemeinden in den umgekehrten Fehler. Sie glaubten, nun ausschließlich Gottesdienste in der Landessprache feiern zu sollen. Rücksicht auf die Struktur der katholischen Kirche als Weltkirche, als Gemeinschaft von Menschen zahlreicher Muttersprachen, war vergessen. Latein als traditionelle Sprache der Weltkirche benötigt man indessen nicht nur, wenn man einen Gottesdienst in der Päpstlichen Basilika St. Peter in Rom besucht. Man braucht es bereits, wenn man mit einem anderssprachigen Nachbarvolk einen Festgottesdienst wünscht oder wenn man „den Schatz der kirchenmusikalischen Tradition" in der eigenen Kirche, etwa an einem Hochfest, pflegen möchte. Nach der genannten Constitutio soll dabei die Gemeinde singend beteiligt werden, etwa mit dem Choralcredo.

Will man fachlich feststellen, welche Choralgesänge für Gemeindegesang geeignet sind, hat man wohl folgende Eigenschaften nüchtern zu prüfen:

a) Welche Melodien benützen relativ wenige Melismen (mehrtönige Gruppen auf einer Silbe oder auf einem Wort)?
b) Welche Melodien weisen höchstens eine Oktave bzw. None Tonumfang auf?
c) Welche Melodien sind aus mäßig ausgedehnten Abschnitten gefügt, sodass normales Atmen zureicht (kein unpassender Zwischenatem nötig wird)?

Unter „Gemeinde" sollen hierbei nicht nur die mittleren Jahrgänge, etwa die Altersstufen von 20 bis 55 Lebensjahren, verstanden, sondern auch schulpflichtige Kinder und Jugendliche sowie Senioren und deren Leistungsvermögen berücksichtigt werden.

Das Einheitsgesangbuch Gotteslob enthält fünf Choralmessen und das Ordinarium Missae der Totenmesse.[22] Ein Klosterkonvent, der täglich das Ordinarium singt, benötigt Abwechslung, eine Pfarrgemeinde, die ab und zu lateinischen Choral singt, kommt mit der Missa mundi und dem Requiem aus, bei dem nur das Kyrie eine abweichende Melodie aufweist. Ständiges Wiederholen der gleichen Melodien bei den lateinischen Gesängen prägt diese allmählich so ein, dass ohne vorherige Gemeindeprobe allgemeine Beteiligung der Anwesenden erwartet werden kann. Wichtig erscheint das Erlernen der zugehörigen Credo-Melodie, denn wenn der Chor ein mehrstimmiges lateinisches Ordinarium etwa an einem Hochfest vorträgt, sollte der Gemeinde wenigstens das Choralcredo vorbehalten sein. Will man dennoch etwas Wechsel anbieten, so genügt die Messe für Advents- und Fastenzeit für die Gemeinde. Für Jugendliche, die weiterführende Schulen und Hochschulen besuchen, ist seit Jahrzehnten die Missa de angelis beliebt.

Die drei Hymnen Pange lingua, Veni Creator, Ave maris stella im Gotteslob dürften für entsprechende Anlässe ausreichen. Bei den Sequenzen ist die Pfingstsequenz und die vier letzten Verse der Fronleichnamssequenz im Graduale simplex[23] für Gemeindegesang zu empfehlen. Beide bestehen aus Doppelversikeln und haben Nonenumfang. Wenn Schola oder Chor die ungeradzeiligen Verse, die Gemeinde die geradzahligen vortragen, hört die Gemeinde jeweils ihre Melodie zuvor (wenn auch mit anderem Text). Für die Ostersequenz, deren Melodie eine Undezime Umfang besitzt, ist der im Gotteslob empfohlene versweise Wechsel zwischen gregorianischem Choral (Schola) und dem Lied „Christ ist erstanden" (Gemeinde) vorzuziehen.[24] Die drei neutestamentlichen Cantica: Benedictus, Magnificat, Nunc dimittis lassen sich ohne weiteres wechselnd zwischen Schola/Chor und Gemeinde singen. Deren Melodien sind etwas reicher formulierte, ständig wiederholte Psalmtöne.

Die eingängigen und beliebten Marianischen Antiphonen Regina coeli und Salve Regina in tono simplici (in einfacherer Vertonung) lassen sich in Mai- und Oktober-Andachten wiederholt einsetzen. In manchen Gemeinden wird bei Beerdigungen am Anfang die Antiphon In paradisum deducant te Angeli (Melodieumfang eine Sept) und am Ende Salve Regina gesungen (Melodieumfang eine Oktav). In abschnittweisem Wechsel vorgetragen, bieten sie tröstende Texte und sind unschwer mitzusingen.

In der Karwoche, von Palmsonntag bis zur Ostervigil einschließlich, eignen sich wohl acht liturgische Texte für Gemeindegesang. Das sind: Hosanna filio David; Ubi caritas et amor; Pange lingua; Venite adoremus; Allerheiligen-Litanei; zwei Alleluja-Melodien; Canticum Benedictus. Für Venite adoremus der Kreuzverehrung und das Alleluja nach der Epistel der Ostervigil finden sich im Graduale simplex[25] zwei wesentlich schlichtere Weisen verzeichnet als im Graduale Romanum, welche das Gotteslob abdruckte. Diese lassen sich leicht abschreiben, kopieren und an die Gemeinde verteilen. Die rund 20 Hinweise auf schlichte Melodien zu liturgischen Texten machen ersichtlich, dass in Gotteslob und Graduale simplex ausreichende Editionen von Choralgesängen für Gemeindegesang vorliegen.

Weiterbildung der Kirchenmusiker, besonders der nebenamtlichen, wurde in der Erzdiözese nicht vergessen. Der Diözesan-Cäcilienverband veranstaltete wiederholt Generalversammlungen oder Fortbildungskurse. Für Nordbaden lassen sich belegen: Bezirksmusikfeste in Tauberbischofsheim vom 9. bis 13. Oktober 1902, in Mannheim und Plankstadt 1925. In Heidelberg fand am 18./19. April 1959 eine Diözesan-Cäcilienverbands-Tagung statt. Dieses Heidelberger Fest in Gegenwart des Erzbischofs wurde „als glanzvollste in der bisherigen Geschichte des Diözesan-Cäcilienverbandes" beurteilt.[26] Am 1. April 1973 richtete das Erzbischöfliche Ordinariat ein Kirchenmusikalisches Amt in Freiburg ein. Alljährlich veranstaltete und veranstaltet dieses in wechselnden Orten Fortbildungsveranstaltungen. Darüber wurde und wird in den Kirchenmusikalischen Mitteilungen der Erzdiözese Freiburg berichtet.

3. Die Choralschola

In der Choralschola kündete sich weitere professionelle Kirchenmusikpflege an der Heiliggeistkirche an. Unter den Pfarrern seit 1900 hatte wohl keiner diese Gesangsgruppe gewünscht, unter den Volksschullehrer- und Musiklehrer-Organisten keiner diese Anregung vorgetragen und ihre Verwirklichung angeboten. Mindestens seit 1935 hätten allerdings die Nationalsozialisten solche religiöse Beeinflussung von Jugendlichen zu behindern gesucht.

Pfarrer Dr. Richard Hauser, der die Pfarrei seit 1943 leitete, wünschte gregorianischen Choralgesang in den Sonntags- und Festtagsgottesdiensten. Da Chorleiter Otto Bundschuh dafür kaum vorgebildet und weniger aufgeschlossen gewesen scheint, beauftragte er den im August 1945 zugewiesenen, stimmlich begabten und fachlich

Abb. 1:
Choralschola mit Helmut Mölls als Leiter

unterwiesenen Kaplan Martin Zeil,[27] eine Knaben-Schola zu bilden. Dieser brachte eine Schar von etwa 20 Knaben zusammen, mit denen er zweimal wöchentlich gregorianischen Choral nach dem Liber usualis, dem gregorianischen Choralbuch für Pfarrgemeinden, erarbeitete. Zusätzlich wurden zwei- und dreistimmig gesetzte deutsche Kirchen- und Volkslieder einstudiert. Dafür diente die Edition „Der Musikant".[28] Zu der Schola gehörten u.a. Rainer Baumann, Klaus Braun, Udo Diefenbach, Eberhard Grießhaber, Georg Kippenhan, Helmut Mölls, Christoph Vierneisel, Georg Volz. Geprobt wurde im Pfarrsaal, in Gottesdiensten gesungen im Chorraum der Kirche, rechts vom Hochaltar, nicht auf der rückwärtigen Orgelempore. An Hochfesten wurden Teile des Proprium Missae, an manchen Sonntagen Sätze des Ordinarium Missae vorgetragen.

Längerfristig war in den argen Jahren nach dem 2. Weltkrieg eine solche Beanspruchung von Knaben nur erreichbar, wenn Lebensmittel, Kleidungsstücke, Schuhwerk und ähnliches vermittelt werden konnten. Der Pfarrei gelang, dies aus Caritasmitteln und aus Spenden amerikanischer Dienststellen zu organisieren. Die Schola sang dafür bei amerikanischen Festveranstaltungen Volksliedsätze, u.a. in den Hotels Ritter, Europäischer Hof und anderen. Kaplan Zeil versah diese musikpädagogische Nebentätigkeit erfolgreich etwa sieben Jahre. Ihm gelang sogar, Aufnahmen der Schola bei der Sendestelle Heidelberg des Süddeutschen Rundfunks zu erreichen, die in der Pfarrkirche stattfanden. Dann wechselte Zeil als Wehrmachtsseelsorger zur Bundeswehr.[29]

Die Leitung der Schola übertrug Hauser nun Kaplan Eugen Biser, der als Religionslehrer am Helmholtz-Gymnasium wirkte.[30] Die Schola hatte sich im Lauf der Jahre musikalisch und menschlich so harmonisch aufeinander eingespielt, dass sie ihrer Aufgabe weiter treu blieb. Einige Zeit leitete die Pfarrschwester von Heiliggeist, Ortrudis Braun OSB, die Gesangsgruppe.[31] Danach übernahm Helmut Mölls diese Aufgabe.[32] Mölls führte sie auch weiter, als sich die Gruppe infolge des natürlichen Stimmbruchs in eine Jungmänner-Schola gewandelt hatte. In jener Zeit stieß Werner Henn zu dieser Gemeinschaft.

Im Sommer 1957 trat Otto Bundschuh im Alter von 70 Jahren in den Ruhestand. Heino Schubert, der in den Musikhochschulen Detmold und Freiburg vielseitig ausgebildet war, übernahm die Kirchenmusikerstelle. Schola und gemischter Chor kamen jetzt unter die Leitung eines gründlicher ausgebildeten Kantors. Die jungen Männer bildeten weiterhin die Choralschola, einige traten zusätzlich in den Chor ein und beteiligten sich an den mehrstimmigen Gesängen.

Das blieb so, als im Frühjahr 1961 Dr. Rudolf Walter im Kirchenmusikamt folgte. Helmut Mölls wirkte in der Schola als Vorsänger, und schulte die erfahrenen Mitsänger bis er aus beruflichen Gründen nach Eberbach am Neckar verzog. Jüngere Mitglieder des Männerchores waren inzwischen der Choralschola beigetreten. Gregorianischer Choralgesang blieb wesentlicher Teil der Kirchenmusikpflege in den Dienstzeiten der folgenden Kantoren in jenem Zeitraum, über den hier berichtet wird. Die Vielseitigkeit von Gemeindegesang, gregorianischem Choral, a-cappella-Gesang und orgel- oder orchesterbegleiteten Kompositionen prägte die liturgische Musikpflege an diesem Gotteshaus.

III. Kantoren und Organisten

1. Otto Bundschuh

Otto Bundschuh, der am 1. April 1911 angestellt wurde, war 1887 zu Impfingen im Taubergrund bei Tauberbischofsheim geboren. Einige Jahre besuchte er das Gymnasium in Tauberbischofsheim wohl bis zum sog. Einjährigen, das bedeutete bis Untersekunda einschließlich. Da er den Beruf eines Kirchenmusikers anstrebte, suchte er danach eine Ausbildungsstätte. In Freiburg hatten die Domkapellmeister Johannes Schweitzer (1869–1882) und Gustav Schweitzer (1882–1916) eine diözesane Kirchenmusikschule von 1868–1894 unterhalten.[33] Anfang des 20. Jahrhunderts bestanden diözesane Ausbildungsstätten in Regensburg (seit 1874) und in Aachen (seit 1882). Auf höherem Niveau arbeitete die Staatliche Akademie für Kirchen- und Schulmusik in Berlin (seit 1822). Sie setzte Ausbildung zum Volksschullehrer einschließlich zweites Lehrerexamen oder Abitur voraus. In den Jahren 1907–1913 leitete Ernst von Werra in Kloster Beuron eine Kirchenmusikschule.[34] Vermutlich war diese im Norden der Erzdiözese wenig bekannt oder für Bundschuh zu spät errichtet worden. Jedenfalls wandte sich der junge Bundschuh an Johannes Diebold, Freiburg (1842–1929), Chorleiter und Organist an St. Martin in Freiburg, der an der Freiburger Kirchenmusikschule mitgearbeitet hatte, weiterhin kirchenmusikalische Kurse abhielt und dessen Chor in der Erzdiözese einen ausgezeichneten Ruf genoss.[35] Diebold war ausgebildeter Volksschullehrer. Das Lehrerseminar hatte er in Brühl bei Köln absolviert, wo Michael Toepler (1803–1874) als Musiklehrer hohen Ansehens gewirkt hatte.[36]

Bundschuh begab sich also nach Freiburg und ließ sich von dem erfahrenen Praktiker Diebold zum Chorleiter und Organisten ausbilden. Wie lange diese Ausbildung dauerte, ist nicht überliefert. Seine erste Anstellung als Kirchenmusiker erhielt er an St. Andreas in Au am Rhein (zwischen Karlsruhe und Rastatt), in welchem Jahr ist ebenfalls nicht bekannt. Wohl auf Empfehlung des damaligen Domkapellmeisters Gustav Schweitzer verpflichtete ihn Pfarrer Schanno 1911 an Heiliggeist Heidelberg. Ab 1. April leistete er Probedienst, ab Anfang 1912 wurde er fest angestellt.[37] Zu seinen Aufgaben gehörte neben Chorproben, Leiten des Chorgesangs und Orgelspiel in den Gottesdiensten das Erteilen von Unterricht im Kirchengesang an Volksschüler. Den bestehenden Kirchenchor Cäcilia übernahm Bundschuh vom Vorgänger. Diese Sängergemeinschaft florierte ziemlich bald, denn bei der Diskussion des Umbaus der Voit-Orgel im Jahr 1912 wurde von etwa 120 Sängerinnen und Sängern gesprochen. Der Chor sang deshalb bei den Hochämtern im Altarraum. Die gottesdienstlichen Vor-, Zwischen- und Nachspiele führte dabei der Organist der Anna-Kirche A. Fehringer aus.

Im Herbst 1912 und Frühjahr 1913 versetzte die Firma Voit, Durlach, die Orgel gegen die Kirchenrückwand zurück. Danach gab es ausreichenden Platz, um auf der Musikempore Kompositionen mit Orgelbegleitung von Peter Griesbacher (1864–1935), Gustav Eduard Stehle (1839–1915), Johannes Diebold u.a. einzusetzen. Bei einem Pontifikalamt in der zweiten Jahreshälfte 1913 führte Bundschuh eine Missa solemnis des Breslauer Domkapellmeisters Max Filke (1855–1911) mit Orgelbegleitung auf, wie E. J. Vierneisel im Nachruf 1963 mitteilte. Das mag jene ex D, op. 106, gewesen sein. Im Verlag Böhm, Augsburg, war sie in kleiner, mittlerer und ganzer Besetzung gedruckt worden.[38]

Während des 1. Weltkriegs diente Bundschuh als Soldat. Der Chor dürfte mit wenigen Männerstimmen und unter stellvertretendem Chorleiter gesungen haben. An der Orgel vertrat u.a. Fritz Henn, wie ein Aktenvermerk am 15. 10. 1918 im Erzbischöflichen Archiv Freiburg beiläufig mitteilt.[39] Aus dem Felde heimgekehrt, nahm Bundschuh die Messe Filkes wieder auf. An Ostern 1919 bot er sie mit Solistenquartett, Chor und Orchester. Orchesterbegleitung dürfte in der Folge für die Hochfeste üblich geblieben sein. Ämter mit deutschem Kirchengesang waren nach der Kirchenmusikalischen Statistik von 1927 nur an Herz-Jesu-Freitagen üblich.

Für einen Gottesdienst zum Gedenken an die Gefallenen des Krieges wählte Bundschuh das Requiem ex c für Soli, Chor und Orchester von Luigi Cherubini (1760–1842) aus dem Jahr 1836. Bei der Tagung des katholischen Akademikerverbandes in Heidelberg im August 1922 wurde diese Komposition wiederholt und zum Pontifikalamt Ludwig van Beethovens Missa ex C, op. 86 gesungen. Bundschuh hatte gründlich mit dem Chor gearbeitet, um diesem Werk gerecht werden zu können. Pressestimmen rühmten diese Leistung (E. J. Vierneisel). Als 1924 die Görresgesellschaft, die repräsentative Organisation der katholischen Gelehrten Deutschlands, ihre Generalversammlung in Heidelberg hielt, erklang ähnliche festliche Kirchenmusik. In diesen Jahren dürften als Geistliche Konzerte das Weihnachtsoratorium und die Passion von Heinrich Fidelis Müller (1837–1905), Fulda, erklungen sein. Heino Schubert, Bundschuhs Nachfolger, fand diese Kompositionen im Notenschrank des Chors.[40] In Musik in Geschichte und Gegenwart (MGG) wird H. F. Müller gekennzeichnet als „fruchtbarer, volkstümlicher

Komponist".[41] Die „Kirchenmusikalische Statistik der Erzdiözese Freiburg" von Domorganist Wilhelm Weitzel aus dem Jahr 1927 berichtet über Heiliggeist Heidelberg:

> „Man sang Messen a cappella von Palestrina und den Caecilianern Friedrich Koenen, Franz X. Witt, Johannes Diebold; mit Orgel von Anton Faist, Vinzenz Goller, Peter Griesbacher; mit Orchester von W. A. Mozart, L. van Beethoven, Max Filke."

In den 30er Jahren erarbeitete Bundschuh mit dem Chor Messen von Joseph Haydn (u.a. die Theresienmesse), W. A. Mozart, Franz Schubert, Carl Maria von Weber und die Missa ex C des Prager Kirchenkomponisten Wenzel Emanuel Horák (1800–1871). Besonderer Beliebtheit erfreute sich Mozarts sog. Krönungsmesse, die auch in einem Geistlichen Konzert vorgetragen wurde. Diese Missa solemnis erklang u.a. bei der Katholischen Akademiker-Tagung 1934 und beim 550-jährigen Stiftungsfest der Universität 1936. Bei der Weihe des ersten Abtes von Stift Neuburg, Graf Adalbert von Neipperg, am 16. Juni 1929, war Franz Schuberts Missa ex B eingesetzt worden.[42]

Motetten von Anton Bruckner, etwa Locus iste, Os justi, Ave Maria u.a. gehörten ebenfalls zum gottesdienstlichen Programm des Chores. Weiter erarbeitete dieser Cäcilienverein Chorkompositionen zeitgenössischer Kirchenkomponisten wie Franz Philipp (1890–1972), Arthur Piechler (1896–1974), Joseph Messner (1893–1969). Das Te Deum des letzteren von 1935 war sogar eine Uraufführung. Kirchliche Chorgesänge Max Regers (1873–1916), der ab 1905 wiederholt in Heidelberg konzertiert hatte, etwa Sätze aus op. 61 (1901) oder op. 138 (1914), scheint Bundschuh mit dem Cäcilienchor nicht erarbeitet zu haben. Die genannten opera waren textlich durchaus geeignet und im musikalischen Satz keineswegs zu schwierig. Als Geistliche Konzerte erklangen wohl auch das Volksoratorium „Die heilige Elisabeth" von 1931 und das „Geistliche Liederspiel Christnacht" von 1932, beide von Joseph Haas (1879–1960), sowie das Requiem von Mozart.

Im Schlussgottesdienst der katholischen Studentengemeinde nach dem Sommersemester 1950 bot der Chor die Michaels-Messe a cappella von Gerhard Frommel (1906–1984). Frommel stammte aus Karlsruhe und dozierte von 1947 bis 1958 am Konservatorium (Hochschule für Musik und Theater) in Heidelberg. Die Wiedergabe dieser Messe war erneut eine Uraufführung, was Leistungsfähigkeit und Ansehen des Chores belegt.

In den Verkündbüchern der Pfarrei[43] war gelegentlich zu finden, dass der Chor in Vespern ein vierstimmiges „Tantum ergo", in Maiandachten „ein vierstimmigges Marienlied" in der Jahresschlussandacht einen „vierstimmigen Gesang" beitrug. Welche Messen und Motetten in den Hochämtern erklangen, wurde den Gottesdienstbesuchern verschwiegen. Für den ersten Weihnachtsfeiertag ist wiederholt lediglich verzeichnet, dass im Kindergottesdienst die Weihnachtslieder vom Orchester begleitet wurden. An Hochfesten erschien regelmäßig der Hinweis auf die Tellerkollekte an den Kirchentüren „für die Arbeit des Kirchenchors". Diese Sammlung war gewiss für die Vergütungen der Solisten und der Orchestermusiker bestimmt. Denn der Chor sang traditionsgemäß für Gotteslohn.

Konzertante Orgelmusiken von Otto Bundschuh ließen sich nicht nachweisen. Vermutlich ging die Ausbildung bei J. Diebold nicht über die Anforderungen für das gottesdienstliche Orgelspiel hinaus. Anlässlich seines 40-jährigen Ortsjubiläums 1951 wurde Bundschuh zum Erzbischöflichen Musikdirektor ernannt. Während des 2. Weltkriegs waren die Aufführungen festlicher Musik an Hochfesten nicht unterbrochen worden. Selbst Ostern 1945, wenige Tage nach der Besetzung der Stadt, wurde das Hochamt traditionsgemäß gefeiert. Dabei erklang die Missa brevis ex B von Joseph Haydn mit Solo-Sopran, und Orgel-Solo im Benedictus.[44]

Wie andere hauptamtliche Kirchenmusiker dürfte Bundschuh Orgelunterricht erteilt haben. Belegen lässt es sich bei Maria Metzler. Von 1926/27 war sie nebenberufliche Schülerin des Kantors und Organisten. Ab 1929 spielte sie zu Gottesdiensten. Am 1. April 1935 wurde sie als zweite Organistin an katholisch Heiliggeist angestellt. Für ihren Lehrer und drei Nachfolger war sie eine hilfsbereite und zuverlässige Vertreterin. 1985 konnte sie das 50-jährige Organistenjubiläum feiern.[45] Bundschuh mag auch Anfänger-Klavierunterricht an Kinder von Familien der Pfarrgemeinde erteilt haben. Darüber existieren keine Belege. Im einen oder anderen Fall kann er auf diese Weise Chornachwuchs gewonnen haben. Für Kirchenmusiker, die nicht in einer Schule unterrichten, bildet privater Musikunterricht eine entsprechende Möglichkeit.

2. Heino Schubert

Mit 31. Juli 1957 war Otto Bundschuh im Alter von 70 Jahren nach 46 Dienstjahren an Heiliggeist in den Ruhestand getreten. Am 1. August dieses Jahres übernahm Heino Schubert die Stelle des Kantors und Organisten. In Glogau/Schlesien 1928 geboren, hatte er an den Musikhochschulen Detmold und Freiburg Schul- und Kirchenmusik sowie Komposition studiert (in Detmold bei Günter Bialas, in Freiburg bei Harald Genzmer). In der Detmolder Hochschule lernte er die zweimanualige Hausorgel von Hugo Distler (1908–1942) kennen. Die Firma Paul Ott, Göttingen, hatte diese 1938 konstruiert, die Hochschule sie nach dem 2. Weltkrieg erworben. Während des Studiums hatte sich Schubert in Hameln, später in Detmold kirchenmusikalisch betätigt. Zwischen Detmolder und Freiburger Studium wirkte er ein Jahr als Musiklehrer an einem privaten Landerziehungsheim in Schorndorf am Ammersee/Bayern.[46]

In Heidelberg ließ Schubert in den sonntäglichen Ämtern a cappella-Messen und Motetten von Andrea Gabrieli, Giovanni Battista Casali, Tomàs Luis aus Victoria/Spanien, Ludovico Grossi aus Viadana/Italien, Hans Leo Hassler und einigen deutschen Cäcilianern singen. Für Festtage wählte er als orchesterbegleitete Kompositionen die Nelson-Messe von J. Haydn, einige Missae breves und die Krönungsmesse von W. A. Mozart, eine Missa ex C von dem Prager Wenzel Horák (1800–1871) und ab Ostern 1959 die Missa solemnis ex D von Johann Wenzel Stamitz (1717–1757).

Vor den Heidelberger Jahren hatte Schubert das Ordinarium Missae dreimal vertont.[47] Das waren „Missa ex E für vierstimmigen gemischten Chor a cappella" (1951), gedruckt im Arno-Volk-Verlag Köln, „Kanonmesse für dreistimmigen gemischten Chor" (1952) und „Missa für dreistimmigen gemischten Chor und obligate Orgel" (1952), gedruckt im Christophorus-Verlag, Freiburg. Mit dem Chor von Heiliggeist wurden diese nicht studiert, weil Schubert ein halbes Jahr als Stipendiat in der Villa Massimo, Rom, verbrachte und inzwischen Proprienkompositionen geschaffen und wiederholt in Heidelberg aufführte.

1960 verfasste Schubert eine Messe ohne Credo für einstimmigen Chor, Gemeindegesang und Orgel mit dem Titel Unanimi voce (mit einmütiger Stimme). Diese wurde in Heiliggeist uraufgeführt.[48] Strukturell lehnt sich diese an den gregorianischen Choral an, bietet jedoch vom Komponisten geprägte, für Gemeindegesang ausführbare Melodien und ähnlich strukturierte Chorabschnitte in freier Rhythmik. Im gleichen Jahr gedruckt erschienen, nahmen sie nicht wenige Chöre in ihr Repertoire auf.[49]

Ab 1958 pflegte Schubert die kompositorische Gattung des Proprium Missae. Diese bereits im 15.–17. Jahrhundert verwirklichte zyklische Form förderte die liturgische Bewegung, weil durch sie die Gemeinde am gottesdienstlichen Gesang beteiligt wird und der Chor in den wechselnden Texten des Proprium eine vielfältige und notwendige Aufgabe übernimmt. Propriumvertonungen setzen allerdings eine regelmäßig übende Sängergruppe und einen fleißigen Chorleiter voraus. Man ließ sie deshalb häufig weg oder bot nur den einen oder anderen, nicht alle fünf Sätze. Deshalb sei ein knapper Überblick über die Vertonungen des Proprium Missae seit Ende des 19. Jahrhunderts eingefügt.

Im deutschsprachigen Raum hatte der von Papst Pius IX. 1870 bestätigte „Allgemeine Cäcilienverein für die deutschsprachigen Länder" im letzten Drittel des 19. Jahrhunderts energisch durchgesetzt, dass im Hochamt außer der mehrstimmigen Messe das jeweilige Graduale und Offertorium in mehrstimmiger Vertonung gesungen wurde. Seit der Barockzeit hatte man stattdessen häufig Kompositionen beliebiger geistlicher Texte eingesetzt oder Instrumentalsätze aufgeführt. Die Vertonung des vollständigen Proprium Missae wurde von dieser Bewegung nicht gefördert, obwohl zu nicht wenigen Sonn- und Feiertagen Kompositionen des 15. bis frühen 17. Jahrhunderts in den Trienter Codices und von Heinrich Isaac, Orlando di Lasso, William Byrd, Christian Erbach u. a. existierten. Die Cäcilianer sangen Introitus und Communio in der Regel in gregorianischem Choral. Musikhistoriker kannten diese mehrstimmigen Proprien seit längerem, für praktische Kirchenmusiker machte sie erst die sachkundige Monografie Walther Lipphardts „Die Geschichte des mehrstimmigen Proprium Missae"[50] mit genauen Quellen- und Editionsangaben bekannt.

Um 1900 vereinigten einige Komponisten Ordinarium und Proprium in einem Zyklus und versuchten, die zehn Sätze thematisch zu vereinheitlichen. Österreichische Komponisten lieferten vor allem Belege: Karl Pembaur (1876–1939) Weihnachtsmesse in G, Max Springer (1877–1954) Missa Resurrexi und Missa Puer natus est, Joseph Lechthaler (1891–1948) Missa in Visitatione B.M.V., Joseph von Wöss (1863–1943) Missa in Coena Domini, Hendrik Andriessen (1892–1981) Missa in Festo Assumptionis B.M.V., Leo Söhner (1898–um 1960) Missa liturgica. Das kompositorische Vorbild bedeuteten diesen Tonsetzern die Bühnenwerke Richard Wagners.[51]

Die nächste Komponistengeneration kehrte zu kirchenmusikalischer Stilistik zurück und beschränkte sich auf Graduale- und Offertorien-Zyklen. Wir nennen Josef Kromolicki, Berlin (1882–1961), Offertorien und Gradualien für die Hauptfeste, Otto Jochum, Augsburg (1898–1969), Gradualwerk, op. 14, und Offertorienwerk, op. 15; Heinrich Lemacher, Köln (1891–1966), Cantica festiva und Tui sunt coeli von Weihnachten; vom Schweizer Johann Baptist Hilber (1891–1973), Offertorien für gemischten Chor und Orgel; von den Schlesiern Hermann Buchal (1884–1961), Neun Offertorien (zu den Adventssonntagen, zu Weihnachten und zum Osterdienstag) und Gerhard Strecke (1890–1968), 23 Offertorien für die Sonntage nach Pfingsten (neun im Verlag Schwann, Düsseldorf, erschienen, der größere Teil 1945 verloren gegangen).

In der Folge wurde von rheinischen Kirchenmusikalischen Instituten in Köln, Mainz und Speyer, von österreichischen und Schweizer Komponisten die Vertonung vollständiger Proprien erneut aufgenommen. Belege verfassten Heinrich Lemacher, acht Proprien, Joh. Baptist Hilber, vier Proprien, Erhard Quack (1903–1982), Vierstimmige Propriengesänge, Joseph Meßner (1893–1969), Die Wechselgesänge von Peter und Paul und von Allerheiligen (Böhm, Augsburg), Joseph Kronsteiner (1910–1988), mehrere Zyklen, u.a. zum Pfingstfest (Styria, Graz).

Nach dem 2. Weltkrieg bildeten Proprien die wichtigste liturgische Gattung katholischer Kirchenkomponisten. Arbeitswillige Chöre und strebsame Chorleiter führten diese Kompositionen gern auf. Die Produktion hielt an, nachdem die Landessprache als liturgische Sprache vom 2. Vatikanischen Konzil 1963 zugelassen war. Die liturgischen Texte wurden nun auch in deutscher Übersetzung vertont. Eine führende Rolle nahm einige Jahre P. Oswald Jaeggi OSB (1913–1963) ein.[52] Nach Musikstudien in Basel hatte er die Päpstliche Kirchenmusik-Hochschule in Rom absolviert. Von ihm liegen 17 gedruckte Proprien vor. Weitere Komponisten dieser Gattung, teils drei-, teils vierstimmig, teils mit lateinischem, teils mit deutschem Text, teils a cappella, teils mit Orgel oder Bläsern waren: Georg Trexler (1903–1979), Hermann Schroeder (1904–1984), Joseph-Friedrich Doppelbauer (1918–1989), Anton Heiller (1923–1979), Robert Ernst Sorge (geb.1933) und Heino Schubert.

Schubert führte diese Gattung mit seinem Proprium Terribilis est locus iste für vierstimmigen Chor und Bläser an Kirchweihe 1958 in Heidelberg ein. Zum Diözesanmusiktag 1959 bot er das Proprium Jubilate Deo vom 3. Sonntag nach Ostern für vierstimmigen Chor a cappella. Hierzu hatte die Erzdiözese einen Kompositionsauftrag erteilt und der Verlag Müller, Heidelberg, übernahm die Publikation.[53] Nach Schuberts Abschied von Heidelberg entstanden zwei weitere lateinische und gegen 20 deutsche Proprien. Bei jenem für das Marienfest am 8. Dezember bezog der Komponist die Mitwirkung der Gemeinde ein. In den Heidelberger Jahren entstanden auch Instrumentalkompositionen. U.a. waren dies ein Bläserquintett für Fl, Ob, Kl, Horn, Fag (1956), eine Sonate für Vc und Klavier (1957), eine Sonate für Vl und Klavier (1958) sowie vierhändige Klavierstücke (1959). Einige wurden gedruckt.[54]

Kirchenlied-Kantaten setzte Schubert ebenfalls in Heidelberg. Der SWF Baden-Baden hatte 1957 fünf für die Morgenandachten aufgenommen. Einige wurden vom Verlag Müller gedruckt. Als Auftragswerke entstanden ferner liturgische Orgelkompositionen. Domkapellmeister E. Quack, Speyer, und Kirchenmusikdirektor Dr. R. Walter, Bad Kissingen, gaben im Christophorusverlag, Freiburg, eine dreibändige Sammlung Organum in missa cantata heraus. Diese bestand aus Kompositionen über gregorianische Melodien für Choralämter an allen Sonntagen und wichtigen Feiertagen des Kirchenjahres. Die Titel der vier Sätze lauteten: Ante Introitum, Post Offertorium, Post Communionem, Post Benedictionem. Unter den 28 Komponisten Mittel- und Westeuropas befand sich Schubert. Er verfasste die Zyklen für den 3. Sonntag nach Erscheinung, den 2. Sonntag nach Ostern, den 8. Sonntag nach Pfingsten und das Kirchweihfest. Zudem lieferte er ein Postludium über die zweite „Ite missa est"-Melodie des Osterfestkreises.[55]

Herausragende Ereignisse in der Pfarrei Heiliggeist, Heidelberg, in Schuberts Amtszeit bildeten die Versammlung des Diözesan-Cäcilienvereins am 18./19. April 1959, die

Glockenweihe am Pfingstmontag des gleichen Jahres und ein Kleiner Katholikentag in Heidelberg 1960. Am 18.4.1959 wurden in einer Feierstunde in der Kirche als „Kirchenmusik der Mannheimer Schule des 18. Jahrhunderts" geboten: die Missa solemnis ex D, ein Orgelkonzert ex c und der Hymnus-Vers O salutaris hostia von J. W. Stamitz. Das Pontifikalamt des Erzbischofs am 19.4.1960 wurde als Volkschoralamt begangen, zu dem Schubert die Propriensätze mehrstimmig gesetzt hatte. Das Festkonzert schnitt der Rundfunk mit. Unter dem Leitwort „Ave Maria, dich lobt Musica" versammelten sich jene Chöre des Dekanats, die zusammen mit dem Heiliggeist-Chor das mehrstimmige Proprium gesungen hatten, am Nachmittag in Heiliggeist und boten Marienlieder und Motetten aus alter und neuer Zeit. Über diesen Kirchenmusiktag berichtete die Zeitschrift Musik und Altar, Freiburg, u.a.:

> „Man bemüht sich in der Umgebung der ehemaligen kurpfälzischen Residenz [Mannheim] sehr um die Wiederbelebung jener Musik, und in diesem Zusammenhang war die Feierstunde ein begrüßenswerter Beitrag, der diese Bedeutung der Mannheimer Komponisten als Kirchenmusiker erkennen ließ. Alle aufgeführten Werke, ein Konzert für Orgel und Streichorchester, die Missa solemnis in D-dur für Soli, Chor und Orchester, sowie die Motette ‚O salutaris hostia' von Johann Wenzel Stamitz und ein Orgelpräludium von Franz Xaver Richter waren seit langem vergessen".[56]

Bei der Weihe von sieben Glocken am Pfingstmontag jenes Jahres, welche die ortsansässige Gießerei Friedrich Wilhelm Schilling hergestellt hatte, erklangen außer Choralgesängen der Introitus Jubilate von Schubert, der Kanon „Ich will den Herrn loben" von Georg Philipp Telemann und die Kirchenlied-Kantate „Lobe den Herren" von Josef-Friedrich Doppelbauer. Bei der Schlussveranstaltung des „Kleinen Katholikentages 1960" wurde in der Heidelberger Stadthalle das Te Deum von Fr. X. Richter geboten. Den. Hinweis auf diese Komposition wie auf die Stamitz-Messe und -Motette hatte Dr. E. Schmitt, Heidelberg, gegeben. Dieser war aufgrund der Studie „Die kurpfälzische Kirchenmusik im 18. Jahrhundert" 1958 an der Universität promoviert worden. Das Notenmaterial lieh der evangelische Kirchenmusiker Dr. Oskar Deffner (1891–1982), Mannheim.[57]

Als Geistliche Konzerte bot Schubert in Heiliggeist die Vokalwerke: Giovanni Battista Pergolesi, Stabat mater; Heinrich Schütz, Die sieben Worte Christi am Kreuz; W. A. Mozart, Requiem zusammen mit dem Chor von St. Bonifatius unter Leitung von Stefanie Pellisier. Konzertante Orgelmusiken richtete Schubert ab 1958 neu ein. Selbst spielte er u.a. L'Ascension von Olivier Messiaen, sowie „Gregorianik und Orgel", unter Mitwirkung der Choralschola. Mit Konzertmeister A. Virovai bot er ein Programm „Violine und Orgel", mit der Sopranistin Agnes Schmitt „Sologesang und Orgel", mit dem Violoncellisten Wolfgang Schäfer „Violoncello und Orgel". Zu Gastkonzerten lud er ein: Kantor Wassmer, Villingen; Ludwig Doerr, Speyer; Jan Janca, Stuttgart; Peter Krams, Frankfurt; Dr. Hans Musch, Freiburg; den spanischen Organisten Garcia-Llovera u.a.

Seit August 1960 unterrichtete Schubert werktags in der Musischen Bildungsstätte Remscheid. Wegen der weiten Entfernung der beiden Wirkungsorte gab er am 31. Januar 1961 das Heidelberger Kirchenmusikamt auf. Wenige Monate später wurde er zum Domorganisten im neu gegründeten Bistum Essen/Ruhr berufen. Neben aufeinander folgenden Lehraufträgen an den Musikhochschulen Essen und Köln übte er diese Tätigkeit 20 Jahre aus.

3. Rudolf Walter

Am 1. März 1961 übernahm Rudolf Walter die Stelle des Chorleiters und Organisten. 1918 in Groß-Wierau Kreis Schweidnitz/Schlesien geboren, studierte er an den Universitäten Breslau, Straßburg und Mainz Philosophie, Kirchen-, Schulmusik, Musikwissenschaft, Germanistik und Kunstwissenschaft.[58] Private Studien in Chorleitung bei den Domkapellmeistern Dr. P. Blaschke, Breslau, Alphonse Hoch, Straßburg, und Dr. Th. Schrems, Regensburg, sowie private Orgelstudien beim K.-Straube-Schüler Rudolf Opitz, Beuthen, bei Joseph Ahrens, Berlin, und bei Marcel Dupré, Paris, schlossen sich an. Zum Doctor philosophiae wurde er im März 1949 an der Universität Mainz promoviert.

Kirchenmusikerstellen hatte Walter 1942–1945 an der ehemaligen Augustinerchorherren-Kirche Maria auf dem Sande, Breslau, 1945–1948, an St. Josef, Weiden, 1948–1961, an Herz Jesu, Bad Kissingen, bekleidet. Den Titel Kirchenmusikdirektor, den das Ordinariat Würzburg am 15. 5. 1948 verliehen hatte, bestätigte am 1. 3. 1961 das Ordinariat Freiburg. Die seit Sommersemester 1950 ausgeübte Tätigkeit als Dozent am Staatlichen Hochschulinstitut Mainz, ab 1961 als Leiter der von ihm dort gegründeten Kirchenmusik-Abteilung, behielt er bei. Die Heidelberger Kirchenmusiker-Stelle war und blieb während 22 Jahren nebenamtlich eingestuft. Seinen und seiner Familie Lebensunterhalt erwarb Walter durch Lehrtätigkeit im Staatsdienst.

In Heidelberg knüpfte Walter an die Pflege „Kirchenmusik der Mannheimer Schule des 18. Jahrhunderts" an. Die Missa solemnis ex D und die Motette O salutaris hostia von J. W. Stamitz wurden weiter gepflegt. Hinzu kamen die Lauretanische Litanei ex D und das Orgelkonzert ex D vom gleichen Komponisten. Weiter wurden aufgenommen der kantatenartige Psalm 50 Miserere mei von Georg Joseph Vogler und die Motette Jubilate Deo von Ignaz Jakob Holzbauer. Partituren und Aufführungsmaterial lieh entweder O. Deffner, Mannheim, oder wurden über Mikrofilme beschafft und ausgeschrieben. Um dem Chor einen attraktiven Namen für konzertante Aufgaben neben dem liturgischen Dienst zu geben, vereinbarte Walter mit Pfarrer Hauser die Bezeichnung „Cappella Palatina". Die traditionelle katholische Bezeichnung „Kantorei" fand er in Heidelberg besetzt. Diese scheinbare Äußerlichkeit bewährte sich, ähnlich wie zuvor in Bad Kissingen.

Als Hochamtsmusik mit lateinischem Text pflegte Walter an Sonntagen altklassische Messen von A. Gabrieli, Tomàs Luis de Victoria, H. L. Hassler u. a. sowie zeitgenössische von J. Ahrens, H. Schroeder, G. Trexler u. a. Daneben förderte er gemäß der Kirchenmusikalischen Enzyklika Motu Proprio Pius X. von 1903 das Volkschoralamt mit mehrstimmigem Proprium. Dafür wählte er Kompositionen des Altklassikers William Byrd sowie der Zeitgenossen O. Jaeggi, H. Schroeder, K.-M. Komma, R. Sorge, H. Schubert, G. Trexler u. a. Nach Publikation der Kirchenmusik-Enzyklika des 2. Vatikanischen Konzils (1963), welche die Landessprache zur zweiten liturgischen Sprache erklärte, setzte er auch Proprien auf deutsche Texte von J.-F. Doppelbauer, H. Heilmann, H. Schubert, G. Trexler u. a. ein. Das waren zum Teil nicht gedruckte Kompositionen, z. B. jene von J.-F. Doppelbauer, H. Schubert, G. Trexler.

An Festtagen wünschte Pfarrer Hauser traditionelle orchesterbegleitete Messen und Motetten. Zu jenen der Wiener Klassiker nahm Walter barocke von J. J. Fux, G. Carissimi, A. Caldara, J. C. F. Fischer, J. E. Eberlin, F. X. Brixi hinzu. Als Motetten wählte er Werke von J. C. F. Fischer, G. F. Händel, J. J. Holzbauer, M. Haydn, aus dem 19. Jahrhundert von F. Schubert, M. Brosig, A. Bruckner, aus dem 20. Jahrhundert von H. Schroeder, A. Heiller, J.-F. Doppelbauer u.a. Auch Motetten auf deutsche Texte von H. Schütz, H. Hammerschmidt, M. Reger, F. Philipp, G. Strecke u.a. befanden sich im Repertoire des Chores. An Hochfesten bot die Capella Palatina wiederholt H. L. Hasslers Missa octo vocum für vierstimmigen Chor und vier Bläser (2 Ob, 2 Pos). In gleicher Besetzung sang sie doppelchörige Motetten von Tomàs Luis de Victoria, Claudio Casciolini, Felice Anerio, H. L. Hassler u.a. Stets wurde jener Chorsatz vokal vorgetragen, der den vollständigen Text enthielt. Ur- oder Erstaufführungen in Gottesdiensten bildeten:

Ostern 1963	Georg Trexler: Missa In te speravi für 4-st. Chor und Bläser
Ostern 1964	Georg Trexler: Missa Tu rex gloriae, Christe für 5-st. Chor und Bläser
Passionszeit 1967	A. F. Kropfreiter: Altdorfer Passion für Alt, Bariton und Orgel
Gründonnerstag 1967	Harald Heilmann: Deutsches Proprium für 4-st. Chor a cappella
Pfingstsonntag 1967	Robert Ernst Sorge: Lateinisches Proprium für 4-st. Chor und Bläser, (Rundfunkübertragung)
Mariä Aufnahme 1968	Petr Eben: Vesperae in festo B.M.V. (deutscher Text) für 4-st. Chor und Orgel

Vertrauensvolle Zusammenarbeit ergab sich mit dem Collegium musicum der Universität unter Universitäts-Musikdirektor Dr. Siegfried Hermelinck (1914–1975). Hermelinck besorgte die Edition der Messen Orlando di Lassos für die wissenschaftliche Gesamtausgabe.[59] Deshalb hatte das Collegium musicum ständig die eine oder andere Lasso-Messe aufführungsbereit. Jahrelang sang es jedes Semester ein-, auch zweimal zum Hochamt in Heiliggeist. Die Choralschola der Pfarrei trug dabei das Proprium Missae vor, Walter spielte Orgel.

Bei den Heidelberger Kirchenmusiktagen war die Cappella Palatina mit einer Chor- oder solistischen Aufführung oder mit einem Vortrag des Leiters beteiligt. Als Beispiele sind in Erinnerung:

1973	Chorwerke von F. Liszt Via crucis, Seligpreisungen, und M. Reger, Kantate „Meinen Jesum laß ich nicht"
1976	J. W. Stamitz: Lauretanische Litanei, Orgelkonzert ex D, Missa solemnis
Unbekanntes Jahr	Sologesänge für Bariton und Orgel von K.-M. Komma und A. F. Kropfreiter, Orgelkompositionen von H. Heilmann
Vermutlich 1976	Vortrag über M. Regers späte Orgelkompositionen von Walter

Zweimal im Jahr bot die Cappella Palatina Geistliche Konzerte. Um den Studierenden der Universität den Besuch zu ermöglichen, wurden mit Bach-Verein und evangelischen Kollegen als Termine vereinbart: im Frühjahr der Monat Mai, im Spätjahr der Monat November. In den rund 45 Geistlichen Konzerten von 1961 bis 1983 erklangen neben den üblichen Werken von G.B. Pergolesi, J.S. Bach (Kantaten),G.F. Händel, J. Haydn, W. A. Mozart, L. van Beethoven, F. Schubert, A. Bruckner weniger bekannte Kompositionen der Tradition und des 20. Jahrhunderts in folgenden Programmen:

1. William Byrd: Lateinisches Proprium für Ostern für 5-stimmigen Chor a cappella
2. Franz. Barockmusik: M. A. Charpentier: Messe de Minuit und Te Deum ; M. R. de Lalande:

Ps. 129 De profundis clamavi ad te
3. G. F. Händel: Oratorien Salomon und Judas Makkabäus; Dettinger Te Deum
4. Salzburger Barockmusik: Missa archiepiscopalis und Magnificat von A. Hofer, Sonata und Litaniae Lauretanae von H. I. F. Biber
5. J. C. F. Fischer: Missa Magnae Exspectationis, Psalm 129 De profundis, Concertus de Sancta Cruce, Salve Regina
6. C. von Dittersdorf: Litaniae Lauretanae, Orgelkonzert;, Offertorium de S. Joanne Nepomuceno: Requiem
7. F. Liszt: Kreuzweg und Seligpreisungen; P. Eben, Vesperae in festo B.M.V.
8. A. Dvoák: Stabat mater, Te Deum, Oratorium Sváta Ludmila, Requiem
9. M. Reger: Requiem-Fragment von 1914; A. Bruckner: Missa ex d
10. F. Liszt: Graner Festmesse; Zoltán Kodály. Te Deum.

Die Cappella Palatina war 1961 als Chor der Heiliggeist-Pfarrei gegründet worden. Die Pfarrei bot keinen Etat für Geistliche Konzerte. Verhandlungen mit dem katholischen Dekanat und mit dem Herrn Oberbürgermeister wegen finanzieller Unterstützung solcher Veranstaltungen blieben ergebnislos. Einen Zuschuss gewährte das Regierungspräsidium Karlsruhe. Für etwaige höhere Defizite mussten Sponsoren gefunden werden.

1971 vermittelte Dr. Norbert Fritz, Mitglied des Dekanatsrates, dass die Cappella Palatina bezüglich der Geistlichen Konzerte zum Chor des Dekanats Heidelberg bestellt wurde. Dafür wurden zusätzliche Sängerinnen und Sänger angeworben, sodass der Chor sich an schwierigere Kompositionen wagen konnte (A. Hofer: 8-stimmige Messe; A. Dvoák, M. Reger, Z. Kodály). Die Finanzierung der Geistlichen Konzerte gestaltete sich durch die Hilfe des Dekanatsrates einfacher.

Auf freundliche Einladung von Pfarrer Karl Münch, Schwetzingen, wurden einige Jahre beide Geistlichen Konzerte am Vorabend in St. Pankratius, Schwetzingen, geboten. Das ließ sich einrichten, da die Generalprobe wegen der Solisten und des Orchesters stets am Samstagnachmittag stattfand. Diese wurde nun in die Schwetzinger Kirche verlegt. Die Zweitaufführungen endeten nach Wechsel von Pfarrer Münch an die Hauptpfarrei St. Ignatius und Franz Xaver, Mannheim. Mehrere in der Umgebung Heidelbergs angefragte Pfarreien zeigten sich an den Geistlichen Konzerten interessiert, konnten jedoch die anfallenden Kosten nicht aufbringen.

Als engagierter Musikforscher führte Walter nicht nur gedruckte Kompositionen auf. Immer wieder suchte er nach nicht publizierten geeigneten Werken. Wurde er fündig, stellten er und seine Ehefrau Partitur und Aufführungsmaterial her (Dubletten der Chor- und Streicherstimmen durch Ablichtung). Die Aufführungen der Kompositionen von Fischer 1977, der Werke von Hofer und Biber 1979 sowie der kirchenmusikalischen Beiträge von Dittersdorf 1982 wurden dadurch ermöglicht. Der Süddeutsche Rundfunk schnitt diese Konzerte mit und sendete sie später.

Die von Heino Schubert eingerichteten Konzertanten Orgelmusiken führte Walter als „Sommerliche Orgelkonzerte" in der zeitlichen Mitte des Sommersemesters weiter. Stets wurde ein gemeinsames Thema dieses Zyklus vorgegeben, bei dem drei Konzerte auswärtige Gäste, das letzte der Veranstalter spielten. Die Themen lauteten: Süddeutsche Orgelmusik des Barock, Französische Orgelmusik, Orgelmusik Max Regers (1976), Schlesische Orgelmusik, Orgelmusik über gregorianische Themen, Orgelmusik über deutsche Kirchenlieder, Romantische Orgelmusik, Orgelmusik des 20. Jahrhunderts.

Als Gäste wurden Organisten aus Deutschland, Österreich, Tschechien, Polen, Schweiz, Frankreich, Holland und Belgien verpflichtet. Der Besuch war mäßig, da evangelische Kollegen ebenfalls Konzertzyklen veranstalteten. Doch ließ sich die Einrichtung durchhalten.

Dreimal wurde Walter bei Festlichkeiten des Heidelberger Bach-Vereins zu einem Orgelkonzert eingeladen. Die Termine waren das 22. Deutsche Bach-Fest 1969, die Bach-Woche 1975 und die Heidelberger Bach-Woche 1980.[60] Im August 1961 hatte Prof. Joseph Ahrens, Berlin, ein Orgelkonzert mit eigenen Werken geboten. U. a. trug er den Zyklus „Domus Dei, Sieben Kontemplationen" von 1959 vor. Im Mai 1979 spielte Walter anlässlich von dessen 75. Geburtstag eine Auswahl aus den wortbezogenen Werken dieses deutschen Orgelkomponisten.

Die preisgekrönten fünf Kompositionen des Altenberger Orgelkompositions-Wettbewerbs 1980 brachte Walter im dortigen Dom im September jenes Jahres zur Uraufführung.[61] Im Jahr 1982 konnte er diese in der Heiliggeistkirche Heidelberg für den Bayerischen Rundfunk einspielen. Dieser Sender schätzte die Steinmeyer-Orgel von Katholisch Heiliggeist seit Aufnahmen von Werken César Francks und Max Regers an diesem Instrument.

4. Karl-Ludwig Nies

Wegen Erreichen der Altersgrenze trat Rudolf Walter am 31. Januar 1983 in den Ruhestand. Am Sonntag, 23. Januar 1983, veranstaltete die Pfarrei ein Abschiedskonzert, bei dem Walter und der Nachfolger K.-L. Nies zusammen musizierten. Außerdem wirkten mit: Renate Risch, Sopran, Helmut Mölls, Bariton, und Mitglieder des Heidelberger Kantatenorchesters. Das Programm dieses Geistlichen Kammerkonzerts lautete:

> Gregorianischer Choral, Offertorium Jubilate Deo universa terra
> G. F. Händel: Orgelkonzert F-dur für Orgel und Streicher
> D. Buxtehude: Solokantate für Bariton, Streicher und Generalbass „Mein Herz ist bereit"
> A. Vivaldi: Concerto grosso a-moll
> J. S. Bach: Duett Virga Jesse floruit aus der ersten Fassung des Magnificat
> W. A. Mozart: Kirchensonate C-Dur, KV 328, für Streicher und Orgel
> G. F. Händel: Arioso für Bariton „Bewahr, o Herr" aus dem Dettinger Te Deum
> G. F. Händel: Arie für Sopran „Ich weiß, daß mein Erlöser lebt" aus dem Messias
> C. von Dittersdorf: Konzert A-Dur für Orgel und Streicher.

Karl-Ludwig Nies wurde 1952 in Malsch, Kreis Rastatt, geboren. 1971–80 studierte er Kirchenmusik, Schulmusik und Musikwissenschaft an der Musikhochschule Karlsruhe. 1975–82 war er Kantor an der Pfarrkirche St. Alexander, Rastatt.[62] Das Amt des Kantors und Organisten an Heiliggeist, Heidelberg, und Dekanatskirchenmusikers für Heidelberg übernahm er am 1. Februar 1983. Die Kirchenmusikerstelle war von nun an hauptamtlich.

Die sonntägliche Gottesdienstordnung wurde von der Pfarrei so geordnet, dass in der Regel Choralamt und Amt mit deutschen Kirchenliedern abwechselten. An manchen Sonntagen sang die Cappella Palatina ein lateinisches Amt mit mehrstimmigem Ordinarium. Dafür wählte Nies: Orlando di Lasso Missa Puisque j'ai perdu, Thomas Crequillon, Missa Pour un plaisir, Pierluigi da Palestrina, Missa Papae Marcelli (auch mit

Instrumenten), Andrea Gabrieli, Missa brevis, Giovanni Croce, Missa sexti toni, Hans Leo Hassler, Missa secunda, tertia, octo vocum. Gelegentlich setzte er deutsche Messen für Vorsängerchor und Gemeinde mit Orgelbegleitung ein: Heino Schubert, Paulus-Messe, Wolfram Menschick, Missa de angelis.

In den Festgottesdiensten führte er nach der Tradition der Heiliggeistkirche Messen mit Orchesterbegleitung auf: Baldassare Galuppi, Missa ex C, Marc-Antoine Charpentier, Messe de Minuit, Jan Dismas Zelenka, Missa Gratias agimus tibi, Johann Ernst Eberlin, Messa di San Giuseppe, Joseph Haydn, Missa brevis, Nelson-, Nicolai-, Pauken-, Theresien-Messe, Michael Haydn, Missa S. Aloysii, W. A. Mozart, Missae breves ex C, D, d, B, Krönungsmesse, Franz Xaver Brixi, Missa pastoralis, Franz Schubert, Missa ex C. Bei allen lateinischen Ämtern trug die Choralschola das Proprium vor. An Allerheiligen 1994 übertrug der Deutschlandfunk den Gottesdienst aus Heiliggeist, die Cappella Palatina sang dabei Mozarts Missa brevis ex D. Motetten und Kantionalsätze sind im gedruckten Wochen- und Gemeindeblatt der Pfarrei pauschal mitgeteilt. Motteten der Renaissancezeit und Motteten des 16. und 17. Jahrhunderts, Kantionalsätze von J. S. Bach bzw. des 18. Jahrhunderts u. ä. An Weihnachten stehen die entsprechenden Chöre aus Händels Oratorium Der Messias, L. J. Vierdancks solistisches Konzert „Ich verkündige euch große Freude" oder einfach „Weihnachtliches Musizieren" verzeichnet.

In Ämter mit deutschen Kirchenliedern wurde Kammermusik für Trompete, Violine, Oboe und Orgel integriert. In Choralämtern wurde wiederholt Alternatimpraxis mit Orgelversetten von Louis Couperin (1668–1733) und anderen französischen Barockkomponisten praktiziert. Die Gemeindelieder wurden manchmal, u.a. bei Prozessionen, vom Posaunenchor der evangelischen Heiliggeist-Gemeinde oder von der Eberbacher Blaskapelle begleitet. Als Gastchöre sangen in Ämtern der Mannheim-Seckenheimer Singkreis (Messen von Palestrina oder Victoria), der Chor des Raphael-Gymnasiums Heidelberg, der Motettenchor Mannheim.

Konzertante Orgelmusiken spielte Nies am 22. Juni 1983, Kompositionen von A. Schlick, J. S. Bach, S. Scheidt, F. Mendelssohn-Bartholdy, A. Guilmant, Th. Dubois, am 5. Juni 1985, Musik der Bach-Zeit und des 20. Jahrhunderts. Wiederholt integrierte er solistische Orgelkompositionen in die Geistlichen Konzerte. So bot er am 16. März 1986 Max Regers Fantasie und Fuge d-moll, op.135b, am 18. Oktober 1987 Joh. Seb. Bachs Passacaglia ex c, am 4. Dezember 1988, Bachs Präludium und Fuge ex Es.
Als Gastorganisten konzertierten am

15.11.1983	Wenzel Hübner, Amorbach, (Telemann, Mendelssohn, Widor)
15.7.1984	Jürgen Ochs, Rastatt, mit Oboer (Frescobaldi, Walther, Händel)
16.7.1985	Richard Walker, Cambridge, (Bach, Wesley, Williams, Karg-Elert, Messiaen).

Mitte November 1987 wurde im wöchentlichen Pfarreiblatt die Gründung eines Kinder- und Jugendchores bekannt gegeben. Dieser probte in der Folgezeit einmal wöchentlich. In den Jahren 1998 bis 1990 sang er nach der genannten Quelle im Gottesdienst:

28.2.1988	Kantionalsätze von H. Schütz und Cl. Goudimel
2.7.1989	W. A. Mozart, Orgelsolo-Messe KV 259
8.7.1990	J. E. Eberlin, Messa di San Giuseppe.

Die zwei ersten Einsätze dieses Kinder- und Jugendchores leitete K.-L. Nies, den dritten W. Müller-Fehlbusch.[63]

Bei den Heidelberger Kirchenmusiktagen 1988 hatte Nies den Glockensachverständigen Kurt Kramer, Karlsruhe, zu einem Vortrage eingeladen. Im Pfarrsaal referierte dieser am Pfingstsamstag über „Die Glocke als Musikinstrument".[64] (Kurt Kramer hatte 1986 den Band herausgegeben „Die Glocke in Geschichte und Gegenwart, Referate im Beratungsausschuss für das Deutsche Glockenwesen in den Jahren 1971–1985"). Dabei wurde unter anderem das Geläut der katholischen Heiliggeistkirche behandelt. Am Ende des Vortrags wurden die zehn Glocken zuerst einzeln, dann in Kombinationen, schließlich im Plenum geläutet.

Termine und Programme der Geistlichen Konzerte:

05.06.1983	G. F. Händels Der Messias in W. A. Mozarts Bearbeitung
15.07.1983	Brandenburgisches Bläserensemble, Berlin, mit Kompositionen von G. Gabrieli, J. H. Schmelzer, I. Strawinsky, K.-L. Nies, Orgel, mit Kompositionen von J. S. Bach, F. Mendelssohn, P. Hindemith
17.11.1983	J. S. Bach: Magnificat; Leopold Mozart: Missa solemnis ex C
31.05.1984	Joseph Haydn: Oratorium Die Schöpfung
21.06.1984	Mikis Theodorakis (geb. 1925): Axion esti, Volksoratorium für Soli, Chor, Orchester, Folkloregruppe
25.11.1984	F. Mendelssohn-Bartholdy: Psalm 42; W. A. Mozart: Requiem
17.03.1985	J. S. Bach: 3. Orchester-Suite, Kantate „Lobe den Herren" (Nr. 137), Oboen-Konzert ex C, Magnificat
29.06.1985	M. Haydn: Salzburger Psalmen, D. Scarlatti, Salve Regina
01.12.1985	Ökumenische Vesper: Psalmen und Magnificat von H. Schütz
16.03.1986	G. B. Pergolesi: Stabat mater; M. Reger: Kantate „O Haupt voll Blut und Wunden"; M. Reger: Fantasie und Fuge für Orgel, op. 135b
18./19.10.1986	Cl. Monteverdi: Marien-Vesper[65]
24.05.1987	Anton Bruckner: Missa ex d und Te Deum
18.10.1987	J. S. Bach: Orchester-Suite Nr. 3, Kantate „Jauchzet Gott" (Nr. 51), Passacaglia für Orgel, Konzert für 2 Violinen und Orchester
15.11.1987	H. Purcell: Funeral Music; G. F. Händel: Orgelkonzert g-moll;, J. Haydn: Theresien-Messe
20.03.1988	J. S. Bach: Matthäus-Passion
05.06.1988	A. Vivaldi: Introduzione e Gloria ex D; G. Puccini: Messa di Gloria (Heidelberger Kirchenmusiktage 1988).
22.05.1988	Sofiya Gubaydulina (geb. 1931): „Die 7 letzten Worte" für Violoncello, Bayan und Streicher; A. Bruckner: 8. Sinfonie (Konzert der Heidelberger Sinfoniker in der Heiliggeistkirche zu den Kirchenmusiktagen)
19.11.1988	F. Schubert: Deutsche Messe ex f, Lateinische Messe ex Es
04.12.1988	J. S. Bach: Kantate „Wachet auf"(Nr. 140), Präludium und Fuge ex Es, Kantate „Wie schön leuchtet der Morgenstern" (Nr.1)
03.05.1989	Geistliche Madrigale und Motetten von L. Grossi da Viadana, H. L. Hassler, Gr. Aichinger, G. F. Anerio, J. dès Prez, H. Schütz, J. H. Schein und Missa Papae Marcelli von Palestrina
04.06.1989	W. A. Mozart: Missa solemnis KV 337; F. Mendelssohn-Bartholdy: 2. Sinfonie (Lobgesang)
01.12.1989	Geistliche Musik zum Advent
21.01.1990	W. A. Mozart: Kyrie ex d, KV 341, Motette „Ave verum"; F. Schubert: Unvollendete Sinfonie ex h.

Daneben veranstaltete Nies „Musikalische Abendandachten", ab 1987 „Nachtkonzerte" genannt (21 oder 22 Uhr), mit kammermusikalischem Programm in unregelmäßiger Folge:

16.09.1983	Werke von G. B. Sammartini, G. Ph. Telemann, G. F. Händel für Blockflöte, Oboe und Orgel
11.12.1983	Kantaten von G. Ph. Telemann
18.03.1984	Gesänge für Sopran und Orgel, Orgelkompositionen von J. S. Bach
13.05.1984	Werke von A. de Cabezon, J. S. Bach, Cl. Debussy u.a. für Flöte, Viola, Harfe
04.04.1987	Solo-Kantaten des 19. und 20. Jahrhunderts
21.10.1987	G. Dufay: Marien-Motetten, Gregoriansiche Gesänge; G. de Machaut: Messe
01.05.1988	Gregorianik in der Musik des 20. Jahrhunderts: A. Jolivet: Messe, K. M. Komma: Drei Gesänge
14.09.1988	Liturgische Gesänge des Mittelalters
11.07.1989	Mittelalterliche liturgische Gesänge der Benediktiner und Zisterzienser, Proprium vom Fest des Heiligen Benedikt
17.12.1989	Mittelalterliche deutsche Gesänge

Gastchöre, die in Heiliggeist konzertierten:

30.09.1984	Chor der Bergbau-Fakultät an der TH Breslau
23.06.1985	Chor des Queens-College Cambridge
10.10.1985	Collegium musicum der Berliner Universitäten(Chor und Orchester): W. A. Mozart: Requiem
14.09.1986	Nürtinger Kammerchor und Orchester: J. S. Bach: 3. Orchester-Suite, L. van Beethoven: Missa ex C, op. 86
08.06.1987	Freiburger Domsingknaben und Mädchenkantorei
03.04.1988	Chapel Choir der Universität London: Weelkes, Byrd, Philipp, Victoria, Orgelwerke von D. Buxtehude und J. S. Bach

Zum 1. Februar 1990 folgte Karl-Ludwig Nies dem Ruf als Domkapellmeister von München.

5. Zwischenzeit 1. Februar bis 30. Juni 1990

Vom 1. 2. bis 30. 6. 1990 vertrat Jürgen Ochs, Rastatt, die Kirchenmusikerstelle an Heiliggeist. Im Wesentlichen wiederholte er mit der Cappella Palatina Kompositionen, die der Vorgänger aufgeführt hatte. Für Pfingstsonntag studierte er neu die Messa á quattro voci von Claudio Monteverdi. Am 13. Mai leitete er ein Geistliches Konzert mit Werken von W. A. Mozart: Vesperae de Confessore, KV 321[66] und Missa ex C, KV 257 (sog. Große Credo-Messe).

6. Jürgen Maag

Jürgen Maag wurde 1958 in Heggen, Kreis Meschede/Sauerland, geboren. 1981–87 studierte er an der Hochschule für Musik Freiburg/Br. Schul- und Kirchenmusik. Während des Studiums war er Organist in Horben bei Freiburg, später Chorleiter und Organist in Freiburg-Günterstal. Ab 1987 wirkte er an St. Lambertus in Ochtrup bei Münster/Westfalen als Kirchenmusiker und als Leiter der dortigen Musikschule. Das Amt des Kantors und Organisten an Heiliggeist, Heidelberg, sowie Bezirkskirchenmusikers für die Dekanate Heidelberg, Kraichgau und Wiesloch übernahm er am 1 Juli 1990.[67]

Bei dem sonntäglichen Hauptgottesdienst wurde wöchentlich zwischen Choralamt und Amt mit deutschen Kirchenliedern gewechselt Bei Ämtern mit deutschen Kirchenliedern, Prozessionen und einem Pfarrfest wirkte die Eberbacher Blaskapelle mit. In den Choralämtern wurde vermutlich die Gemeinde beim Ordinarium allmählich beteiligt. Am 26. und 27. Februar 1994 hielt Maag nämlich eine je dreistündige „Einführung in die Gregoranik".[68] Das Proprium sang stets die Choralschola. Bisweilen wurde bei den Choralämtern im Ordinarium die Alternatimpraxis mit Orgelversetten von Guillaume Nivers (1626–1707) und Nicolas Lebègue (1631–1702) gepflegt. An manchen Sonntagen setzte Maag a-cappella-Messen ein: Andrea Gabrieli, Missa brevis, Blasius Amon, Missa super Pour un plaisir, G. Crassini, Missa prima, Hans Leo Hassler, Missa secunda, Girolamo Frescobaldi, Messa sopra l'Aria della Monica u.a.

Igor Strawinskys Messe von 1948 hatte er im Geistlichen Konzert am 28. Februar 1993 aufgeführt und wiederholte sie in der Originalbesetzung mit acht Bläsern am Sonntag, 2. Mai jenes Jahres, im Gottesdienst. Ab und zu bot er solistische Messen mit Orgelbegleitung wie Gabriel Fauré: Messe für Sopransolo und Frauenchor, oder Jean Langlais: Missa in simplicitate für Bariton mit Orgel.

An den drei Hochfesten, auch an Allerheiligen, wurden traditionell in Heiliggeist orchesterbegleitete Messen eingesetzt. Maag wählte: J. J. Fux: Missa ex C; M.-A. Charpentier: Messe de Minuit; J. Haydn: Kleine Orgelsolo-Messe ex B und Missa St. Nicolai; F. X. Brixi: Missa pastoralis; W. A. Mozart: Missae breves ex B und ex D, Orgelsolo- und Krönungsmesse; F. Schubert: Missa ex G. Cantionalsätze und Motetten (ohne Titel- und Komponistenangaben) sind u.a. für die Christnacht, für Karfreitag, die Ostervigil und Allerheiligen verzeichnet. Bei Ämtern mit deutschem Gemeindegesang wurde ergänzend Instrumentalmusik eingesetzt: Werke für Oboe, Blockflöte, Violine, auch eine oder zwei Trompeten mit Orgel geboten. Nicht selten spielten ein Holzbläserquartett oder Blechbläserquartett bzw. -quintett.

Immer wieder sangen Gastchöre in Sonntagsgottesdiensten. Ein Jugendchor aus Waldsassen trug J. Rheinbergers Missa ex A vor, der Chor der evangelischen Studentengemeinde bot A. Dvoáks Missa ex D mit Orgelbegleitung; der Kammerchor des Kurfürst-Friedrich-Gymnasiums und das Collegium musicum Baden-Baden (G. Carissimi, Missa prima) gastierten. Der Mannheim-Seckenheimer Singkreis bot die Palestrina Messe, Tu es Petrus, ein spanischer Chor aus Terassa oder das Sextett Aleko aus Leningrad ließen sich hören.

Konzertante Orgelmusiken mit Kompositionen von J. S. Bach, F. Liszt, C. Franck, L. Vierne, O. Messiaen, Bengt Hambraeus spielte Maag in regelmäßigen Abständen. Auch am Kirchenjahr ausgerichtete Programme bot er zwischendurch: Musik zum Advent, zu Weihnachten, zur Passion, zu Ostern. O. Messiaens Zyklus L'Ascension, vier symphonische Meditationen über die Himmelfahrt, spielte er 1994 am Fest Christi Himmelfahrt im Choralamt.

Gastorganisten auch aus dem Ausland waren in seiner Amtszeit wiederholt in Heiliggeist zu hören. Als Belege seien zitiert:

14.04.1991	Werke von J. S. Bach und L. Vierne (Christoph Schiener)
30.08.1990	Werke für Trompete und Orgel von Gästen aus Basel (Anonymus, Duruflé, P. Eben)
18.10.1992	Werke von Bach, B. Hambraeus, J. Reubke (Johannes Götz)
13.06.1993	Werke von Bach und Charles Marie Widor (Roland Börger)
07.11.1993	Improvisationen über gregorianische Gesänge (Ludwig Doerr)
24.04.1994	Orgelmusik und Psalmgesänge aus jüdischer und christlicher Tradition (Jüdischer Kantor aus Straßburg, Heidelberger Choraschola, Jürgen Maag Orgel)

Beim fünften und sechsten Konzert wirkte die Choralschola von Heiliggeist mit. In Geistlichen Konzerten führte Maag auf:

03.03.1991	J. S. Bach: Johannes-Passion
14.06.1992	G. F. Händel: Oratorium Belsazar mit englischem Originaltext
15.11.1992	Heinrich Schütz: Musikalische Exequien; Hugo Distler: Totentanz
28.02.1993	Carlo Gesualdo da Venosa: Psalm 50 „Miserere mei Deus"; Igor Strawinsky, Psalmensinfonie sowie Messe von 1948
05.12.1993	Johann Sebastian Bach: Hohe Messe
18.06.1994	Romantische Chormusik von F. Mendelssohn-Bartholdy, Anton Bruckner und Johannes Brahms
10.12.1994	H. Schütz, M. Praetorius und andere Komponisten des 17. Jh.
19.02.1995	Claude Debussy: Le martyre de Saint Sebastien, und Gabriel Fauré Requiem.

Gastkonzerte sangen in Heiliggeist der Heidelberger Bach-Verein, das Collegium musicum der Heidelberger Universität (F. Schubert, Missa ex As), das Vokalsextett Aleko aus Petersburg (Liturgische Gesänge der russisch-orthodoxen Kirche), das Isaak-Ensemble Heidelberg. Ende März 1995 wurde Jürgen Maag verabschiedet. Am 1. April trat er eine Kirchenmusikerstelle in Los Angeles, USA an. Nach einigen Jahren kehrte er nach Deutschland zurück. 2002 wirkte er als Kirchenmusiker an St. Johannes, Tübingen.[69]

7. Zwischenzeit vom 1. April bis 31. Oktober 1995

Während der sieben Monate bis zum Dienstantritt von Thomas Berning vertrat Wilfried Rombach das Kantorat an Heiliggeist. Natürlicherweise wiederholte auch er mit der Cappella Palatina die von den Vorgängern erarbeitete Literatur. Die wichtigste Aufgabe war für ihn, den Chor beieinander zu halten. Einige persönliche Beiträge konnte er dennoch erarbeiten. Im gedruckten Pfarreiblatt sind diese meist schematisch mitgeteilt. Komponistennamen, mindestens Werktitel fehlen.

Karfreitag	Passionsmusik
07.05.1995	Gedenken an die Opfer des 2. Weltkriegs: G.Fauré: Requiem
06.09.1995	Geistliche Musik aus Spanien und Lateinamerika: Heitor Villa Lobos, Misa São Sabastião, Chorsätze von T. L. Victoria und Juan de Lienas
01.10.1995	J. S. Bach: Kantate „Brich dem Hungrigen dein Brot" (Nr. 39) (in der Eucharistiefeier)
Allerheiligen	Frank Martin: Messe für Doppelchor (1922); F. Liszt: Pater noster; O. Messiaen: Motette O sacrum convivium
12.11.1995	Geistliches Konzert „Ein Requiem": Werke von Fr. Martin, O. Messiaen, M. Reger, F. Liszt.

Kantaten von Johann Sebastian Bach werden seit Jahrzehnten von katholischen Kirchenmusikern in Geistlichen Konzerten und ähnlichen Veranstaltungen geboten. Das ist zweifellos ein löblicher Brauch. Einzelne Chöre, auch manches Recitativo accompagnato oder manche Arie lassen sich in katholische Gottesdienste einbringen. Die Aufführung von vollständigen Kantaten in der Eucharistiefeier erscheint jedoch problematisch. Evangelische Kantaten waren nicht wie katholische Messkompositionen auf satzweise Verteilung zwischen Predigt, Gebeten und Gesängen des Priesters entworfen. Sie wurden geschlossen, in einem Zug, dargeboten, nicht satzweise über den Gottesdienst verteilt.

Die Gesamtlänge von Kirchenkantaten ist je nach Textvorlage recht unterschiedlich. Bei den von Bach komponierten Kantaten beträgt die Mindestdauer wohl 12–15 Minuten.[70] Musiziert man selbst solche kurzen Kantaten in der Eucharistiefeier als geschlossene Darbietung, verstößt man leicht gegen gültige Normen des Motu proprio von Papst Pius X. Diese lauten:

„Durchaus nicht erlaubt ist, daß der Priester am Altare durch den Gesang oder das Spiel länger aufgehalten werde als die liturgische Zeremonie erfordert."

„Endlich muß man es verurteilen und als schweren Mißbrauch betrachten, wenn bei den heiligen Zeremonien der Liturgie augenscheinlich die zweite Stelle zugewiesen wird, so daß sie wie eine Dienerin der Musik erscheint."[71]

8. Thomas Berning

Thomas Berning, geboren 1966 in Havixbeck bei Münster/Westfalen. An der Hochschule für Musik in Detmold studierte er Kirchenmusik (Chorleitung bei den Professoren Wagner und Biller, Orgel bei Prof. Weinberger). 1992 legte er das A-Examen ab. Beim „Ersten Internationalen Gottfried Silbermann-Wettbewerb" in Freiberg/Sachsen 1993 wurde er erster Preisträger. Von 1992–1995 wirkte er als Kantor an St. Antonius in Herten, Kreis Recklinghausen. In Recklinghausen leitete er einen Madrigalchor.[72] Am 1. November 1995 wurde Berning als Kantor an der Heiliggeistkirche Heidelberg und Bezirkskantor für die Dekanate Heidelberg und Wiesloch angestellt. Seit 1996 nimmt er zusätzlich einen Lehrauftrag für künstlerisches Orgelspiel wahr an der Hochschule für Kirchenmusik in Heidelberg.

Bei sonntäglichen Ämtern bot er die Missa brevis von Giovanni Pierluigi da Palestrina, die Missa secunda von H. L. Hassler, die Messe für 8-stimmigen Chor von Frank Martin (1922), die Missa tertia von Lajos Bardos (1899–1986), die Missa festiva für Chor und Orgel von A. Gretchaninov (1864–1956) u.a. Beim deutschen Amt am Erntedankfest 1997 sang Concerto Vocale, Freiburg, unter seiner Leitung vier Motetten von J. S. Bach: Jesu, meine Freude; Der Geist hilft unsrer Schwachheit auf; Singet dem Herrn ein neues Lied; Komm, Jesu, komm. Mit der Cappella Palatina bot er bei Festhochämtern J. J. Fux, Missa ex C, A. Caldara, Missa ex G; J. D. Zelenka, Missa Gratias agimus tibi; F. X. Richter, Missa ex C (Radioübertragung Pfingsten 1996), J. E. Eberlin, Missa brevis ex C; J. Haydn, Mariazeller Messe; W. A. Mozart, mehrere Missae breves und Krönungsmesse, F. Schubert, Missa ex As.

Die Choralschola sang in der Regel zweimal im Monat ein Choralamt. Bei Ämtern mit lateinischem mehrstimmigem Ordinarium trug sie das Proprium bei. Bei Ämtern mit deutschem Gemeindegesang, in Christnacht und Ostervigil erklangen zusätzlich: Kammermusik für Oboe, Englischhorn, Blockflöte, Violine und Generalbass; auch Kompositionen für Blechbläserensemble wurden an Weihnachten und Ostern eingereiht. In Choralämtern wurde gelegentlich Alternatimpraxis mit Orgelversetten französischer Barockmeister praktiziert. Die Eberbacher Blasmusik wirkte bei Ämtern mit Gemeindegesang als Begleitung, bei Prozessionen am Palmsonntag und an Fronleichnam zusätzlich konzertant mit.

Am Karfreitag wurde wiederholt die deutsche Johannes-Passion von Heinrich Schütz gesungen. Dazu erklangen Motetten alter Meister oder Choralsätze von J. S. Bach. Auch Psalm 50 Miserere in der Vertonung von Gregorio Allegri (1582–1652) wurde in Heiliggeist geboten. Wiederholt wurden Kantaten von J. S. Bach in die Eucharistiefeier integriert. Das waren: Nun komm, der Heiden Heiland (Nr. 61), Jauchzet Gott in allen Landen (Nr. 51), Ich freue mich in dir (Nr. 133), Ich will den Kreuzstab gerne tragen (Nr. 56), Ich bin vergnügt mit meinem Glücke (Nr. 84), Ihr Menschen, rühmet Gottes Liebe (Nr. 167) u.a.

Konzertante Orgelmusiken: Am 19.11.1995 stellte sich Th. Berning vor mit dem Programm: J. S. Bach: Praeludium et Fuga ex e; M. Dupré, Praeludium et Fuga ex H; M. Reger: Fantasie und Fuge über B-a-c-h. Danach bot er mehrmals im Jahr Orgelkonzerte mit Kompositionen von J. S. Bach, F. Liszt, C. Franck, J. Brahms (sämtliche Orgelkompositionen), O. Messiaen und anderen französischen sowie Flor Peeters und anderen belgischen und holländischen Orgelkomponisten. Auch weihnachtliche, österliche, pfingstliche Programme trug er zu den entsprechenden Zeiten des Kirchenjahres vor.

Im Juni 1999 wurde mit Christoph Andreas Schäfer, dem Kantor der evangelischen Heiliggeistkirche, die Reihe „dienstags um 8" in 14-tägiger Folge eingerichtet. Bei ihr wechselten die beiden Kantoren oder Gäste einander ab. Diese Orgelmusiken fanden und finden von Juni bis August statt.

Im Jahr 2000 vermittelte Berning einen Überblick über das Orgelschaffen J. S. Bachs. Die vier Termine stellte er unter den Titel „Bach-Stationen" und charakterisierte sie als: Der junge Virtuose, Hoforganist in Weimar, Hofkapellmeister und Director musices, Spätwerke.[73] Daneben lud Berning wiederholt auswärtige Organisten zu Orgelmusiken ein. Einige Belege bilden:

18.03.1997	Marcel Dupré: Der Kreuzweg (Carsten Clomp)
13.05.1997	Organistische Querverbindungen von Schlick bis Kagel (Johann Götz)
02.07.1998	Werke von Flor Peeters, Joseph Jongen, Nikolaus Jakob Lemmens, Hendrik Andriessen, Paul de Maleingreau u.a. (Orgelklasse Th. Berning an der Hochschule für Kirchenmusik)
04.07.2000	Orgelkompositionen von J. S. Bach und O. Messiaen (Christian Weiherer)

Bei Gottesdiensten gastierten verschiedene Chöre:

28.04.1995	Cappella Cathedralis München (als Gegenbesuch Konzert der Cappella Palatina in der Münchener Frauenkirche im Juli 1998)
01.12.1996	Vokalensemble Aleko, St. Petersburg: Gesänge der russisch-orthodoxen Liturgie
08.05.1997	Jugendchor Kevelaer: B. Britten: Mass; Motetten von Purcell und Fauré
22.06.1997	Seckenheimer Singkreis: Messe von Palestrina
13.04.1998	Kammerchor Dossenheim: Palestrina: Missa „Je suis desherité"
11.10.1998	Mädchenkantorei des Münchener Domchors: V. Rathgeber, Missa „Declina a malo"

01.02.1999		Mannheimer Motettenchor: Arvo Paert: Berliner Messe
17.12.1999		Kammerchor Dossenheim: Th. Casati: Missa Concertata
01.10.2000		Junge Domkantorei, München

Gelegentlich wurden in Eucharistiefeiern Sologesänge mit Orgel vorgetragen:

03.11.1996	Frühbarocke Solomotetten für Tenor und Orgel (W. Rombach)
02.11.1997	J. Brahms: Vier ernste Gesänge für Bass und Orgel (M. Horn)

Geistliche Konzerte der Cappella Palatina:

25.02.1996	E. de Cavalieri: Lamentationes Hieremiae Prophetae; G. Carissimi: Historia de Jephte
17.11.1996	Z. Kodály: Psalmus hungaricus; Tilo Medek (geb. 1940): Kantate „Der Frieden ist immer gefährlicher"74
09.03.1997	M. Duruflé: Requiem; J. Rheinberger: Stabat mater
08.06.1997	W. A. Mozart: Missa ex c, KV 427; Litaniae de venerabili altaris sacramento, KV 243; Motette „Ave verum", KV 618
16.11.1997	F. Schubert: Missa ex As; F. Mendelssohn: Kantate Lauda Sion Salvatorem (1846)
24.04.1998	„Verleih uns Frieden", Kompositionen von H. Schütz, T. Medek, P. Eben, F. Martin
01.11.1998	G. Verdi: Te Deum; F. Liszt: Die Glocken des Straßburger Münsters; A. Bruckner: Te Deum (Heidelberger Kirchenmusiktage 1998)
06.12.1998	Rorate coeli, Kompositionen von J. Rheinberger, J. Brahms, Th. Berning, A. Bruckner
21.03.1999	J. S. Bach: Matthäus-Passion
31.12.1999	J. S. Bach: Hohe Messe
27.05.2000	John Rutter (geb. 1945): Magnificat; G. Puccini: Messa di Gloria
01.11.2000	Heinrich Schütz: Psalmen Davids und Kleine Geistliche Konzerte
10.12.2000	J. S. Bach, Weihnachtsoratorium, Kantaten 1–6.

Chorkonzerte boten als Gäste:

18.02.1996	Anton Bruckner: Messe in f-moll (Collegium Musicum Heidelberg)
08.04.1997	Lateinische Vespern italienischer Komponisten des 17. Jahrhunderts (Collegium Musicum Heidelberg)
29.11.1997	Motetten von G. Gabrieli, H. Schütz u.a. (Collegium Musicum Hd)
08.02.1998	„Nach italiänischer Manier" (Akademie für ältere Musik der Musikhochschule Bremen)
21.06.1998	Penderecki: Polnisches Requiem; G. Kamhely: Night Prayers; Arvo Paert: Litany (Bach-Verein, Heidelberg)
26.07.1998	Magnificat-Kompositionen von H. Schütz, A. Paert, J. S. Bach, L. Drengemann (Collegium Musicum, Heidelberg)
04.12.1998	Rottenburger Domsingknaben
04.07.1999	L. van Beethoven: Missa solemnis (Bach-Verein Heidelberg)
08.10.1999	Kompositionen von J. S. Bach, J. Brahms, A. Bruckner, M. Reger (Regensburger Domspatzen)
09.04.2000	Passionskonzert (Vocalensemble Rastatt)

2000 wurde das sog. Turmzimmer, das zuvor als Paramentenkammer diente, renoviert. Als Ziel wird angestrebt, dort die Singschule für Kinder aufzubauen. Diese soll bestehen aus einer Knabenschola, einem Mädchenchor und einer Früherziehungsgruppe. Weiterhin beschloss der Pfarrgemeinderat, Kantor Berning mit den Vorbereitungen zur Planung eines Orgelneubaus für die Heiliggeistkirche zu beauftragen. Herr Berning sagte gern zu.[75]

IV Glocken

In Heidelberg hatte seit 130 Jahren kein Glockengießer gelebt und gewirkt. Der letzte war Lukas Speck gewesen, ein Mitglied der in Nordbaden tätigen Glockengießer-Familie Speck. In Heidelberg 1755 geboren, arbeitete er 1788–98 mit seinem Vater, dann selbständig. Im Jahr 1819 starb er. Für Heidelberg hatte er Glocken für Ziegelhausen 1790, für die Annakirche 1809 und für die evangelische Kirche Wieblingen 1816 gegossen.[76]

Der ab 1. April 1949 in Heidelberg wirkende Glockengießer Friedrich Wilhelm Schilling (1914–1971) stammte aus der Glockengießer-Familie Schilling in Apolda, Thüringen. Im Alter von 12 Jahren hatte er im väterlichen Betrieb seine erste Glocke gegossen. Seine Berufsausbildung erhielt er in der väterlichen Gießerei und in den Gießereien Gebr. Ruetschi, Aarau, und Friedrich Hamm, Staad, beide in der Schweiz.

Nach dem 2. Weltkrieg war Schilling von Sommer 1946 bis Frühjahr 1949 im Glockensammellager Hamburg (dem sog. Glockenfriedhof) als Kustos tätig gewesen. Seine Aufgabe bildete dort, die nicht verhütteten Glocken zu identifizieren und den Besitzergemeinden zurückzugeben. Dabei konnte Schilling seine Kenntnisse und Erfahrungen vertiefen, weil er Glocken verschiedenster Gießer kennen lernte. Zusammen mit Dr. Chr. Mahrenholz, Hannover, machte er sich um die Rückkehr von etwa 13.000 Glocken verdient. Zu den zurückkehrenden Glocken gehörte die größte Glocke, Pius IX., der katholischen Heiliggeistkirche Heidelberg, die im Juli 1947 ihrer Besitzerin zurückgeliefert wurde.[77]

F. W. Schilling wollte nicht in der sowjetischen Besatzungszone leben und arbeiten. Durch Vermittlung eines Heidelberger Bekannten seines in Apolda lebenden Vaters konnte er ein Grundstück an der Ecke Römerstraße und Alte Bergheimer Straße pachten und dort am 1. April 1949 eine Glockengießerei eröffnen.[78] Diese Gründung geschah aus dem Nichts. Durch meisterliches Können, eigenes Zupacken und Zufriedenstellen der Kunden gelang Schilling, in wenigen Jahren einen geschätzten Betrieb aufzubauen. Wegen der Qualität seiner Glocken, der Besonderheit seiner „Zimbelglocken" (klingend in der dreigestrichenen Oktave) erhielt er nicht nur kleine und mittlere Bestellungen, sondern auch Großaufträge. Als Beispiele von Großaufträgen seien genannt: Marktkirche Hannover (11 Glocken), Konstanzer Münster (12 Glocken), Würzburger Dom (12 Glocken), Freiburger Münster (15 Glocken), Lorenzkirche Nürnberg (16 Glocken). In 22 Jahren goss Schillings Betrieb rund 7500 Glocken, als größte die e^0-Glocke für die Marktkirche in Hannover (10360 kg).

Schilling goss auch einige Glockenspiele. Als Beispiele seien erwähnt:
a) Das Glockenspiel der Karlskirche in Kassel 1957. Dieses besteht aus 35 Glocken der Schlagtöne b^1, c^2, d^2, dann chromatisch bis b^4.
b) Das Glockenspiel im Heidelberger Rathaustürmchen seit Dezember 1960. Dieses besteht aus 26 Glocken der Schlagtöne b^1, c^2, dann chromatisch bis c^4.

Von seinem Beruf ganz erfüllt und von der Sorge umgetrieben, bei längerer Abwesenheit einen wichtigen Auftrag zu verfehlen, gönnte er sich keinen Urlaub, keine Er-

Abb. 2:
Signet des Glockengießers Friedrich Wilhelm Schilling

holungspause. Eine schwere Herzkrankheit bildete die Folge. Wenige Tage vor dem vereinbarten Untersuchungstermin bei einem befreundeten Arzt in Heidelberg starb F. W. Schilling am 6. Juni 1971 nachts im Alter von 56 3/4 Jahren an einem Herzinfarkt. Schilling war unverheiratet geblieben. Als Universalerben hatte er das Erzbistum Freiburg testamentarisch bestimmt. Schon in Hamburg hatte der geborene Protestant Kontakte zur katholischen Kirche gepflegt. Am Fest Christkönig, 28. Oktober 1950, war er in der Abtei Neuburg bei Heidelberg zur katholischen Kirche übergetreten.[79]

Nach Schillings plötzlichem Hinscheiden wollte man die Gießerei nicht schließen, weil wohl genügend Aufträge für Glocken vorlagen. Unter Mithilfe erfahrener Glockensachverständiger und mit Schilling befreundet gewesener Männer, der Herren Hans Rolli und F. Guerrier, suchte der Universalerbe nach einem sachkundigen und bewährten Nachfolger. Als Leiter des Betriebs konnte der Ingenieur Karl Stumpf von der Karlsruher Glockengießerei gewonnen werden, dessen Können der Verstorbene in Fachgesprächen als ebenbürtig gewürdigt hatte. Unter Karl Stumpf arbeitete die Heidelberger Glockengießerei bis 1982 in ähnlich hoher Qualität weiter. 1982 wurde der Betrieb nach Karlsruhe verlagert und dort mit der „Karlsruher Glocken- und Kunstgießerei" weitergeführt.

Das prächtige Geläut der katholischen Heiliggeistkirche von 1872 war im 1. Weltkrieg verschont geblieben. Ein Fachgutachten hatte 1917 höchste Qualität in technischer und musikalischer Hinsicht bezeugt. Im 2. Weltkrieg (bereits 1941) waren trotz neuen günstigen Gutachtens die vier größten Glocken vom Staat zu Rüstungszwecken enteignet und abtransportiert worden. Nur die kleinste Glocke blieb auf dem Turm. Bei Kriegsende lagerte die besonders klangvolle größte Glocke, Pius IX., noch unzerschlagen auf dem sog. Glockenfriedhof in Hamburg. Im Juli 1947 kehrte sie nach Heidelberg zurück.

Erst 1959 konnte das Geläut zu ergänzen, ja auf die doppelte Glockenzahl zu vergrößern begonnen werden. In Zusammenarbeit mit dem Erzbischöflichen Glockeninspektor Hans Rolli (1907–1982) wurden als größerer Ergänzungsteil von F. W. Schilling sieben neue Glocken geplant und verwirklicht. Das waren sämtlich kleinere Glocken als der als Basis dienende Pius. Pfarrer Hauser hatte u.a. eine tiefere Glocke gewünscht. Nach fachlichen Berechnungen hätte der Turm dieser Belastung nicht standgehalten.

Glocken erreichen beim Guss nicht immer genau jenen Schlagton, den der Gießer berechnet hatte. Zudem wurde der internationale Kammerton 1939 auf der Londoner Konferenz der International Federation of Standardizing Associations von 435 Herz auf 440 Herz bei 20° Celsius erhöht.[80] Jedenfalls stufte Schilling aufgrund seiner Erfahrungen den Schlagton der Glocke Pius IX. als b° ein. Zu dieser Glocke von 1872 goss er ein bis des² reichendes Moll-Geläute. Der Tonaufbau bestand danach aus:

Name	Schlagton	Gießer
Pius IX.	b⁰	1872, Rosenlächer, Konstanz
Salvator	des¹	1959, F. W. Schilling, Heidelberg
Hl. Geist	es¹	1959, F. W. Schilling, Heidelberg
Hl. Maria	f¹	1959, F. W. Schilling, Heidelberg
Hl. Michael	ges¹	1959, F. W. Schilling, Heidelberg
Hl. Johannes	as¹	1959, F. W. Schilling, Heidelberg
Seliger Bernhard	b¹	1959, F. W. Schilling, Heidelberg
Hl. Ignatius	des¹	1959, F. W. Schilling, Heidelberg
		Weihe am Pfingstmontag 1959

Der Nachfolge-Betrieb, die bis 1982 bestehende Heidelberger Glockengießerei, goss im Jahr 1980 zwei ergänzende hohe Glocken. Diese waren wohl von H. Rolli und F.W. Schilling bereits 1959 geplant, aus finanziellem Grund zeitlich hinausgeschoben worden. Die zwei zusätzlichen Glocken erhielten die Namen:

Hl. Joseph	es²	1980, Heidelberger Glockengießerei
Hl. Franz Xaver	f²	1980, Heidelberger Glockengießerei
		Weihe am Christkönigsfest, 23. November, 1980

Das Geläute der Heiliggeistkirche Heidelberg besteht seit Mitte November 1980 aus zehn Glocken. Das sind doppelt so viele wie von 1872 bis in den 2. Weltkrieg im Turm hingen. Vom Geläut der Fa. Rosenlächer, Konstanz, blieb durch glückliche Umstände die Basisglocke Pius erhalten. Sieben neue Glocken lieferte im Jahr 1959 Friedrich Wilhelm Schilling. Zwei ergänzende Glocken goss 1980 der Nachfolgebetrieb unter Karl Stumpf. Mit zehn Glocken im Tonumfang von b⁰ bis f², einer Duodezime, bildet das Geläute der katholischen Heiliggeistkirche das umfangreichste Geläute der Stadt Heidelberg.

Im Januar 1981 entwarf der Glockensachverständige Hans Rolli, dessen Gedächtnis der Band „Baden" des Deutschen Glockenatlas gewidmet wurde, eine reich differenzierte Läuteordnung. Herr Rolli übersandte dem Verfasser eine Kopie davon. Dr. Klaus von Zedtwitz, Dekan und Pfarrer von Heiliggeist gestattete freundlicherweise die Publikation der Läuteordnung.[81] Sie lautet:

Läuteordnung der Heiliggeistkirche, Heidelberg

Glocke	1	2	3	4	5	6	7	8	9	10
Tonfolge	b⁰	des¹	es¹	f¹	ges¹	as¹	b¹	des²	es²	f²
Wandlung				Läuten mit der unterstrichenen Glocke						

I. Advent und Weihnachtszeit.
1. An Werktagen:

Hl. Messen	morgens 10 - 8 - 7, abends 8 - 7 - 6
Ämter, Gemeinschafts- und Schülermessen, Rorateamt	10 - 9 - 8 - 6 - 4
Hochzeiten	10 - 8 - 7 - 6
Requiem	7 - 5 - 3- 4
Feierliches Requiem, Trauergeläute	7 - 5 - 3 - 4 - 1 oder 7 - 5 - 4 - 2 - 1
Andacht	10 - 9 - 8

2. Sonntags: im Advent   in der Weihnachtszeit

Einläuten	10 - 9 - 8 - 7 - 5 - 3	10 - 9 - 8 - 7 - 6 - 4 - 3 - 2
Hl. Messen	10 - 9 - 8 - 6 - 4	9 - 8 - 7 - 6 - 5 - 3
Hochamt	10 - 9 - 8 - 7 - 5 - 3	10 - 9 - 8 - 7 - 6 - 4 - 3 - 2
Andacht oder Vesper	7 - 6 - 5 - 3	6 - 4 - 3 - 2

3. Mariä Empfängnis:
Alle Gottesdienste   8 - 7 - 6 - 4 - 2 (Salve Regina-Motiv)

4. Weihnachten, 1. Feiertag:

Einläuten	10 - 9 - 8 - 7 - 6 - 5 - 3 - 2 - 1
Christmette und Hochamt	10 - 9 - 8 - 7 - 6 - 5 - 3 - 2 - 1
Hirtenmesse	8 - 7 - 6 - 5 - 2
Vesper	8 - 7 - 6 - 5 - 3 - 2 - 1

5. St. Stephan, 2. Feiertag:

Hl. Messen	9 - 8 - 7 - 6 - 5 - 3
Hochamt	7 - 6 - 4 - 2 - 1

6. Neujahr und Erscheinung des Herrn:
Alles wie an den Sonntagen der Weihnachtszeit, jedoch Hochamt

An Neujahr	10 - 9 - 8 - 7 - 6 - 4 - 3 - 2 - 1
An Erscheinung des Herrn	7 - 6 - 5 - 4 - 3 - 2 - 1

II. Das Jahr hindurch (grüne Farbe).
1. An Werktagen

Hl. Messen	morgens 9 - 8 - 7, abends 8 - 7 - 6 oder 8 - 7 - 5
Ämter, Gemeinschafts- und Schülermessen	8 - 7 - 6 - 4
Hochzeiten	10 - 8 - 7 - 6
Requiem	7 - 5 - 3 - 4
Feierl. Requiem, Trauergeläute, Allerseelen	7 - 5 - 3 - 4 - 1 oder 7 - 5 - 4 - 2 - 1
Andachten	10 - 9 - 8 oder 8 - 7

2. An Sonntagen und Festen

Hochamt, Einläuten und 10.45 Uhr	8 - 7 - 6 - 4 - 3 - 2
Hl. Messen, Vorabend und 9.30 Uhr	9 - 8 - 7 - 5 - 3

3. An Hochfesten (Fronleichnam, Mariä Aufnahme, Kirchweihfest, Christ-König):

Einläuten und Hochamt	10 - 9 - 8 - 7 - 6 - 4 - 3 - 2 - 1
	oder 10 - 9 - 8 - 7 - 6 - 5 - 3 - 2 - 1
	oder alle 10 Glocken
Hl. Messen	10 - 9 - 8 - 7 - 6 - 4 - 2 oder 6 - 4 - 3 - 2
Vesper, Andacht	8 - 7 - 5 - 2 - 1
Te Deum	8 - 7 - 6 - 5 - 4 - 3 - 2 - 1

III. Fastenzeit (Aschermittwoch bis Gründonnerstag)
1. Aschermittwoch:
Hl. Messen und Bußgottesdienste   7 - 6 - 5 - 3 - 4

2. An Werktagen:

Hl. Messen	morgens 7 - 6 oder 10 - 8 - 7 abends 7 - 6 - 5
Ämter, Gemeinschafts- und Schülermessen	6 - 4 oder 7 - 6 - 4
Requiem	7 - 5 - 3 - 4
Feierliches Trauergeläute	7 - 5 - 3 - 4 - 1 oder 7 - 5 - 4 - 2 - 1
Andacht	6 - 5
Trauermette Karmittwoch, Bußgottesdienst	7 - 6 - 5 - 3 - 4

3. Sonntags (bis einschließlich Sonntag Judica):

Einläuten	7 - 5 - 3 - 4 - 2
Hl. Messen	7 - 6 - 5 - 3
Hochamt	7 - 5 - 3 - 4 - 2
Andacht, Vesper	7 - 4 - 2 oder 6 - 5 - 3 - 2

4. Palmsonntag:

Einläuten, Hochamt, Palmprozession	5 - 4 - 3 - 2 - 1
Hl. Messen	5 - 4 - 3 - 2

5. Gründonnerstag:

Hochamt (Abendmahlsamt)	7 - 5 - 4 - 3 - 2 - 1
Gloria	alle 10 Glocken

IV. Hochfestzeit (Ostern bis Pfingsten)

1. Ostern, Pfingsten:

Gloria der Osternachtsmesse	alle 10 Glocken
Hl. Messen	10 - 9 - 8 - 7 - 6 - 4 - 2
Hochamt, Feierliche Vesper, Sonntag	10 - 9 - 8 - 7 - 6 - 5 - 4 - 3 - 2 - 1
Montag	9 - 8 - 7 - 6 - 5 - 2 - 1

2. Dienstag bis Samstag der Osterwoche:

Hl. Messen	7 - 6 - 4 - 3

3. An den übrigen Werktagen:

Hl. Messen	morgens 10 - 9 - 8 - 7 abends 8 - 7 - 6 - 5
Ämter, Gemeinschafts- und Schülermessen	10 - (9) - 8 - 7 - 6 - 4 oder 8 - 7 - 6 - 4
Hochzeiten	10 - 8 - 7 - 6
Requiem	7 - 5 - 3 - 4
(Mai-) Andacht	9 - 8 - 7 - 5

4. Sonn- und Festtage:

Einläuten und Hochamt	10 - 9 - 8 - 7 - 6 - 4 - 3 - 2
am Weißen Sonntagan	8 - 7 - 6 - 5 - 2 - 1
Christi Himmelfahrt	8 - 7 - 5 - 2 - 1
Hl. Messen	9 - 8 - 7 - 6 - 5 - 3 oder 10 - 9 - 8 - 7 - 6 - 4
Andacht, Vesper	6 - 5 - 3 - 2
Maiandacht	7 - 6 - 4 - 2

V. Orgeln

Im Gutachten vom 2. Oktober 1908 hatte der Erzbischöflichen Orgelinspektor Franz X. Steinhart, Karlsruhe, den reparaturbedürftigen Zustand der Voit-Orgel mitgeteilt. Pfarrer Franz X. Schanno (1909–1919) griff bei der Reparaturplanung das Problem der zu ausgedehnten Orgelaufstellung und des darum fehlenden Aufstellungsplatzes für den Kirchenchor auf der Musikempore auf. Gegen heftigen Widerstand des Orgelbauers H. Voit hatte diesen Missstand der Architekt Otto von Mayrhauser, Bozen, 1876 durchzusetzen vermocht.[82] Ausschreibungen wurden 1909 versandt an die Orgelbaufirmen Schwarz, Überlingen, Steinmeyer, Oettingen, Voit, Durlach, und Weigle, Echterdingen. Das Gehäuse sollte gegen die Kirchenwand zurückversetzt, der Spieltisch an die Emporenbrüstung vorgerückt und die mechanische Traktur durch pneumatische (Barkerhebel) ersetzt werden. Weiter sollten einige Änderungen des Registerbestandes ausgeführt, das Instrument gereinigt und eine neue Windschöpfanlage für die Orgelbälge mit Elektromotor installiert werden (Ersatz der Bälgetreter).

Nach längeren Verhandlungen erhielt die Firma Voit, Durlach, die Lieferfirma des Instruments, den Zuschlag. Am 2. Juni 1911 schloss der Pfarrgemeinderat mit dieser Werkstätte einen Reinigungs-, Umbau- und Reparaturvertrag ab.[83] Während der Reparatur- und Umbau-Monate diente ein Harmonium als Orgelersatz. Fa. Karl Hochstein, Heidelberg, lieh es der Heiliggeist-Gemeinde.[84]

Die Änderungen der Disposition, des Stimmenplans, betrafen folgende Einzelheiten:
a) Im I. Manual wurde Gemshorn 4' in 8', Quinte 5 1/3' in 2 2/3' verändert; Cornett 3–4-fach wurde in 3–5-fach ergänzt; Trompete 8' erhielt neue Pfeifen.
b) Im II. Manual wurden Quintatön 8' und Unda maris 8' hinzugefügt; Oboe 8' bekam neue Pfeifen.
c) Im III. Manual kam Echogambe 8' an die Stelle von Dolce; Gedeckt 16' und Flageolet 2' wurden hinzugefügt; auf eigener Windlade mit erhöhtem Winddruck kam Tuba 8' hinzu; Clarine 4', die bisher im Pedal gestanden, wurde auf 54 Pfeifen vermehrt und auch als Manualregister verwendet.
d) Im Pedal wurden Bombarde 16' und Posaune 8' neu hergestellt; 3 Transmissionen von III in das Pedal wurden eingerichtet (Zartbass 16', Gedecktbass 8', Clarine 4'); Untersatz 32' wurde ermöglicht als Differenzton durch Kombinationsschaltung von Subbass 16' und Quintbass 10 2/3'.

In der zweiten Jahreshälfte 1912 und im Frühjahr 1913 wurden die umfänglichen Arbeiten ausgeführt. Gegenüber den 42 Registern von 1876 besaß das Instrument danach 52 Registerschaltungen. Wegen der Transmissionen und der Kombinationsschaltung waren dies indessen nur 48 klingende Stimmen. Orgelinspektor Steinhart prüfte das Ergebnis und fand es befriedigend. U.a. bemerkte er, dass die Prospektpfeifen jetzt sicher aufgehängt und die neue Windschöpfanlage funktionierend und leistungsstark waren. Im Gutachten vom 18. Juni 1913 führte er u.a. aus:

„Ohne Veränderung der Empore ist trotz Vergrößerung des Werkes ein für 100 Personen ausreichender Sängerraum geschaffen".[85]

Verschwiegen blieb freilich, dass die wegen geringer Tiefe der Empore sehr breite Aufstellung des Chores akustisch keineswegs befriedigte (Frontbreite der Orgel 21 m). Erst die Montage des Instruments auf drei in der Kirchenmauer verankerte Plattformen mehr als 40 Jahre später konnte ausreichende Platzverhältnisse für Sänger und Orchester auf der Musikempore herstellen.

Nach der Abnahmeprüfung legte die Firma Voit einen Pflegevertrag für das Instrument vor. Am 21. 8. 1913 wurde dieser abgeschlossen. Das Instrument wies nun folgende Disposition auf:

I Manual 13 Stimmen C-f³		II. Manual 12 Stimmen C-f³		III. Manual 14 Stimmen C-f³ Schwellwerk	
Prinzipal	16′	Bourdon	16′	Gedeckt	16′
Prinzipal	8′	Prinzipal	8′	Prinzipal	8′
Gedeckt	8′	Gedeckt	8′	Lbl. Gedeckt	8′
Flöte	8′	Flöte	8′	Flöte	8′
Gemshorn	8′	Unda maris	8′	Echo-Gambe	8′
Gamba	8′	Quintatön	8′	Vox coelestis	8′
Oktave	4′	Salicional	8′	Aeoline	8′
Hohlflöte	4′	Prästant	4′	Piffera	4′
Quinte	2 2/3′	Traversflöte	4′	Flöte	4′
Oktave	2′	Fugara	4′	Dolce	4′
Mixtur	2 2/3′ 3-4-f.	Mixtur	2′ 3-4-f.	Flageolet Echo-Cornett	2′ 2 2/3′ 3-f.
Cornett	8′ 3-5-f.	Oboe	8′	Tuba	8′
Trompete	8′			Clarine	4′

Pedal 13 Stimmen C-d¹		Nebenregister			
Untersatz	32′	Kombinations schaltung		3 Manualkoppeln 3 Pedalkoppeln	II/I, III/I, III/II I/P, II/P, III/P
Prinzipalbass	16′			5 Octavkoppeln	Ober- und Unteroktav
Violonbass	16′				
Subbass	16′			Kombinationen	6 feste, 1 freie
Zartbass	16′	Transmission		Jalousieschweller	III. Manual
Quintbass	10 2/3′			Generalcescendo	
Octavbass	8′				
Flötbass	8′				
Cellobass	8′				
Gedecktbass	8′	Transmission			
Bombarde	16′				
Posaune	8′				
Clarine	4′	Transmission			

1917 wurden durch Reichsgesetz die zinnernen Prospektpfeifen vom Staat requiriert. In einem Schreiben vom 20. Juni 1917 teilte die Kirchenschaffnei Heidelberg dem Pfarramt von Heiliggeist mit: „Die beschlagnahmten Pfeifen werden ab 15. Juli des Jahres ausgebaut". Erst 1929 konnten die im Prospekt entstandenen Lücken durch Pfeifen aus Zink geschlossen werden.

2. Die Steinmeyer-Orgel

Rund 30 Jahre später, nach Ende des 2. Weltkriegs, erwies sich die Technik der Voit-Orgel als unzuverlässig. Da die Firma im April 1938 unter Siegfried Voit das Geschäft aufgegeben hatte,[86] diskutierte der Erzbischöfliche Orgelinspektor Friedrich Hermann, Karlsruhe, seit 1949 mit der Firma Steinmeyer, Oettingen, Umbaupläne. Steinmeyer hatte u.a. 1948 für die evangelische Heiliggeistkirche, Heidelberg, eine neue Orgel geliefert und baute 1950 ein neues Instrument für die Pfarrkirche St. Laurentius in Weinheim. So existierten Leistungsproben der Firma in nächster Nachbarschaft.[87]

Das Kircheninnere von katholisch Heiliggeist wurde 1953/54 unter Leitung von Architekt Paul Meyer-Speer, Murnau, neu gestaltet. Meyer-Speer hatte sich durch Innenrestaurierungen der Dome von Fulda, Mainz und Breslau hervorgetan. Die Hauptarbeiten der Neugestaltung des Kircheninneren wurden von September 1953 bis August 1954 ausgeführt.[88] Die Voit-Orgel wurde Anfang Oktober 1953 abgebaut.[89] Der Einbau einer reparierten oder erneuerten Orgel konnte erst nach Abschluss der Neugestaltung des Kirchenraums realisiert werden.

Nach jahrelangen Verhandlungen mit Steinmeyer entschloss sich der Stiftungsrat von Heiliggeist statt einer Reparatur zum Neubau unter Verwendung von Pfeifenmaterial der Voit-Orgel, das teilweise umgearbeitet und insgesamt neu intoniert werden

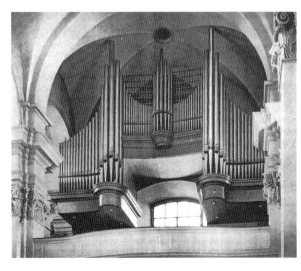

Abb. 3:
Prospekt der Orgel der Fa. Steinmeyer (1953/54)

sollte. Die Wiederverwendung gebrauchsfähiger Pfeifen vorheriger Orgeln bildet im Orgelbau ein bewährtes Verfahren. Ein jüngeres Beispiel stellt die Orgel der Kathedrale von Reims in Frankreich dar. Neben rund 50 % neuen Pfeifen des 20. Jahrhunderts enthält sie Register des 16., 18. und 19. Jahrhunderts.[90] Bei den Windladen beabsichtigte man anfangs, jene von Hauptwerk und Pedal beizubehalten. Schließlich entschloss man sich, alle Windladen als Taschenladen neu zu konstruieren, die Register mit elektro-pneumatischer Traktur zu steuern und einen fahrbaren Spieltisch anzufertigen. Als Standort der Orgel war zunächst der Boden der Orgelempore nach dem Plan von Dr. Franz Winzinger, dem künstlerischen Mitarbeiter von Steinmeyer, vorgesehen. Der Pfarrgemeinderat lehnte diesen Platz ab, weil so erneut das Nordfenster verdeckt und zu wenig Stellfläche für Sänger und Orchester frei geblieben wäre.[91] Nach neuem Plan des Steinmeyer-Mitarbeiters wurde das gesamte Instrument aufgehängt. P. A. Riedl urteilte 1956 zustimmend:

> „Die neue Orgel ist, was ihre äußere Form angeht, aus den architektonischen Gegebenheiten heraus konzipiert. Die Pfeifensätze der drei Manuale [und des Pedals] ruhen auf schlicht verschalten Konsolkonstruktionen, so daß die Empore ganz für Chor und Orchester zur Verfügung steht und das Fassadenfenster überdies frei bleibt".[92]

Der Einbau der neuen Orgel erfolgte in drei Bauabschnitten. Im Frühjahr 1954 wurde das Schwellwerk (III. Man.) und Teile des Pedals, bis zum 1. Dezember des gleichen Jahrs das Oberwerk (II. Man.) und weitere Pedalregister, im Herbst 1955 das Hauptwerk (I. Man.), der Rest des Pedals und der Frei-Pfeifenprospekt eingebaut. Nach Weihnachten schrieb Pfarrer Hauser an die Fa. Steinmeyer: „Über die Weihnachtstage hat der ganzen Gemeinde die neue Orgel viel Freude gebracht."[93] Die Prüfung zur Abnahme des Instruments geschah durch Orgelinspektor Hermann, Karlsruhe, im Februar 1956. Der Referent fällte ein positives Urteil. Von den 54 Registern seien 22 klingende Stimmen übernommen, überarbeitet und neu intoniert, 32 Stimmen neu hergestellt worden. Im Januar 1957 schloss die Kirchengemeinde mit der Fa. Steinmeyer einen Pflege- und Stimmvertrag ab, der jährlich eine Haupt- und eine Nebenstimmung vorsah.[94]

Disposition der Steinmeyer-Orgel von 1953/54:

Hauptwerk, I Manual 14 Stimmen C-g³		Oberwerk, II. Manual 11 Stimmen C-g³		Schwellwerk, III. Manual 16 Stimmen C-g³	
Prinzipal	16′	Engprinzipal	8′	Gedacktpommer	16′
Quintade	16′	Holzflöte	8′	Flute harmonique	8′
Prinzipal	8′	Quintade	8′	Koppel 8′	
Gemshorn	8′	Praestant	4′	Salicional	8′
Gedackt	8′	Flöte	4′	Vox coelestis	8′
Oktave	4′	Flachflöte	2′	Ital. Prinzipal	4′
Rohrflöte	4′	Terz	1 3/5′	Viola	4′
Oktave	2′	Superquinte	1 1/3′	Koppelflöte	4′
Quinte	2 2/3′	Cymbel	1/2′ 3-f.	Waldflöte	2′
Cornett	8′ 3-5-f.	Rankett	16′	Sifflöte	1′
Mixtur	2′ 4-f.	Krummhorn	8′	Nasard	2 2/3′
Scharff	1′ 3-f.	Tremulant		Plein jeu	2′ 4-f.
Trompete	16′			Basson	16′
Trompete	8′			Helle Trompete	8′
				Oboe	8′
				Clairon	4′
				Tremulant	

Pedal 14 Stimmen C-f¹			Spielhilfen
Prinzipal	16′		6 Normalkoppeln
Violon	16′		2 freie Kombinationen
Subbass	16′		1 geteilte freie Kombination
Gedacktpommer	16′ aus III. M.		Tutti
Quintbass	10 2/3′		Handregister zur freien Kombination
Oktavbass	8′		Handregister ab
Gedacktbass	8′		Zungen ab
Choralbass	4′		Zungeneinzelabsteller

Nachthorn	2′		Registerschweller
Pedalmixtur	2 2/3′ 6-f.		Taschenladen mit elektropneumatischer
Bombarde	16′		Traktur
Posaune	8′		
Clairon	4′		
Singend Cornett	2′		

3. Das Orgelpositiv[95]

Der Westdeutsche Rundfunk Köln bot 1963 R. Walter ein gebrauchtes Orgelpositiv der Firma Karl Schuke, Berlin, zu wesentlich ermäßigtem Preis zum Kauf an. Walter hatte auf diesem Instrument anlässlich des 77. Deutschen Katholikentags in Köln am 31. August 1956 in einer Lifesendung zusammen mit einer Sopranistin und einem Streichtrio musiziert. Der WDR beabsichtigte, ein größeres fahrbares Orgelpositiv zu beschaffen und gab deshalb das in bestem Erhaltungsstand befindliche ab. Das Instrument wies auf mechanischen Schleifladen mit Tonumfang von C-g^3 6 Register auf mit Schleifenteilung bei h°/c^1 in Bass- und Diskant-Teil. Der Stimmenplan lautete: Gedeckt 8′, Prinzipal 4′, Rohrflöte 4′, Octave 2′, Quinte 1 1/3′, Scharff 3–4-fach. Die Pfeifenfront des Gehäuses war durch zwei Türen verschließbar.

In Walters Wohnung ließ sich dieses Orgelpositiv nicht unterbringen. Da die Heiliggeistkirche keine Chororgel für schwächer besuchte Gottesdienste (Andachten und Vespern), Trauungen und für Generalbassspiel bei Geistlichen Konzerten besaß, bot er das Orgelpositiv Pfarrer Hauser für diese Kirche an. Hauser stimmte zu, auf der rechten Seite des Altarbezirks konnte es leicht platziert werden. Den Kaufpreis vermittelte Walter von einem Spender, der ungenannt bleiben will.

Den Zugang dieses Orgelpositivs teilte die Pfarrei aus unbekanntem Grund dem Pfarrgemeinderat und den Pfarreiangehörigen nicht mit, obwohl Walter es ab und zu benützte. Erst unter Pfarrer F. Keck befasste sich der Pfarrgemeinderat wiederholt mit diesem Instrument. In bisher 40 Jahren hat es sich voll bewährt. Im Frühjahr 1984 überholte die Fa. Göckel, Malsch, dieses Orgelpositiv. Dabei wurde es auf Rollen montiert, um es leichter verstellbar zu machen. Sämtliches Pfeifenmaterial wurde gereinigt, schadhafte Pfeifen repariert, die Windanlage neu abgedichtet. Schließlich wurden alle Pfeifen nachintoniert und rein gestimmt.[96]

Beim Bau der Emporenorgel durch die Werkstätte Steinmeyer 1954/55 wurden 22 klingende Stimmen der Voit-Orgel übernommen Das waren u.a. Cornett-Register, die für die Mixturen von Hauptwerk, Schwellwerk und Pedal verwendet wurden, für diese indessen zu weit mensuriert waren. Grundregister, wie der zweite Manualprinzipal 8′, wurden nicht an die bewährte Stelle, in das Schwellwerk, sondern in das Positiv gesetzt. Dem Positiv fehlte das tragende Grundregister Gedackt 8′ oder Rohrflöte 8′. Dem Schwellwerk hatte man statt Gambe 8´ und Voix céleste 8´ die schwächlichen Streicher Salizional 8′ und Vox coelestis 8′ zugeteilt. Dem Pedal fehlte das Register Flöte 4′. Diese den Klang und die stilistische Vielfalt des Instruments beeinträchtigenden Tatsachen wurden1972 nach dem Plan von R. Walter von der Erbauerfirma Steinmeyer und ihrem Chefintonateur Hans Roettger (1902–1983) ausgeglichen. Dafür verwendete man teils neue Pfeifen, teils Registerumstellungen, teils gebrauchte Pfeifen aus Beständen der Fa. Steinmeyer. Die Zahl von 54 Stimmen auf drei Manualen und Pedal wurde beibehalten.

Die Disposition lautete ab 1972:[97]

Hauptwerk		Positiv		Schwellwerk	
14 Stimmen C-g³		11 Stimmen C-g³		16 Stimmen C-g³	
Prinzipal	16′	Gedeckt	8′	Gedacktpommer	16′
Quintade	16′	Quintade	8′	Prinzipal	8′
Prinzipal	8′	Praestant	4′	Koppel	8′
Gedeckt	8′	Flöte	4′	Gambe	8′
Gemshorn	8′	Nasat	2 2/3′	Vox coelestis	8′ ab c⁰
Oktave	4′	Flachflöte	2′	Ital. Prinzipal	4′
Rohrflöte	4′	Terz	1 3/5′	Koppelflöte	4′
Quinte	2 2/3′	Quinte	1 1/3′	Sesquialtera	2 2/3′
Oktave	2′	Cymbel	1/2′ 3-f.	Waldflöte	2′
Mixtur	1 1/3′ 4-f.	Rankett	16′	Sifflöte	1′
Scharff	1′ 3-f.	Krummhorn	8′	Mixtur	2′ 5-f.
Cornett	8′ 3-5-f.	Tremulant		Klingende Zimbel	1/5′ 3-f.
Trompete	16′			Basson	16′
Trompete	8′			Helle Trompete	8′
				Oboe	8′
				Clairon	4′
				Tremulant	

Pedal			
14 Stimmen C-f¹			
Prinzipal	16′	Hohlflöte	4′
Subbass	16′	Nachthorn	2′
Gedacktpommer	16′ aus Sw	Pedalmixtur	2 2/3′ 6-f.
Quintbass	10 2/3′	Bombarde	16′
Oktavbass	8′	Posaune	8′
Gedacktbass	8′	Clairon	4′
Choralbass	4′	Singend Cornett	2′

Koppeln und Spielhilfen wie 1954/55
54 klingende Stimmen und eine Transmission

4. Die gebrauchte Chororgel (1990–2001)

Um 1990 wurde die katholische Kapelle in der Orthopädischen Klinik, Heidelberg, aufgehoben. Darin stand eine zweimanualige Orgel, die die Firma Egbert Pfaff, Überlingen, im Herbst 1981 geliefert hatte. Die katholische Heiliggeistkirche kaufte das Instrument und ließ es im vorderen Bereich des westlichen Seitenschiffes als Chororgel aufstellen. Seit Palmsonntag 1990 wurde es für schwächer besuchte Gottesdienste verwendet. Im gedruckten Mitteilungsblatt von Pfingsten erfuhr die Gemeinde den Erwerb dieser Zweitorgel.

Stimmenplan des Instruments:

Manual I C-f³		Manual II, C-f³			
Prinzipal	8′			Bourdon	8′
Bifaria	8′ ab c¹ schwebend			Flöte	4′
Praestant	4′			Sesquialtera	2-f. Halbzug 2 2/3′
Mixtur	1 1/3′ 4-f.			Flageolet	2′ Halbzug ab c¹
Halbzug				Sifflet	1′ Halbzug ab c¹

Quinte	1 1/3'		
		Pedal C-d¹	Koppeln
Subbass	16' C-H	Mk II/I	
Holzprinzipal	8' ab c°	Pk I	
		Pk II	

Mechanische Schleifladen, die Pfeifen der zwei Manuale auf Zwillingslade

Im Frühjahr 1991 baute Fa. Karl Göckel, Malsch, das Pedal um. Auf Kegellade erhielt es einen Subbass 16' aus Beständen der Firma. Zudem wurden die bisherigen Subbass-Pfeifen zu Cello 8' umgearbeitet. Das Pedal bestand danach aus Subbass 16' und Cello 8'. Im Juli 2001 verkaufte die Gemeinde Heiliggeist, Heidelberg, dieses Instrument an die Gemeinde St. Thomas, Karlsruhe-Grünwettersbach.[98]

5. Abbau der Steinmeyer-Orgel

Die Steinmeyer-Orgel von 1954/55, an der seit 1972 lediglich die üblichen Wartungsdienste geschahen, wurde im Dezember 2002 abgebaut. Mit Genehmigung des Generalvikariats Freiburg und des Denkmalamtes Stuttgart wurde sie nach Valley bei Holzkirchen/Oberbayern transportiert. In einem großen Saal des Schlosses Valley, dem Orgelmuseum Valley, soll sie im Zustand der 1950er Jahre aufgestellt werden.

VI. Schluss

Im 20. Jahrhundert wurde die Kirchenmusikpflege in Heiliggeist, Heidelberg, auf professionelles Niveau angehoben. Otto Bundschuh erhielt bei einem bewährten Lehrer und Chordirektor eine gediegene Schulung als Organist und Chordirigent, Die folgenden Kantoren Heino Schubert, Karl-Ludwig Nies, Jürgen Maag, Thomas Berning hatten an Musikhochschulen studiert, Rudolf Walter hatte eine Universitätsausbildung absolviert.

Das Niveau der Kirchenmusik an Hl. Geist im 20. Jahrhundert kann als fachgerecht, vielseitig und einer Großstadt mit Universität angemessen qualifiziert werden. Den Standard einer Kathedralmusik konnte es nicht erreichen. Bei den drei ersten Amtsinhabern fehlte ein Etat für Festtagsgottesdienste und Geistliche Konzerte. Die erforderlichen Mittel für festtägliche Gottesdienstmusik mussten bei meist sparsamen Pfarrherren erbeten, für Fehlbeträge bei Geistlichen Konzerten Sponsoren gefunden werden. Bei den drei folgenden Kantoren war ein Kirchenmusiketat eingerichtet, doch nicht so reichlich bemessen wie bei einer Domkapelle.

Die in Gottesdiensten aufgeführten Kompositionen entstammten überwiegend der kirchenmusikalischen Tradition, der musica sacra perennis, nur teilweise der Gegenwart. Bei Kirchenmusik, die sich an mindestens drei Generationen und Menschen aller Volksschichten wendet, erscheint das sachlich geboten. Sie soll zu Andacht und Gebet anregen, nicht durch Experimente beunruhigen oder gar verärgern. Bei der Feier des 100-jährigen Jubiläums der Kirchenmusikschule Regensburg zitierte Kardinal Joseph Ratzinger den Kirchenlehrer Thomas von Aquin:

„Liturgische Musik muß demütig sein; ihr Ziel ist nicht der Beifall, sondern die Erbauung."
Der Kardinal fügte hinzu:
„Daß in der Anordnung der Sängertribünen im Gotteshaus der Interpret – anders als im Kon-

zertsaal – meist unsichtbar bleibt, entspricht genau ihrem Wesen."[99]

Die katholische Heiliggeistkirche ist akustisch problematisch, sie weist zu langen Nachhall auf. Das gilt in gleicher Weise, ob auf der Orgelempore oder im Altarraum gesungen und vom Orchester begleitet wird. Möglicherweise verursachen dieses akustische Problem zwei Umstände: der fehlende Stuck an den Kirchenwänden und die wegen des Kirchenportals zu hoch liegende Musikempore. Beide lassen sich kaum ändern. Eine Besserung könnte vielleicht durch dämpfende Vorhänge an den Seitenwänden der Kirche erreicht werden. Diese müssten über den Fenstern angebracht und zum Herablassen im Bedarfsfall eingerichtet sein. Solcher nicht billige Versuch wurde bisher nicht unternommen.

Walter kannte das Problem, blieb dennoch mit den Musizierenden auch bei Geistlichen Konzerten auf der Empore. Ein Orgelpositiv für die Kirche, auf dem Generalbassspiel möglich gewesen wäre, hatte er selbst vermittelt und benützte es bei Gottesdiensten mit geringerer Besucherzahl. Das konzertmäßige Agieren vor den Zuhörern im Gottesdienstraum widerstrebte seiner Auffassung von Kirchenmusik (vgl. das Zitat im Vortrag von Kardinal Joseph Ratzinger in Regensburg). Der bisweilen gastierende Heidelberger Bach-Verein und die folgenden Kantoren zogen und ziehen den Altarraum als Aufführungsstätte vor. Sie werden ihre Gründe gehabt haben und weiterhin haben. Die Freiheit dieser Entscheidung sollte Kirchenmusikern zugestanden bleiben.

Die Kirchenmusik-Instruktion des 2. Vatikanischen Konzils schreibt vor, dass die Gemeinde stets beim feierlichen Gottesdienst gesanglich mitwirken soll. Das bedeutet nicht, dass sie alle Gesänge übernehmen soll, dass Chorgesang keine Berechtigung mehr besitze. Wenn sie etwa bei traditionellem Amt mit mehrstimmigem Ordinarium des Chores ein Predigt- und ein Schlusslied sowie das Choral-Credo singt, mag die Vorschrift wohl erfüllt sein. In Artikel 114 der Liturgiekonstitution von 1963 steht ausdrücklich:

„Der Schatz der Kirchenmusik möge mit größter Sorge bewahrt und gepflegt werden. Die Sängerchöre sollen nachdrücklich gefördert werden."

Die Gläubigen wünschen außerdem einigen Raum für das Privatgebet, mögen auch manche Liturgiker eine gegensätzliche Meinung vertreten. Gottesdienst ist keine Schulstunde.

Bereits von der Liturgischen Bewegung zwischen den beiden Weltkriegen wurde der Grundsatz vertreten, dass die befriedigendste Verteilung der gesanglichen Aufgaben sei, dass die Gemeinde das Ordinarium und der Chor das Proprium ausführt. Dafür sind seit etwa 1930 lateinische Proprienkompositionen, seit etwa 1965 deutsche Propriengesänge für Chor mit oder ohne Begleitung neu geschaffen und gedruckt worden. Heino Schubert hat diese Praxis mit eigenen Kompositionen, Dr. Walter mit Kompositionen der Tradition (W. Byrd) und der Gegenwart (G. Trexler, K.-M. Komma, H. Schroeder, J.-F. Doppelbauer, O. Jaeggi, R. Sorge u.a.) verwirklicht.

In den letzten 20 Jahren des 20. Jahrhundert wurde wohl in Heiliggeist, Heidelberg, das mehrstimmige Proprium zu selten berücksichtigt. Liturgisch und künstlerisch bildet es eine vollwertige Aufgabe für den Chor. Die Ausschreibung eines Kompositionswettbewerbs des Erzbistums Paderborn im Jahr 1998 für ein Proprium zum Jahrhundert-Jubiläum belegt wohl, dass diese kirchenmusikalische Form eine zentrale gottesdienstliche Gattung unserer Zeit darstellt. Die wesentlichen Sätze der Ausschreibung lauten:

„Das Erzbistum Paderborn feiert 1999 den 1200. Jahrestag seiner Bistumsgründung. Zu einem vorgelegten Text – Proprium für ein Heiligenfest – soll eine Komposition für 4stimmigen gemischten Chor und Orgel bzw. Bläser geschaffen werden, die auch von einem Laienchor aufgeführt werden kann (maximale Aufführungsdauer 20 Minuten)".[100]

Das Generalvikariat Paderborn teilte auf Anfrage mit, dass mehr als 40 Kompositionen eingereicht wurden. Die ausgesetzten drei Preise wurden verliehen, die Komposition des ersten Preisträgers wurde im Festgottesdienst 1999 gesungen.[101]

Bei Geistlichen Konzerten lässt sich größere stilistische Breite verantworten. Diese wenden sich an in besonderer Weise musikinteressierte Christen und dem Christentum zuneigende Menschen. Bei deren Programmen droht allerdings die Gefahr, Werke zu berücksichtigen, die nicht für den gottesdienstlichen Raum geschaffen wurden, wenn sie auch ernste und wertvolle Musik darstellen, z. B. mehrsätzige Sinfonien und ähnliche Instrumentalwerke für Orchester.

Bei konzertanten Orgelmusiken im Gottesdienstraum darf erwartet werden, dass im Programm die eine und andere Komposition über gregorianische Melodien, deutsche Kirchenlieder, biblische oder liturgische Texte integriert ist. Zusammenstellungen virtuoser Titel ohne einen solchen geistlichen Bezug werden in Konzertsälen gewiss gern gehört, im Gottesdienstraum sind sie fehl am Platz. Nicht für Virtuosenehrgeiz von Organisten spenden Pfarreiangehörige hohe Beträge für die Orgel und deren Pflege, sondern für würdige Gottesdienstfeiern.

Kurz gesagt: Der Kirchenraum darf nicht zum mietfreien Konzertsaal umgewandelt, ja als solcher missbraucht werden. Geistliche Konzerte und konzertante Orgelmusiken im Kirchenraum sollen stets den seelsorglichen Gesichtspunkt verwirklichen: Sie sollen der Ehre Gottes und der Auferbauung Seiner Gemeinde dienen. Dann allerdings trifft jene auszeichnende Bewertung zu, die Kardinal Ratzinger so formulierte:

„Die Kunst, die die Kirche hervorgebracht hat, ist neben den Heiligen, die in ihr gewachsen sind, die einzige wirkliche ‚Apologie', die sie für ihre Geschichte vorzubringen hat."[102]

Anmerkungen

1 Wilhelm Weitzel: Kirchenmusikalische Statistik der Erzdiözese Freiburg, Karlsruhe 1927, S. 62.
2 Rhein-Neckar-Zeitung (RNZ) Heidelberg vom 10.9.1963.
3 Den beiden Herren dankt der Verfasser bestens.
4 Festschrift R. Hauser, Heidelberg 1980, S. 9f. Professor Hauser war nach 150 Jahren der erste katholische Theologe an der Heidelberger Universität.
5 Berthold Amann: Geschichte des Freiburger Diözesangesangbuches, Freiburg 1956, S. 53f.
6 Ebd., S. 69.
7 Ebd., S. 81.
8 Orgelstücke zu den Einheitsliedern, hg. von E. Quack u. R. Walter, Freiburg 1954.
9 Gemeinsame Kirchenlieder, Gesänge der deutschsprachigen Christenheit, Regensburg u.a. 1973.
10 Gotteslob. Katholisches Gebet- und Gesangbuch, Stuttgart 1975.
11 Begleitsätze für Positiv; Intonationen und Vorspiele, Merseburg 1953.
12 P. H.-J. Burbach: Trivialmusik im Kult der christlichen Kirche?, Rottenburg, Stuttgart 1981, S. 16–19.
13 Johannes Zahn: Die Melodien der deutschen evangelischen Kirchenlieder, Bd. 6, Gütersloh 1893, S. 465.

14　J.-F. Doppelbauer: Wird das Komponieren kirchlicher Vokalmusik zum Monopol?, Kirchenmusikalischer Ratgeber 70, Februar 1980, S. 1–3.
15　Musik in Geschichte und Gegenwart (=MGG1), Bd. 12, Kassel 1965, Sp. 835–839, und The New Grove, second edition, Bd. 23, Art. Solesmes, London 2001, S. 637f.
16　Mitglied dieser Kommission war unter anderen Abt Raphael Molitor OSB, der aus der Erzdiözese Freiburg stammte. Dieser publizierte u.a. Die nachtridentinische Choralreform, 2 Bde, Leipzig 1901/02.
17　Vgl. Dominikus Johner OSB: Grosse Choralschule, Regensburg 1937, S. 60–62.
18　Choralmeßbuch, hg. von P. A. Winninghoff u. P. Euch. Zenzen OSB, Düsseldorf 1938, 1948.
19　Graduale simplex in usum minorum ecclesiarum, Typis Polyglottis Vaticanis, Rom 1967, S, VII–XI.
20　Andreas Weissenbäck: Sacra Musica, Lexikon der katholischen Kirchenmusik, Klosterneuburg 1938, S. 137f.: Motu proprio, Abschnitt II, 3, „Namentlich sorge man dafür, daß der Gregorianische Gesang beim Volke wieder eingeführt werde."
21　Ebd., S. 239.
22　Gotteslob, Nr. 401–423, 653, 403f. Für die weiteren genannten Choralgesänge vgl. das dortige Verzeichnis der Lieder und Gesänge, S.1089ff.
23　Graduale simplex (wie Anm.19), S.189f.
24　Gotteslob, Nr. 215 u. 213.
25　Graduale simplex (wie Anm.19), S. 107 u. 120.
26　Wolfgang Hug: Der Diözesan-Cäcilien-Verband der Erzdiözese Freiburg, Freiburg 1982, S. 21, 40, 54.
27　Martin Zeil (1912–1999), Priesterweihe 7.3.1937 (Schematismus der Erzdiözese Freiburg, Amtsblatt von 1945, S. 72, u. Auskünfte des Erzbischöflichen Archivs Freiburg). Nach den Heidelberger Jahren war er Militärpfarrer bei der Bundeswehr.
28　Fritz Jöde: Der Musikant, Lieder für die Schule, Wolfenbüttel 1924.
29　Frdl. Auskünfte von Eberhard Grießhaber und Helmut Mölls, Heidelberg, denen der Verfasser bestens dankt.
30　Prof. Dr. Eugen Biser (geb. 1918), Priesterweihe 1.9.1946, wechselte später zur wissenschaftlichen Theologie. Bis zum Ruhestand war er ordentlicher Professor der Universität München.
31　Schwester Ortrudis Braun OSB (1912–2002) wirkte an Heiliggeist als Pfarrschwester und Religionslehrerin.
32　Helmut Mölls, geb. 1936.
33　Christoph Schmider: Gotteslob mit Hörnerschall …, Freiburg u.a. 1994, S. 94–102.
34　A. Weissenbäck (wie Anm. 20), Kirchenmusik-Schulen, S. 218f., und von Werra, S. 407.
35　Christoph Schmider, Johann Baptist Molitor und Johannes Diebold, zwei caecilianische Kirchenmusiker aus Hohenzollern, Zeitschrift für hohenzollersche Geschichte 34, 1998, S. 182.
36　M. Toepler stammte aus Ullersdorf, Kreis Glatz, in Schlesien. Nach Besuch des Lehrerseminars Breslau hatte er als Junglehrer mit Domkapellmeister J. I. Schnabel zusammengearbeitet. Anschließend absolvierte er die Akademie für Kirchen- und Schulmusik, Berlin. Danach wurde er zum Seminarmusiklehrer in Brühl bei Köln ernannt. In Kirchenlied-Publikationen hatte er das ältere deutsche Kirchenlied wieder bekannt gemacht und als Leiter eines Lehrergesangvereins hohes Ansehen erworben.
37　Erzbischöfliches Archiv Freiburg, Finanzkammer 9357. Nach W. Weitzel: Die kirchenmusikalischen Verhältnisse in Baden und Hohenzollern, Karlsruhe 1927, S. 23, war Bundschuh einer der zehn hauptamtlichen Chordirigenten. Als Sängerzahl des Kirchenchores ist 150 genannt.
38　Hauptquelle für Lebenslauf und berufliches Wirken Otto Bundschuhs bilden W. Weitzel: Kirchenmusikalische Statistik, Karlsruhe 1927 (wie Anm.1) und E. J. Vierneisels Nachruf in der RNZ (wie Anm. 2). W. Matysiak: Breslauer Domkapellmeister von 1831–1925, Düsseldorf 1934, S. 77.
39　Fritz Henn leitete nach Studienabschluss und Promotion das Heidelberger Konservatorium. Wenig später stellte ihn Radio Stuttgart als Leiter der Sendestelle Karlsruhe an (MGG1 6, Kassel 1957, Sp. 31). Im Frühjahr 1984 ist er verstorben.
40　Schriftliche Mitteilung von Prof. Heino Schubert vom 19.12.2002.
41　MGG1 4, Kassel 1955, Sp. 1137.
42　Die Nachrichten über kirchenmusikalische Aufführungen bei Festlichkeiten enthält der Nachruf von E. J. Vierneisel (wie Anm. 2).

43 Die Verkündbücher 1914–1919 sowie 1930–1939 wurden durchgesehen.
44 Vierneisel (wie Anm. 2).
45 Frau Maria Metzler lebte in der Pfarrgemeinde Heiliggeist 1905–2000.
46 Carola Anhalt, Eckhardt Gropp: Der Musiker Heino Schubert, Pulheim 1998, S. 35–45.
47 Ebd., S. 84
48 Mitteilung von Professor H. Schubert vom 19.12.2002.
49 Coppenrath-Verlag, Altötting, 1960.
50 Verlag Kerle, Heidelberg 1950.
51 Vgl. Rafael Köhler: Kirchenmusik zwischen Choral und Richard Wagner, KmJb 76, 1992, S. 91–100, hier S. 98f.
52 P. Oswald Jaeggi OSB., MGG1 6, Kassel u.a. 1957, Sp. 1655ff., und Elisabeth Jaeggi, Max Lütolf: Werkverzeichnis Oswald Jaeggi, Zürich 1990, S. 15ff.
53 Verlag Müller, Heidelberg, 1959.
54 C. Anhalt, E. Gropp (wie Anm. 46), Werkverzeichnis, S. 85f. und 106f.
55 Organum in missa cantata, Freiburg 1959, Bd. 1, S. 56ff. und S. 90ff., Bd. 2, Freiburg 1961, S. 58ff., Bd. 3 Freiburg 1964, S. 78 ff. und 94ff.
56 Musik und Altar, 12. Jg., S. 44.
57 Nach neueren Forschungen komponierte Richter das Te Deum erst 1781 in Straßburg (J. Reutter, Studien zur Kirchenmusik Franz X. Richters, Frankfurt u.a. 1993, Bd. 2, S. 379, 385, 390).
58 Rudolf Walter, in Hochschullehrer-Verzeichnis 1, 10. Ausg., München 2002, S. 708.
59 Siegfried Hermelink in MGG1 6, Kassel u.a. 1957, Sp. 233f.
60 Renate Steiger (Hg.): Musik in Heidelberg, 100 Jahre Heidelberger Bach-Verein, Heidelberg 1985, S. 184, 190, 196.
61 Uraufführung am Sonntag, 21.9.1980, nachmittags, im Dom zu Altenberg bei Köln.
62 Die biografischen Daten beruhen auf persönlichen Mitteilungen von Karl-Ludwig Nies.
63 Die gottesdienstlichen Einsätze des Kinder- und Jugendchores sind in den gedruckten Wochenmitteilungen verzeichnet.
64 K.-L. Nies kannte den Glockensachverständigen K. Kramer vermutlich seit der Karlsruher Studienzeit.
65 Die Aufführung fand als Festkonzert zum 600. Gründungstag der Universität Heidelberg statt.
66 Diese Vesper Mozarts ist im Köchel-Verzeichnis irrtümlich „Vesperae de Dominica" bezeichnet.
67 Die biografischen Daten von Kantor Jürgen Maag nach dem gedruckten Wochenblatt vom 24.6.1990.
68 Die Vorträge sind im gedruckten Wochenblatt angekündigt.
69 Frdl. Mitteilung von Rektor Bernhard Schmid, Rottenburg, vom 14.6.2002.
70 Alfred Dürr vom J. S. Bach-Institut in Göttingen teilt in Die Kantaten von J. S. Bach, 2 Bde., Kassel 1971 und öfter, erprobte Aufführungszeiten mit. Ein Beispiel: Kantate „Der Friede sei mit dir", BWV 158, 12 Minuten.
71 Abschnitte VII / 22 und 23, A. Weissenbäck (wie Anm.20), S. 144.
72 Die biografischen Daten von Kantor Thomas Berning nach dem gedruckten Wochenblatt vom 22.10.1995.
73 Jahresprogramm der Kirchenmusik an Heiliggeist für 2000, S. 8.
74 Uraufführung dieser Komposition.
75 Schriftliche Mitteilung von Kantor Berning vom 28.6.2002.
76 Deutscher Glockenatlas, Bd. 4, Baden, München u.a. 1985, S. 133 u. 136. S. 69 dieser Quelle steht: „Nach dem Tod von Lukas Speck ruhte der Glockenguß in Heidelberg, bis nach dem zweiten Weltkrieg 1949 der aus einer alten Glockengießerfamilie stammende F. W. Schilling eine neue Gießerei eröffnete, die zu ungeahnter Blüte gelangte."
77 Vgl. Ausschuss für die Rückführung der Glocken: Denkschrift über den Glockenverlust im Kriege und die Heimkehr der geretteten Kirchenglocken, Hannover 1952.
78 H. Rolli, F. Guerrier: Erinnerungen an den Heidelberger Glockengießer Friedrich Wilhelm Schilling, Heidelberg 1981, S. 5f. u. 18f.; G. Fehn (Hg.), Theo Fehn: Der Glockenerxperte, Bd. 2, Karlsruhe 1992, S. 571–581: F. W. Schilling.
79 Rolli / Guerrier, S. 10f. u. S. 31.

80 H. Riemann: Musiklexikon, Sachteil, Mainz 1967 12, S. 907.
81 Für diese Genehmigung dankt der Verfasser Herrn Dekan.
82 P. A. Riedl: Die Heidelberger Jesuitenkirche, Heidelberg 1956, S. 228f. Die Voit-Orgel war 1876 vollständig geliefert worden. Sie wurde nicht erst 1911/12 fertig gestellt, wie Riedl S. 229 irrtümlich schrieb.
83 Die Akten zu Reparatur und Umbau befinden sich in der Orgelabteilung des Pfarrarchivs.
84 Vertrag mit Fa. Karl Hochstein ebd.
85 Gutachten von F. X. Steinhart; vom 18.6.1913 (5 S.) ebd.
86 B. Sulzmann: Historische Orgeln in Baden, München 1980, S. 289.
87 Johannes Esser: Die große Chororgel für die evangelische Heiliggeistkirche Heidelberg, Heidelberg 1980, S. 22–25.
88 Zum Wirken von Paul Meyer-Speer (1897–1983) bei der Neugestaltung der Heiliggeistkirche 1953/54 vgl. Riedl (wie Anm. 82), S. 81–84.
89 Ebd:, S. 80–84.
90 Josef Wörsching: Die Orgelwerke der Kathedrale zu Reims, Orgel-Monographien 15, Mainz 1946, S. 12.
91 Korrespondenz mit Fa. Steinmeyer in der Orgelabteilung des Pfarrarchivs.
92 Riedl (wie Anm. 82) S. 230.
93 Mitgeteilt auf dem Werbeprospekt der Steinmeyer-Orgel für katholisch Heiliggeist.
94 Belege in der Orgelabteilung des Pfarrarchivs.
95 Persönliche Vermittlung und Beobachtung des Verfassers.
96 Beleg in der Orgelabteilung des Pfarrarchivs.
97 Die Disposition von 1969 stammt vom Verfasser. Publiziert ist sie in Jahresprogramm der Kirchenmusik an Heiliggeist 2000, S. 6.
98 Nachrichten über die Chororgel in der Orgelabteilung des Pfarrarchivs. Den Beschluss des Verkaufs enthält das Protokoll der Stiftungsrats-Sitzung vom 2.7.2001.
99 Festschrift zum 100jährigen Bestehen, Regensburg 1974, S. 57.
100 Ausschreibung u.a. in Musik und Kirche 2/1998.
101 Schreiben des Erzbischöflichen Ordinariats Paderborn vom 6.2.2003.
102 Festschrift (wie Anm. 99), S. 60.

Norbert Giovannini

Die Ausweisungen und Deportationen der jüdischen Einwohner Heidelbergs 1937–1945
Zur Gedenktafel auf dem Synagogenplatz

Ich werde ihnen in meinem Haus
und in meinen Mauern ein Denkmal stiften
und einen Namen,
besser denn Söhne und Töchter,
einen ewigen Namen stifte ich ihnen,
der unvertilgbar ist.

Jesaia 56,5

Vorbemerkung

Am 9. November 2004 übergab Beate Weber, die Oberbürgermeisterin der Stadt Heidelberg, im Rahmen einer Feier auf dem Synagogenplatz die an der Nordwand des ehemaligen Rabbinerhauses in der Großen Mantelgasse angebrachten Gedenktafeln an die jüdischen Opfer von Deportation und Ausweisung der Öffentlichkeit. Ein Zitat aus Jesaia 56,5 und ein schlichter Text verweisen darauf, dass die Tafeln die Namen jüdischer Bürger und Bürgerinnen enthalten, die in der NS-Zeit von 1933 bis 1945 ausgewiesen, deportiert und ermordet wurden oder als Reaktion auf Terrormaßnamen des Regimes „in den Tod getrieben" wurden, d.h. sich selbst das Leben nahmen. Zusammen mit einer Informationstafel zur jüdischen Geschichte Heidelbergs, der farblich abgesetzte Pflastermarkierung des Grundrisses der Synagoge und dem lange Zeit auf dem neuen jüdischen Friedhof aufgestellten Gedenkstein ist ein Gedenkort gestaltet worden, der auf über 200 Jahre religiöses jüdischen Lebens in Heidelberg verweist.

Die Gedenktafel geht auf eine Initiative Heidelberger Bürger/innen zurück, die beharrlich und engagiert das Projekt bis zu seiner Fertigstellung begleiteten. Ursprünglich war eine Gedenktafel für die im Oktober 1940 in das Lager Gurs in Südfrankreich Deportierten konzipiert. Auf Anregung von Hans-Martin Mumm, Frank Moraw und des Verf. entschied der Planungskreis, dem auch die Stadtverwaltung, die jüdische Gemeinde und die Gesellschaft für christlich-jüdische Zusammenarbeit angehörten, auf den Tafeln in alphabetischer Auflistung die Namen aller zwischen 1937 und 1945 von Deportationen und Ausweisungen erfassten jüdischen Heidelberger/innen aufzunehmen.

Darin eingeschlossen wurden auch Personen, soweit dies zu ermitteln war, die nach 1933 im ortsbürgerlichen Sinn Heidelberger/innen waren, aber – aufgrund von Wohnortwechsel oder Flucht – von anderen Orten deportiert wurden. Es erschien widersinnig und der Gedenkabsicht zuwider laufend, Namen auszuschließen, deren Träger unzweifelhaft zur Bewohnerschaft der Stadt gehörten (die z.T. Angehörige von Familien waren, die über mehrere Generationen hier gelebt hatten), aber zum Zeitpunkt ihrer Deportation einen anderen Wohnsitz hatten. Ein Beispiel dafür sind Mitglieder der Unternehmerfamilie Hochherr[1], die in die Niederlande geflüchtet waren und von dort – nach der deutschen Okkupation – in Konzentrationslager deportiert wurden.

Die Aufnahme von 16 Personen, die sich zwischen 1933 und 1942 das Leben nahmen, erfolgte aus der Überlegung, dass diese Suizide jeweils in erkennbarem Zusammenhang mit Verfolgungsmaßnahmen des Regimes (Ankündigung der Deportation) oder einer nicht mehr erträglichen Verschärfung der persönlichen Lebenslage erfolgten.

Abb. 1 und 2:
Der in den letzten Jahren neu gestaltete Synagogenplatz an der Ecke Lauerstraße / Große Mantelgasse. Der nach 1949 entstandene Gedenkstein stand viele Jahre im Eingangsbereich des neuen jüdischen Friedhofs beim Bergfriedhof und ist nun an der Stelle des Thora-Schreins platziert. Rechts an der nördlichen Mauer des ehemaligen Rabbiner- und Lehrerhauses sind die Gedenktafeln angebracht

1. Grundlagen der Namensdokumentation

Die Namensliste der Gedenktafel ist Ergebnis eines laufenden Projekts von Frank Moraw und des Verf. zur Neufassung eines Gedenkbuchs an die jüdischen Einwohner Heidelbergs von 1933 bis 1945. Die Datenbasis hierzu wurde bis 1969 durch eine Dokumentationsstelle bei der Archivdirektion Stuttgart geschaffen.[2] Darauf aufbauend sind zu mehreren Städten[3] (u.a. Karlsruhe, Mannheim und Freiburg) Monographien zur jüdischen Geschichte im Nationalsozialismus sowie Dokumentations- und Gedenkbücher entstanden. Für Heidelberg ist dies die 1985 erschienene, vorbildliche Studie von Arno Weckbecker.[4] Zwei Jahre zuvor hatte Weckbecker im Auftrag der Stadt Heidelberg ein Gedenkbuch zusammengestellt, das in tabellarischer Form ca. 1700 Namen mit stichwortartigen Angaben zur Biographie enthielt.[5]

Weckbecker standen die sog. Erhebungsbögen zur Verfügung, in denen die in den 60er Jahren gesammelten Informationen des Stuttgarter Staatsarchivs zur jüdischen Einwohnerschaft von Baden und Württemberg systematisch (aber auch auf bemerkenswerte Weise lückenhaft) erfasst wurden. Die Erhebungsbögen waren – nach Ortsnamen sortiert – den Gemeindearchiven auf Anforderung zur Verfügung gestellt worden. Für Heidelberg sind 2180 Erhebungsbögen vorhanden. Weckbecker stützte sich weiterhin auf die Aktenbestände des Stadtarchivs Heidelberg.[6] Inzwischen haben die Korrespondenzen der Stadt Heidelberg mit ehemaligen jüdischen Einwohnern, zahlreiche Besuchskontakte, die Veröffentlichung autobiografischer Texte[7] und erneute Durchsichten von Gedenkbüchern und Schriften[8], die systematisch nie abzuschließen sein werden, eine beträchtliche Erweiterung der Datenbasis und auch wichtige Korrekturen möglich gemacht.[9] Dies gilt auch für die häufig verwendete Liste der Gurs-Deportierten bei Max Ludwig.[10]

Trotz vieler neuer Kenntnisse ist jedoch eine substanzielle Revision von Aussagen früherer Untersuchungen zur nationalsozialistischen Judenverfolgung im lokalen Kontext nicht geboten. Wir können aufgrund des aktuellen Recherchestandes zur jüdischen Einwohnerschaft in der NS-Zeit von 438 Namen von Deportierten und Suizidopfern ausgehen. Nicht zu vermeiden sind Lücken in den Recherchen, zweifelhafte und widersprüchliche Auskünfte und schwer ermittelbare Tatbestände. Die bürokratische Akribie, mit der das NS-Regime den Furor der Verfolgung, Vertreibung und Massentötung in Europa ins Werk setzte, ging in eins mit vollständiger Missachtung menschlicher Existenz und deren Bezeugung. So ist oft nur ein Name hinterlassen, ein schmales Desiderat biografischer Identität und die Ungewissheit über ein Schicksal.

Die Entscheidung zur Veröffentlichung einer Namensliste ist nicht unumstritten. In den meisten Fällen kann dazu die Zustimmung der Namensträger nicht mehr eingeholt werden. Zudem existiert das Risiko des Irrtums oder des Versäumnisses, einen Namen aufzunehmen. Wir werden die Unvollständigkeit dieser Namensliste akzeptieren müssen, ebenso wie den Umstand, dass die individuelle Ablehnung der Namensnennung vor einem historisch-gedenkenden Interesse zurücktreten muss. Namenlosigkeit in Gedenkstätten erzeugt eine bedrückend unpersönliche Aura, lebendige Individuen werden zu Abstraktionen (Opfern, Toten, Verfolgten, Gefallenen). Das monumentale Berliner Mahnmal ist deshalb zu Recht um eine Dokumentations-Ausstellung ergänzt worden.

Die ästhetische Gestaltung der Gedenktafel ist konventionell und unspektakulär. Tafeln mit Namenslisten provozieren die Assoziation an Listen, Auflistungen, Verzeichnisse, die seitens der Täter und Verfolger den Verfolgungsterror amtlich und akribisch begleiteten. Sie assoziieren aber zugleich den Modus der Aufbewahrung, der schriftlichen Gedächtnissicherung, der über das erloschene Leben hinweg reicht. In paradoxer Weise verdeutlicht der Listentyp aber auch Rettung und Überleben, auch wenn der größte Teil der hier verzeichneten Menschen die Verfolgungen des NS-Regimes nicht überlebt hat. Manches hätte für eine stärkerer „Historisierung" der Namenslisten gesprochen, etwa eine Unterteilung nach einzelnen Deportationen oder die Ergänzung um den jeweiligen Ort der Deportation. Die Entscheidung fiel indes zugunsten einer durchgängig alphabetisierten Liste. Wenn die Namen und die Tafeln daher Anlass zur Suche, zur Nachfrage und zur Nachforschung werden, ist es hilfreich, sie zumindest im Rahmen einer Publikation teilweise zu „rehistorisieren".

Die Tafel enthält die nach derzeitigem Wissenstand vorhandenen Namen aller jüdischen Einwohner, die

- einzeln oder als Gruppe von 1937 bis 1939 nach Polen ausgewiesen wurden (u. a. die „Polenaktion" vom 28. und 29.10.1938), insgesamt 21 Menschen,
- die mindestens 299 am 20. Oktober 1940 in das südfranzösische Internierungslager Gurs deportierten jüdischen Heidelberger und Heidelbergerinnen (Oktoberdeportation badisch-pfälzischer Juden),
- 51 in den Folgejahren in acht weiteren Deportationen erfasste und in Lager verbrachten jüdische Einwohner Heidelbergs, die nach 1933 in Heidelberg wohnhaft waren. Sie

sind entweder bei der Oktoberdeportation 1940 nicht „erfasst" worden, zwischenzeitlich nach Heidelberg zugezogen, oder – wie bei den beiden letzten Deportationen nach Theresienstatt – jüdische Partner von Mischehen und nach den Nürnberger Gesetzen als „Mischlinge ersten Grades" Klassifizierte,

Datum	Ziel	Deportierte aus Heidelberg	
		Anzahl	davon ermordet oder verschollen
22.10.1940	Gurs	299	208
01.12.1941	Riga	04	04
26.04.1942	Izbica	05	05
22.08.1942	Theresienstadt	10	10
01.03.1943	Auschwitz	04	04
16/17.04.1943	Theresienstadt (aus München)	01	01
15.06.1943	Auschwitz	02	02
11.01.1944	Theresienstadt	04	01
12./14.02.1945	Theresienstadt	21	0

- 56 jüdische Einwohner Heidelbergs, die – soweit bekannt und rekonstruierbar – von anderen Orten in Lager deportiert wurden, nachdem sie zu einem früheren Zeitpunkt aus Heidelberg weggezogen waren. Darunter sind Personen, die im Zuge der NS-Gesetzgebung zu „Staatenlosen" erklärt wurden oder die Staatsangehörigkeit eines der von deutschen Truppen okkupierten Landes hatten.
- 16 Namen von Suizidopfern.

Um zu verdeutlichen, in welchen Proportionen sich die jüdische Einwohnerschaft Heidelbergs seit 1933 entwickelte, können wir für 1933 einschließlich jüdischer Studierender von ungefähr 1700 jüdischen (oder nach den Nürnberger Gesetzen so klassifizierter) Einwohnern ausgehen, etwa 1100 davon Mitglieder der beiden jüdischen Gemeinden[11] und der Rohrbacher Gemeinde. Zuzüge von 1933 bis 1940 (Verwandtenbesuche, Unterkommen vor Auswanderung) umfassen nach Weckbeckers Zählung von 1985 421 Personen, denen 301 Abwanderungen gegenüberstehen[12] Unter Einbeziehung aller auch kurzzeitiger Aufenthalte (ungefähr 480 Personen) ist insgesamt von ca. 2200 Personen auszugehen. Realistische Berechnungen sind auf der Datenbasis von 1700 Personen möglich, wovon zu mindestens 320 keine Angaben vorliegen, die das persönliche Schicksal betreffen.

Von 1933 bis 1940 erfolgte die Abwanderung etwa mindestens 879 Personen[13] durch Ausreise und Flucht in europäische Länder oder durch Emigration, etwa 100 Personen sind im Inland verstorben, vermutlich zwischen 20 und 30 ausgewiesen worden, 438 wurden – nach unserem jetzigen Kenntnisstand – aus dem Inland oder aus europäischen Exilländern deportiert. Etwa 65 bis 70 Personen sind im Inland verblieben bzw. nicht von Deportationen erfasste worden.

Die Tafeln am Synagogenplatz enthalten nicht die Namen der jüdischer Männer, die nach dem Novemberpogrom 1938 verhaftet und ins Konzentrationslager Dachau gebracht wurden, ebenso nicht die Namen jüdischer Strafgefangener und so genannter Schutzhäftlinge sowie der Insassen psychiatrischer Heilanstalten und Pflegeheime, auch wenn bei beiden Gruppen vom Tatbestand der Verfolgung, der unrechtmäßigen Inhaftierung und Wegschließung auszugehen ist. Nur wenn sie nachfolgend deportiert wurden, sind ihre Namen aufgenommen worden. Die Inhaftierung jüdischer Männer in Dachau war im Unterschied zu den anderen Deportationen nicht als Dauerinhaftierung angelegt, bzw. als Durchgangsstation zum Transport in Tötungslager (wie im Fall von Theresienstadt); durch die brutale Behandlung in Dachau sollte die Ausreisebereitschaft der Verhafteten und der ganzen jüdischen Gemeinschaft erzwungen werden. Zur Dachau-Inhaftierung nach dem 10. November 1938 tragen wir die vorhandenen Daten hier nach (s. u.)

2. Die Polendeportation am 27. und 28. Oktober 1938

Nach Abschluss des Münchener Abkommens am 29.9.1938 fand unter Heydrichs Leitung eine sorgfältig organisierte Polizeiaktion statt, bei der ca. 17.000 im Reichsgebiet lebende polnische Staatsangehörige festgenommen und zwangsweise an die polnische Grenze gebracht wurden. Von der deutschen Regierung als Vorwand genommen wurde eine Verordnung der polnischen Regierung, durch die die Pässe aller polnischen Staatsangehörigen, die länger als fünf Jahre im Ausland gelebt haben, ungültig würden, sofern sie nicht bis zum 30. Oktober 1938 mit einem polnischen Prüfvermerk versehen wären. Diese unglückselige und undurchdachte Maßnahme der polnischen Regierung richtete sich gegen die evozierte Armutszuwanderung und entsprach dem lavierend-feindseligen Verhalten des polnischen Staates seit seiner (Wieder-)Gründung gegenüber im Ausland lebender Polen. Ebenso regierte die polnische Regierung auf feindselige und antijüdische Aktionen innerhalb Polens, wie sie vom katholischen Klerus und nationalistischen Bünden betrieben wurden. Unter den Deportierten befanden sich auch die Eltern des jungen Herschel Grynszpans, dessen Anschlag auf den Botschaftssekretär von Rath in Paris als Vorwand für die sog. „Reichskristallnacht"-Pogrome am 9. und 10. November 1938 diente.

Um die Hintergründe der Polenaktion ranken sich viele Spekulationen und die Erinnerungen an dramatische Vorgänge an der polnisch-deutschen Grenze, vor allem an das Szenario eines wochenlangen Aufenthalts der Ausgewiesenen („unter freiem Himmel im Niemandsland des Grenzgebiets") beim polnischen Ort Bentschen (Zbaszyn). Auf quellenkritischer Grundlage stellt Jerzy Tomaszewski [14] Hintergründe und Verlauf der Ausweisungsaktion, die Aufnahme der Deportierten in Polen sowie die Reaktionen auf diese Ereignisse in Polen wie im Ausland dar und korrigiert einige der in der Literatur immer wieder kolportierten Schilderungen.

Insgesamt ausgewiesen wurden aus dem Reichsgebiet und dem seit März annektierten Österreich zwischen 15 und 17 000 Juden, wobei die süddeutschen und

Abb. 3:
Familie Rubinstein, Untere Straße 31.
V.l.n.r.: Tochter Regina (Regina Karpf), Angestellte, ausgewandert Sommer 1933 nach Palästina, Sohn David, Handwerker, mit dem Vater 1938 nach Polen ausgewiesen, mit den Eltern über Rumänien nach Palästina geflohen, Mutter Feige R., Hausfrau, 1939 nach Polen, mit Ehemann und Sohn Flucht über Rumänien nach Palästina; Sally R. (Jona Ben Nun), Angestellter, um 1935 nach Palästina ausgewandert; Vater Berl R., selbständiger Kaufmann, 1938 ausgewiesen, Flucht mit Ehefrau und Sohn David nach Palästina (ca. 1942); Max R., Schüler an der Oberrealschule, 1935 nach Palästina ausgewandert, dort Polizeioffizier. (Photo Max Rubinstein, Tel Aviv/Israel)

österreichischen Juden zum südschlesischen Grenzort Konitz/Chojnice und die Juden aus Norddeutschland, dem Rheinland und Berlin über Bentschen nach Polen vertrieben wurden. Generell wurden aber nicht nur „die Polen", sofern sie jüdisch waren, als Nichtarier für „staatenlos" erklärt, sondern auch Menschen, die aus Russland, Österreich-Ungarn und westeuropäischen Ländern stammten. Zu späteren Zeitpunkten wurden aus dieser Gruppe aus Heidelberg u.a. deportiert das Ehepaar Leo und Lora Jablonski, Therese Mark, Selma Orenstein, Betty Snopek sowie Moses, Sofie und Rosa Wassermann (Gurs), Reyla Schröder (Theresienstadt), Albert und Charlotte Bodem (Auschwitz), sowie Angehörige der Familie Deutsch (Budapest).

Für den 27. Oktober 1938 verfügte die Gestapo die Sammlung und Ausweisung der polnischen Juden, wobei in Baden nur Männer über 18 Jahre, in Württemberg ganze Familien nach Polen ausgewiesen wurden, insgesamt mindestens 297 aus Baden und Württemberg.[15] 1939 konnten einige von ihnen vorübergehend nach Deutschland zurückkommen, um Vermögensverhältnisse zu klären und Familienangehörige nachzuholen (s. u. Jakob Sipper).[16] Nach Weckbecker[17] waren mindestens 117 Heidelberger Einwohner zu Staatenlosen geworden, von denen 75 (überwiegend im Familienverband) auswanderten, fünf in Heidelberg starben, 16 im Oktober 1940 und später deportiert wurden. Die Polendeportation 1938 und die 1939 folgende Ausweisung betraf 21 Personen.

Die Festgenommenen wurden bis zum 28. Oktober von den Ortspolizeibehörden zu Verladebahnhöfen gebracht, ausgenommen die offensichtlich Transportunfähigen. Vom Heidelberger Bahnhof wurden die aus der Stadt und den Gemeinden Sinsheim, Mosbach, Buchen, Tauberbischofsheim stammenden Polen transportiert. Mannheimer polnische Juden wurden in Mannheim „verladen".[18] Aus Heidelberg wurden 1938 nach der Zählung des baden-württembergischen Gedenkbuchs von 1968[19] sieben Frauen und sieben Männer ausgewiesen. Schon am 1. Februar 1937 hatte das Ehepaar Reinhold, das in der Plöck ein Schuhgeschäft betrieben hatte, zwangsweise Deutschland verlassen müssen. 1939 waren das Ehepaar Heinselbeck, Feiga Rubinstein und das Ehepaar Sipper betroffen. Jakob Sipper war erneut eingereist, auch um die Emigration seiner Kinder zu organisieren, und mußte nunmehr mit seiner Frau ein zweites Mal nach Polen ausreisen.

Wie aus der Übersicht hervorgeht, haben von den Deportierten mit Gewissheit nur die Mitglieder der Familie Rubinstein überlebt. Berl Rubinstein und seinem Sohn war es gelungen nach Überschreiten der polnischen Grenze in seinen Herkunftsort zu gelangen und – über eine Mannheimer Deckadresse – mit seiner Frau Kontakt aufzunehmen. Diese übergab das in der Pogromnacht demolierte Geschäft und die Wohnung in der Unteren Straße einer Nachbarin und machte sich alleine auf den Weg nach Polen, um den Ehemann und den Sohn ausfindig zu machen. Nach dem Einmarsch deutscher Truppen in Polen und der Aufteilung Polens zwischen Deutschland und der Sowjetunion im September 1939 flüchtete mehr als eine Viertelmillion jüdischer Polen vom deutschen in den sowjetisch annektierten Teil Polens. Über das litauische Kowno oder legale Einreisegenehmigungen gelangten etwa 1200 polnische Juden nach Palästina, darunter auch die Familie Rubinsteins, die zunächst einige Monate in einem Lager in Rumänien unterkam, bevor sie über die Türkei nach Palästina ausreisen konnten, wohin die anderen Kinder schon zuvor ausgewandert waren. Von der Flucht geschwächt, erlitt Berl Rubinstein einen Schlaganfall, den er in Palästina nur wenige Monate überlebte.[20] Die anderen Deportierten gelten als vermisst oder wurden nach 1945 amtlich für tot erklärt.

1938 und 1939 waren es ausschließlich „kleine Leute", die von dieser ersten Ausweisungswelle betroffen waren, Händler und Gewerbetreibende, die in der Altstadt, vorzugsweise in der Unteren Straße, ihre Geschäfte und Wohnungen hatten. Zwischen den Familien Rubinstein, Geffner, Gottfried und Liebmann bestanden enge verwandtschaftliche Beziehungen. Die „Polnischen" bildeten innerhalb der jüdischen Gemeinschaft einen eigenen kulturellen und sozialen Kontext, der sich von der liberalen jüdischen Hauptgemeinde abgrenzte. Auf Max Rubinstein geht der Hinweis zurück, dass die „polnischen" Familien einen eigenen Lehrer zur religiösen Unterweisung der Kinder finanzierten und einen Raum in der Dreikönigstraße als Betraum gemietet hatten. Möglicherweise trennte sie vom eigentlich orthodoxen Flügel der Gemeinde die ausgeprägte Orientierung am Zionismus.

Die Familien Geffner und Liebmann waren im April und September 1938 in die USA emigriert, die Familie Gottfried bereits 1936 Schon 1933 waren die Mitglieder der Familie Press nach Palästina ausgewandert. Im August 1939 schickten Jakob und Zisla

Sipper ihre Kinder Klara, Emma und Hermann nach England, der Tochter Berta ist die Ausreise trotz Einreisezertifikat für Palästina aus einem landwirtschaftlichen Vorbereitungslager bei Fulda nicht mehr möglich gewesen, sie ist vermutlich ebenfalls nach Polen deportiert worden. Dagegen ist die Familie des Bruders von Jakob Sipper bereits 1934 bzw. 1936 über Frankreich nach Palästina ausgewandert.[21]

Die aus Gorlice stammende Witwe Berta Brenner, deren Ehemann im Februar 1931 in Heidelberg verstorben war, hatte fünf Töchter zu versorgen. Sie lebte nach der Ausweisung 1938 mit den Töchtern Marie und Lora zeitweise in Krakau und Zmigrod-Now und wurde von dort im Sommer 1942 mit der Tochter Lora auf einen Lastwagen verladen und im Wald bei Halbow erschossen. Der Verbleib der Tochter Marie ist ungewiss. Ein Zeuge bekundet, dass sie im Sommer 1942 ebenfalls im Wald bei Halbow erschossen worden sei. Zwei weitere Töchter wohnten in Mannheim. Hilde wurde 1940 von dort nach Gurs deportiert und am 12.8.1942 nach Auschwitz verbracht. Sie ist verschollen. Über die ebenfalls in Mannheim lebenden Lieba, genannt Lilli, sind keine Unterlagen vorhanden. Nur der 1909 geborenen Malja ist rechtzeitig die Ausreise gelungen, nach dem Krieg lebte sie in London.

Ausweisung polnischer Einwohner Heidelbergs
Ausweisungen 1937, „Polendeportation" am 27. und 28. Oktober 1938,
Ausweisungen 1939 (Fte = Für tot erklärt; in ( ) der Deportationsmonat)

Name	Jg.	Deportation	Todesjahr	Todesort
Bertha Brenner	1882	1938 (10)	1942?	Polen
Lora Brenner	1914	1938 (10)	1942?	Polen
Marie Brenner	1911	1938 (10)	1942?	Polen
Karl Fass	1893	1938	Fte	Treblinka
Rosa Fass	1889	1938	Fte	Treblinka
Fanny Heinselbeck	1912	1939	Verschollen	Polen
Leiser Leo Heinselbeck	1905	1939	Verschollen	Polen
Heinrich Chaim Reinhold	1884	1938 (10)	Fte	Polen
Israel Reinhold	1861	1937 (2)	?	Polen
Lina Reinhold	1875	1937 (2)	?	Polen
Bernhard Rubinstein	1883	1938 (10)	1942/44	Palästina
David Rubinstein	1913	1938 (10)	vor 1945	Palästina
Feiga Rubinstein	1884	1939 (8)	1945ff.	Palästina
Jakob Sipper	1893	1938/39 (7)	Fte	Polen
Zisla Sipper	1896	1939 (7/9)	Fte	Polen
Jakob Storch	1871	1938 (10)	Verschollen	Polen
Paula Storch	1881	1938 (10)	Verschollen	Polen
Nathan Weiss	1859	1938 (10)	Verschollen	Polen
Rosa Weiss	1884	1938 (10)	Verschollen	Polen
Klara Ziegler	1904	1939 (7)	Verschollen	Polen
Rebekka Reinhold	1894	1938(10)1939(7)	Verschollen	Polen

3. November 38 bis Frühjahr 39: Inhaftierung in Dachau

Unmittelbar im Anschluss an die Pogromnacht vom 9. zum 10. November 1938, in der Synagogen, Geschäftsräume und Privatwohnungen jüdischer Einwohner auf zentrale Anweisung der Regierung zerstört gebrandschatzt, demoliert und beraubt wurden, erhielten die Dienststellen der Staatspolizei die Aufforderung

> „sobald der Ablauf der Ereignisse dieser Nacht die Verwendung der eingesetzten Beamten hierfür zulässt, ... in allen Bezirken so viele Juden – insbesondere wohlhabende – festzunehmen, als in den vorhandenen Hafträumen untergebracht werden können. Es sind zunächst nur gesunde männliche Juden nicht zu hohen Alters festzunehmen. Nach Durchführung der Festnahme ist unverzüglich mit den zuständigen Konzentrationslagern wegen schnellster Unterbringung der Juden in den Lagern Verbindung aufzunehmen."[22]

Bereits im Lauf des frühen Nachmittags des 10. November wurden in nahezu allen Orten mit jüdischer Bevölkerung Männer jüngeren und mittleren Alters verhaftet und (aus den süddeutschen und südwestdeutschen Gebieten) in das bei München gelegene Konzentrationslager Dachau verbracht. Neben Dachau waren die Lager Buchenwald (für Juden aus Schlesien, dem Sudetenland und Thüringen) und Sachenhausen (für Juden aus Norddeutschland, Mecklenburg, Pommern und Berlin) Zielorte dieser Aktion.

Abb. 4
Hochzeitsbild der Familie Fritz und Fanny Hausmann. Der 1938 in Dachau inhaftierte Kaufmann Friedrich („Fritz") Hausmann und seine Ehefrau Fanny, geb. Weingärtner (stehend und sitzend 3. v. r.). Der Bruder des Vaters, Julius H. (stehend, 4. v. R.), wurde in Bingen am Rhein auf offener Straße erschlagen, seine Ehefrau (stehend 5. v. r.) in Polen ermordet. Die Geschwister Sophie (mit Ehemann ganz links) und Ludwig (5. v. l.) und Friedrich sind mit ihren Ehepartnern in die USA emigriert. (Privatphoto Prof. Ernest Hausmann, Amherst, N.Y. / USA)

Über die Anzahl und den Personenkreis der aus Heidelberg in Dachau Inhaftierten gibt es unterschiedliche Angaben, so dass wir auf der Grundlage der bislang erarbeiteten Dokumentation und einer von der Gedenkstätte Dachau zur Verfügung gestellten Liste der am 11.11.1938 registrierten Häftlinge mit dem Ortsmerkmal Heidelberg[23] eine erneute Auszählung vorgenommen und offensichtliche Registrierfehler korrigiert haben. Nicht weiter überprüfbar ist derzeit die Feststellung, dass aus dem Landkreis Heidelberg am 10. November 56 jüdische Männer vor dem Abtransport im Bezirksratssaal festgesetzt wurden. Aus Heidelberg-Stadt wurden nach unserer Auszählung 75 Männer verhaftet und in Dachau eingeliefert. Die Namensliste zeigt, dass bei der Verhaftung im Wesentlichen nach Heydrichs Vorgabe vorgegangen wurde, d.h. keiner der Verhafteten war älter als 59 Jahre, der jüngste 18 Jahre alt.[24] Mit einer Ausnahme waren alle 15 unter 33 Jahre alten Männer ledig, in sechs Fällen waren die jungen Männer „anstelle" ihrer betagten Väter oder als „Familienoberhäupter" verhaftet worden. Zwei Jahre später hat diese „Rücksichtnahme" nicht mehr bestanden, wie daraus hervorgeht, dass insgesamt sechs Mütter und drei Väter der 1938 Verhafteten 1940 in das Lager Gurs deportiert wurden.

Die Entscheidung, wer festzunehmen und nach Dachau zu bringen sei, wurde offenbar in großer Eile gefasst. Deshalb sind auf der Liste auch nicht alle in Mischehe lebende jüdischen Männer und alle 1938 noch nicht 60-Jährigen verzeichnet. Nach einigen Hinweisen konnten offenbar mehrere Männer unter Hinweis auf ihren Status als „Frontsoldaten" und die im Ersten Weltkrieg verliehenen militärischen Auszeichnungen ihre Mitnahme verhindern (u.a. der Gymnasiallehrer Ludwig Basnizki), für Richard Marx ist biografisch dokumentiert, dass er mit Hilfe eines Polizeibeamten von dem Transport nach Dachau verschont blieb.[25] Im Zuge der Pogromnacht andernorts festgenommen wurde der Schwiegersohn des Möbelunternehmers Basnizki, Dr. Erich Marx, der bis Anfang Dezember 1938 im Lager Fuhlsbüttel bei Hamburg inhaftiert war und im Januar 1939 mit seiner Ehefrau nach Holland ausreiste.

Die Entlassung aus der Haft in Dachau war – wie vielfach dokumentiert – von der Zusage der Inhaftierten abhängig, schnellstmöglich die Auswanderung zu veranlassen. Dass dies nicht allein in der Hand der Inhaftierten lag, ist evident. Bemerkenswert ist, dass nur 43 von 75 tatsächlich emigrieren konnten, darunter 26 mit Ehefrauen und Kindern.[26] 23 wurden nach Gurs deportiert, von diesen 11 mit ihren Ehefrauen. Nur vier dieser Gurs-Deportierten gelang von dort aus die Ausreise, die anderen 19 verstarben in Gurs (10) oder wurden in Auschwitz ermordet (9). In Heidelberg geblieben sind vier in Mischehe verheiratete Männer, der Rechtsanwalt Arthur Strauss, der Schlosser Arthur Isaak, der Kaufmann Alfred Eisemann und der Vertreter Hans Kaufmann. Die beiden letzten sind 1945 für einige Wochen nach Theresienstadt deportiert worden. Der Gymnasiallehrer Sigmund Rotheimer und seine Ehefrau reisten im Frühjahr 1939 nach Frankreich aus, dort wurde Rotheimer verhaftet, nach Gurs gebracht, von wo aus ihm zusammen mit der Ehefrau die Ausreise in die USA gelang. Dagegen wurde der ebenfalls 1939 nach Frankreich geflohene Kaufmann Max Ohlhausen im August 1942 über Drancy nach Auschwitz deportiert und ist dort getötet worden. Über Ohlhausen liegen unklare Angaben vor; in Heidelberg lebte er offenbar mit seiner nichtjüdischen Ehefrau zusammen, zugleich gibt es Angaben über eine Heirat im April 1942 in Frankreich.

Der Kaufmann Sally Tryfus, der während der Oktoberdeportation 1940 in Gefängnishaft war, wurde 1942 nach Izbica deportiert und ist dort umgekommen. Vor 1940 ist der Anwalt Samuel Zucker in Heidelberg verstorben. In unmittelbarer Folge der Haft in Dachau verstarb der Unternehmer Michael Liebhold am 27.12.1938 wenige Tage nach seiner Freilassung. Er ist das einzige unmittelbare Todesopfer des Pogroms in Heidelberg.[27]

Die im Anhang veröffentlichte Liste der Dachau-Deportierten enthält wesentliche Angaben zu Person, Familienstand und biografischem Umfeld, Alter zum Zeitpunkt der Verhaftung und weiteren Lebensstationen (Deportation, Emigration u.a.). Die Aufenthaltsdauer in Dachau konnte nur in wenigen Fällen aus Personal- und Wiedergutmachungsakten präzise ermittelt werden.

4. Die Oktoberdeportation am 22.10.1940 nach Gurs

Am 22. Oktober 1940 wurden über 6000 jüdische Einwohne aus Baden und der Pfalz auf Betreiben der beiden Gauleiter Robert Wagner und Joseph Bürkle in einer präzise vorbereiteten Aktion festgenommen und von verschiedenen Orten aus in Sonderzügen nach mehrtägiger Fahrt durch Frankreich in das an der spanisch-französischen Pyrenäengrenze gelegene Internierungslager Gurs gebracht. Gurs und die anderen südfranzösischen Lager Noé, Récébédou und Rivesaltes lagen im unbesetzten, von der Kollaborationsregierung Pétains in Vichy verwalteten Teil Frankreichs. Die Oktoberdeportation war nicht nur die erste Massendeportation deutscher Juden aus dem Reichsgebiet, sie stellte auch eine Generalprobe für nachfolgende Deportationen dar im Hinblick auf deren organisatorische Durchführung und die Reaktion der nichtjüdischen Bevölkerung. In dieser Hinsicht konnten die amtlichen Stellen schon unmittelbar nach Beginn der Deportationen Erfolgsmeldungen an das Reichssicherheitshauptamt weiterleiten: Nirgendwo war es zu sichtbaren Beunruhigungen gekommen, die Gaue Baden und Pfalz könnten als „judenrein" gelten.

Der Deportation lag das noch zur Disposition stehende Konzept der Verbringung und Exilierung der jüdischen Bevölkerung (u.a. im sog. Madagaskarplan) zugrunde, sodass aus Gurs und anderen französischen Lagern verhältnismäßig viele Ausreisen ins Exil mindestens bis Anfang 1942 möglich waren. Nach den Entscheidungen der Wannseekonferenz begannen im August 1942 die Deportationen aus Gurs über das Lager Drancy nach Auschwitz und in andere Tötungslager im Osten.[28]

Die Zahlenangaben zu den aus Heidelberg deportierten in den verschiedenen Publikationen sind verwirrend und letztlich nicht ganz aufzuklären. Bei Weckbecker[29] ist von 282 Heidelberger Juden die Rede, die im Laufe des Vormittags des 22. Oktober 1940 auf dem Marktplatz von der Gestapo zusammen getrieben wurden. Diese Angabe ist zu niedrig. Bezug nehmend auf die Darstellung von Max Ludwig (Oppenheimer) ergänzt Weckbecker diese Angabe um 114 „Nichtarier" aus den Landkreisgemeinden.[30] Hundsnurscher und Taddey[31] zählten 281 direkt aus Heidelberg deportierte und 51 „am gleichen Tag aus anderen Orten Verschleppte, wo sie sich zu diesem Termin zufällig aufhielten"[32]. Korrigierend erwähnt Weckbecker, dass die Deportationen von anderen Orten „mindestens 27" Personen erfasst habe, wodurch er bei seiner Zählung auf 309 Personen kommt. Zu Recht vorsichtig formuliert daher Moraw 1996: „Man nimmt an, das aus Heidelberg 281, aus den Gemeinden des Landkreises 114 Juden abgeschoben wurden."[33]

Diese Angabe von 309 nimmt Weckbecker auch als Grundlage seiner statistischen Auswertung der Oktoberdeportation 1940 [34], deren Präzision und statistische Tiefe beachtlich ist. Anderseits bilanziert Weckbecker auf unsicherer Datenbasis, denn das zeitgleich hergestellte Gedenkbuch und die im Stadtarchiv vorhandenen Unterlagen aus den dokumentarischen Erhebungen des württembergischen Staatsarchivs berechtigen zu erhebliche Bedenken an verschiedenen quantitativen Festlegungen.[35]

Unsere Auszählung nach den derzeit vorhandenen Unterlagen (Stand Juni 2005) ergibt 299 Deportierte, die in Heidelberg wohnten und von dort aus nach Gurs deportiert wurden. Bewohner von Umlandgemeinden sind in dieser Zahl nicht enthalten, auch wenn sie am Tag der Deportation zum Heidelberger Bahnhof und dem von dort abfahrenden Sonderzug gebracht worden sind. Unklarheiten bestehen bei Angaben zu (zeitweiligen) Einwohnern Heidelbergs, die von anderen Orten nach Gurs deportiert wurden (nach unseren Zählungen nur sechs Namen). Desgleichen bedürfen die immer wieder verwendeten Angaben bei Oppenheimer/Ludwig zu den Deportierten aus Umlandgemeinden einer erneuten Überprüfung.[36] Amtliche Angaben aus der NS-Zeit (Deportationslisten) sind nur bedingt verwendbar, da sie zunächst Überträge aus den sog. Judenkarteien enthielten, nicht aber die tatsächlich Deportierten umfassen. Desgleichen ist die Ortszuweisung bei der Aufnahmeregistrierung in Lagern zu berücksichtigen. Methodisch schwierig zu beantworten ist, wer als „Heidelberger/in" zu betrachten ist. In der Regel ist das Kriterium der letzte Wohnsitz oder Aufenthaltsort, aber selbst diese feine Unterscheidung kann zu Missverständnissen führen.

Zurückgelassen wurden im Oktober 1940 schwer Erkrankte und Bettlägerige, einige Frauen, die mit der Pflege von Angehörigen befasst waren und einige (aber keineswegs alle) Personen im Greisenalter. Ebenso ausgenommen waren Partner bestehender Mischehen und mehrere Witwer und Witwen aus Mischehen. Auf Initiative des evangelischen Stadtpfarrers Hermann Maas entkamen einige Personen zu diesem Zeitpunkt der Deportation dadurch, dass sie Medikamente einnahmen, die sie transportunfähig machten. Bei späteren Transporten wurde darauf systematisch keine Rücksicht mehr genommen.

Bis 1945 erfasste und deportierte die Verfolgungsbürokratie des Regimes diese Personen nach und nach mit einer bis in die letzten Kriegstage anhaltenden Systematik und Effizienz. Vorangetrieben wurde diese durch die Wendung der NS-Judenpolitik von der Ausweisung zur „Endlösung", die auf der Wannsee-Konferenz am 20.1.1942

Abb. 5 und 6:
Grabsteine auf dem jüdischen Friedhof beim Bergfriedhof mit Hinweis auf die Deportation nach Gurs

beschlossen worden war. Schon in den Monaten zuvor erfolgten, nach dem allgemeinen Auswanderungsverbot für Juden am 24.10.1941 die ersten Transporte nach Polen, Westrussland und dem Baltikum, organisiert von der Gestapo mit Hilfe von polizeiliche Behörden und der Landrats- und Bürgermeisterämter.

Am 5. und 7. August 1942 erfolgten die ersten beiden Deportation aus Gurs ins Lager Drancy. Der erste aus Gurs in den Osten deportierte Heidelberger war Siegfried Bodenheimer, der am 25.8.1942 zunächst für 10 Tage ins Lager Rivesaltes gebracht wurde, von dort nach Drancy überstellt und am 4. September 1942 nach Auschwitz transportiert wurde. Bodenheimer ist am 9. Mai 1945 in Auschwitz gestorben.

Auf der Grundlage von 299 ausgezählten biografischen Angaben kann festgestellt werden, dass
- 208 Deportierte bis 1945 gestorben sind oder getötet wurden in unmittelbarer Folge der Lagerhaft in Gurs oder in Lagern im Osten, v.a. in Auschwitz. Das entspricht 70% der im Oktober 1940 Deportierten.
- 54 Deportierte konnten aus Gurs emigrieren, 37 haben in Frankreich überlebt, zum Teil in den Lagern, zum Teil an Fluchtorten und in Verstecken. Das entspricht zusammen 30 v.H. der im Oktober 1940 Deportierten.
Von den 208 Verstorbenen und Getöteten sind ums Leben gekommen:

In Gurs	55
In Frankreich	31
In Auschwitz	87
In Buchenwald	02
In Majdanek	01
Im Osten (Auschwitz)	19
Unbekannt	13

Deutlich mehr als die Hälfte der 1940 Deportierten aus Heidelberg sind also aus Gurs und Frankreich in die Tötungslager im Osten weiter deportiert worden und dort auch getötet worden.
54 Deportierte (= 18 %) emigrierten aus Gurs; davon

in die USA	40
Schweden	02
Palästina	04
Großbritannien	03
Schweiz	05

Unter den in die Schweiz emigrierten waren der Dichter Alfred Mombert und seine Schwester Ella Gutmann, der Lehrer Josef Kassewitz und der Vorsitzende der jüdischen Gemeinde Sally Goldscheider. Mombert ist bereits 1942 gestorben. Von den in die USA Emigrierten sind drei vor 1945 verstorben, die 69-jährigen Zwillingsschwestern Klara und Anna Hamburger und der 71-jährige Gustav Flörsheim.

Abb. 7:
Der Lyriker Alfred Mombert, geb. 1972, am 22.10.1940 nach Gurs deportiert, 1942 in der Schweiz gestorben. Aufnahme Photo Herbst Heidelberg (BLB Karlsruhe)

Abb. 8:
Grabstelle der Familien Kramer und Oppenheimer auf dem neuen jüdischen Friedhof beim Bergfriedhof

Von den 37 in Frankreich überlebenden sind 15 in Frankreich geblieben und 22 nach Deutschland zurückgekehrt, davon 15 nach Heidelberg. Zu diesen 15 gehören die spätere Vorsitzende der jüdischen gemeinde, Rositta Oppenheimer, der Antiquar Albert Carlebach und der Lehrer Ludwig Demuth. Das von Rositta Oppenheimer in den Räumen der jüdischen Gemeinde („Villa Julius") eingerichtete Alterheim war vielen davon die letzte Heimstatt.[37]

- In Gurs und anderen Lagern in Südfrankreich sind 1940 bereits 27 und 1941 noch einmal 20 Deportierte aus Heidelberg gestorben.[38] Zu diesen zählen die ältesten der Deportierten, der 70-jährige Arzt Isaak Sussmanowitz, der 77-jährige Wissenschaftler Arno Sack und die über 80-jährigen Robert Drexler, Bertha Hoffmann und Barbara Seligman.

- Zu den in den Lagern im Osten getöteten gehören auch Hans-Bernd Oppenheimer und Leopold Schloß, die 1945 in Buchenwald kurz vor der Befreiung gestorben sind und Bernd Oppenheimers Vater Leopold Oppenheimer, der in Majdanek getötet wurde.

5. Die Liste der Überwachungsabteilung der Devisenstelle 1941

Vom 8. April 1941 datiert ein Schreiben der Mannheimer Filiale der Dresdner Bank an den Mannheimer Polizeipräsidenten, in dem vertraulich ein Verzeichnis weitergegeben wird der am 1. Februar 1941 noch in Baden wohnenden Juden, einschließlich der Mischehenpartner. Das Verzeichnis, das auf einer nicht datierten Zählung beruht, kann einen Eindruck von der Situation der Gemeinden nach der Gurs-Deportation geben. So sind für Mannheim 176 Personen aufgelistet. Für Heidelberg die laufenden Ziffern 174–250 und vier Nachträge, also 81 Personen. Auf der Liste fehlen einige Namen von später aus Heidelberg Deportierten, sodass sie nur als Zwischenstand der noch in Heidelberg lebenden betrachtet werden kann (Dorothea Busch erscheint als Dr. Dan Basch). Von den 81 verbliebenen Personen sind 56 als jüdische Mischehenpartner klassifiziert. 25 sind als Juden klassifiziert, die von dem brüchigen Status einer Mischehe nicht geschützt bzw. allein stehend waren. Die Zahl 81 ergibt einen Hinweis auf die Dezimierung der jüdischen Einwohnerschaft.

6. Deportation nach Riga am 1. Dezember 1941

Knapp ein Jahr nach der Oktoberdeportation 1940 sind die von deutschen Truppen eroberten Teile Europas zu Schauplätzen monströser Verschleppungs- und Ermordungsaktionen geworden. Von Oktober bis Dezember 1941 sind dies u. a. die 12 Deportationen aus dem Reichsgebiet, Österreichs und dem sog. Generalgouvernement (GG) in die Lager Lodz (Polen), Lublin (GG), Riga (Lettland) und Minsk (Weißrussland), darunter die sich über einen Monat hinziehenden Deportationen von ca. 20 000 Juden in das Getto von Lodz und die im Oktober vorbereiteten und im November 1941 durchgeführten Deportationen nach Minsk und Riga. In diesem Zusammenhang erfolgte am 1. Dezember 1941 eine seit dem 18. November geplante Deportation von Stuttgart nach Riga.

Die Deportationen waren verbunden mit der Einziehung des gesamten jüdischen Vermögens durch die Finanzämter, der Besitz fiel an die Nationalsozialistische Volkswohlfahrt, das Winterhilfswerk und an Lazarette. Nach der 11. Verordnung zum Reichsbürgergesetz vom 25.11.1941 verfiel das Vermögen mit Überschreiten der deutschen Grenze dem Reich. Zugleich wurde den Deportierten die Deutsche Staatsangehörigkeit aberkannt. Die Deportierten wurden aufgefordert, u. a. auch Baumaterial mitzunehmen, da im Siedlungsgebiet kein Material zur Errichtung eines Ghettos vorhanden sei. Ausgenommen von der Verbringung waren „noch" die Ehepartner von deutschjüdischen Mischehen, Juden ausländischer Staatsangehörigkeit und Personen über 65 Jahre.

Von der Jüdischen Kultusvereinigung musste in Stuttgart auf dem Gelände der Reichsgartenschau auf dem Killesberg ein Auffanglager eingerichtet werden, ebenso waren die Kosten der Deportation bereitzustellen. Ab dem 27./28. November hatten sich die Registrierten auf dem Killesberg einzufinden. Insgesamt umfasste die Deportation aus Baden und Württemberg 828 Personen,[39] von denen 35 die KZ-Inhaftierung und die Massenerschießungen überlebten. Nach Angaben des Gedenkbuchs haben „nur etwa 30 der 1000 nach Riga Deportierten … das Kriegsende erlebt."[40]

Aus Heidelberg wurden drei Personen erfasst sowie die im Mai 1941 zwangsweise nach Haigerloch verbrachte Johanna Grünebaum.
- Ilse Margot Becker, 1909 in Heidelberg geboren, war ledig und lebte in Heidelberg ohne weitere Familienverbindung.
- Ebenfalls ledig war die 44-jährige Hausangestellte Paula Hirsch, geb. 1897, die 1940 möglicherweise zur Versorgung eines Erkrankten zurück geblieben war.
- Die 1901 geborene Johanna Grünebaum war Ende 1938 nach Heidelberg gezogen und wohnte im Haushalt des Unternehmerehepaars Gustav und Frieda Hochherr. Unmittelbar nach der Übersiedlung wurde ihre Ehe geschieden, die mit ihr nach Heidelberg gezogene Tochter ist nach England emigriert. Das Ehepaar Hochherr wurde im Oktober 1940 nach Gurs deportiert; wo sich Johanna Grünbaum danach aufhielt, ist nicht zu ermitteln; Im Mai 1941 ist sie zwangsweise in die Heilanstalt Haigerloch eingewiesen und von dort nach Stuttgart gebracht worden. Sie ist am 31.1.1945 in Riga gestorben.
- Nach ihrer Heirat mit dem 10 Jahre älteren Sally Israel im April 1934 zogen Else (Ilse) Israel und ihr Mann aus Wiesloch nach Heidelberg. Im Oktober 1938 konnte der Ehemann in die USA ausreisen, seine Frau zog in ihren Geburtsort Forchheim um und wurde von dort nach Stuttgart gebracht.
Über die Todesumstände der vier Deportierten ist nichts bekannt.[41]

7. Deportation nach Izbica in Polen am 26. April 1942 (Erfassung der Partner aufgelöster Mischehen)

Die Deportation nach Izbica stellt „den Beginn der Endlösung der Judenfrage im Altreich, der Ostmark und im Protektorat Böhmen und Mähren dar"[42]. Erfasst wurden nicht nur die noch wenigen, bei der Oktoberdeportation 1940 zurück gelassenen, sondern ebenso jüdische Partner nicht mehr bestehender Mischehen, Witwen, Inhaber ausländischer Staatsangehörigkeit, Personen über 65 Jahre sowie die gebrechlichen und transportunfähigen Insassen von Heimen und Krankenhäusern und deren Pflegepersonal. Ebenfalls erfasst wurden zahlreiche Kinder, die 1940 zurück geblieben waren. Für das Gepäck wurden keine Güterwagen mehr zur Verfügung gestellt, der Umfang des Gepäcks wurde stark begrenzt. In den Melderegistern war einzutragen: unbekannt verzogen, bzw. ausgewandert.

Keiner der Deportierten überlebte. Die Deportierten wurden auf verschiedene Lager verteilt und nach Aufnahme des Tötungsbetriebs in die Todeslager Belzec und Majdanek überstellt. Aus Heidelberg wurden deportiert:
- Die 1895 geborene Emma Bendix, die als Krankenschwester im jüdischen Altersheim in Mannheim tätig war, und seit 1939 möglicherweise dort auch wohnte. Der Leiter der Bezirksstelle Baden-Pfalz der Reichsvereinigung bemühte sich am 24. März 1942 erfolglos bei der Gestapoleitstelle Karlsruhe um Aussetzung der Deportation von drei Krankenschwestern, einer Küchenhilfe und einer Hausangestellten, da sonst die Versorgung der Altersheimbewohner zusammenbrechen werde. Offenbar ohne Erfolg.[43]
- Der 63-jährige Anzeigenvertreter (u.a. für das Heidelberger Fremdenblatt) Harry Meyer, der 1940 auf Reisen war und 1942 im Heidelberger Gefängnis inhaftiert wurde. Seine Ehefrau Meta war von der Oktoberdeportation 1940 erfasst und im August 1942 nach Auschwitz gebracht worden, dem Sohn Helmut gelang 1938 nach mehrmonatiger Gefängnishaft die Ausreise in die USA.
- Die 20-jährige Anni Sattler aus Mannheim, die seit 1939 im Haushalt des Privatgelehrten Dr. Paul Hirsch und seiner Ehefrau Elsa tätig war. Anni Sattler wurde als staatenlose „Halbjüdin" klassifiziert und konnte von dem Ehepaar Hirsch, das als „nichtprivilegierte Mischehe" selbst massive Einschränkungen erleiden musste, nicht geschützt werden. 1942 ist Anni Sattler nach Auschwitz gebracht worden und dort am 30. November gestorben.
- Der 55-jährige Kaufmann Salomon Tryfus aus Heppenheim, der verwitwet und nach der Emigration seines Sohnes Friedrich und dessen Familie alleine in Heidelberg lebte.
- Ein ungewöhnliches Schicksal erlitt auch der Schauspieler Otto Rubens, geb. 1885 in Köln, der sich nach dem Bericht von Dekan Alfons Beil[44] von seiner bei der Stadtverwaltung angestellten Ehefrau scheiden ließ, damit sie als Nichtjüdin ihre Stelle dort behalten konnte. Damit entfiel für ihn der „Mischehen"-Schutz. Bei der Deportation nach Gurs konnte er einige Tage untertauchen, verbrachte einige Zeit bei seiner Familie in Köln. Nach Heidelberg zurückgekehrt, wohnte er, durchaus mit Kenntnis der Gestapo, in einem Zimmer in der Gaisbergstraße und bekam sogar eine Arbeit zugewiesen, bis er „zur Deportation anstand". Eine letzte Nachricht von Rubens stammt aus dem KZ Majdanek. Zum 30.9.1942 wurde er für tot erklärt.[45]

Zu der am 13.7.1942 erfolgten Deportation aus München nach Auschwitz wurden auch Juden aus dem Sammellager Stuttgart nach München gebracht. Darunter waren keine Juden aus badischen Städten und Gemeinden. Erfasst worden waren 39 Juden aus Württemberg, die vermutlich sofort nach Ankunft in Auschwitz in die Gaskammern getrieben wurden, überwiegend gebrechliche, alte und kranke Leute, Insassen von Heil- und Pflegeanstalten sowie Krankenhäusern. Einige sind auf Tragbahren nach Stuttgart transportiert worden.[46]

8. Deportation nach Theresienstadt am 22.8.1942

Die erste Deportation badischer und württembergischer Juden nach Theresienstadt am 22.8.1942 aus Stuttgart erfasste ca. 1100 überwiegend ältere Menschen; Bewohner jüdischer Altersheime, Kriegsbeschädigte und Träger hoher militärischer Auszeichnungen aus dem Ersten Weltkrieg. Unter ihnen waren mindestens neun aus Heidelberg,[47] möglicherweise mit demselben Deportationszug auch Emma Landau. Der Zynismus der Theresienstadt-„Konstruktion" als vorzeigbares Altengetto zeigte sich auch darin, dass mit den Deportierten seitens der Reichsvereinigung zwangsweise sog. Heimkaufverträge abgeschlossen wurden, wozu diese ihr Vermögen der Reichsvereinigung überschreiben mussten. In Theresienstadt wurden sie gleichwohl wie alle anderen unter erbärmlichen Verhältnissen untergebracht und sind zu Hunderten verstorben, jüngere Inhaftierte wurden zu Transporten nach Auschwitz zusammengestellt und dort in die Gaskammern geschickt.

Die Auflistung unten zeigt, dass alle im August 1942 aus Heidelberg Verschleppten die ersten Monate vermutlich schon in Theresienstadt nicht überlebt haben. Ob einzelne in Tötungslager weiter deportiert und dort umgebracht wurden, kann nicht sicher ermittelt werden. Emma Landau ist möglicherweise mit einem anderen Transport nach Theresienstadt gebracht worden.[48] Die drei ältesten Deportierten waren
- die 90-jährige Emilie Bamberger, die im Februar 1942 nach Mannheim verzogen ist, nachdem sie mehrere Jahre im Altersheim Marienhaus gelebt hatte. Neun Tage nach ihrer Einlieferung in Theresienstadt ist sie am 30. August 1942 gestorben
- die 90-jährige Mathilde Reis, Mutter des ebenfalls betagten, schwer kriegsbeschädigten Psychiaters und ehemaligen Sanitätsrats Dr. Joseph Reis. Am 12. Oktober 1942 ist Mathilde Reis gestorben, ihr Sohn bereits am 1. September.
- die 93-jährige Witwe Julie Behrens aus Berlin (1849–1942); sie wohnte noch 1939 bei einem nichtjüdischen Ehepaar in der Heidelberger Weststadt. Ihr auch schon betagter Sohn konnte nach Italien ausreisen. Julie Behrens verstarb fünf Tage nach ihrer Einlieferung in Theresienstadt.

Name	Jg	Datum der Deportation	Ziel	Todesjahr
Rosa Strauß (67)	1875	1942 (8)	Stg. o. HD.	1942
Emilie Bamberger (90)	1852	1942 (8)	MA. o. HD.	1942
Julie Behrens (93)	1849	1942 (8)	Heidelberg	1942
Lilli Gutmann (55)	1887	1942 (8)	MA. o. HD.	1942
Johanna Mann (74)	1868	1942 (8)	Heidelberg	??
Josef Reis (69)	1873	1942 (8)	Heidelberg	1942 (9)
Mathilde Reis (90)	1852	1942 (8)	Heidelberg	1942 (10)
Siegfried Rohatin (78)	1864	1942 (8)	Heidelberg	1942 (11)

Deportation Heidelberger Juden

Bertha Wolf (80)	1862	1942 (8)	Heidelberg	1942 (9)
Emma Landau (78)	1864	1942 (8)	Heidelberg	1942 (9)

9. Jakob Geissmar

Am 17. April 1943 wurden von München aus 17 ehemalige jüdische Einwohner Badens nach Theresienstadt gebracht. Dazu zählte der seit 1933 pensionierte Landgerichtsrat Jakob Geissmar und (möglicherweise auch) seine Ehefrau Elisabeth, die im Juni 34 mit der Tochter Martha nach Pöcking bei München gezogen waren. Die Tochter des Ehepaars Geissmar, Martha, war von München nach Berlin umgesiedelt, von wo aus sie nach Theresienstadt gebracht wurde. Dort traf sie mit der Mutter wieder zusammen, wie aus ihrer letzten Postkarte an den Onkel, den Heidelberger Dr. Paul Hirsch vom 6.10.1944 hervorgeht. Mutter und Tochter wurden (beide vermutlich) im Dezember 1944 in den Osten deportiert und sind dort getötet worden. Jakob Geissmar ist im März 1944 in Theresienstadt im 76. Lebensjahr verstorben.[49]

10. März und Juni 1943: Deportation nach Auschwitz

Im März 1943 erfolgte die erste direkte Deportation nach Auschwitz aus Mannheim, in die vier Heidelbergerinnen einbezogen waren. Maria Fritsch war mit einem Nichtjuden verheiratet und wohnte seit April 1942 in Mannheim. Maria Bodem stammte aus Polen, ihr nichtjüdischer Ehemann verstarb am 20. April 1943 in Heidelberg. Möglicherweise an seiner statt war der Sohn Albert, geb. 1923, deportiert worden. Von diesen Deportierten überlebte niemand.

Name	Jg.	Deportation		Fte: (für tot erklärt)
Rosalie Fritsch	1888	1942 (8)	01.03.43	Verschollen
Elisabeth Hachenburg	1892	1942 (8)	01.03.43	Fte
Emil Löb	1892/1896	1942 (8)	01.03.43	Fte
Hans Meyer	1919	1942 (8)	01.03.43	Fte
Albert Bodem	1923	1942 (8)	15.06.43	Fte
Maria Bodem	1899	1942 (8)	15.06.43	Fte

Umfassend dokumentiert ist das Schicksal von Elisabeth Hachenburg. 1892 in Mannheim geboren, lebte die Tochter des prominenten Mannheimer Juristen Prof. Max Hachenburg nach 1933 zunächst im Haushalt des Bruders Hans, dann in der Pension Lange in Heidelberg-Neuenheim. Bei der Emigration ihres Vaters, Bruders und anderer Verwandter musste sie zurückgelassen werden, da sie aufgrund ihres Gesundheitszustandes für kein Land eine Einreiseerlaubnis erhalten hatte (und wohl auch die Reise nicht bewältigt hätte). Von 1940 bis 1943 bemühte sich die Ärztin Marie Claus, Enkelin des Philosophen Kuno Fischer, und ein kleines Netz von Freunden und Bekannten der Hachenburgs darum, die pflegebedürftige und psychisch stark belastete Frau vor der Deportation zu bewahren. 1941 wurde sie nach Schließung der Neuenheimer Pension vorübergehend bei Leontine Goldschmidt, der Stifterin der Portheim Stiftung, untergebracht, dann – eine weitere Station dieser unglaublichen Odyssee – bei dem Psychiaters Joseph Reis und seiner Mutter Mathilde; nach deren Deportation nach Theresien-

Abb. 9:
Familienfeier zum 70. Geburtstag des Mannheimer Rechtsanwalts und Hochschullehrers Max Hachenburg am 1. Oktober 1930 im Hotel Viktoria in Heidelberg. In der Mitte sitzend Max Hachenburg, rechts dahinter seine Schwester Elisabeth.

stadt am 23.8.1942 wurde sie zusammen mit der Haushälterin der Familie Reis zum Ehepaar Hirsch in der Happelstraße gebracht.[50]

11. Deportation nach Theresienstadt Januar 1944

Am 1.1.1944 wurden vier Heidelberger, Partner nicht mehr bestehender Mischehen, nach Theresienstadt verbracht, aus Baden insgesamt 77 Personen, von denen 16 verstorben sind. Am 17.1.1944 ist der Heidelberger Dr. Ernst Rahlson dort gestorben.

Name	Jg.	Todesjahr	Todesort
Dora Busch	1888	1992	Heidelberg
Cläre Horn	1873	1945ff.	Heidelberg
Ernst Rahlson	1871	1944	Theresienstadt
Reyla Schröder	1890	1975	Heidelberg

Witwer war der Augenarzt Dr. Ernst Rahlson, seine nichtjüdische Ehefrau verstarb 1939. Cläre Horn war mit einem ehemaligen Landtagsabgeordneten der DVP und Lehrer am Mädchengymnasium verheiratet (gewesen). Die in Polen geborene Lehrerin Reyla (Rena) Schröder war allein erziehende Witwe. Dora Busch, die Tochter des österreichischen Staatsrechtlers Georg Jellinek und seiner in der Frauenbewegung aktiven Gattin Camilla, hatte 1911 den vier Jahre später im Krieg gefallenen Psychiater Friedrich Busch geheiratet. Nach dessen Tod hatte sie ein Lehramtsstudium absolviert und war bis zur Entlassung aus dem Staatsdienst 1933 Lehrerin am Mädchenrealgymnasium.[51]

Abb. 10:
Dr. phil Dorothea Clara Busch (geb. 1888 in Wien, Tochter des Staatsrechtlers Georg Jellinek (1851–1911) (seit 1891 in Lehrstuhl in Heidelberg) und der Frauenrechtlerin Camilla Jellinek; 1911 Heirat mit dem Psychiater Dr. Friedrich Busch (gefallen 1915); 1912 und 1913 Geburt der Töchter Erika und Gerda. Oesterreichische Staatsangehörige und „Kriegerwitwe"; Studium der Philologie in Heidelberg, Promotion 1922; Lehramtsassessorin am Mädchenrealgymnasium in der Plöck seit 1923. 1933 aus dem Staatsdienst entlassen. 10. Januar 1944 Transport nach Theresienstadt".

12. Deportation Theresienstadt Februar 1945

Die letzte Deportation aus Heidelberg nach Theresienstadt erfasst im Februar 1945 Partner bestehender Mischehen und deren Kinder, in Baden insgesamt 162 Personen, von denen vier verstorben sind. Von den aus Heidelberg deportierten 21 Personen überlebten alle

Name	Jg.	Todesjahr	Todesort
Ferdinand Altschüler	1883	1954	Frankenthal?
Alfred Eisemann	1892	1965ff.	Spechbach?
Liselotte Erle	1928		
Theresia Erle	1886	1957	Heidelberg
Willi Erle	1924		
Else Flor	1901	1986	Heidelberg
Hans Flor	1926	1945ff.	Lebt noch
Erich Frankfurter	1929	1945ff.	
Roland Frankfurter	1927	1945ff.	
Siegfried Frankfurter	1925	1945ff.	
Willi Frankfurter	1928	1945ff.	
Heinrich Freund	1888	1973	Heidelberg
Arthur Fuld	1898	1990	Heidelberg
Rosa Heindlmeier	1899	1984	Heidelberg
Paula Höhne	1896	1963	Heidelberg
Hans Kaufmann	1894	1945ff.	Heidelberg
Elisabeth Kaufmann-Bühler	1900	1945ff.	Heidelberg
Klara Nägele	1899	1945ff.	Heidelberg
Martha Schumann	1905	1960	Heidelberg
Emma Kaufmann	1890	1945ff.	Heidelberg
Edith Heindlmeier	1933	1991	Heidelberg

Die Liste macht sichtbar, dass bei dieser letzten Deportation systematisch auch Kinder von Mischehenpartnern einbezogen wurden, im Fall von Rosa Heindlmeier die 12-jährige Tochter Edith, mit der Mutter Else Flor der jüngere Sohn Hans, mit der fast 60-jährigen Theresia Erle ihre 17-jährige Tochter Liselotte.

Da bislang nicht dokumentiert, sei auf Sofie Frankfurter und ihre vier Söhne aufmerksam gemacht. Die evangelische Mutter war im Oktober 1943 nach ihrer Scheidung mit den Kindern aus Mannheim zugezogen. Durch die Scheidung hatten die Söhne offenbar den Schutz als Kinder einer Mischehe verloren. Sie waren 1945 16, 17, 18 und 21 Jahre alt und wurden zusammen deportiert. Nach der Rückkehr nach Heidelberg im Juni 1946 sind die beiden jüngeren Söhne in den 50er Jahren in die USA ausgewandert, die Mutter ist 1961 nach Bretten verzogen.

Elisabeth Kaufmann-Bühler war 1940 durch den Mischehenstatus vor der Deportation bewahrt geblieben. Der Ehemann Erich Kaufmann-Bühler wurde 1934 aus dem Schuldienst entlassen und arbeitete als Hilfsarbeiter sowie im Archiv des Evangelischen Oberkirchenrats in Karlsruhe. Das Ehepaar hatte fünf Söhne im Alter von 18, 16, 13 und 9 Jahren. Das jüngste Kind war im Februar 1945 gerade 8 Monate alt. Die Deportation der Mutter erfolgte trotz Intervention des Hausarztes, der auf die Kinder und deren notwendige Versorgung aufmerksam machte.

Für eine weitere Deportation, die, wie gelegentlich behauptet wurde, für den April 1945 oder später geplant war, gibt es keine Hinweise und Dokumente, obgleich dies im Zusammenhang mit den Ehefrauen des Philosophen Karl Jaspers und des Kinderarztes Ernst Moro behauptet wurde. Vorstellbar ist indes, dass die Systematik der Verfolgung fortgesetzt worden wäre, wenn nicht das Kriegsende und die Befreiung Deutschlands von der NS-Herrschaft im Frühjahr 1945 erfolgt wäre. Die verbliebenen Mischehenpartner und ihre Kinder sind ohne Zweifel bis zum letzten Kriegstag von Verschleppung bedroht gewesen. Die Bürokratie der Verfolgung bot überdies im lokalen Rahmen durchaus auch eine Beschäftigungsmöglichkeit für Beamte und stramme Funktionäre, die sie vor dem Einsatz an der Front bewahrte. Insofern bestand auch ein systemisches Eigeninteresse der NS-Bürokratie an der Aufrechterhaltung und Verfeinerung der Verfolgungsprozesse, zugleich ein in den letzten Monaten erkennbares Interesse nationalsozialistischer Funktionsträger, sich durch personengerichtete Unterstützungsaktionen die Voraussetzungen zu schaffen, um nach der absehbaren Niederlage Zeugnisse für eigenes Widerstandshandeln ausgestellt zu bekommen.

13. Deportationen von anderen Orten

Aufgenommen auf die Gedenktafel am Synagogenplatz wurden weiterhin 54 Heidelberger Bürger/innen, die von anderen Orten deportiert wurden. Maßgeblich war dabei, dass sie zwischen 1933 und 1945 in Heidelberg gelebt hatten, aber von anderen Orten – Zwischenstadien des Exils, anderen Wohnorten nach Umzug usw. – deportiert worden sind. Die Liste unten sind zwei Namen zugeordnet, die nachträglich ermittelt wurden (Auguste und Salomon Frisch). Vermutlich werden weitere Recherchen noch Klarheit über andere Personen bringen.

Infolge der Deportation sind 50 verstorben, getötet worden oder verschollen, vier haben überlebt. Im Fall der Unternehmerfamilien Hochherr müssten möglicherweise noch Simon Hochherrs Sohn Heinz, seine Ehefrau Margot und die 1939 geborene Tochter Susanne hinzugefügt werden, über deren Wohnort vor und nach 1933 keine Klarheit besteht.

Name	Jg.	Geburtsort	Deportation	Todesjahr	Todesort
Auguste Frisch	1877	Bodenbach	Theresienstadt, 1942	1943	Osten
Salomon Frisch	1881	Bodenbach	Theresienstadt, 1942	1943	Osten
Regine Stern	1889	Frankfurt	Minsk, 1941	verschollen	Osten
Meta Meyer (Marta Meyer)	1882	Frankfurt	1941	verschollen	Lodz
Hans Werner Demuth	1911	Frankreich	?	1943ff.	Auschwitz
Walter Abraham	1921	Berlin	Auschwitz, 1943	verschollen	Auschwitz
Liesel Baer	1922	Mainz	Polen?	verschollen	Osten, Polen
Ida Bauer	1910	Neckarzimmern	Gurs, 1940	verschollen	Gurs?
Karoline Bierig	1878	Leimen	Gurs, 1940	?	Gurs?
Selma Bierig	1908	Leimen	Gurs, 1940	1942ff.	Auschwitz
Dorothea Braunschweig	1919	Holland	Sobibor, 1943	verschollen	Sobibor?
Frieda Deutsch	1896	Budapest	Budapest, 1940ff.	fte 1944	Budapest
Paula Deutsch	1900	Budapest	Budapest, 1940ff.	verschollen 1944	Theresienstadt?
Salomon Deutsch	1893	Budapest	Budapest, 1940ff.	1944	Budapest
Schaul Deutsch	1889	Budapest	Budapest, 1940ff.	fte 1944	Budapest ?
Kyra Eisenberg	1900	Frankreich	Auschwitz, 1942	1942ff	Auschwitz
Elsa Falk	1893	Mingolsheim	Gurs, 1940	1942	Récébédou
Johanna Hirsch	?	Heidelberg	Auschwitz, ?	verschollen	Auschwitz
Jette Hirschfeld	1855	Mannheim	Gurs, 1940	1941	Récébédou
Ella Hochherr[52]	1886	Holland	Theresienstadt, 1943	1976	USA
Eva Hochherr	1884	Holland	Sobibor, 1943	1943	Sobibor
Ferdinand Hochherr	1873	Holland	Sobibor, 1943	1943	Sobibor
Liselotte Hochherr	1920	Holland	Auschwitz, 1942	1942	Auschwitz
Simon Hochherr	1882	Holland	Theresienstadt, 1943	1944	Auschwitz
Bertha Marx	1870	Holland	Sobibor, 1943	1943	Sobibor
Carola Marx	1906	Holland	Bergen-Belsen, 19441945ff.		Holland
Ruth Reis	1914	Holland	Bergen-Belsen, 19441945ff.		?
Gustav Samuel	1890	Berlin	1942 (1)	verschollen	Riga?
Josef Sondheimer	1889	Worms	Polen, 1942	1942ff.	Polen, Belzec
Hans Bravmann	1935	Frankreich	Auschwitz, 1942	verschollen	Auschwitz
Hedwig Fürst	1875	Holland	Sobibor, 1943	1943	Sobibor

Name	Jahr	Ort	Schicksal	Jahr	Ort
Rudolf Fürst	1865	Holland	Sobibor, 1943	1943	Auschwitz
Elisabeth Geissmar[53]	1880	München	Auschwitz	?	Auschwitz
Martha Geissmar[53]	1905	München	unbekannt	1944ff	Theresienstadt
Emma Goldner	1905	Winsen	Auschwitz, 1943	verschollen	Auschwitz
Lothar Goldschmidt	1908	Wuppertal	Theresienstadt, 1941	1941	Theresienstadt
Regine Hirsch	1913	Holland	Auschwitz, 1942	1942	Auschwitz
Cilli Jablonski	1915	Stuttgart	Osten, 1943	verschollen	Osten
Karla Kahn	1911	unbek.	unbek.	?	?
Leo Karlsruher	1889	unbek.	Buchenwald	1940	Buchenwald
Hete Kaufmann	1924	Darmstadt	Osten/1942	verschollen	Osten
Ida Kaufmann	1893	Darmstadt	Osten/1942	verschollen	Osten
Rosa Kirchheimer	1866	Bendorf-Sayn	Osten/1942	verschollen	Osten
Erich Marx	1900	Holland	Bergen-Belsen/1944	1945ff	Holland, Leipzig
Henny Meyer	1900	Offenbach	Polen/1943	verschollen	Polen
Marg. Linick	1906	Vindauban/RF.	Rivesaltes	verschollen	Auschwitz
Eugen Neugebauer	1904	Barmen	Osten/1943	verschollen	Osten
Max Ohlhausen	1891	Frankreich	Auschwitz/1942	Fte	Auschwitz
Eugen Reis	1878	München	Theresienstadt, 1942	1942	Theresienstadt
Richard Werner	1875	Brünn	Theresienstadt, 1942	1943	Theresienstadt
Ida Wolf	1896	Düsseldorf	Izbica	verschollen	Osten
Adolf Wurmser	1875	Berlin	Theresienstadt, 1942	verschollen	Auschwitz
Flora Wurmser	1886	Berlin	Theresienstadt, 1942	verschollen	Auschwitz
Feiga Zuszmann	1878	unbek.	unbek.	verschollen	?
Berta Lenel	1882	Freiburg 1940/10	1948ff.	Deutschland	Flucht aus Gurs

Hinzuweisen ist auf die aus Ungarn stammenden Familien Deutsch. Salomon und Hermann Deutsch waren zusammen mit Simon Hochherr Gründer des Vereins gesetzestreuer Juden und damit führende Mitglieder der orthodoxen Gemeinde. Schaul Deutsch unterstützte bis 1921/22 den aus Mannheim stammenden orthodoxen Gelehrten Dr. Jonas Simon und richtete in seinen Wohnräumen in der Uferstraße bis zu Simons Auswanderung nach Litauen einen Versammlungsraum für die orthodoxen Juden ein.[54]

Schaul und Frieda Deutsch wurden am 20.8.1940 nach Ungarn ausgewiesen und sind im Juli 1944 im Lager Budapest umgekommen. Dem Sohn Erich gelang 1939 die Ausreise nach Palästina. Ebenfalls am 20.8.1940 wurden auch Salomon und Paula Deutsch nach Ungarn ausgewiesen; Salomon Deutsch ist vermutlich ebenfalls im Juli 1944 im Budapester Lager gestorben, seine aus Kassel stammende Ehefrau ist nach Theresienstadt gebracht worden und verschollen. Die drei Kinder des Ehepaars überlebten.

Abb. 11:
Prof. Richard Werner, Chirurg und Krebsforscher. Geboren 1875 in Freiwaldau (Österreich / Schlesien), evangelisch, gestorben Ende 1943 im KZ Theresienstadt. Seine wissenschaftlichen Leistungen liegen insbesondere im Bereich der Radiologie; Werner war langjähriger Vorsitzender der deutschen Röntgengesellschaft und der Badischen Röntgenvereinigung, sowie der Gesellschaft für Strahlenforschung

Der Chirurg und Krebsforscher Richard Werner ist der einzige Heidelberger Hochschullehrer, der durch die Verfolgungen im Nationalsozialismus zu Tode kam Seit 1905 tätig am Institut für Experimentelle Krebsforschung und seit 1916 Leiter der Klinischen Abteilung des Instituts für Krebsforschung und Leitung des Samariterhauses (Czernyklinik), wurde Werner 1933 beurlaubt und übernahm im Jahr darauf die Leitung des reformmedizinischen Instituts für Krebsforschung in Brünn („Haus des Trostes"). 1942 ist er nach Theresienstadt deportiert worden und 1943 dort verstorben.[55]

14. Suizidopfer

Die nach dem aktuellen Kenntnisstand zusammengestellte Liste von Suizidopfern umfasst
- 1.4.1933: den Gerichtsassessor Hans Walter Bettmann, geb. 1907, Sohn des Dermatologen Bettmann, am Tag seiner Entlassung aus dem Justizdienst und der Attacke auf die Praxisräume seines Vaters; ein Ereignis, das damals noch viel beachtet wurde und sich in das kollektive Gedächtnis eingeprägt hat,[56]
- 26.12.1939: Betty Blum, die Tochter des Tabakunternehmers Liebhold, nach dem Tod des Ehemanns, des Kinderarztes Dr. Julius Blum (1932) und der Ausreise der Tochter erblindet und vereinsamt,
- 11.9.1938: die Lehrerin Erika Pringsauf, geb. 1914 in Gera/Thüringen, seit 6.6.1933 verheiratet mit dem nichtjüdischen Lehrer Karl Heinrich Pringsauf, der 1937 vom Dienst suspendiert und nach dem Tod seiner Frau wieder eingestellt wurde,[57]
30.11.1938: der Chemiker Dr. Karl Gieser, geb. 1881 in Mannheim, nichtjüdisch verheiratet,
30.6.1939: Mina Jordan, geb. 1878 in Mannheim; 29.7.1935 von Mannheim nach Heidelberg umgezogen,

15.7.1940: Amtsgerichtsrat Dr. Paul Jordan, geb. 1883 in Mannheim, 1.9.1935 von Mannheim nach Heidelberg,

22.10.1940: Prof. Dr. Maximilian Neu, geb. 1877 in Freinsheim/Pfalz, Habilitation 1908 in Geburtshilfe und Frauenheilkunde, seit 1910 Privatklinik für Geburtshilfe und Frauenkrankheiten in der Zähringer Straße, 1914 a.o. Prof. Heidelberg, 22.9.1933 Entzug der Lehrberechtigung an der Universität; Suizid mit Ehefrau nach Aufforderung zur Deportation,[58]

22.10.1940: Zilla Neu, geb. Baruch, geb. am 1885 in Mainz, nach Aufforderung zur Deportation

22.10.1940: Ignatz Seidemann, geb. 1852 in Beuthen; nach Aufforderung zur Deportation (Vater des Architekten Siegfried Seidemann)

1942: Amtsgerichtsrat Dr. Guido Leser, geb. 1883 in Heidelberg, Sohn des Nationalökonomen Emmanuel Leser und seiner Ehefrau Ida Leser, Landtagsabgeordneter der DDP, im Mai 1933 vorzeitig in den Ruhestand versetzt, 30.6.36 nach Berlin, nach Aufforderung zur Deportation),[59]

1942: Irmgard Leser, geb. 1888 in Heidelberg, Hausfrau; 30.6.36 nach Berlin, nach Aufforderung zur Deportation)

6.4.1942: Dr. Hermann Rosenfeld, geb. 1893 in Mannheim, ledig, evangelisch, bis 5.4.1941 in Mannheim,

10.4.1942: Violetta von Waldberg, geb. Platschek, geb. 1877 in Berlin, Ehefrau des verstorbenen Germanisten Max von Waldberg, nach Aufforderung zur Deportation,

Abb. 12:
Die „Hilfslehrerin" Erika Pringsauf auf der Hochzeitsreise in Venedig, 1933 (Photo: Dr. Peter Bédéus, Bietigheim-Bissingen)

Abb. 13:
Erika und Karl Pringsauf, 1933 (Photo: Dr. Peter Bédéus, Bietigheim-Bissingen)

21.8.1942: Anna Traumann, geb. Spahn, geb. 1882 in Mannheim, nach Aufforderung zur Deportation,
25.8.1942: Leontine Goldschmidt, geb. Edle von Portheim, geb. 1863 in Prag, Mitbegründerin und nach 1933 Vorsitzende der Josefine-und-Eduard-von-Portheim-Stiftung für Wissenschaft und Kunst, nach Aufforderung zur Deportation,[60]
Januar 1945: Martha Brizius, geb. 1978 in Neunkirchen, nichtjüdisch verheiratet, nach Aufforderung zur Deportation.

15. Bilanz von Deportation und Verfolgung

Die Auswertung der 443 biografischen Datensätze, die in der vorliegenden Studie verwendet wurden ergibt sich folgendes Bild: Durch Verfolgung und Deportation zu Tode gekommen, in Lagern und auf Transporten verschollen, gestorben oder getötet

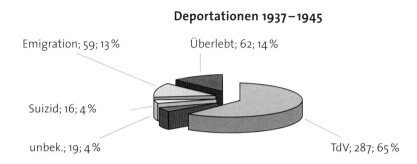

wurden mindestens 287 Personen (Tod d.V. = Tod durch Verfolgung), über weitere 19 liegen keine Angaben vor, 16 haben sich das Leben genommen. D.h. über 70% der in die Dokumentation einbezogenen Menschen haben die Verfolgung nicht (bzw. bei 19 wahrscheinlich nicht) überlebt. 59 konnten nach der Deportation emigrieren, ausnahmslos alle aus dem Lager Gurs. Dagegen gab es aus den Übergangslagern in Frankreich und den Tötungslagern des Ostens kein Entkommen. Einige der in europäische Länder Emigrierten wurden dort erneut festgenommen und deportiert. Die Deportationen überlebt haben 62, darunter 38 im Lager Gurs, bzw. in Frankreich und 24 das Lager Theresienstadt. Überlebende der Lager und Emigranten zusammen ergeben 120 Personen bzw. 27%. Eine detaillierte Untersuchung der Todesdaten wird allerdings zeigen, dass insbesondere ältere Überlebende und Emigranten von den Strapazen der Lagerhaft schwer in Mitleidenschaft gezogen waren und ihre Befreiung nur kurze Zeit überlebten. Die wenigen heute noch Lebenden können Zeugnis davon ablegen, wie unausweichlich und intensiv die seelische Traumatisierung durch Verfolgung, Haft und Flucht in einem Menschenleben weiter wirkt.

Anhang

Deportation nach Dachau 11.11.1938 (Aufnahmedatum)
Wo: Wohnort

Name	*	Alter 1938	Familienstand	In Dachau bis	Weiteres Schicksal	Ergänzungen zur Familie
Beer, Sigmund, * Baiertal, Wo. HD, Bäckermeister	1886	52	Verh.	?	Gurs > Auschwitz	Mit Ehefrau u. Sohn 38 USA
Bodenheimer, Herrmann, * Waibstadt, Wo. HD, Kaufmann	1883	55	Verh.	?	Emig. USA 39	Mit Ehefrau u. Sohn 38 USA
Bodenheimer, Siegfried, * HD Wo. HD Kaufmann	1908	30	Led.	17.12.	Gurs > Auschwitz	Vater 34 +
Kahn, Paul, * Fm., Wo. HD, Ingenieur	1887	51	Verh.	?	Emig. Brasilien	Mit Ehefrau
Durlacher, Hermann, * Münzesheim, Wo. HD, Hauptlehrer a.D.	1893	45	Verh.	?	Gurs > Auschwitz	Mit Ehefrau
Ehrlich, Kurt, * Mannheim, Wo. HD, staatenlos, Reisender	1902	36	Verh.	18.12.	Emig. Argentinien	Mit Ehefrau
Eisemann, Alfred, * HD, Wo. HD, Kaufmann	1892	46	Verh.	?	Theresienstadt 45	Ehefrau nichtjüdisch
Flor, Alfred, * HD, Wo. HD, Schlosserlehrling	1920	18	Ledig	?	Emig. Palästina	Mutter mit Nichtjuden verheiratet. 1945 mit Sohn Hans nach Theresienstadt deportiert.
Freund, Adolf, * Sniatyn, Wo. HD, staatenlos, Kaufmann	1887	51	Verh.	12.12.	Gurs +	Ehefrau mit Sohn Jan. 40 nach USA
Fuchs, Adolf, * Dieburg, Wo. HD, Kaufmann	1886	52	Verh.	?	Gurs Emig. nach USA Jan. 40.	Mit Ehefrau
Goldstrom, Ludwig, Kleschinz (Pommern), Wo. HD, Kaufmann	1887	51	Verh.	?	Emig. GB>USA 39	Mit Ehefrau u. Kindern
Großberger, Herbert, * Rodenpois, Wo. HD, Kunsthistoriker	1890	48	Verh.	?	Emig. Palästina 39	Mit Ehefrau

Haas, Ernst, * Neustadt, Vertreter	1906	32	ledig	?	Gurs > Aschwitz +	Mutter Gurs + Vater + Heidelberg Juli 40
Hausmann, Fritz, * Flehingen, Wo. HD, Kaufmann	1888	50	Verh.	?	Emig. USA 38	Mit Ehefrau u. Sohn
Hess, Walter, geb. HD, Buchhalter	1919	19	ledig	?	Emig. Palästina 40	Geschwister nach USA
Heß, Karl, * Malsch, Wo. HD, Kaufmann	1885	53	Verh.	?	Emig. Uruguay 39 mit Ehefrau	Mit Ehefrau. Rückkehr 1950
Hirsch, Fritz, * Homburg, Wo. HD, Ingenieur	1897	41	Ledig	?	Gurs +	Mutter Gurs + 7.12.40
Hachenburg, Hans, * Mannheim, Wo. HD, Rechtsanwalt	1897	41	Verh.	?	Emig. GB 39	Mit Ehefrau u. Sohn
Holland, Fritz, * HD, Wo. HD, Schnapsfabrikant	1887	51	Verh.	?	Emig. Argentinien 39	Mit Ehefrau
Heinsheimer, Ludwig, Dr. jur, Mosbach, Richter und Staatsanwalt	1892	46	Verh.	29.11.	Emig. B 39	Mit Familie
Issac, Arthur, * Grünstadt, Wo. HD, Schlosser	1884	54	Verh.	9.2.39	HD	Ehefrau nichtjüdisch
Jablonski, Kurt, Dr., jur., * HD, Wo. HD, Kaufmann	1900	38	Verh.	?	Emig. USA 39	Ehefrau nicht ausgew., 40 Stuttgart, 43 deportiert; Vater 38 65 Jahre alt, Gurs +
Jakobi, Paul, * HD, Wo. HD, Angestellter	1895	43	Ledig (?)	?	Gurs + (41)	Mutter Gurs
Kahn, Siegfried, * Offenburg, Wo. HD, Kaufmann	1881	57	Verh.	13.12.	Emig. GB > USA 39	Mit Ehefrau; Söhne zuvor emigriert
Kahn, Heinz, * HD, Wo. HD, (keine Berufsangabe)	1914	24	Ledig (?)	12.12.	Emig. USA 40	Deportiert anstelle des Vaters. Schwester deportiert unbek. Mutter Gurs/Vater in Heilanstalt
Kahn, Fritz, * HD, Wo. HD, Maler	1889	49	Verh.	20.11.	Emig. GB > USA 39	Mit Ehefrau; Söhne zuvor emigriert
Kauder, Kurt, * HD, HD, Angestellter	1909	29	ledig	20.11.	Gurs + 42	Vater 1938 60 Wo. Jahre alt, Gurs > Auschwitz +; Mutter Gurs > Auschwitz +

Kaufmann., Kurt, * Ladenburg, Wo. HD, Kaufmann	1893	45	Verh.	5.12.	Gurs Emig. USA	Mit Ehefrau; Sohn in Australien; Vater 1938 77 Jahre, 1940 nach Unna, weiteres Schicksal unbek.
Kaufmann., Albert, * HD, Wo. HD, Schneider	1907	31	ledig	16.12.	Gurs > Auschwitz +	Vater verstorben; Geschwister Ludwig, Elsa und Rosa. Mutter Gurs; Ludwig Gurs > Auschwitz +; Elsa nichtjüd. verh., 1945 Theresienstadt; Rosa 1945 Theresienstadt
Kaufmann., Hans, * Fm., Wo. HD, Vertreter	1894	44	Verh.	21.12.	Theresienstadt 45	Ehefrau nichtjüdisch, Sohn Zwangsarbeit 45
Kiewe, Leo, Dr. jur., * Gollup, Wo. HD, Kaufmann	1900	38	Verh.	?	Gurs + 43	Ehefrau Gurs > Auschwitz + Tochter USA
Klugmann, Alfred, * Fm., Wo. HD, Kaufmann	1913	25	ledig	?	Gurs > Osten +	„Familienoberhaupt", Vater 8.9.38 in Baden-Baden gestorben; Mutter Gurs > Auschwitz +
Kraemer, Julius, * München, Wo. HD, Lehrer	1883	55	Verh.	16.12.	Emig. GB > USA 39	Mit Ehefrau u. Sohn
Lefmann, Gotthold, Dr. med., * HD, Wo. HD, Arzt	1880	58	Ledig	10.12.	Emig. GB 39	
Levi, Josef, * Walldorf, Wo. HD, Kaufmann	1882	56	Verh.	17.12.	Gurs + 41	Ehefrau Gurs > USA 2 Töchter GB 39, 1 Sohn Gurs > USA
Levy, Ernst, Dr. rer nat., * Britz bei Berlin, Chemiker	1902	36	Verh.	20.11.	Emig. GB 39	Mit Ehefrau und Kind; Ehefrau nichtjüdisch
Liebhold, Michael, * HD, Wo. HD, Treuhänder	1883	55	Verh.	20.11.	Verstorben in HD 27.12.38	Ehefrau ausgewandert.
Lieser, Max, Cochem, Wo. HD, Prokurist	1883	55	Ledig ??	?	Gurs +	Bruder emigriert * nach Palästina, Bruder von Ella Hochherr
Marschall, Alfred, * Walldorf, Wo. HD, Rechtsanwalt	1899 Palästina	39	ledig	16.12.	Emig. Palästina 39	Familienoberhaupt, Mutter verwitwet

Mayer, Max, * Speyer a.d.R., Wo. HD, Fabrikant	1879	59	Verh.	?	Emig. GB 39	Mit Ehefrau
Mayer, Bernhard, * Weisenheim, Wo. HD, Kaufmann	1881	57	Verh.	28.11.	Gurs 40 Emig. USA 41	Mit Ehefrau
Merton, Hugo, Prof., * Frankfurt, Wo. HD, (Ord.. für Zoologie)	1879	59	Verh.	?	Emig. GB 39	Mit Ehefrau u. Ki.
Meyer, Walter, * Steinheim, Wo. HD, Kaufmann	1915	23	Ledig ?	?	Emig. GB 39	
Meyer, August, * Steinheim, Wo. HD, Kaufmann	1881	57	Verh.	?	Gurs + 41	Vater von Walter Meyer; mit Ehefrau nach Gurs +
Morgenthal, Moritz, * Idstein, Wo. HD, Gymnasialprofessor	1889	59	Verh.	17.12.	Emig. GB 39	Mit Ehefrau Rückkehr
Müller, Hermann, * Müllheim(Baden), Wo. HD, Rechtsanwalt	1893	45	Verh.	8.12.	Emig. GB > USA 39	Mit Ehefrau u. Ki.
Neumann, Joseph, * Karlsruhe, Jurist/ Gerichtsreferendar	1904	36	Verh.	20.11.	Emig. Australien 38	
Odenheimer, Hans, * Karlsruhe, kaufm. Lehrling	1919	19	ledig	28.12.	Emig. Palästina 39	Vater verstorben? Mutter Witwe?
Ohlhausen, Max, * Schwetzingen, Wo. HD, Kaufmann	1891	47	Verh.	23.1.39	Emig. CH – RF 39 Drancy > Auschwitz 42	
Oppenheimer, Walter, * HD, Wo. HD, Kaufmann	1911	27	Led.	?	Emig. USA 39	Vater 1938 63 Jahre, nicht in Dachau, Gurs > Auschwitz + 42
Oppenheimer, Max, * Karlsruhe, Schüler, Schlosserlehrling	1919	19	ledig	?	Emig. GB 39	Vater Gurs > Majdanek +
Reinach, Leopold, * Linzheim, Wo. HD, Bäcker	1885	53	?	?	?	?
Rosenhain, Arthur, * HD, Wo. HD, Kaufmann	1908	30	ledig	28.11.	Gurs > Emig. USA 41	Vater nach 38 inhaftiert, Gurs > Auschwitz + 43; Mutter mit Geschwistern nach Jugoslawien
Rosenthal, Prof., * Fürth i.Bay., Wo. HD, Universitätsprofessor	1887	51	ledig	10.12.	Emig. NL > USA 39	

Rotheimer, Hugo, * Gondelsheim, Wo. HD, Kaufmann	1885	53	Verh.	?	Emig. GB > USA 39	Mit Ehefrau
Rothheimer, Sigmund, * Gondelsheim, Wo. Heidelberg, Gymnasialprof. i.R.	1882	56	Verh.	?	Emig. RF 39 Gurs Emig. USA 41	Ehefrau 38 RF, USA 40
Schloß, Siegfried, Stadt-Lengsfeld, Wo. Heidelberg, K!	1888	50	Verh.	7.12.	Emig. GB > USA 39	Ehefrau * Russland > China > USA 40
Seeligmann, Sigmund, * Hoffenheim, Wo. HD, Landwirt	1892	46	Verh..	12.12.	Emig. USA 40	Ehefrau nichtjüdisch, emig. mit Kindern nach USA 41
Seligmann, Willi, * HD, Wo. HD, Angestellter	1893	45	Verh.	23.1.39	Gurs > Auschwitz +	Ehefrau Gurs > Auschwitz +
Seligmann, Hans-Joachim, * Walldorf, Zahntechniker	1919	19	Led.	20.11.	Emig. USA 38	Sohn von Willi Seligmann.
Stein, Friedrich, * Weilbach, Wo. HD, Kaufmann	1907	31	Verh.	5.12.	Emig. USA 39	Mit Ehefrau (vermutlich)
Strauß, Julius, * Östringen, Wo. HD, Büroangestellter	1900	38	ledig	?	Emig. GB 39	Mutter Witwe, Gurs
Strauß, Wilhelm, * Östringen, Wo. HD, Reisender	1896	42	Verh.	16.12.	Emig. GB > USA 39	Mit Ehefrau und Tochter
Strauß, Arthur, Dr. jur, * Nordstetten, Wo. HD, Rechtsanwalt	1880	58	Verh.	23.11.		Ehefrau nichtjüdisch
Tryfus, Sally, * Heppenheim, Wo. HD, Kaufmann	1887	51	Witwer	22.3.39	Gefängnis HD 40 Izbica 1942 +	
Weil, Arthur, * Oberlückstadt, Wo. HD, Kaufmann	1897	41	Verh.	?	Emig. Kuba > USA 39	Mit Ehefrau und Kind
Weil, Ernst, * HD, Wo. HD, Lagerhalter	1883	55	Verh.	?	Emig. Uruguay 39	Mit Ehefrau
Weingärtner, Jakob, * Flehingen, Wo. HD, Kaufmann	1893	45	Verh.	?	Emig. USA 39	Mit Familie
Wertheimer, Julius, * Östringen, Wo. HD, Schneider	1882	56	Verh.	?	Gurs + (19.12.40)	Mit Ehefrau + (25.11.40)
Wertheimer, Max, * Östringen, Wo. HD, Kaufmann	1890	48	Verh.	?	Gurs > Auschwitz +	Mit Ehefrau Auschwitz +

Wertheimer, Louis, * Bodersweiler, Wo. HD, Vertreter	1885	53	Verh.	?	Gurs +	Mit Ehefrau Gurs +	
Wolf, Hermann, * Bruchsal, Wo. HD, Vertreter	1887	51	Verh.	?	Gurs > Auschwitz	Ehefrau 39 verstorben	
Wolf, Fritz, Dr. jur., * Baden-Baden, Wo., Rechtsanwalt	1896	42	Verh.	2.12.	Emig. GB > USA 39	Mit Ehefrau	
Wolf, Nathan, * HD, Wo. Heidelberg, Kaufmann	1880	58	ledig	?	Emig. Brasilien 40		
Zucker, Samuel, * Külsheim, Wo. HD, Rechtsanwalt	1880	58	ledig	?	+ in HD vor 1940		

Anmerkungen

1 Ellen Mendel und Paul Eric Joseph: Die Hochherrs. Zur Familien- und Firmengeschichte der jüdischen Unternehmer Ferdinand und Simon Hochherr und ihrer Angehörigen, in: HJG 8 2003–4, S. 203–218
2 Paul Sauer: Die Schicksale der jüdischen Bürger Baden-Württembergs während er nationalsozialistischen Verfolgungszeit 1933–1945. Statistische Ergebnisse der Erhebungen der Dokumentationsstelle bei der Archivdirektion Stuttgart und zusammenfassende Darstellung. Stuttgart 1969; sowie die zweibändige Dokumentensammlung: Paul Sauer (Hg.) Dokumente über die Verfolgung der jüdischen Bürger in Baden-Württemberg durch das nationalsozialistische Regime 1933–1945. 2 Bd., Stuttgart 1966 (zit. Sauer 1966); und ein Gedenkbuch, das die nach damaligem Wissenstand bekannten Namen der Opfer der nationalsozialistischen Judenverfolgung enthielt: Archivdirektion Stuttgart (Hrsg.): Die Opfer der nationalsozialistischen Judenverfolgung in Baden-Württemberg (1933–1945). Ein Gedenkbuch. Stuttgart 1969 (zit. Gedenkbuch 1969).
3 Hans-Joachim Fliedner: Die Judenverfolgung in Mannheim 1933–1945, hg. vom Stadtarchiv Mannheim, Stuttgart 1971, 1991, Bd. 1: Darstellung, Bd. 2 Dokumente
4 Arno Weckbecker: Die Judenverfolgung in Heidelberg 1933–1945, Heidelberg 1985 (zit. Weckbecker 1985).
5 Stadt Heidelberg: Gedenkbuch an die ehemaligen Heidelberger Bürger jüdischer Herkunft. Dokumentation ihrer Namen und Schicksale 1933–1945. Bearbeitet von Arno Weckbecker, Heidelberg 1983 (zit. Gedenkbuch 1983).
6 Siehe Weckbecker 1985, S. 9–15.
7 Hermann Maas; Gustav Radbruch; Lambert Schneider (Hgg.): Den Unvergessenen. Opfer des Wahns 1933–1941, Heidelberg 1952; Monika Preuss: „Heimweh ist nur Weh, nicht Heim" – Private Erinnerungen an jüdisches Leben vor der Vernichtung, in: Stadt Heidelberg (Hg.): Geschichte der Juden in Heidelberg, Heidelberg 1996, S. 581–602; Norbert Giovannini und Frank Moraw (Hgg.): Erinnertes Leben, Heidelberg 1998 (zit. Erinnertes Leben 1998), sowie eine Reihe von Broschüren der Stadtverwaltung aus früheren Jahren, z.B. Stadt Heidelberg: Die alte Heimatstadt ist nicht vergessen. Briefe der Erinnerung aus Israel, Heidelberg 1979.
8 Siehe z.B. Gedenkbuch: Opfer der Verfolgung der Juden unter der nationalsozialistischen Gewaltherrschaft in Deutschland 1933–1945. Bearbeitet vom Bundesarchiv Koblenz und dem internationalen Suchdienst Arolsen, Bd. 1 und 2, Koblenz 1986.
9 Es wird sinnvoll sein, nach abgeschlossener Datenerhebung eine erneute Durchrechnung vorzunehmen. Angesichts des großen Anteil „ungewisser" Daten ist nämlich schon erstaunlich, wie die Suche nach verlässlichen Zahlen im öffentlichen Diskurs gehandhabt wird. Schon die einfache Frage, wer als Heidelberger zu betrachten ist oder welche sozialstatistische Zuordnung die Berufsbezeichnung Kaufmann beinhaltet, kann dies verdeutlichen.

10 Max Ludwig (i.e. Max Oppenheimer): Das Tagebuch des Hans O, Heidelberg 1965, S. 70–85.
11 Unter dem „Dach" der Hauptgemeinde waren die orthodoxe Gemeinde und die liberale Hauptgemeinde verwaltungsmäßig und religiös selbständig. Zur Rohrbacher Gemeinde siehe Claudia Rink: Jüdisches Leben in Rohrbach, HJG 3 2003–4, S. 65ff.
12 Weckbecker 1985, S. 213
13 Die Auswanderungsstatistik von 1 = 1933 bis 8 = 1940 veranschaulicht, dass die Auswanderung ihre Höhepunkte unmittelbar nach der NS-Machtübernahme 1933, sowie 1938 und in Folge der Pogromnacht und der Inhaftierungen in Dachau im Laufe von 1939 hatte.

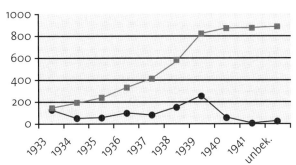

Auswanderung 1933–1941

Reihe unten:
Jährliche Auswanderung 1933-1941
Reihe obern:
Akkumulierte Werte

14 Jerzy Tomaszewski: Auftakt zur Vernichtung. Die Vertreibung polnischer Juden aus Deutschland im Jahre 1938 (org. Polen 1998), Oldenburg 2002.
15 Gedenkbuch 1969, S. 252.
16 Gedenkbuch 1969, S. 252. Nach den Ermittlungen des Stuttgarter Staatsarchivs wurden polnische Juden, die in Deutschland verblieben sind oder 1939 vorübergehend zurück kamen, nach Kriegsbeginn verhaftet und in Kl gebracht. Von den 297 aus Baden-Württemberg Ausgewiesenen reisten 1939 20 erneut nach Deutschland ein und gingen von hier in die Emigration, 20 sind in Deutschland geblieben, wurden deportiert und mit wenigen Ausnahmen alle getötet. 31 sind aus Polen ausgewandert, 9 weitere wurden in verschiedenen europäischen Ländern festgenommen, deportiert und ermordet. 19 überlebten in Polen. Die Schicksale von 30 Personen sind unbekannt. Vor der Ausweisung 1938 sind seit 1933 zahlreiche Einzelausweisungen dokumentiert, vor allem polnischer Juden nach Polen. Sauer geht von mindestens 111 ausländischen Juden, die bereits am 30.1.33 in Baden und Württemberg gelebt hatten, aus, von denen mindestens 74 durch NS-Verfolgungsmaßnahmen das Leben verloren, 22 nicht aufklärbar sind und 19 nachweislich überlebten.
17 Weckbecker 1985, S. 59.
18 Gedenkbuch 1969, S. S. 10 / 11.
19 Gedenkbuch 1969, S. 252–3.
20 Max Rubinstein: Eine Jugend in der Altstadt, in: Erinnertes Leben 1998, S. 50–56.
21 Emmy de Vries-Sipper: „Auf diese unbarmherzige Weise wurde unsere ganze Familie auseinander gerissen.", in: Erinnertes Leben 1998, S. 199–202.
22 Reinhard Heydrich: Fernschreiben an alle Stapoleit- und Stapostellen, an alle SD. OA. und alle UA vom 10.11.1938.
23 KZ-Gedenkstätte Dachau, Liste der aus Heidelberg stammenden Juden, die aus Anlass des Pogroms 1938 nach Dachau gebracht wurden. Zusendung an Verf. 10.7.2002
24 Alter der nach Dachau deportierten Männer aus Heidelberg-Stadt. (siehe Grafik rechts)
25 Erinnertes Leben 1998, S. 127.
26 Emigrationsländer waren Argentinien (2), Australien (1), Brasilien (2), über Zwisch-

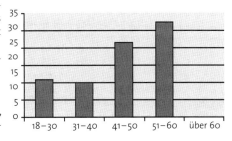

enaufenthalt in Großbritannien (oder Niederlande) die USA (10), Großbritannien (10), über Kuba die USA (1), Palästina (5), Uruguay (2), direkt USA (10).

27 Am 30.11.1938 nahm sich der in Mischehe verheiratete Chemiker Karl Gieser das Leben, am 23.12.1938 ist der Handelsvertreter Julius Brunngässer verstorben.

28 5. August 1942 erste Deportation aus Gurs nach Drancy

7. August 1942 zweite Deportation aus Gurs

24.8.1942 dritte Deportation aus Gurs

1. Sept. 1942 vierte Deportation aus Gurs. Insgesamt 2212 Menschen aus Gurs über andere Lager nach Auschwitz. Aus anderen Lagern in der unbesetzten Zone 7660 Menschen. Ca. 80 v.H. unmittelbar nach der Ankunft ermordet.

Januar 1943 Überprüfung der Lagerdatei durch Gestapo, 36 dt. Häftlinge nach Paris transportiert

23. Febr. 1943 Überführung von Internierten in das von Abbé Glasberg eröffnete Flüchtlingsheim Bégué

27. Febr. 1943 zwei weitere Deportationen (fünfte und sechste) aus Gurs. 1695 weitere Internierte nach Auschwitz.

29 Weckbecker 1985, S. 199

30 Max Ludwig, Tagebuch, 1965 S. 11, GLA 309 / 3221

31 Franz Hundsnurscher und Gerhard Thaddey: Die jüdischen Gemeinden in Baden, Stuttgart 1968, S. 127

32 vergl. Weckbecker 1985, S. 202, Anm. 24

33 Frank Moraw: Die nationalsozialistische Diktatur, in Stadt Heidelberg (Hg.): Geschichte der Juden in Heidelberg, 1996, S. 538

34 Weckbecker 1985, S. 209

35 Die Bilanz bei Weckbecker 1985, S. 208 lautet: Nur 94 (30,4) überlebten den Holocaust. 85 von ihnen konnten sich durch Flucht (in sieben Fällen nachgewiesen) bzw. Entlassung in Frankreich dem Zugriff der Gestapo entziehen (39) oder in die USA (29), die Schweiz (7) und nach England (4), sowie nach Palästina, Schweden und Kolumbien (je 1) auswandern ... Lediglich acht erlebten die Befreiung durch die Alliierten im August/September 1944 in französischen Lagern; 85, vorwiegend Angehörige der älteren Generation, waren hier umgekommen, die Mehrzahl bereits infolge der katastrophalen Verhältnisse des Winters 1940/41 in Gurs. Von den 115 zwischen 1942 und 1944 in die Vernichtungslager des Ostens Verschleppten kam keiner lebend zurück. Einer der Heidelberger Deportierten vom 22. Oktober 1940 überstand die nationalsozialistische Judenvernichtung im KZ Buchenwald. Mindestens 201 (65,8%) der Heidelberger und sogar 3183 (81,4%) der badischen Juden, die am 22. Oktober 1940 nach Gurs deportiert worden waren, verloren unter Einwirkung des NS-Terrors ihr Leben.

36 Zu den aus Heidelberg Deportierten zählen wir den Studenten Leopold Basnizki (in den USA: Leo Barton), Sohn der Witwe Flora Basnizki, der im Juni 1936 nach Frankfurt verzogen war. Vermutlich hat er sich 1940 bei der Mutter in Heidelberg aufgehalten, denn hessischen Juden sind in die Oktoberdeportation nicht einbezogen worden. Dagegen wurden zu den aus Heidelberg Deportierten nicht gezählt: Ida Bauer, geb. 1910 in Neckarzimmern. Sie lebte von März 1937 bis September 1938 in Heidelberg und ist dann wieder in ihren Geburtsort verzogen und von dort aus deportiert worden. Über ihr Schicksal ist nichts bekannt. Die Witwe Karoline Bierig, geb. am 4.8.1878 in Flehingen, die im April 1935 mit ihrem Ehemann aus Nussloch nach Heidelberg umgezogen ist. Nach dem Tod des greisen Ehemanns (Karl Bierig war 1846 geboren) im Juli 1936 zog Karoline Bierig im März 1938 nach Leimen. Dokumentiert sind zwei jüngere weibliche Verwandte, vermutlich die Töchter Selma und Gertrud. Nach kurzem Aufenthalt in Heidelberg ist Gertrud Bierig im März 1936 nach England ausgereist, Selma Bierig hielt sich von September 1939 bis April 1940 in Heidelberg auf und folgte dann der Mutter nach Leimen, von wo aus sie deportiert wurde. Die ledige Hausgestellte Elsa Falk, geb. 1893 in Östringen, die sich von Juni 1938 bis August 1939 in Heidelberg aufhielt und dann nach Mingolsheim verzogen ist, von wo aus sie nach Gurs deportiert wurde. Die Witwe Jette Hirschfeld, geb. 1855 in Neuenburg/Westpreußen, die im März 1935 in ein Altersheim nach Mannheim zog und von dort nach Gurs verbracht worden ist. Über den Wohnort der Familie Heinz und Margot Hochherr und ihrer Tochter Susanne zum Zeitpunkt der Deportation 1940 liegen keine Auskünfte vor. Die Krankenschwester Berta Lenel ist aus Freiburg deportiert worden, Margarete Linick zu späterem Zeitpunkt aus Frankreich.

37 Nach dem Krieg nach Heidelberg zurückgekehrte Gurs-Deportierte:

Name	Jg.	Todesjahr	Ort
Elsa Abel	1875	1961	Heidelberg
Emma Braunschild	1869	1957	Heidelberg
Albert Carlebach	1872	1954	Heidelberg
Emma Herschel	1882	1956	Heidelberg
Laura Heß	1886	1968	Heidelberg
Joseph Maier	1876	1956	Heidelberg
Rositta Oppenheimer	1892	1972	Heidelberg
Margarete Polack	1872	1953	Heidelberg
Alexander Sander	1876	1950	Heidelberg
Jenny Sander	1877	1951	Heidelberg
Eugenie Schwed	1873	1956	Heidelberg
Frida Strauß	1877	1961	Heidelberg
Ludwig Wassermann	1866	1950	Heidelberg
Ludwig Demuth	1873	1948	Heidelberg
Rosa Israel	1878	1949ff.	Heidelberg-Ziegelhausen

38 Unmittelbar nach der Ankunft in Gurs verstorbene Heidelberger Deportierte (nach Alter)

Name	Jg.
Barbara Bertha Seligmann	1858
Bertha Hoffmann	1859
Robert Drexler	1860
Amalie Großberger	1862
Auguste Neuburger	1862
Klara Oppenheimer	1862
Arnold Sack	1863
Sara Blumberg	1864
Albert Deutsch	1864
Edda Kunst	1864
Isidor Blumberg	1865
Berta Jeremias	1867
Johanna Löwinberg	1867
Max Eisemann	1867
Emilie Ettlinger	1868
Therese Mark	1870
Isaak Sussmanowitz	1870

39 Weckbecker 1985, S. 210.
40 Gedenkbuch 1969 S. 269.
41 Zur Veranschaulichung ihres möglichen Todes sei auf die Vorgänge im Lager Riga in der Zeit nach der Deportation 1941 verwiesen: Die Deportierten kamen am 4.12. auf dem Bahnhof Skirotawa in Riga an. Der kleine Teil wurde in das Ghetto Riga gebracht, der größte Teil in das Lager Jungfernhof. Dieses Lager war „leer" geworden, weil in den Wochen zuvor von den 30.000 lettischen Insassen des Gettos Riga ca. 25000 umgebracht worden waren. Die Unterkünfte auf dem ehemaligen landwirtschaftlichen Gut Jungfernhof waren katastrophal, offene Dächer, Wind und Wetter ausgesetzt, Holzgestelle in acht Etagen, miserable Verpflegung, Erfrierungen in den eiskalten Nächten. Terror der Wachmannschaften. Kurz nach Eintreffen des Stuttgarter Deportationszuges wurden einige Männer in das nahe gelegene Lager Salas-Pils verlegt, wo sie buchstäblich verhungerten. Im Februar oder März 1942 wurden 100–200 Frauen aus Jungfernhof in das Getto Riga verlegt. Ende März 1942 erfolgten Massenerschießungen im Lager Jungfernhof, darunter Kinder unter 14 Jahren, ihre Mütter und alle über 50-Jährigen und die Arbeitsunfähigen.
42 Sauer 1966, Bd.2, Stuttgart 1966, S. 309, Q. 486ff., Abschiebung von Juden nach dem Generalgouvernement.

43 Sauer 1966, Bd. 2, Stuttgart 1966, S. 319, Q. 493; lt. Mitteilung der Bezirksstelle (s.o.) vom 27.4. an die Reichsvereinigung sind am Freitag, 24.4.1942 in Karlsruhe 75 Personen aus Baden zu einem Abwanderungstransport zusammengestellt worden, 4 Teilnehmen wurden nach der Ankunft in Stuttgart von der Liste gestrichen, da Transportunfähigkeit festgestellt wurde, auf der ursprünglichen Liste standen 131 Teilnehmer.
44 Vgl. RNZ 13.5.1995.
45 Zu Otto Rubens siehe Frank Moraw : Die nationalsozialistische Diktatur, in: Stadt Heidelberg (Hg.): Geschichte der Juden in Heidelberg, 1996, S. 532–3 und Anm. 220.
46 Weckbecker 1985
47 Sauer 1966. Bd. 2, Stuttgart 1966, S. 329.
48 Sechs davon nach Weckbecker 1985, S. 210 direkt aus Heidelberg.
49 Auf der Wannseekonferenz trug Heydrich den Plan zur Errichtung eines Altersgettos für über 65-Jährige, Frontsoldaten mit hoher Dekoration und verheiratete Schwerbeschädigte vor, der das Ziel verfolgte, Interventionen aus der Bevölkerung zugunsten dieser Gruppen auszuschließen und international einen guten Eindruck zu erwecken. Theresienstadt wurde im Sommer 1941 als Siedlungsort für tschechische Juden bestimmt.
Jakob Geissmar mit Richterkollegen im Jahre 1905 RNZ 29.4.1999, sowie Hundert Jahre Landgericht und Staatsanwaltschaft Heidelberg 1899–1999, hg. von Günter Zöbeley, Heidelberg 1999 S.26; Die Familie Geissmar ist noch mit zwei anderen Personen dokumentiert. Für Heidelberg bedeutsam wurde die Schwester von Jakob Geissmar, Johanna Geissmar, die nach dem Tod des Vaters 1909 als über 30-Jährige ein Medizinstudium aufnahm und sich 1920 als Kinderärztin in der Moltkestraße niederließ. 1933 hat die energische, selbstbewusste und sympathische Ärztin ihre Praxis aufgeben müssen und sich in den Schwarzwald, nach Saig, zurückgezogen. Von dort aus ist sie im Oktober 1940 nach Gurs deportiert worden. Obgleich sie nicht auf der Liste stand, mit der im August 1942 ein erster Deportationszug aus Gurs nach Auschwitz zusammengestellt worden war, bestand sie darauf, „ihre" Kranken und Gebrechlichen zu begleiten. Unmittelbar nach der Ankunft in Auschwitz ist sie vermutlich ermordet worden. Weckbecker, 1985, S. 260; Frank Moraw: Erinnerung braucht Namen. Johanna Geissmar, RNZ 7.3.2001; Richard Zahlten: Meine Schwester starb in Auschwitz, Johannis-Verlag, Lahr 2000. Eine Nichte von Jakob und Johanna Geissmar war Bertha Geissmar, die langjährige Assistentin des Dirigenten und Komponisten Wilhelm Furtwängler, die ihre Lebenserinnerungen 1944 in englischer Sprache veröffentlichte. Berta Geissmar: Musik im Schatten der Politik, Zürich 1945 (zuerst englisch London 1944; wieder gedruckt u.d.T. „Taktstock und Schaftstiefel", Köln 1996, Zürich 19854).
50 Marie Baum: Vergessene und Unvergessene aus der Stadt Heidelberg, in: Maas, Hermann; Radbruch, Gustav; Schneider, Lambert (Hg.): Den Unvergessenen. Opfer des Wahns 1933-1941. Heidelberg 1952, S. 98–104, hier 101, Katalog: Verführt und verraten, S. 215f.; zur Familie Hachenburg siehe: M. H.: Lebenserinnerungen eines Rechtsanwalts (1927) (Neuausgabe: Lebenserinnerungen eines Rechtsanwalts und Briefe aus der Emigration, hg. und bearb. von Jörg Schadt (Bd. 5 der Veröffentlichungen des Stadtarchivs Mannheim, Stuttgart 1978); Selbstdarstellung von M. H. in: Der Wissenschaftler der Gegenwart (20er Jahre); Roger William Harrison: Lebensabend eines Rechtsanwalts in der Emigration. Veröffentlichung der Freunde des Stadtarchivs Mannheim e. V., Mannheim 2001; Stadtarchiv Mannheim: Nachlass Max Hachenburg Zugg. 50 / 1973; 41 / 1974; 41 / 1975; 33 / 1980; Watzinger, Karl Otto: Geschichte der Juden in Mannheim 1650–1945, Stuttgart 1984, S. 95 / 96.
51 In Dora Buschs Nachlass finden sich Teile der Korrespondenz, die sie von Theresienstadt aus mit ihren Angehörigen in Heidelberg führte; sie geben – trotz Zensur und vorgeschriebener Knappheit – einigen Aufschluss über die Lebensumstände im Lager. Nach der Befreiung des Lagers Rückkehr nach Heidelberg am 21.6.1945. 1946 als Studienrätin wieder im Schuldienst. 1948 wurde Dora Busch als Studienrätin in den Ruhestand versetzt; sie beschäftigte sich intensiv mit der Psychoanalyse (insbesondere bei Georg Groddeck im Sanatorium Marienhöhe in Baden-Baden), veröffentlicht analytische Deutung Grimmscher Märchen; verstorben April 1992, Grabstelle Handschuhsheimer Friedhof. Weckbecker, 1985, S. 249; Nachruf Dr. Dietrich Bahls in RNZ 8.4.1992; Kinder: Busch, Erika, geb. 4.3.1912 in Heidelberg (Halbjüdin), 1939 Lutherstraße 42, verstorben; Busch, Gerda, geb. 20.8.1913 in Heidelberg, Studentin an der Universität Heidelberg, 1939 Lutherstraße 42, verstorben. „Die Linien des Lebens sind verschieden." 125 Jahre Hölderlin Gymnasium 1877–2002, S. 26.

52 Zur Familie Hochherr vgl. Anm. 1.
53 Vgl. Anm. 47.
54 Susanne Döhring: Die Geschichte der Heidelberger Juden (1862 bis 1918), in: Stadt Heidelberg (Hg.): Geschichte der Juden1996, S. 237; s.a. Udo Wennemuth: zur Geschichte der Juden in Heidelberg in der Weimarer Republik, in: Stadt Heidelberg (Hg.): Geschichte der Juden1996, S 388–390; Hermann Deutsch: Lebenserinnerungen, 1972, unveröff. Manuskript, Stadtarchiv Heidelberg, D2.
55 UAHD A-219 / PA; GLA Abt. 235, Faz. 2694, Axel Feuß: Das Theresienstadt-Konvolut. Hg. Altonaer Museum u. Norddeutsches Landesmuseum, München 2002, S. 76–77; Josef Becker: Zum 50-jährigen Bestehen des Czerny-Krankenhauses. Ruperto Carola, Bd. 20 (1956) 111.
56 Vgl. Das Schwarzbuch. Die Lage der Juden in Deutschland 1933 ed. Comité des délégations juives. Paris 1934 S.521; und Max Hachenburg in Deutsche Juristen-Zeitung GdJiHD S. 450f.
57 Weckbecker, 1985, S. 73 und 249.
58 UAH A-219/PA, GLA, Abt. 235, Fasz. 324; Chronik der Ärzte in Heidelberg 1985, S. 138; Giovannini; Mumm, Bauer: Jüdisches Leben in Heidelberg, S. 189, Dagmar Drüll: Die Dozenten der Universität Heidelberg, Heidelberg 1986, S. 190; UAH A 219 / Neu, GLA 235 / 2341; Dorothee Mußgnug: Die vertriebenen Heidelberger Dozenten. Zur Geschichte der Ruprecht-Karls-Universität nach 1933, Heidelberg 1988, S. 34/35.
59 Weckbecker, 1985, S.258; Bad. Biographien, NF, Bd. IV, Stuttgart 1996: Guido Leser (G. Kather) S. 186f.
60 Marie Baum: Vergessene und Unvergessene aus der Stadt Heidelberg, in: Maas, Hermann; Radbruch, Gustav; Schneider, Lambert (Hgg.): Den Unvergessenen. Opfer des Wahns 1933–1941, Heidelberg 1952, S. 98–104, hier 103.

Michael Buselmeier

Richard Benz und die Verteidigung der Tradition

Dankrede anlässlich der Verleihung der Richard-Benz-Medaille
am 13. November 2003

Sehr geehrte Damen und Herren, liebe Freunde und Feinde. Ich danke der Stadt Heidelberg, den Mitgliedern des Gemeinderats und besonders der Oberbürgermeisterin Beate Weber für die Verleihung der Richard-Benz-Medaille. Richard Benz verdanke ich mehr. Um das Jahr 1960, als unwissender, nach Orientierung suchender Student der Germanistik und Schauspiel-Eleve, fielen mir einige seiner Bücher in die Hand, die ich noch immer schätze und die mich entschieden geprägt haben. Auch Benz selbst verehrte ich, ich grüßte ihn, wenn ich ihm auf der Gaisbergstraße begegnete, aber ich wagte es nicht, ihn anzusprechen. Nur einmal haben wir uns – er einen ungebärdigen Spaniel, ich einen Dackel an der Leine – über Hundeprobleme unterhalten. Dabei hätte er mir – ich schrieb um 1960 meine ersten expressionistisch inspirierten Gedichte – zum Beispiel einiges über Alfred Mombert berichten können, den Kosmiker, dessen steile Sprachgesten mir immer unverständlich geblieben sind, ihm jedoch vollkommen vertraut zu sein schienen, wie es mir seine Schrift zum fünften Todestag des Dichters aus dem Jahr 1947 nahe legte. Ich selbst hielt Mombert für einen Wegbereiter des Expressionismus, folglich für einen Anhänger der Moderne und naturgemäß seinen Freund und postumen Laudator ebenso, was ein jugendliches Missverständnis war.

Meine Verehrung für Benz, der mein Großvater hätte sein können, war übrigens lange ganz frei von Kritik und überstand ungefährdet selbst meine linksradikalste Phase. Ja ich muss gestehen, dass ich noch heute, mit dem Rad zu einer literarischen Führung oder einer Lesung unterwegs, es so gut wie nie versäume, einen Blick den Hutzelwaldweg hinauf zu Benz' letzter Studierstube zu werfen, als könnte er mich trotz der inzwischen verbauten Aussicht sehen und mein Tun, auch wenn es ihm etwas seltsam vorkommen sollte, als eine Art Nothelfer gutheißen.

Diese Bewunderung geht zuallererst auf Benz' 1950 erschienene Autobiografie zurück, die den ein wenig hochtrabend klingenden Bindestrich-Titel „Lebens-Mächte und Bildungs-Welten meiner Jugend" trägt und die Jahre bis 1914 umfasst. Benz, Sohn eines streng lutherischen Hofpredigers in Dresden, ist 1902 als 18-Jähriger zum Studium nach Heidelberg aufgebrochen und von hier, bis auf kürzere Abstecher, nie mehr weggekommen. Auch ich bin in diesem Ort hängen geblieben, in den ich bereits als Säugling gebracht wurde – eine allen Verunstaltungen zum Trotz noch immer auffallend schöne und geistig keineswegs unlebendige Stadt. Ich glaube allerdings nicht, dass ich der landschaftlichen Schönheit oder der Universität halber hier ausgeharrt habe, sondern recht eigentlich meiner Mutter wegen, und wäre vermutlich in jeder anderen Stadt, selbst der schäbigsten, auch geblieben und hätte über ihre Gassen und Einwohner geschrieben. Ob Benz wohl aus rein ästhetischen Gründen, das Schloss und den noch unkanalisierten Neckar vor Augen, hier sesshaft geworden ist; wegen des damals noch reicher vorhandenen Flairs, das ihn zur Mittelalter-, Barock- und Romantikforschung inspirierte? Oder eher, weil das jungherrenhafte Leben in der Prachtvilla der halb-italienischen Schwiegereltern, nur ein paar Minuten von der für ihn wie geschaffenen Universitätsbibliothek entfernt, so bequem war? Unsere Bücher jedenfalls hätten wir beide auch fern von Heidelberg schreiben können, vielleicht sogar, vom Heimweh beflügelt, viel bessere Bücher.

Im frühlingsmilden Heidelberg eingetroffen, besuchte der junge Benz zunächst Vorlesungen der Germanisten Wilhelm Braune und Max von Waldberg, und ihm wurde schnell klar: Sollte der Weg zur Wissenschaft weiterhin so knochentrocken und so philisterhaft verlaufen wie dort, würde er ihn niemals gehen. Doch dann erlebte er den Kunsthistoriker Henry Thode, Schwiegersohn Cosima Wagners, mit „leidvoll durchfurchten Zügen" sprechend über venezianische Malerei, ohne Manuskript die Atmosphäre der Lagunenstadt vors innere Auge zaubernd. Alle lauschten gebannt, kaum einer kam auf die streberhafte Idee, sich Notizen zu machen. Der da sprach, war – so Benz – „ein Verkünder der Kunst, wie ich es irgendwie erhofft und erträumt, aber nicht in Wirklichkeit zu finden erwartet hatte." Benz wusste plötzlich, „dass es ein seelisches Erlebnis der Kunst gab, vielleicht tief verwandt dem der Religion, eine letzte Wirkung von ihr, ein Ersatz für sie in glaubenslos gewordenen Zeiten. Es eröffnete sich in diesem Augenblick in mir das Organ zur wahren Empfängnis der Kunst."

Hier schwärmt natürlich schon der spätere Freie Schriftsteller, der so geistgläubige „Privatgelehrte" (eine Berufsbezeichnung, die zu Benz passt wie keine andere). Dies lesend, wollte auch ich fortan, ähnlich wie er fast 60 Jahre vor mir, ganz in und mit der Kunst leben und keine Mühe scheuen, mir die wissenschaftlichen Grundlagen anzueignen, die den Zugang zur Geisteswelt versprachen. Und noch in einem anderen, entscheidenden Punkt wurde Benz mir zum Vorbild: Ich erkannte in ihm nicht nur den Kunstbeseelten, den er in Thode fand, sondern auch den geborenen Außenseiter, den Abseitssteher, den unkonventionellen Wanderer, der quer über die Wiesen ging und die modischen Trampelpfade mied, mit der Arroganz des Künstlers, der Eleganz des Tennisspielers ausgestattet. Er war für mich einer, der die engen Fachgrenzen, das Fliegenbeinzählerische der Experten nicht akzeptierte und eigensinnig nach geheimen Zusammenhängen forschte, ein Bewunderer auch der großen Einzelgänger und Genies, etwa Jean Paul. Nicht zuletzt imponierte mir seine Neigung, sich Gruppenzwängen jeder Art zu entziehen und kein Amt anzunehmen.

So wie er suchte auch ich nun nach einem *ursprünglichen* Weg zur Kunst, nach dem *Erlebnis* des Geistigen, und zwar – wo möglich – nicht über die Philologie und die Kunstwissenschaft. Ich vertiefte mich in die autobiografischen Schriften der Dichter, durchstreifte aus purer Begeisterung sämtliche Kirchen von Florenz, Siena und Pisa. Benz unterstützte meine Ahnung, nur so, im spontanen Zugriff auf das Primäre und Originale, den Professoren mit ihrer einschüchternden Gelehrsamkeit gewachsen, ja ein Stückweit überlegen zu sein, dem produktiven Leid der Künstler näher als sie, die manchmal so taten, als wären sie die Vertrauten und Brüder der Dichter, was ich ihnen jedoch, von Benz bestärkt, in meinem jugendlichen Hochmut, der augenblicks in Unsicherheit umkippen konnte, nicht abnahm. Benz war mein Zeuge und Schutzgeist, mit ihm fühlte ich mich im Gestöber der Terminologien, in der positivistischen Welt der Fußnoten und der Sekundärliteratur nicht so verloren.

Was mich an seinen „Erinnerungen" so faszinierte, war eine glaubwürdig dargestellte geistige Entwicklung, die mir beispielhaft erschien, eine Art „Wilhelm Meister"-Geschichte, während mir das Zeitgebundene, Erzbürgerliche und politisch Konservative daran fast gar nicht auffiel (oder ich wollte es nicht wahrhaben). Hat Benz die finstere Seite der Romantik, das Schockhaft-Plötzliche bei Novalis und Friedrich Schlegel, das Grotesk-Grausige bei E. T. A. Hoffmann, nicht eher gemieden? Sehr im Unterschied zu mir war er schon als junger Mensch am radikal Neuen in der Kunst kaum interessiert gewesen. Musikalisch schätzte er Wagner und Richard Strauß wenig, von Bruckner, Mahler und Hindemith gar nicht zu reden. Die folgenreichen Umbrüche, deren Zeitgenosse er ja war – Naturalismus, Expressionismus, Surrealismus – lehnte er ab, selbst gegen Stefan George und Rilke empfand er Widerwillen. Schmerzensmänner wie Kafka oder Robert Walser nahm er nicht wahr; kein Wort auch zu konkurrierenden Konservativen wie Rudolf Borchardt oder Hugo von Hofmannsthal. Von zeitgenössischen Dichtern hat er außer seinen Heidelberger Gefährten Alfred Mombert, Emil Alfred Herrmann und Alexander von Bernus explizit nur Hermann Hesse, Hans Carossa und Wilhelm von Scholz anerkannt, die ihrerseits seine Arbeiten gelobt haben. Die Verbindung zu Hesse hatte über Jahrzehnte Bestand, beginnend 1911 mit den ersten Editionen der deutschen Volksbücher. Als Hesse den Friedenspreis des deutschen Buchhandels verliehen bekam, hielt Benz die Festrede.

Neben dem späten Mittelalter der Legenden und Volksbücher, das ihm zeitloses Vorbild für eine einige, das heißt katholische Kunst war, hat Benz, selber ein wiedergeborener Romantiker, der dem Fortschritt misstraute und so etwas wie Verlustangst durchaus kannte, sich vor allem um die Romantik bemüht. Sein vielleicht bedeutsamstes Buch, „Die deutsche Romantik" (1937), ist keine gewöhnliche Literaturgeschichte, sondern – wie es im Untertitel heißt – die „Geschichte einer geistigen Bewegung", die von Wackenroders „Herzensergießungen eines kunstliebenden Klosterbruders" bis zu Bettina von Arnims „Köngisbüchern" reicht, wobei Musik, Literatur, bildende Kunst und Philosophie im Zusammenhang dargestellt werden, sozusagen eine „deutsche Wiederfindung" aus dem Geist der für Benz dominierenden Musik. Zitiert wird auf fast 500 Seiten nur aus den Werken der Zeit selbst, kein einziges Mal aus der Sekundärliteratur. Wie bei Gundolf fehlen Anmerkungen und Literaturangaben. Ist das Hochmut oder Ausdruck von poetischem Selbstbewusstsein? Die Sprache wirkt, bei aller Souveränität der Stoffbewegung, mitunter pathetisch-umständlich, von heute her gesehen vielleicht ein wenig zu schwärmerisch, doch längst nicht mehr so ideologisch verschwurbelt wie noch in Benz' 14 beziehungsweise zehn Jahre vorher veröffentlichtem Riesenwerk „Die Stunde der deutschen Musik", das in zwei Bänden auf insgesamt 1000 Seiten messianische Töne anschlägt vom Ende der Stunde des deutschen „Gesangs" mit Schuberts Tod und deren Wiedergeburt im „Wort" und in der „culturellen Tat". All diese Hoffnungen und Konstrukte sind längst spurlos verweht, ähnlich wie das typographisch reich ausgestattete Buch selbst, das ich erst kürzlich in der Grabbelkiste vor einem Antiquariat für nur zehn Euro erwerben konnte.

Ich kann nicht genau angeben, wie bestimmend Benz' Einfluss auf meine in den 80er Jahren beginnenden Unternehmungen als Stadt-Anthologist, Stadtforscher und -führer war, wie weit er mich also zu meiner wahrscheinlich erfolgreichsten Haupt- und Lebensrolle als Cicerone ermutigt hat. Auf jeden Fall stammt ein beträchtlicher Teil meiner anfangs bescheidenen Kenntnisse aus seinem voluminösen Heidelberg-Buch mit dem episch grollenden Titel „Schicksal und Geist", ein Spätwerk von 1961, in das ich immer wieder, auch Neues entdeckend, schaue, zugleich der letzte Versuch eines Einzelnen – so heißt es –, die Kulturgeschichte der Stadt noch einmal zusammenzufassen. Doch habe ich mit meinen literarischen Führungen, methodisch naiv von Haus zu Haus gehend, seit 1988 nicht etwas Vergleichbares entwickelt, ohne zunächst an eine Gesamtdarstellung überhaupt zu denken …

Benz' Buch über Heidelberg setzt die für ihn typischen Akzente, deren wertkonservative Prägung mir erst voll bewusst wurde, als ich selbst Stadtgeschichte betrieb und dabei bemerkte, wie sich viele meiner Einstellungen aufgrund dieser Tätigkeit verwandelten. Sein Werk beruht auf dem Vorbildcharakter des süddeutschen Mittelalters, dem Zauber der alten Religion; es feiert den sinnlichen Glanz des katholischen Barock unter den Kurfürsten Johann Wilhelm und Carl Philipp und „die goldene Zeit der Pfalz" unter Carl Theodor gegenüber dem Aufklärungsbemühen rationalistischer Geschichtsschreiber wie Schlosser, Häusser und Gervinus, die für Benz eine graue, amusische Nüchternheit förderten. Es feiert besonders die junge Heidelberger Romantik um die Schmetterlingsfänger Arnim, Brentano und Görres, den Sehnsuchtston Eichendorffs und den frechen Klang des Wunderhorns gegenüber den puritanischen Fortschrittsaposteln um Johann Heinrich Voß, mit denen die „neue Zeit" anfängt. Auch das Rettungswerk des Grafen Graimberg und der Brüder Boisserée findet Beachtung. Dem 20. Jahrhundert und damit der gesamten Moderne, an der ja auch Heidelberg eine gewissen Anteil hat, im Guten wie im Schlimmen, widmet der greise Benz kaum noch einen Blick, als hätte der selbsternannte Volkspädagoge, zumal angesichts der kapitalistisch-technologischen Entwicklung, all seine Zukunftserwartungen begraben.

Machen wir uns nichts vor: Richard Benz und seine geistesgeschichtlichen Arbeiten, die seinerzeit auch und gerade außerhalb Heidelbergs von Kennern und Liebhabern geschätzt wurden, sind heute fast ganz vergessen; seine zahlreichen Bücher, selbst das Heidelberg-Epos „Schicksal und Geist", wurden verramscht. Die Hochschulgermanistik hat ihn – den frühen Gegner der Renaissance – fast einstimmig als „Philologiefeind" und „dilettantischen Schwärmer" abgeurteilt, wenn nicht totgeschwiegen. Wie ‚deutsch' (im guten Sinn des Wortes) war dieser Benz ein freies Leben lang, so deutsch, wie beispielsweise Thomas Mann Hermann Hesse gesehen hat: in seinen Problemstellungen, seinen Antworten, seiner Sprache. Noch im November 1976, zum 10. Todestag, konnte Edwin Kuntz in der „Rhein-Neckar-Zeitung" eine öffentlich subventionierte Gesamtausgabe für Benz' „bleibende Schriften" fordern. Im selben Jahr wurde die Richard-Benz-Medaille gestiftet. Heute würde sich die Stadt Heidelberg für eine solche Auszeichnung vermutlich einen ganz anderen Taufpaten auswählen: keinen Erwecker nationaler Kulturschätze in der Nachfolge der Brüder Grimm, eher einen weltläufigen Vernunftmenschen, möglichst weiblich – so diktiert es zumindest der Zeitgeist.

Dies bedenkend, möchte ich doch an Benz, dem gänzlich Unzeitgemäßen, der mich so früh auf den Weg brachte und in meiner Eigenart bestärkte, der mich auch weiterhin mit nützlichen Kenntnissen versorgt und noch mein langes Heidelberg-Poem von 1996 beflügelt hat, festhalten und für ihn und sein Werk werben. Seine Liebe zur Kunst ist nachlebenswert und manchem beruflich mit Literatur Befassten zu wünschen. Es geht ja auch mir, seit ich mich gründlicher mit Kulturgeschichte beschäftige, um nichts Geringeres als um die Verteidigung der christlich-abendländischen Tradition, in der wir wohl alle aufgewachsen sind. Es ist unsere Jahrhunderte alte Sprache, unsere ureigene Kultur. Sie wird heute, ungleich massiver als Benz sich das vorstellen konnte, von mindestens zwei Seiten bedroht: vom Sprach- und Bildermüll der amerikanischen Medienindustrie, der weltweit aus fast allen Kanälen und Theaterhäusern quäkt, einerseits, und vom multikulturellen Supermarkt, der politisch gewünscht wird, andererseits. Beide Phänomene negieren das Besondere und Gewachsene des authentischen Kunstwerks; ihnen ist alles gleich unbedeutend. Sie liquidieren das regionale wie das nationale Idiom. Das mit Erfahrung Besetzte, über Generationen Vertraute, verschwindet: Lieder, Mythen, Märchen, Gedichte … Doch ist nicht ein Hauch irdischer Seligkeit, also Heimat, in den Werken der großen bürgerlichen Kunst enthalten, selbst dort, wo sie den Himmel meinen, frage ich, sinngemäß Herbert Marcuse zitierend. Richard Benz, der von Mombert seiner Legenden-Editionen wegen halb scherzhaft „Kirchenvater" genannt wurde, würde mir jetzt, hoffe ich, zunicken.

Buchhandlung

himmelheber

Theaterstraße 16
69117 Heidelberg
Telefon: 22201

ABFALL
vermeiden
verwerten
entsorgen

Ihre Abfälle und Wertstoffe sind bei uns in guten Händen

Tipps und Informationen
Abfallberatung
☎ 58 29 580

 Stadt Heidelberg | Amt für Abfallwirtschaft und Stadtreinigung

Hans-Martin Mumm

Der Ritter am ‚Ritter' und seine Frau
Ein neuer Blick auf eine berühmte Fassade

„Dieses Haus wurde von einem Glaubensflüchtling aus Frankreich erbaut." „Am rechten Erker unten sehen Sie das Doppelrelief der Kinder des Bauherrn Charles Belier." „Das Haus wurde 1693 verschont, weil es der Sitz des französischen Kommandanten war." „Hier übernachtete 1838 Victor Hugo." Wer sich täglich am Haus zum Ritter, Hauptstraße 178, durch die Besucherpulks zwängt, stört sich nicht mehr an derlei Gästeführungsmythen und ist eher belustigt über den Sach- und Sprachschnitzer vom häuserarmen Heidelberg, mit dem aktuell die Fußballweltmeisterschaft 2006 beworben wird:

„Der Ritter ... überlebte als eines der wenigen Häuser Heidelbergs die Zerstörung im Pfälzischen Erbfolgekrieg."[1]

Ganz anders ist das bei einer eigenen Führung: 2004 waren sich Michael Buselmeier und ich bei der Position vor dem ‚Ritter' über viele Details nicht einig, insbesondere über die Deutung der beiden unteren Reliefs am rechten Erker. Aus der Nacharbeit dazu ist der folgende Beitrag entstanden.[1]

1. Der ‚Ritter' in der Literatur

In landeskundlichem Zusammenhang findet der ‚Ritter' schon früh Erwähnung. Dem „Versuch einer vollständigen Beschreibung der Kurfürstlichen Pfalz am Rheine" von Johann Goswin Widder (Bd. 1, 1786) verdanken wir den Hinweis, dass das 1592 von dem Tuchhändler Charles Belier als Wohn- und Geschäftshaus errichtete Gebäude schon 1669 als Gasthaus „Zum Ritter St. Georg" genutzt wurde.[2] Aus Friedrich Peter Wundts Bemerkung von 1805, der ‚Ritter' sei „ein großes, aber kein modernes Gebäude"[3] wird die Ignorierung der Renaissance-Architektur im Zeitalter der Romantik bereits deutlich.

In der nun einsetzenden Fremdenliteratur taucht die Fassade zunächst nicht auf, und zwar unabhängig davon, ob der jeweilige Autor der Romantik im engeren Sinne nahe stand oder nicht: Georg Reinbeck (1808), Aloys Schreiber (1811) und Julius Engelmann (1823) übergehen den ‚Ritter', letzterer nennt in der Neuauflage (1830) ganz knapp das Gasthaus.[4] Helmina von Chezy widmet 1821 dem ‚Ritter' vier Zeilen, 1838 in der englischen Ausgabe ihres Heidelbergbuches immerhin einen ganzen Abschnitt, allerdings mit der sehr kühlen Architekturbeschreibung „in the style then prevailing".[5]

Die Wahrnehmungsschübe für den ‚Ritter' gingen meist einher mit einem Wechsel der Eigentümer und den damit verbundenen Baumaßnahmen. Während der Übergang an Ludwig Franck 1817 unbeachtet blieb, schuf sich Friedrich Hormuth 1832 einige Aufmerksamkeit. Er ließ die Fassade reinigen und die wichtigen Architekturteile neu vergolden. Johannes Hormuth, ein Pfarrer und Bruder des Ritterwirts, verfasste 1833 eine Schrift, die zuerst in den „Heidelberger Wochenblättern" erschien, 1868 als separate

---

1   Eine Rohfassung dieses Beitrags lag einem Vortrag zugrunde am 9. Juni 2005 in der Buchhandlung Himmelheber unter dem Titel „Neues vom Ritter"

Broschüre gedruckt wurde[6] und bis heute zum Verständnis der Baugeschichte und der Fassade herangezogen wird. Auf Hormuths Angaben und Deutungen stützen sich die längeren Ausführungen bei dem Kameralisten Karl Caesar von Leonhard (1834)[7] und bei dem ehemaligen Heidelberger Studenten Julius E. Johannsen (1837)[8].

Richtig geadelt wurde der ‚Ritter' in Victor Hugos Heidelbergkapitel in dem Buch „Le Rhin". Hugo war 1840 für eine Woche in Heidelberg gewesen, stilisiert den Aufenthalt auf einen dreiwöchigen um und datiert ihn vor auf 1838. Wie aus seiner Beschreibung hervorgeht, war er nicht im Ritter abgestiegen (sondern wohnte im Schwarzen Adler[9]):

„Morgens gehe ich los und zuerst (verzeihen Sie mir einen äußerst gewagten Ausdruck, der jedoch meinen Gedanken wiedergibt), um meinem Geist ein Frühstück zu gewähren, am Haus zum Ritter Sankt Georg vorbei. Es ist wirklich ein hinreißendes Gebäude."[10]

Um sich auf Heidelberg einstellen zu können, hatte Hugo sich französische Ausgaben der Schloss- und Stadtführer von Charles des Graimberg und Aloys Schreiber besorgt,[11] in denen aber keine Angaben zum ‚Ritter' zu finden sind. Darum sind Hugo die vier merowingischen Königsköpfe zwischen dem 2. und 3. Obergeschoss entgangen, die er sonst gewiss kommentiert hätte; und was er über die Geschichte des Bauwerks mitteilt, scheint er nur vom Hörensagen zu kennen. Aber er rühmt die Feinheit der Architektur, ein „Poet" müsse dieses Haus gebaut haben:

„Über alle drei Etagen springen zur Straßenseite zwei Türmchen mit wunderlich verziertem Dachwerk hervor; und schließlich ist die ganze rote Sandsteinfassade mal neckisch, mal streng behauen, ziseliert, mit dem Meißel bearbeitet und von oben bis unten mit vergoldeten Arabesken, Medaillons und Büsten versehen."[12]

In Friedrich Blauls Erzählung „Die steinerne Braut. Eine Heidelberger Novellette aus der Zeit um 1840"[13] spielt die erste Szene am Ritter: Ein Student steigt nachts auf eine lange Leiter und küsst das Relief der Francina Belier. Der Plot ist, dass eine junge Witwe, die im Zimmer bei dem Relief logiert, über die nächtliche Erscheinung erschrickt und in eine Depression verfällt, von der sie erst durch eine spätere Begegnung mit dem Studenten erlöst wird. Blaul kannte als Heidelberger Theologiestudent in den Wintersemestern 1828/29 und 1831/32 den ‚Ritter' vor und nach seiner Erweckung aus dem Dornröschenschlaf und konnte bei der Erzählung dessen Bekanntheit voraussetzen.

Weitere Romane, deren Handlung den ‚Ritter' oder seinen Bauherrn Charles Belier berühren, sind Adolf Hausrath: Klytia. Historischer Roman aus dem 16. Jahrhundert (Leipzig 1883) und Ernestine Diethoff: Unter der harten Hand. Kulturhistorische Zeitgemälde (Stuttgart 1884). Und es ist erstaunlich, welche Bildungsgüter selbst im heutigen Groschenroman noch anzutreffen sind. Adrian Doyle und Timothy Stahl schildern in „Die Loge der Nacht" (Vampira Bd. 20, Bergisch Gladbach 1995) das Heidelberg von 1635: Ein junger Kriegsflüchtling wird von dem greisen Tuchhändler Charles Belier aufgenommen, der sich aber bald als Chef einer Loge entpuppt, die die Stadt mit einem Heer von tödlichen Spinnen terrorisiert ...

Aber zurück zur eigentlichen ‚Ritter'-Literatur (Abb. 1). 1905 erwarb der Hotelier Friedrich Ottomar Zeuner den ‚Ritter' und modernisierte ihn bis 1907. Zum ersten Mal kam es dabei zu einer Kooperation mit der staatlichen Denkmalpflege, die sich zusammen mit der Stadt Heidelberg finanziell beteiligte. Regierungsbaumeister Otto Linde fertigte mit erheblichem Aufwand 1:1-Zeichnungen der Fassade an, die heute nur noch zum Teil vorhanden sind. Von einer Archivreise nach Tournai brachte er Erkenntnisse zur Familie Belier mit, die freilich an keiner Stelle im Wortlaut dokumentiert sind. Die erste Zusammenfassung der Forschungen Lindes stammt von dem Heidelberger Journalisten Franz Dufner, der 1906 ein marketing-orientiertes Heft mit historischer Einleitung veröffentlicht.[14] 1910 nimmt Rudolf Sillib in die postume 3. Auflage von Karl Pfaffs Buch „Heidelberg und Umgebung" Passagen von Linde auf, ohne deren Quelle anzugeben.[15] 1913 gibt Adolph von Oechelhäuser Otto Linde Gelegenheit zu einem eigenen Text, indem er ihm in der amtlichen Denkmalbeschreibung den Abschnitt über den ‚Ritter' überlässt.[16] Und im Zusammenhang mit einer erneuten Fassadenrestaurierung 1940/41 beschreibt Linde, nun Oberregierungsrat, im Auftrag des Badischen Landesdenkmalamts die Maßnahmen von 1905–07 und 1940–41.[17] Lindes Bauuntersuchungen ergeben, dass der ‚Ritter' 1693 vom Dachstuhl bis ins 1. Obergeschoss gebrannt hatte und ab 1694 zunächst für eine Rathausnutzung, dann wieder als Gasthof aufwändig und in guter Qualität, zum Teil in barocken Formen, restauriert worden war.

Abb. 1:
Die Ritterfassade um 1900 (Dufner: Ritter, wie Anm. 14, S. 3)

Die Marketingbroschüren blieben nach Hormuth (1833) und Dufner (1906) das Schicksal des ‚Ritters'. Offenbar aus Freundschaft zum Ritterwirt Georg Kuchelmeister veröffentlichen Fritz Nötzold und Günter Heinemann 1980 ein Heft mit schönen Details aus Lindes Fassadenzeichnungen, mit ansonsten aber kaum erkennbarem wissenschaftlichen Aufwand.[18] Erst die Fassadenrestaurierung von 1983 erbrachte den jüngsten Erkenntnisschub, weil der Restaurator Hans V. Dursy eng mit dem Kunsthistorischen Seminar der Universität Heidelberg zusammenarbeitete. Leider ist die Arbeit von Michael Kowalski nie im Druck erschienen.[19] Mit ihrer die Restaurierung begleitenden Bauaufnahme, ihrer Dokumentation zur Nutzungs- und Sanierungsgeschichte, ihren kunsthistorischen Vergleichen, ihren Erwägungen zum Erdgeschoss und ihrer Zuschreibung an den Laien-Architekten Daniel Soreau muss sich jede neue Veröffentlichung an ihren Ergebnissen messen lassen.

2. Die Familien von Charles Belier und Francina Soreau

Die einzige Quelle zum Bauherrn und seiner Familie ist die Fassade selbst. An der östlichen Erkerbrüstung des 2. Obergeschosses halten Engel zwei Wappen mit den Inschriften:

„CAROLVS BELIE 1592"

„FRANCINA SORIAV"[20]

Bei diesen Wappen handelt es sich um ‚redende Wappen', wie sie sich aufstrebende Bürger gerne zulegten, indem sie ihren Familiennamen bildlich darstellten. Das linke Wap-

Abb. 2:
Das Wappen der Familie Soreau mit der Inschrift „Francina Soriau", Zeichnung von Otto Linde (Nötzold, Heinemann: Ritter, wie Anm. 18, S. 11)

pen zeigt einen aufsteigenden Widder (franz. belièr), das rechte Wappen zwei Fische (Abb. 2), die dem französischen saurel (Fisch, von lat. saurus) entsprechen, aber auch von einem mittelniederländischen soor (Trocken-, Dörrfisch) stammen könnten.[21]

Der Name des Bauherrn findet sich bereits im Einwohnerverzeichnis von 1588, damals noch als Mieter in der Nähe des späteren ‚Ritters':

„Uffm Marckht ... In Philips Zwengels Hauß wohnt: Carll Belie mit Weib, 1 Kind, 2 Jungen, 1 Magd, 6. Hat bei sich ein edelfrau Adriana von Sohey, 1."[22]

Wenige Häuser nebenan und ebenfalls als Mieter „uffm Marckht" lebte ein weiterer Belier, der allgemein als Bruder von Charles gilt:

„In Niclas Lorbächers Witwen Hauß wohnt Jacob Belie mit Weib, 3 Kindern, 1 Magd, 2 Knecht, 8."[23]

Dass der Bauherr die Vornamen latinisierte, die Steinmetze das stumme r im Namen Belier wegließen und den Namen der Ehefrau mit i statt „Soreau" schrieben, führt zu Varianten, die nicht weiter irritieren. Die Angaben über Jungen, Knechte und Mägde lassen mit Sicherheit auf eine berufliche Tätigkeit der beiden Beliers schließen. Über die Edelfrau Adriana von Sohey war bislang nichts herauszufinden.

An der Peterskirche hat ein einziger Grabstein der Beliers die Zeiten überdauert. Von Jakob Belier und seiner Frau liegen die Inschriften eines Grabsteins vor, der 1906 aufgrund fortgeschrittener Verwitterung von der Außenseite der Peterskirche ins Kircheninnere verbracht wurde: Francisca Belier, geb. Lorentz (1559/60–1609) und Jacob Belier „von Dornich [Tornai]" (1554/55–1618) hatten sich integriert, waren Heidelberger Bürger geworden und ließen deutsche Grabtexte schreiben.[24] Jacques/Jacob Belier dürfen wir mit Karl Pfaff „für den ... Socius des Erbauers des Hauses zum Ritter St. Georgen halte[n]".[25]

Für Francina und Charles Belier sind keine Lebensdaten bekannt. Da beide 1588 erst ein Kind hatten und ihre Schwäger um die Jahrhundertmitte geboren wurden, sind auch für das Bauherrenpaar des ‚Ritters' Geburtsjahrgänge zwischen 1550 und 1560 wahrscheinlich. Nach den Quellen haben Francina noch 1608 und Charles noch 1614 gelebt; beiden wäre zu gönnen, dass sie bei der Katastrophe von 1622 nicht mehr am Leben waren.

Charles Belier stammte aus Tournai, und schon seine Vorfahren waren dort als „detailleur des draps", als Tuchhändler, vermögend geworden.[26] Hormuth behauptet bereits 1833, dass die Beliers 1572 nach Heidelberg geflüchtet waren. Da es aber bislang keinen Beleg für ihren Aufenthalt in Heidelberg vor 1588 gibt, ist zu vermuten, dass Hormuth einfach das Jahr der Bartholomäusnacht, den Höhepunkt der Calvinistenverfolgung in Frankreich, als Fluchtjahr angenommen hat. Ähnliches Misstrauen ist gegenüber Lindes Archivrecherchen in Tournai angebracht, die nur summarisch mitgeteilt werden.[27] Der Gang der Ereignisse in Tournai macht eine Flucht nicht vor 1581, dem Jahr der Erstürmung der calvinistischen Festung durch Herzog Alexander Farnese von Parma, am wahrscheinlichsten.

Aber selbst wenn eine Flucht für 1572 nachweisbar wäre, dann hätte sie nicht nach Heidelberg geführt. Das Kirchenbuch der wallonischen Gemeinde in Heidelberg, dem Zusammenschluss der französischsprachigen Flüchtlinge, hat sich erhalten; die Beliers hätten dieser Gemeinde unvermeidlich angehören müssen, wenn sie sich in Heidelberg aufgehalten hätten. In diesem Kirchenbuch, das den Weg der Gemeinde von Heidelberg nach der Vertreibung von 1577 unter dem lutherischen Kurfürsten Ludwig VI. nach Frankenthal dokumentiert, wird Francina Belier erstmals 1588 und nur als Taufpatin für Frankenthal genannt.[28] Der nicht völlig seltene Name Belier taucht schon 1576 in Heidelberg auf, als Francinas Vater Johann Soreau, offenbar in einer Spätehe, Anna Belier heiratete,[29] aber diese Eheschließung ist nicht mit einer Niederlassung in Heidelberg verbunden, und über eine Verwandtschaft zwischen Anna und Charles Belier sind jenseits der Verschwägerung nur Spekulationen möglich.

Nicht unwichtig für das Verständnis der Ritterfassade ist die Klärung der Territorialzugehörigkeit der Stadt Tournai. Diese alte merowingische Königsstadt an der Schelde gehörte im Mittelalter zu Frankreich und wurde 1521 von Karl V. erobert und mit dem Frieden von Madrid 1526 den Spanischen Niederlanden, zugleich auch dem Deutschen Reich, einverleibt. Im August 1566 kam es in Tournai – und überall in den Niederlanden – zu einem aufrührerischen Bildersturm,[30] der zum Ausgangspunkt für den 80-jährigen Unabhängigkeitskrieg der Niederlande wurde. Dem Aufstand folgte eine Gegenreformation mit schroffer Repression, die für Tournai 1581 mit der Erstürmung der Stadt durch spanische Truppen ihren Höhepunkt fand. In den Auseinandersetzungen mischten sich die Interessen der regierenden Habsburger an der Stärkung der zentralen Verwaltung und der Niederhaltung der Städte mit den konfessionspolitischen Anliegen. Umgekehrt entsprach die calvinistische Orientierung des Bürgertums der Städte den

Interessen der städtischen Handwerker und Händler. Zur Deutung unserer Fassade ist die Erkenntnis wichtig, dass die Flüchtlinge ein hohes Maß an ortsbürgerlichem Selbstbewusstsein mitbrachten.

1590 starb in Frankfurt Francina Beliers Vater. Johann Soreau d. J. stammte aus Antwerpen (sein gleichnamiger Vater aus Tournai), war 1654 nach Frankfurt gekommen und hatte einen erfolgreichen Woll- und Tuchhandel mitgebracht. Er hinterließ seinen fünf Kindern ein Erbe von 41.000 Gulden.[31] Francina stand in der Geschwisterfolge nach den Brüdern Simon und Daniel und einer weiteren Schwester, die 1581 heiratete, an vierter Stelle. Das Legat ergab, geteilt durch fünf, pro Erben einen Betrag von 8.200 Gulden. Für Charles Belier und seine Frau scheint dieser Todesfall der entscheidende Anstoß für den Bau eines eigenen Hauses gewesen zu sein. Als Woll- und Tuchhändler mochte er auch in Heidelberg reich geworden sein, aber ein Haus in so bevorzugter Lage und in dieser Pracht zu erstellen, war nur mit diesem Erbe realisierbar.

Das Szenario wäre also folgendes: In Heidelberg war der Zuzug niederländischer Calvinisten erst nach dem Tod des lutherisch gesinnten Kurfürsten Ludwig VI. 1583 möglich. Nicht lange vor 1588 waren Charles Belier und Francina Soreau nach Heidelberg gezogen. Sie kam aus Frankfurt, er aus Tournai oder aus einer deutschen Stadt mit Flüchtlingsgemeinde. Sie waren gerade verheiratet oder heirateten in Heidelberg und wohnten 1588 mit ihrem ersten Kind als Kaufleute am Markt zur Miete. Pläne zu einem eigenen Haus wird es sicherlich gegeben haben. Der Tod des Schwieger-/Vaters erlaubte eine Ausdehnung dieser Pläne. Sie kauften das Grundstück Hauptstraße 178, übernahmen, wie noch zu zeigen sein wird, den Keller eines Vorgängergebäudes und gaben eine Fassade in Auftrag, wie sie sich kein anderer Bürger leisten konnte. Zwischen 1590 und dem Jahr der Bauinschrift 1592 blieb ausreichend Zeit für Grundstückskauf, Bauplanung und -ausführung.

Diesem Szenario steht nicht entgegen, dass der Senat der Stadt Frankfurt von dem Erbteil eine 10-%ige Erbschaftssteuer forderte. Die Auseinandersetzung darüber und vermutlich auch die Freigabe des Erbes zogen sich länger hin. 1592 – das ‚Ritter'-Richtfest mag schon stattgefunden haben – wandte sich Kurfürst Friedrich IV., gerade erst an die Regierung gekommen, nach Frankfurt und bat um Nachlass der Erbschaftssteuer für seinen Stadtbürger Belier. In der Antwort des Frankfurter Senats vom 29.9.1592 mischt sich die Kritik an den damaligen Kapitalisten – ‚Heuschrecken' wäre die aktuelle Metapher – mit der Ablehnung von Fremden und dem Neid der einheimischen Kaufleute:

„Johann Soreau hat eine fürnehme stattliche Nahrung allhier erobert zu geschweigen, was merklichen Abbruch und Schmelerung ihrer Nahrung vielen guthertzigen Bürger und Unterthanen ... zugefügt worden sey."[32]

Diese Haltung der lutherischen Frankfurter Senatoren darf ohne große Modifikationen auf die Gefühle der Heidelberger Bürger übertragen werden. Sie sahen im ‚Ritter' vermutlich eine Art ‚Heuschrecken'-Architektur. Die Beliers konnten sich ihrerseits nur auf das Wohlwollen des pfalzgräflichen Hofs stützen, der ihnen die Ansiedlung in Heidelberg und den Aufstieg ins städtische Patriziat ermöglichte. Die Beziehung zum Hof war eng, wie aus dem Einsatz Friedrichs IV. in der Steuerangelegenheit hervorgeht, und eine besondere Verehrung für Kurfürst-Administrator Johann Casimir, der in der Zeit der Übersiedlung nach Heidelberg und des Baus des ‚Ritters' regierte, darf unterstellt werden.

3. Weitere Schicksale. Die Belier-Kinder

Nach der Kartei Hufschmid im Stadtarchiv, eigentlich als Findmittel angelegt, hier als Quelle ausgewertet, durchlief Charles Belier eine erfolgreiche kommunale Honoratiorenkarriere. 1598 war er Pfleger der Elenden Herberge, also des Spitals in der Hauptstraße 97; 1610 war er „Rathsverwandter", 1611 Bürgermeister, 1614 Landschaftskommissär. Nach dem Berain von 1607 besaß er ein weiteres Haus in der Stadt, dem ‚Ritter' gegenüber, und einen Garten in der Plöck.[33] Von dem Haus, das Charles Belier in Neu-Hanau bauen ließ und 1605 veräußerte, wird noch die Rede sein.

Im Heidelberger Gelehrtenlexikon wird eine Johanna Belier indirekt als Tochter von Charles Belier genannt; sie hatte 1591 den Mediziner und zeitweiligen Leibarzt von Johann Casimir Heinrich Smetius geheiratet.[34] Nach den Notizen von Huffschmid war sie 1608 72 Jahre alt. Wenn sie überhaupt mit Charles Belier verwandt war, dann war sie allenfalls Tante, nicht Tochter.[35]

Zuverlässiger sind die Angaben zu Susanna Belier, deren Lebensdaten sie gut eine Tochter von Charles und Francina Belier sein lassen († 1643). Susanna heiratete in Heidelberg 1614 den Theologen Heinrich Alting, der aus Emden stammte.[36] Alting hatte als Erzieher des späteren Kurfürsten Friedrich V. gewirkt, lehrte in Heidelberg 1613–22 Dogmatik, flüchtete 1622 unter dramatischen Umständen aus dem bereits besetzten Heidelberg,[37] war bis 1627 Erzieher von Prinz Friedrich Heinrich, dem ältesten Sohn Friedrichs V., und wurde dann Professor in Groningen.[38] Die geplante Rückkehr nach Heidelberg vereitelte 1634 die protestantische Niederlage von Nördlingen.

Bei Daniel Belier, 1624 Handelsmann in Heidelberg, 1627 Ratsverwandter in Worms, handelt es sich vermutlich um einen Sohn von Charles Belier. Jakob Belier d.J., der 1614 Sara Grepon, und Sara Belier, die 1620 den Sekretär der Kurfürstinnenwitwe Friedrich Glöckner heirateten, waren Kinder von Jakob Belier und seiner Frau Franziska.[39]

4. Der Architekt Daniel Soreau (um 1550–1619)

Der Schwager Daniel Soreau betrieb in Frankfurt einen Woll- und Tuchhandel, der eine Spitzenstellung in Deutschland einnahm. Am Ende des Jahrhunderts erlebte dieser Handel im großen Stil eine Krise, und Soreau ging 1601 in Konkurs.[40] Den Verbindlichkeiten von 83.000 Gulden standen Forderungen von über 100.000 Gulden gegenüber, die sich überwiegend eintreiben ließen, sodass ein Vergleich zustande kam; Charles Belier übernahm dabei die größte Einzelbürgschaft in Höhe von 7.500 Gulden.

Soreaus Gläubiger waren ausschließlich Frankfurter und Kölner Kaufleute und Bankiers. Die sozialen Auswirkungen dieses frühen, turbomäßig auftretenden Kapitalismus lassen sich ahnen: Der Ankauf von Wolle drückte die Preise der Produzenten – und erlaubte zugleich eine Ausdehnung der Schafhaltung, bei der Weiterverarbeitung im Zug eines protoindustriellen Verlagswesens wurden die Erzeugerpreise gesenkt – und zugleich Aufträge gesichert, im Einzelhandel, den jedenfalls die Beliers in Heidelberg betrieben, schädigten günstige Endpreise den traditionellen Einzelhandel – und freuten das Publikum.

Daniel Soreau nutzte die Krise, um sich, etwa 50 Jahre alt,[41] zur Ruhe zu setzen und sich seinen Hobbys zu widmen: dem Bauwesen und der Malerei. Vorausgegangen waren diesem Schritt 1594 das Verbot des niederländischen Gottesdienstes in Frankfurt und 1597 die Gründung der Stadt Neu-Hanau in der Grafschaft Hanau-Münzenberg durch die vertriebenen Flüchtlingsgemeinden. Soreau widmete sich dabei nicht nur dem neuen Sujet der Stilllebenmalerei, sondern trat auch als Sprecher der Neu-Hanauer Gemeinde und als deren Bauleiter hervor. Insbesondere war er am Bau der niederländisch-wallonischen Doppelkirche beteiligt.

Während Daniel Soreau als Maler inzwischen Anerkennung gefunden hat[42] – der Begründer der deutschen Kunstgeschichte Joachim von Sandrart (1606–1688) nennt ihn als seinen Lehrer[43] –, ist seine Bedeutung als Architekt noch nicht zusammenhängend gewürdigt worden. Michael Kowalski hat 1986 vorgeschlagen, in Daniel Soreau den Architekten des Heidelberger ‚Ritters' zu sehen.[44] Die vorgetragenen Argumente sind: die verwandtschaftlichen und wirtschaftlichen Beziehungen zwischen Bauherrn und Soreau, eine Widmung des Straßburger Architekten Wendel Ditterlin an den „ehrvesten, fürgeachteten Daniel Soreau"[45] in einem Buch von 1598, also noch vor dem Bau von Neu-Hanau, die architekturtheoretischen Bücher in Soreaus Besitz und die Beschränkung seines künstlerischen Wirkens auf den Kreis der Familie und der Freunde.

Bei dem Entwurfsplan im „Fassadenbuch" von F. J. Stromer (Nürnberg 1610), die in einem Hauptmerkmal, der doppelten Erkeranlage, und weiteren, nicht allen, Details dem ‚Ritter' sehr nahe kommt, kann es im Urteil von Kowalski „keinen Zweifel geben, daß er sich auf das Heidelberger Patrizierhaus bezieht".[46] Eine indirekte Beweisführung bestehe darin, dass dieser Entwurf offenbar in Fachkreisen zirkulierte, denen Soreau nahe gestanden haben mag, und nicht der Heidelberger Schlossbauhütte entstammt.

Dabei durchziehen die ‚Ritter'-Literatur zahllose Hinweise auf eine vermutete Verwandtschaft zum Ottheinrichsbau, ungeachtet dass dieser mehr als drei Jahrzehnte äl-

Abb. 3:
Ein dichtes Gedränge von Wohn- und Geschäftshäusern auf schmalen Grundstücken gab es in Tournai wie in Heidelberg. „Der Große Markt von Tournai" von R. Cantagallina, 1613 (Françoise Thomas, Jaques Nazet: Tournai. Une Ville, un Fleuve (XVIe – XVIIe siècle), Bruxelles 1995, S. 22)

Abb. 4:
Auch in Neu-Hanau baute Daniel Soreau ein Haus für seinen Schwager Charles Belier. Es war weniger prächtig als der Heidelberger ‚Ritter', eignete sich aber mit seinem großzügigen Zuschnitt gut als Warenhaus. (Ernst J. Zimmermann: Hanau. Stadt und Land. Kulturgeschichte und Chronik einer fränkisch-wetterauischen Stadt und ehemal. Grafschaft. Mit besonderer Berücksichtigung der älteren Zeit, Hanau 1919, Beilage zu S. 642)

ter ist. Die zeitgleichen Gebäude – der Marstall beim Zeughaus und das Casimirianum der Universität – stehen seit 1689 nicht mehr. Der Friedrichsbau des Schlosses ist mehr als ein Jahrzehnt jünger als der Ritter. Entscheidend jedoch ist das Argument, dass der Denkansatz, die bürgerliche Ritterfassade mit herrschaftlichen Bauten in Beziehung zu setzen, ein „Irrweg" ist.[47] Die städtebaulichen Voraussetzungen waren völlig andere. Der Landesherr ließ repräsentative Gebäude auf dafür geeigneten Grundstücken errichten, während die bürgerlichen Kaufleute, und wenn sie noch so reich waren, auf die funktionale Nutzung schmaler Parzellen in Marktnähe aus waren (Abb. 3). Die Entfaltung von Pracht musste sich im Unterschied zu den Schlossbauten mit den praktischen Vorgaben und dem knappen Raum vereinbaren. Dazu kam, dass die Flüchtlinge oft über Kontakt zu eigenen Künstlern und Handwerkern verfügten. Tournai war eine Stadt mit einer exportorientierten Steinmetzindustrie,[48] und in den wallonischen Gemeinden muss es Bau- und Steinfachleute gegeben haben.

Gleichwohl bleibt die Zuschreibung des ‚Ritters' an den Architekten Daniel Soreau eine These, der die letzten Beweise fehlen. Immerhin kann hier ein weiteres Argument benannt werden, dass die Plausibilität dieser These steigert. Die wallonische Gemeinde hatte sich beim Bau der Hanauer Neustadt zur Einhaltung von Fristen verpflichtet, innerhalb derer die Baumaßnahmen abzuschließen seien. Offenbar um dabei zu helfen, beauftragte Charles Belier seinen Schwager Daniel Soreau mit der Errichtung eines Wohn- und Geschäftshauses, das er schließlich 1605 verkaufen konnte; der Erlös war zunächst beim Rat der Stadt Hanau hinterlegt.[49] Es gab also ein gutes Jahrzehnt nach dem Bau des Heidelberger Ritters eine Bauherren-Architekten-Beziehung zwischen Belier und Soreau. Dass das Haus Römerstraße 7 in Hanau, zerstört am 19. März 1945, nicht sehr große Ähnlichkeit mit dem Heidelberger Ritter hatte (Abb. 4), steht der Annahme einer Zusammenarbeit 1590/92 nicht entgegen. Immerhin hatte es einen Erker und ein prächtiges Portal, die Neuplanung auf der ‚grünen Wiese' erlaubte in Hanau allerdings einen erheblich größeren Parzellenzuschnitt als am Heidelberger Markt, und nicht zuletzt ist zu beachten, dass Charles Belier in Hanau nicht für die eigene Nutzung, sondern zum Weiterverkauf investierte.

Wenn Daniel Soreau zwar sicherlich nicht der Bauleiter, aber doch der entwerfende Architekt des ‚Ritters' war, dann hat er die Fassade auch signiert: Neben dem Belierschen Wappen steht gleichberechtigt das Soreausche, und über die gesamte Ornamentik verteilt finden sich „Andeutungen der beiden Wappentiere"[50] Widder und Fisch.

5. Im Goldenen Schnitt

Für einen Tuchhändler – soviel Kalauer muss erlaubt sein – bietet der Goldene Schnitt geeignete ästhetische Proportionen.[51] Den folgenden Erwägungen ist einschränkend vorauszuschicken, dass ihnen keine exakte Aufmessung der Fassade zugrunde liegt, sondern nur ein Foto aus der Zeit um 1900. Die Gebäudebreite an der Hauptstraße beträgt „ca. 12 m".[52] Auf dieser Basis lassen sich die Streckenverhältnisse nur mit einer Genauigkeit von 1 dm erfassen; bei einem isometrischen Aufriss im kleineren Maßstab wären sicherlich genauere oder auch andere Ergebnisse möglich. Weiterhin ist für alle senkrechten Strecken zu beachten, dass der Sockelsims seit dem Wiederaufbau nach 1693 „mindestens 40 cm tief im Grund des Gehweges" steckt.[53]

Im Goldenen Schnitt lassen sich Strecken so teilen, dass das Verhältnis der Gesamtstrecke zum größeren Teil dem des größeren Teils zum kleineren Teil entspricht; zugleich entspricht die Summe aus größerem und kleinerem Teil der Gesamtstrecke. Der Teilungsfaktor folgt der Formel

$$\frac{\sqrt{5}-1}{2} = \text{ca. } 0{,}6182 = \text{ca. } 61{,}8\,\%$$

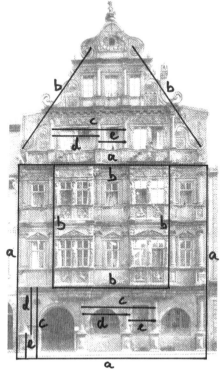

Diese Teilung ist unendlich oft durchführbar, sodass die folgenden Streckenverhältnisse entstehen:
a : b = b : c, wobei a = b + c
b : c = c : d, wobei b = c + d
usw.

Die Ritterfassade besteht vom ursprünglichen Sockel bis zur Traufhöhe aus einem Quadrat mit einer Kantenlänge von ca. 12 m = a (Abb. 5). Die beiden Erker bilden, gemessen über ihre Außenkanten und über ihre Simse ohne die Bekrönungen, ebenfalls ein Quadrat, dessen Seiten 61,8 % der Hausbreite ausmachen. Dasselbe Maß lässt sich am Giebel zwischen den untersten und obersten Voluten feststellen. Die regelmäßige Säulenstellung –

Abb. 5:
Proportionen im Goldenen Schnitt

ein größerer und ein kleinerer Abstand –, die sich über vier Stockwerke gleich bleibt, leitet sich wiederum aus dem Maß b ab: c = 61,8 % von b; der größere und der kleinere Säulenabstand folgen wiederum dem Goldenen Schnitt: d + e = c. Eben dieses Verhältnis findet sich im Erdgeschoss in der senkrechten Gestaltung: Die Höhe der Säulensockel sind der kleinere, der Abstand zum Sims am 1. Obergeschoss der größere Teil der Gesamthöhe des Erdgeschosses, auch hier also e + d = c.

6. Das vermeintlich ältere Erdgeschoss

Die Ritterfassade kennzeichnet eine strenge Symmetrie; insbesondere der für ein Bürgerhaus einzigartige Doppelerker duldet eigentlich keine Abweichung von der Zentrierung. Das Erdgeschoss jedoch weicht mit seiner linksseitigen Toreinfahrt und den außermittigen Rundbogenfenstern in erheblicher Weise von dieser Struktur ab. Als erstem ist diese Asymmetrie Karl Pfaff aufgefallen; er deutet sie in seinem Heidelbergbuch von 1897 als „nicht ursprünglich".[54] In der zweiten Auflage verschärft er sein Urteil:

„Im Erdgeschoß hat die Fassade entstellende Veränderungen erfahren."[55]

Pfaff ging dabei nicht von einem baulichen oder aktenmäßigen Befund aus, sondern störte sich ausschließlich an der nicht axialen Ausrichtung der Erdgeschossfassade.

In der dritten, von Rudolf Sillib postum besorgten Auflage, taucht nun erstmals die Behauptung auf, das Erdgeschoss stamme von einem unvollendet gebliebenen Vorgängerbau:

„Als sicher darf man aber aussprechen, dass die oberen Stockwerke nicht nach dem ursprünglichen Plane auf das Erdgeschoss aufgebaut worden sind."[56]

Diese Formulierung stammt offenbar von Otto Linde und fasst seine Erkenntnisse nach der Bauuntersuchung und Restaurierung von 1905/07 zusammen. Seither genießt diese These lexikalischen Rang; in Bernd Müllers Architekturführer heißt es 1998: „… errichtet … auf einem bereits vorhandenen Erdgeschoß."[57] Auch diese Behauptung kann sich auf keinen Befund, etwa Baunähte, Wechsel in der Mauerungstechnik oder ähnliches, stützen; sie ist nicht mehr als ein ästhetisches Konstrukt.

Merkwürdig sind die Argumente, die Otto Linde 1913 zusammenträgt, um seine These zu stützen, denn sie führen letztendlich zur gegenteiligen Annahme:

„Das Erdgeschoß eines Neubaus wird auf dem Platze bereits ausgeführt gewesen sein, als dieser aus uns unbekannten Gründen, vielleicht wegen plötzlichen Ablebens des bisherigen Besitzers, veräußert worden war. Redete die angefangene Fassade zwar auch in der … Formensprache der Renaissance, und mag der Neubau auch hinsichtlich seiner Grundrißanlage den Anforderungen des Käufers entsprochen haben, so mißfiel indes dem neuen Besitzer doch wohl die durch die ungleiche Säulenstellung sich notwendigerweise ergebende unsymmetrische Fortführung der nach dem zeitgemäßen Stilgefühl stärker zu betonenden Vertikalen, die in einem über die ganze Fassadenbreite beabsichtigten Giebel sehr schlecht eingeschnitten und dessen richtige Durchbildung sogar gänzlich vereitelt hätten. Dem vielgereisten Kaufmann mochte die sich im Erdgeschoß zeigende und hier durch die Ladennutzung berechtigte Schlichtheit des ursprünglichen Entwurfes für die übrige Fassade außerdem nicht zusagen, so daß er seinem leider noch immer unbekannten Baumeister die interessante Aufgabe stellte, unter Belassung des Erdgeschosses eine neue, reicher durchgebildete Fassade aufzuführen."[58]

So spekulativ und weitschweifig diese Überlegungen sind, so sehr untergraben sie an einem Punkt ihre eigene Voraussetzung. Linde kann sich nicht vorstellen, dass Belier die Vorgänger-Bauruine aus Geiz übernommen hat, sondern hält die funktionalen Gegebenheiten für ausschlaggebend. Er übersieht dabei, dass Belier, wenn er für das Erdgeschoss nur in dem vorliegenden Grundriss Verwendung hatte, es dann auch so hätte bauen lassen können. Damit fiele aber das gesamte Konstrukt eines übernommenen Erdgeschosses in sich zusammen.

Michael Kowalski ist bereits 1986, ohne sich bei Einwänden gegen Logikverstöße aufzuhalten, der Vorgängerbau-Hypothese entgegengetreten. Er räumt eine gewisse Spannung zwischen den Geschossen ein, insbesondere im Blick auf das merkwürdige ‚Verschwinden' von zwei vorgeblendeten Säulen des Erdgeschosses in den Erkerkonsolen, sieht demgegenüber aber auch klare ästhetische Verzahnungen, etwa darin, dass drei der Erdgeschosssäulen mit denen der oberen Stockwerke fluchten. Kowalski nimmt an, dass ein ursprünglicher Fassadenentwurf streng symmetrisch aufgebaut war, wie dies auch auf der oben bereits erwähnten Zeichnung in Stromers Baumeisterbuch mit ihren Bogenöffnungen unter den Erkern der Fall ist, dass aber bei der Bauausführung dann die jetzige Lösung verfolgt wurde:

> „Nun läßt sich aber diese geordnete Einteilung nicht ohne weiteres mit den praktischen Bedürfnissen eines Warenhauses in Einklang bringen. Eine dieser Bogenöffnungen müßte als Tordurchfahrt ausgeführt werden, dadurch entstünden auf einer Seite unzweckmäßige Restraume, die für Verkaufs- oder Lagerzwecke ungeeignet wären. Bei einer dreifachen Bogenstellung müßte aus Symmetriegründen der mittlere Bogen die Einfahrt aufnehmen, was bei einer schmalen Fassade ebenfalls nicht praktikabel wäre. D.h., die praktische Umsetzung dieser oder ähnlicher Vorlagen führt fast immer zu einer asymmetrischen Fassadengliederung. Wenn das schon der Fall ist, warum sollte man nicht gleich eine Form wählen, die eine optimale Raumausnutzung zuläßt: eine seitliche Toreinfahrt, die an eine Außenmauer grenzt – nämlich so, wie die Einteilung auch heute noch am Haus ‚Zum Ritter' zu sehen ist."[59]

Es war die städtebauliche Situation, die Parzelle mit ihrer schmalen Front zur Hauptstraße, die den Bauherrn veranlasste, im Erdgeschoss von der strengen Symmetrie der Obergeschosse abzuweichen; nur so konnte er funktionierende Geschäftsräume erhalten. Kowalskis Vermutung, dass diese Lösung gewissermaßen gegen den Architekten erst bei der Bauausführung gefunden worden sei, steht entgegen, dass es zu viele stilistische Gemeinsamkeiten gibt: Drei der vorgeblendeten Säulen des Erdgeschosses fluchten mit denen der Obergeschosse, die Säulen weisen über die gesamte Fassade hinweg identische Profile auf, die Säulenabstände haben im Erdgeschoss dieselben Maße wie oben, nur sind sie aus der Mitte verschoben; auch ohne die Überlegungen zum Goldenen Schnitt sind die ästhetischen Verbindungen des Erdgeschosses zur oberen Fassade so eng, dass die Gestaltung nicht aus mehreren Planungen zusammengesetzt sein kann, sondern von einer Hand stammen muss. Wenn Daniel Soreau der Architekt des ‚Ritters' war, dann wird er als erfolgreicher Kaufmann selbst großes Verständnis für eine funktionale Lösung gehabt haben.

Zu lernen ist daraus auch, dass es für die Gestaltung der Erdegeschossfassaden der Hauptstraße schon im 16. Jahrhundert besondere Anforderungen gab. Nur ist seither diese Aufgabe nicht mehr so kunstvoll gelöst worden wie am ‚Ritter'.

7. Der Keller. Exkurs

Wenn es Spuren eines Vorgängerbaus gibt, dann sind sie im Keller zu suchen. Merkwürdigerweise hat sich noch niemand mit den Fundamenten des ‚Ritters' befasst. Otto Linde bildet 1913 immerhin den Kellergrundriss ab (Abb. 6), leider mit – im Vergleich zum Erdgeschossplan – geringer Winkelgenauigkeit und ohne ihn auszuwerten. Eine

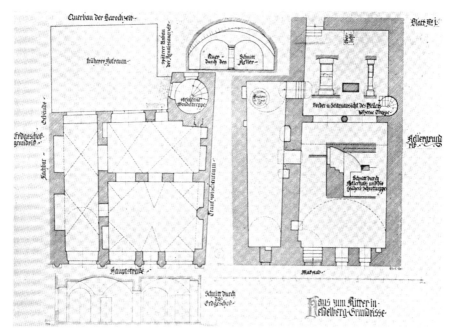

Abb. 6:
Die Grundrisse von Erdgeschoss und Keller (Linde: Ritter, wie Anm. 16, S. 307)

bauhistorische Untersuchung, die auch die Keller der Nachbargrundstücke einbezieht, bleibt bis auf weiteres ein Desiderat. Der Keller besteht aus zwei Teilen: einem größeren westlichen (von der Hauptstraße aus rechts) und einem schlauchartig schmalen östlichen (links). Schon die Tatsache, dass beide Teile sich verschieden weit in den Hofbereich erstrecken, in jedem Fall aber weiter als die Südmauer des ‚Ritters' von 1592, lässt erkennen, dass die Keller älter sind als Beliers Bau und dass der westliche Keller älter ist als der östliche.

Die westliche Grundstücksgrenze der Parzelle Hauptstraße 178 verläuft in einem Winkel von etwa 85° zur Hauptstraße. Diese Unregelmäßigkeit lässt auf eine Parzellenstruktur schließen, die älter ist als die Trasse der Hauptstraße.[60]

Der westliche Keller hat die Form eines Parallelogramms. Das ursprüngliche Grundstück ist zu irgendeinem Zeitpunkt nach Osten erweitert worden, wobei die neue östliche Grundstücksgrenze rechtwinklig aus dem Verlauf der Hauptstraße abgeleitet ist. Diese Parzellenerweiterung kann lange vor 1592 stattgefunden haben. Dass die von Belier gewählte Raumaufteilung des Erdgeschosses, die zu den geschilderten Symmetrieproblemen geführt hat, sich im Blick auf die Statik aus dem Mauerwerk des Kellers ableiten lässt, sei nur am Rande erwähnt. Ausschlaggebend waren die vorhandenen Fundamente sicherlich nicht. Jede andere Lösung für das Erdgeschoss hätte sich durch entsprechende Unterfangungen sichern lassen, so wie ein massiver jüngerer Pfeiler im Keller die Wendeltreppe am Hof resp. den heutigen Fahrstuhlschacht trägt.[61]

8. Der Ritter auf dem Giebel: St. Georg?

Das Gasthaus „Zum Ritter St. Georg" leitet seinen Namen von der Ritterbüste auf der obersten Spitze seiner Fassade ab, deren Deutung nicht strittig ist: St. Georg steht für Glaubenstreue und Überwindung des Bösen. Unklar ist lediglich, ob die Rittergestalt von Anfang an auf den legendären Märtyrer bezogen gedacht war. Die heutige Büste ist freilich nur noch ein Abklatsch: Die mittlerweile dritte Kopie des vor 1880 herabgestürzten Originals entstand 1941.[62] Auffällig ist – und daran wird die Kopiefolge nichts geändert haben –, dass der Ritterbüste jegliche Georgsattribute wie Drache und Lanze fehlen. Kann es sich dennoch um eine Georgsbüste handeln?

In Tournai genoss St. Georg besondere Verehrung. Es gab eine Laienbruderschaft „St. Georg", in der das zünftige Bürgertum zusammengeschlossen war. In den Jahren 1559 bis 1566 wandten sich die Tournaier im Zuge der Verschärfung des Konflikts mit der Regierung in Brüssel dem Calvinismus zu. Am 16. August 1566 und in den Monaten danach entluden sich die angestauten Spannungen in tumultartigen Bilderstürmen, an denen sich auch die Mitglieder der St.-Georgs-Bruderschaft beteiligten.[63] Es kann wenig Zweifel geben, dass Charles Belier als heranwachsender Junge von etwa 10 bis 16 Jahren an diesen revolutionären Akten beteiligt war.[64] Es ist kaum vorstellbar, dass dabei die St.-Georgs-Bilder ausgespart worden wären. Ebenso unwahrscheinlich ist, dass ein Flüchtling ausgerechnet in der Stadt des Heidelberger Katechismus eine Heiligenfigur zur Giebelkrönung seines Hauses gewählt hätte. Die Deutung der Ritterbüste als St. Georg ist daher keine Tournaier Tradition, sondern die Marketingidee eines Heidelberger Wirts in der 2. Hälfte des 17. Jahrhunderts.

9. Die Medaillons von vier fränkischen Königen

In Höhe der Traufe finden sich vier Medaillons mit den Köpfen merowingischer Könige; die beiden äußeren sind reliefartig flach, die beiden mittleren haben eine größere plastische Tiefe und sind zugleich von den Erkerbekrönungen umrahmt. Von Ost nach West tragen die Medaillons folgende Inschriften:

„CHILPERICVS REX FRAC IX"
„THEODORICVS REX FRANC XI"
„CHILDEBERTVS REX FRANCORVM VI"
„CHILDERICVS R F XIIII"[65]

Die Figuren zeigen ausdrucksstarke, fast karikaturhafte Gesichtszüge, phantasievolle Kopfbedeckungen und haben oder hatten jeweils ein Lilienszepter in der Hand (Abb. 7). Alle vier Medaillons sind Kopien, die drei linken von 1905/07 und das rechte von 1940/41.

Eine überzeugende Klärung der Frage nach der Auswahl dieser vier Königsnamen und den mit ihnen verbundenen römischen Ziffern gibt es bislang nicht. 1833 deutet Johannes Hormuth dieses Bildprogramm in einer bis heute gern zitierten europäischen Perspektive:

> „Was nun Bélier mit diesen Bildnissen in Heidelberg, in der Rheinpfalz ausdrücken wollte, kann keinem Zweifel unterliegen. Dieselben beziehen sich auf eine Zeit, wo der größere Theil des heutigen Frankreichs und ein Theil des heutigen Deutschland, insbesondere auch das Gebiet der späteren Rheinpfalz, Theile eines und desselben Reiches, des deutschen Frankenreiches, waren. Bélier deutet also an, daß die Urväter der Pfälzer und die seinigen Landsleute waren, daß er sich in Heidelberg unter Stammesgenossen befinde und deshalb eigentlich

kein Fremder sei. Es war ohne Zweifel seine Absicht, hiermit den Bewohnern von Heidelberg ... ein Compliment zu machen, wenn dasselbe auch von französischer Eitelkeit nicht ganz frei ist."[66]

Diese heute politisch korrekte, 1833 aber, im Jahr nach dem Hambacher Fest, höchst oppositionelle Deutung der merowingischen Königsköpfe lässt auf einen Verfasser schließen, der sich in der Zeit nach der französischen Julirevolution von 1830 von den Ideen einer liberalen Neuordnung Europas leiten ließ; erstaunlich ist die völlig

Abb. 7:
Das Königsmedaillon mit der Umschrift „Childericus R F XIIII", Zeichnung von Otto Linde (Kowalski: Ritter, wie Anm. 2, Abb. 22)

unzeitige Broschürenedition 1868. Als Verfasser dieser ‚Ritter'-Deutung kommen zwei Namensträger in Betracht: Johann Bapt. Hormuth (*1787 Heidelberg, †1859 Tennenbronn) 1833–53 Pfarrer in Altlußheim, und Johann Hormuth (*1798 Neuenheim, †1877 Rohrbach), 1832–37 Pfarrer in Heddesbach, 1837–50 in Leutershausen, 1857 entlassen.[67] Von beiden ist letzterer die interessantere Gestalt. Johann Hormuth heiratete um 1832 Fanny Ochs, eine Frankfurter Jüdin, trat 1849 mit „Antirevolutionspredigten" hervor und kam dafür kurzfristig ins Heidelberger Gefängnis.[68]

Wer immer der Verfasser dieser Deutung ist, hat in keinem historischen Atlas nach Tournai geschaut. Die Stadt gehörte seit 1521/26 gegen ihren Willen zum Römischen Reich deutscher Nation, die Flüchtlinge hatten keinerlei Veranlassung, Gemeinsamkeiten zu postulieren. Und so hat schon Dufner 1906 darauf hingewiesen, dass es die Stadt Tournai ist, die mit den Merowingern „in der denkbar innigsten Beziehung" steht.[69] Tatsächlich war dort im 5. Jahrhundert der legendäre Merowech zuhause, der dem Geschlecht seinen Namen gab. Sein Sohn war Childerich I., sein Enkel der große Chlodwig, der sich taufen ließ. Dieser Anregung Dufners, in den Königsmedaillons eine besondere Tournaier Tradition zu sehen, soll hier nachgegangen werden. Die römischen Ziffern könnten die Dauer der Residenz der jeweiligen Herrscher in Tournai angeben.[70] Dabei ist nicht der heutige Forschungsstand ausschlaggebend, sondern es kommt auf die Kenntnisse an, die die Menschen des 16. Jahrhunderts von ihrer Geschichte hatten.

Das Leben Childerichs I. (gest. 481/2) ist eng mit Tournai verbunden. Er stammte von dort, und abzüglich eines Exils in Thüringen und mehrerer Feldzüge im Westen könnte die Zahl 14 auf die Dauer seiner Residenz in Tournai passen. Chilperich I. (um 537–584) lebte ein Jahrhundert später. Er ließ sich 575 in Tournai nieder; bei ihm würde die Zahl 9 als Dauer seines Aufenthalts in Tournai genau stimmen. Sowohl Childerich I. als auch Chilperich I. zählen aus heutiger Sicht als „König[e] von Tournai"[71]. Die Entdeckung des Childerichgrabs in Tournai sollte 1653 eine europäische Sensation werden.[72]

Für Theudebert, wahrscheinlich I. (511–533), und Childebert, wahrscheinlich II. (575–596), fallen die Nachweise für ihre Beziehung nach Tournai schwerer und können hier nicht geführt werden. Ins Feld zu führen ist, dass es in der Merowingerzeit ohnehin keine sehr festen Residenzbeziehungen gab; vielmehr bezogen die Könige, soweit sie sich nicht gerade untereinander bekriegten, im Sommer wechselnde Aufenthaltsorte. Tournai scheint dabei die Rolle einer Nebenresidenz für Soissons und Rouen gehabt zu haben.[73] Auch hier gilt, dass nicht der heutige Forschungsstand zählt, sondern das, was die damaligen Zeitgenossen wissen konnten, für die etwa die Mythen von der trojanischen Herkunft der Franken und von der Abstammung der Merowinger von König Priamos noch selbstverständliche Wahrheiten waren.[74]

An der heutigen Hofapotheke in Öhringen, einem Fachwerkbau von 1591, finden sich am steinernen Türsturz im Erdgeschoss die Medaillons von „Chlodwig V." und „Childerich XIII."[75] Der linke der beiden bärtigen Könige hält ein Lilienszepter, ein Engel, der an der Ecke zum Marktplatz – ungedeutete – Wappen hält, hat große Ähnlichkeit mit den Wappenhaltern am Heidelberger ‚Ritter'.[76] Die Zahl 13 für Childerich kommt nahe an die Heidelberger Inschrift „14" heran, und Chlodwig residierte tatsächlich fünf Jahre in Tournai, bevor er seine Residenz nach Soissons verlegte. Da für das Öhringer Fachwerkhaus kein Bauherr überliefert ist, könnte aus diesen Medaillons und ihren Inschriften umgekehrt geschlossen werden, dass es sich um einen Flüchtling aus Tournai handeln könnte.

Welche Rolle diese merowingischen Könige in der Überlieferung von Tournai spielen, lässt sich ohne Studien vor Ort nur erahnen. Im Dom von Tournai gibt es ein romanisches Kapitell mit den Köpfen eines Königpaars. In der örtlichen Tradition handelt es sich dabei um Chilperich I. und seine zweite Frau Fredegunde, während die heutige Kunstwissenschaft andere Deutungen vorzieht (Salomon und die Königin von Saba, Christus und Maria oder Ekklesia).[77] Zum Verständnis der Medaillons am ‚Ritter' ist nicht ausschlaggebend, welches ikonografische Programm die Dombaumeister im 12. oder 13. Jahrhundert verfolgt hatten, sondern welche Deutungen in der Zeit der Renaissance aufkamen, als ein neues Weltbild die bisherige Heilsgeschichte in eine Säkulargeschichte umwandelte mit Bezügen zur Antike und zum frühen Mittelalter.

Im niederländischen Raum spielten Königsmedaillons bei der Fassadengestaltung eine wichtige Rolle, die, soweit gedeutet, römische Könige, Alexander den Großen oder Karl den Großen darstellen.[78] Auch in der Weserrenaissance treten Heldengalerien auf, so in Minden am Haus Weber (Perserkönige) und am Haus Hagemeyer, jeweils als ganzfigurige Reliefs; beim Haus Hagemeyer sind neben Julius Ceasar, Hektor und anderen allgemeinen Größen auch Figuren mit regionaler Bedeutung berücksichtigt: Arminius und der Sachsenherzog Wittekind.[79] Ähnlich scheint es in Tournai eine Rückbesinnung auf die frühe Merowingerzeit gegeben zu haben; in der Auseinandersetzung mit der Zentralgewalt in Brüssel symbolisierten die Königsbilder die einstmals selbstständige und starke Stellung der Stadt. So schuf sich auch der Calvinismus eigene Bilderwelten, allerdings in einem ausschließlich säkularen Umfeld. Die vier Königsmedaillons an der Ritterfassade sind demnach ein Ausdruck starker Heimatverbundenheit und bürgerlichen Selbstbewusstseins des Bauherrn.

10. Die Inschriften

Wenn es ein europäisches Element an der Ritterfassade gibt, dann sind es die Inschriften. Charles Belier hat sie nicht französisch, sondern lateinisch verfasst, in der Sprache also, in der sich damals alle gebildeten Europäer verständigen konnten. Ganz oben steht als Ausdruck der Frömmigkeit „Soli Deo Gloria".[80] Es folgt an der Brüstung des obersten Geschosses „PERSTA INVICTA VENUS" (Bleibe unbesiegt, Liebe/Schönheit). Günther Debon weist darauf hin, dass es auf Abbildungen oder in Schilderungen gelegentlich „perstat" (bleibt) heißt, was ihm „überzeugender" vorkommt.[81] Die Referenz an die lateinische Göttin weist den Bauherrn als gebildeten Humanisten aus.

Zwischen den Erkerbekrönungen steht die zu allen Zeiten beliebte fromme Bauinschrift Psalm 127, 1:

„Si Jehova non/aedificet domum/Frustra laborant aedificantes eam/ps. cxxvII"; (Wenn der Herr nicht das Haus baut, so arbeiten umsonst, die daran bauen.)

Günther Debon macht darauf aufmerksam, dass diese Fassung nicht der Vulgata, der lateinischen Bibel, entnommen ist, die in Heidelberg 1592 kaum greifbar gewesen sein dürfte.[82] Vermutlich hatte Belier sich den Vers aus dem Französischen ins Lateinische übersetzen lassen.

Die Inschriften auf den Königsmedaillons und an den Familienwappen sind oben bereits genannt worden. Während die Brüstungsfelder am 1. Obergeschoss rot in rot mit Maßwerk bemalt waren, trugen die entsprechenden Flächen am 2. Obergeschoss in goldener Schrift Worte, von denen 1905 noch „amicitia" (Freundschaft) lesbar war.[83] „Amicitia" zählt nicht zum engeren Tugend-Kanon, gehört aber in den Umkreis der elf aristotelischen Tugenden; so lässt es sich nicht rekonstruieren, was in den beiden anderen Flächen gestanden haben könnte.

11. Die Erkerbrüstungen

Abb. 8:
Die Ritterfassade, Ausschnitt einer Fotografie vor 1878, Datierung anhand der Hausnummer 52 (Vorlage privat)

Die beiden Erker mit ihren acht Fenstern über zwei Stockwerke bieten an den Brüstungen Platz für acht querrechteckige Reliefplatten (Abb. 8). Links oben sind die bereits genannten Familienwappen Belier und Soreau, rechts oben ein bürgerlich gekleidetes Paar zu sehen, bei dem es sich ohne jeden Zweifel um Francina und Charles Belier handelt.

Links unten richten sich in bester Blickposition zwei Widder zur Erkermitte hin auf; sie sind umgeben von Bändern, Früchtebüscheln und Früchte speienden Engeln und symbolisieren Gottes irdischen Segen für die Familie Belier (Abb. 9). Rechts unten und ebenfalls in hervorgehobener Blickposition findet sich das Reliefpaar, dessen Deutungsproblem am Anfang dieser Untersuchung steht: links ein Mann, barhäup-

Abb. 9:
Der linke Belier-Widder, umgeben von Sinnbildern irdischen Reichtums, Zeichnung von Otto Linde (Nötzold, Heinemann: Ritter, wie Anm. 18, S. 18)

tig, bärtig, mit Halskrause und Rüstung; der linke Arm ist nach unten abgewinkelt, die rechte erhobene Hand stützt sich auf einen Streitkolben. Die Frau zu seiner Linken hat kurzes lockiges Haar und einen Doppelkinnansatz; unter der großen Halskrause trägt sie ein Brusttuch; auf ihrer linken Hand sitzt ein Falke, der von ihr an den Krallen festgehalten wird – soweit ist die Falkendarstellung fachgerecht; völlig unverständlich, aber ikonografisch nicht ohne Parallele ist, dass sie keinen Handschuh trägt; mit ihrer rechten Hand hält sie ein Tuch hoch, dass offensichtlich nicht Teil ihrer Kleidung ist, und zwar so, als würde sie rufen: ‚Kauft Belier!' oder ‚Gut betucht mit Belier!' (Abb. 10)

Nach der ältesten Deutung soll es sich bei den beiden Abgebildeten um die Belierkinder handeln.[84] Johann Hormuths Erwägung ist, dass die Wappen links oben den Abgebildeten rechts oben entsprächen, und ebenso müssten die als Wappentiere missdeuteten Widder links unten zwei Beliers, eben den Kindern, entsprechen. Aber wer immer bei der Deutung der Ritterfassade von einer logisch stringenten Programmatik ausgeht, gerät in eine Sackgasse. In Wirklichkeit sind ihre einzelnen Elemente höchst unterschiedlich und fügen sich in eher spielerischer Methode zusammen. Schon die Attribute, Rüstung und Falke, schließen eine familiäre Beziehung zum Bauherrn aus. Gleichwohl hält sich diese Deutung bis heute.[85]

Als 1890 das Einwohnerverzeichnis von 1588 mit der Angabe „1 [minderjähriges] Kind" veröffentlicht wurde, war die Kinder-Deutung nicht mehr haltbar. Franz Dufner und Otto Linde ersetzten sie im Zusammenhang der Restaurierung von 1905 / 07 durch eine Vorfahren-Deutung:

> „Heraldischer Brauch und unverkennbare Familienähnlichkeit lassen mit ziemlicher Sicherheit in dem edlen Paar Eltern oder auch weiter abgerückte Vorfahren des Erbauers erkennen."[86]

Aber auch diese Variante ist angesichts der eindeutig herrschaftlichen Attribute nicht haltbar. Linde hat sich nur wenige Jahre später, wahrscheinlich nach Diskussion mit

Adolph von Oechelhäuser, auf eine wissenschaftlich vertretbare Minimaldeutung zurückgezogen:

> „In den untersten Erkerbrüstungen sehen wir rechts die in starkem Relief herausgearbeiteten Büsten eines Mannes in reicher Rüstung und einer Edelfrau mit einem Falken auf der linken Hand."[87]

1693 hatte der Ritter seine rechte Hand und das, was sie hielt, durch Feuer oder durch einen Schuss verloren. Bei der trotz Krieg sehr gründlichen Restaurierung von 1940 / 41 wurden insgesamt 70 Werksteine ausgetauscht. Der Literaturbefund zu den Erkerreliefs ist nicht völlig eindeutig, höchstwahrscheinlich handelt es sich bei allen acht Steinplatten um Kopien, deren Originale nicht erhalten sind. Linde hatte im Vorfeld der Restaurierung von 1940 / 41 die Maxime ausgegeben:

> „Die verwitterten oder in Verwitterung begriffenen sollen zur möglichsten Erhaltung der Originale lieber im ganzen herausgenommen, kopiert und ihre neuen Ersatzstücke wieder eingesetzt werden, als daß man sich mit anderen, billigeren Teilergänzungen … behilft."[88]

Kowalski spricht ebenfalls vom Austausch mit Kopien, erläutert aber die unterschiedlichen Rasterungen auf dem Steinschnittplan für 1940 / 41 nicht, wobei das linke Drittel des Ritterreliefs dunkler dargestellt ist als der Rest, schreibt dann aber, dass die Ritterhand nur „ergänzt" wurde.[89] Der Augenschein spricht aufgrund der schwachen Patina auf den Reliefoberflächen dafür, dass es Kopien sind. Da die Stadt Heidelberg 1941 kein Interesse an der Übernahme von Ritterspolien und -unterlagen hatte,[90] müssen die Originale als verschollen gelten. (Sie wären heute wahrscheinlich auch dann verschollen, wenn die Stadt sie damals aufbewahrt hätte.)

Abb. 10:
Der Mann in reicher Rüstung und die Edelfrau mit Falken
(Foto Alexandra Eberhard 2005)

Bei der Ergänzung der Hand des Ritters stellte sich die Frage, was er in der Hand gehalten haben könnte: eine Waffe, ein Herrschaftszeichen, nichts? Linde entschied sich, ohne an eine bestimmte Person zu denken, für einen Streitkolben, den er nach einem Vorbild aus dem Turnierbuch Maximilians I. modellierte.[91] Für den nun vorgetragenen Deutungsvorschlag ist wichtig festzuhalten, dass die Rekonstruktion der Ritterhand mit hoher Sachkenntnis vorgenommen wurde, aber wie bei jeder Veränderung eines Originalbefunds die Deutung, die sich auf diese Rekonstruktion stützt, mit Unsicherheit belastet.

12. Der Ritter am ‚Ritter' und seine Frau: Johann Casimir und Elisabeth von Sachsen?

Die beiden hervorstechenden Insignien des Ritters und der Edelfrau, der Streitkolben und der Falke, sind nicht einfach nur Adelszeichen, sondern verweisen auf den kurfürstlichen Hof. Bei den beiden Reliefs am rechten Erker unten könnte es sich also um den

Kuradministrator Johann Casimir (1543–1592) und seine Frau Elisabeth von Sachsen (1552–1590) handeln.

Um mit dem Falken anzufangen: Im Deutschen Rechtswörterbuch findet sich das Sprichwort:

„Falken ist der landesfürsten waidwerk."[92]

Am Heidelberger Hof gab es stets eine Falknerei. 1420 hatte Kurfürst Ludwig III. dem Deutschmeister in Mergentheim mit einem Weinzoll gedroht, wenn er nicht weiterhin gute Falken liefern würde.[93] Johann Casimir, der historische „Jäger aus Kurpfalz", war ein leidenschaftlicher Jäger, und die Falkenjagd war seit dem hohen Mittelalter auch für adlige Frauen selbstverständlich.[94] Die Jagdvorlieben Johann Casimirs galten freilich dem Einsatz von Schusswaffen und Hunden; die – spärliche – Jagdliteratur zu Heidelberg kennt keine Verbindung zwischen Johann Casimir oder Elisabeth und der Beizjagd.[95] Für den Nachfolger Friedrich IV. und seine Frau Luisa Juliana von Nassau-Oranien dagegen ist die Liebe zur Falkenjagd überliefert.[96]

Abb. 11:
Der Ritter am ‚Ritter' mit dem 1941 ergänzten Streitkolben (Foto Alexandra Eberhard 2005)

In der 1570 in Heidelberg geschlossene Ehe zwischen dem zweiten Sohn Friedrichs III. und der lutherischen Tochter Kurfürst Augusts von Sachsen spiegelt sich das Verhängnis Deutschlands im Ausgang des 16. Jahrhunderts. Geschlossen worden war sie aus dem Kalkül, dass die beiden führenden Höfe des deutschen Protestantismus sich gegen die mit den spanischen Erfolgen vordringenden Gegenreformation zusammenschließen müssen; insoweit verbindet die Tragödie der Stadt Tournai in den Jahren 1566 bis 1581 sehr viel mit der – keineswegs nur – privaten Tragödie auf dem Heidelberger Schloss von 1583 bis 1590. Der Ehe fehlte die Liebe, trotz mancherlei Pläne blieb der lutherisch-calvinistische Gegensatz politisch und persönlich unüberbrückbar. Als Elisabeth 1590 starb, waren Hof und Stadt voll von Gerüchten über Ehebruch und wechselseitige Vergiftungen.[97]

Auffällig ist, dass der Falke in der Hand der Edelfrau nach rechts gerichtet ist, als ob er sich von dem Ritter zur Rechten seiner Herrin abwenden wolle. In den Falkenbildern der Manessischen Handschrift, entstanden um 1300, spiegelt sich auf einigen Darstellungen eine Minnesymbolik wider, nach der die „Dame den Falken – ihr Herz – weit

Abb. 12:
Johann Kasimir, Holzschnitt von Tobias Stimmer um 1578 (Meinrad Schaab: Geschichte der Kurpfalz, Bd. 2: Neuzeit, Stuttgart u. a. 1992, S. 57)

von sich entfernt, und damit auch von der Reichweite des Ritters".[98] Anders als bei der Uta im Naumburger Dom mit ihrem hochgeschlagenen Kragen liegen hier handfeste Belege für ein Ehezerwürfnis vor, und doch bleibt zweifelhaft, ob die Symbolik des 14. Jahrhunderts auch drei Jahrhunderte später noch wirksam war. Vielleicht schaut der Falke einfach aus Neugier Richtung Mitteltor.

Wenn der Streitkolben 1941 richtig rekonstruiert ist, dann passt das Ritterrelief sehr genau auf Johann Casimir (Abb. 11). Als Pfalzgraf mit Herrschaft über ein Teilgebiet der Kurpfalz mit Residenz in Kaiserslautern 1577–1583 und als Kuradministrator für seinen unmündigen Neffen Friedrich IV. 1583–1592 stand ihm das gezückte Schwert als kurfürstliches Symbol nicht zu; seine Statue an der Fassade des Friedrichsbaus erlaubt ihm nur den Griff an das Schwert in der Scheide, während seine Kollegen blank ziehen. Ein Holzschnitt von 1578 zeigt ihn mit Streitkolben als der zu ihm passenden Insignie (Abb. 12). In der Militärgeschich-te gilt er als einer der „großen deutschen Söldnerführer vor dem Dreißigjährigen Kriege".[99] Seine Feldzüge nach Frankreich, im Auftreten kaum weniger zerstörerisch als 100 Jahre später die unter Melac, und seine Expedition 1578 / 79 in die Niederlande, wobei er Tournai nicht berührte, waren

Abb. 13:
Johann Kasimir und Elisabeth von Sachsen, postume Darstellung im Thesaurus Picturarum von Markus zum Lamm 1592 (Hepp: Religion und Herrschaft, wie Anm. 96, Abb. 46 nach S. 280)

militärisch erfolgsarm und politisch desaströs.¹⁰⁰ In den Augen eines Flüchtlings aus Tournai gab es trotzdem jeden Grund, Johann Casimir als Verbündeten und Patron der calvinistischen Sache zu verehren und bei Gelegenheit ins Bild zu setzen.

Die zeitliche Abfolge stellt sich so dar: Am 2. April 1590 starb Pfalzgräfin Elisabeth; zu der Zeit war der ‚Ritter' gerade allenfalls in Planung. Am 6. Januar 1592 starb Johann Casimir; da stand der ‚Ritter' vermutlich kurz vor dem Richtfest. Im März 1592 trat Friedrich IV. sein Kurfürstenamt an, und am 29. September 1592 kam die Antwort aus Frankfurt an die kurfürstliche Kanzlei in Heidelberg in der Steuerangelegenheit Belier. Wenn also Charles Belier das Regentenpaar an seinem Haus dargestellt haben wollte, dann war sehr früh klar, dass die Regentengattin nicht mehr lebte, und bei der Hauseinweihung lebte auch der Regent selbst nicht mehr. Aber auch Markus zum Lamm hat in seinem Thesaurus Picturarum 1592 Johann Casimir und seine Frau Elisabeth postum abbilden lassen und eine heile Welt vorspiegeln lassen, von der er wusste, dass es sie nicht gegeben hatte (Abb. 13). Jedenfalls gab es keine Verstimmung am Hof über diese Abbildungen, weder im Thesaurus zum Lamms noch an der Ritterfassade; sonst wäre der Brief nach Frankfurt nicht erfolgt, und sonst hätte es die Heiraten der Kinder von Charles und Jakob Belier mit Hofangehörigen nicht gegeben. Vielleicht unterblieb nach dem Tod Johann Casimirs eine ursprünglich vorgesehene Inschrift, sodass wir uns deshalb heute in einem Erklärungsdunkel bewegen.

Die Gegenargumente gegen diesen Deutungsvorschlag sollen nicht unterschlagen werden: Ungewöhnlich ist die Darstellung eines regierenden Fürsten an einer bürgerlichen Fassade; ebenso ungewöhnlich wäre die vorliegende Anordnung, dass das Bürgerpaar oberhalb des Regentenpaars platziert ist. Diesen Einwänden ließe sich nur mit ikonografischen Studien begegnen, die sich auf die Niederlande und auf die Orte mit wallonischen Gemeinden beziehen. Weiterhin ist nach der Falkensymbolik im 16. Jahrhundert zu fragen und nach der Bedeutung des Tuches in der rechten Hand der Edeldame. Aber auch jede andere Deutung des Edelpaars am rechten Erker muss sich mit dem Datum 1592 und mit den vorhandenen oder fehlenden Insignien auseinandersetzen: Heinrich IV. hätte als König von Frankreich eine Krone und ein Lilienzepter oder Friedrich IV. als Kurfürst Reichsapfel und Schwert tragen müssen; außerdem heiratete Friedrich IV. erst 1593. Wilhelm von Oranien war schon 1584 gestorben, dessen beiden ältesten Söhne Philipp Wilhelm und Moritz waren 1592 noch unverheiratet. Nichts spricht dafür, in den Reliefs allgemeine Symbole für Adel oder Rittertum zu sehen. So bleibt die Anregung, dass hier Johann Casimir und seine Frau Elisabeth gemeint sein können, nicht ohne Plausibiltät.

13. Die Botschaft der Fassade

Aus dem „geistigen Frühstück", wie es Victor Hugo erlebte, ist in diesem Durchgang ein vielgängiges Frühstücksbüfett geworden. Unter dem Vorbehalt weiterer historischer und familiengeschichtlicher Forschungen und ergänzender architekturgeschichtlicher und ikonografischer Vergleiche bietet dieses Büfett Nahrung nicht nur für Spezialisten, sondern viele Geschichten, die das Herz der Gäste Heidelbergs erreichen könnten: Childerichs I. Grab in Tournai, dessen Entdeckung 1653 Zweifel an der Legitimität der Bourbonen wecken konnte, der unselige Chilperich I., der seine Frau Galswinth ermordete, um seine Geliebte Fredegunde heiraten zu können, der ‚Globalisierungsprofiteur'

Charles Belier, ein Bilderstürmer von 1566, der 26 Jahre später ein Haus baute, dessen Fassade keine einzige bilder- oder schriftfreie Fläche aufweist, der „Jäger aus Kurpfalz" Johann Casimir, ein Landsknechtsführer mit Kriegskeule, der das reformierte Bekenntnis mit Regierungs- und Waffengewalt zu stärken suchte, seine unglückliche, lutherische Frau Elisabeth von Sachsen, die Reklame macht für den Belierschen Tuchhandel, der fürchterliche Tag des 22. Mai 1693, als Heidelberg erobert und Haus für Haus (aber keineswegs vollständig) verbrannt wurde, und schließlich der Ritterwirt Friedrich Hormuth, der mit geschicktem Marketing und assistiert von Schriftstellern und Illustratoren aus einem altmodischen Bauwerk eine Touristenattraktion macht – dieses opulente ‚Frühstück' würde für eine exklusive ‚Ritter'-Führung von wenigstens zwei Stunden reichen.

Hätten wir die Chance, Charles Belier selbst nach der Botschaft seiner Fassade zu befragen, dann würde er sich wie jeder Künstler winden und sagen, die Fassade spreche doch für sich. Und wenn wir auf einer Antwort bestehen würden, dann käme vielleicht ein Satz wie dieser: ‚Ich komme aus Tournai, führe ein gottesfürchtiges Leben, bin gebildet und verehre das pfälzische Herrscherhaus; ich liebe die Schönheit und meine Frau, verkaufe Tuche und kann mir dieses prachtvolle Haus leisten. Soli Deo Gloria.'

Anmerkungen.
1 http://www.fussballland-bw.de/heidelberg.2416.1443,1862,1876,,2139.htm.
2 Zit. n. Michael Kowalski: Das Haus „Zum Ritter" in Heidelberg, Typoskript Heidelberg 1986, S. 31/109.
3 Peter Friedrich Wundt: Geschichte und Beschreibung der Stadt Heidelberg, Mannheim 1805, S. 130.
4 Georg Reinbeck: Heidelberg und seine Umgebungen im Sommer 1807, Tübingen 1808; Aloys Schreiber: Heidelberg und seine Umgebungen, historisch und topographisch beschrieben, Heidelberg 1811; Julius Bernhard Engelmann: Heidelbergs alte und neue Zeit. Geschichte und Beschreibung der Stadt und ihrer Umgebungen, der Universität, Bibliothek, des Schlosses. Als Anleitung für Fremde und zur Kunde für Einheimische, Heidelberg 1823, 1830², S. 4.
5 Helmina von Chezy: Gemälde von Heidelberg, Mannheim, Schwetzingen, dem Odenwalde und dem Neckarthale. Ein Wegweiser für Reisende und Freunde dieser Gegend, Heidelberg 1821², S. 90; dies.: Manual for Travellors to Heidelberg and its Environments, Heidelberg [1838], S. 20.
6 [Johannes Hormuth:] Historische und architektonische Notizen über das Gasthaus zum Ritter in Heidelberg, Heidelberg 1868 (urspr. Heidelberger Wochenblätter 1833 Nr. 113, 188).
7 Karl Caesar von Leonhard: Fremdenbuch für Heidelberg und die Umgebung, Heidelberg 1834, S. 50–53.
8 [Julius E. Johannsen:] Gedenkbüchlein für alle, die in Heidelberg froh und vergnügt waren, Heidelberg 1837, S. 74–80.
9 Freundlicher Hinweis von Michael Buselmeier.
10 Françoise Kloepfer-Chomard, Jean d'Yvoire (Hg.): Victor Hugo. Heidelberg, Frankfurt 2002, S. 72.
11 Friedrich Wolfzettel: Victor Hugo in Heidelberg, ebd. S. 178–199, hier S. 180f.
12 Hugo: Heidelberg (wie Anm. 10), S. 72.
13 Heidelberg [1924]. Friedrich Blaul (1809–1863) stammte aus Speyer, war Pfarrer und Schriftsteller.
14 Franz Dufner: Der „Ritter" zu Heidelberg, Heidelberg [1906].
15 Karl Pfaff: Heidelberg und Umgebung, Heidelberg 1910, S. 112.
16 Otto Linde: Der „Ritter", in Adolf von Oechelhäuser: Die Kunstdenkmäler des Amtsbezirkes Heidelberg (Kreis Heidelberg) (Die Kunstdenkmäler des Großherzogtums Baden 8), Tübingen 1913, S. 305–314.

17 Otto Linde: Das Gasthaus „Zum Ritter St. Georg" in Heidelberg. Seine erste Hauptrestaurierung, Mein Heimatland 1941,1, S. 78–85.
18 Fritz Nötzold, Günter Heinemann: „Zum Ritter St. Georg". Romantik Hotel und Restaurant. Das schönste historische Bürgerhaus in der Stadt Heidelberg, Heidelberg 1980.
19 Kowalski: Ritter (wie Anm. 2).
20 Renate Neumüllers-Klauser: Die Inschriften der Stadt und des Landkreises Heidelberg (Die Deutschen Inschriften 12, Heidelberger Reihe 4), Stuttgart 1970, S. 271. Merkwürdigerweise lokalisiert Neumüllers-Klauser diese Inschriften am rechten Erker. Vgl. dagegen Linde: Ritter (wie Anm. 16), S. 311, und die Abbildungen bei Nötzold, Heinemann: Ritter (wie Anm. 18), S. 10f.
21 Frdl. Mitteilung von Arnold Rothe, E-Mail vom 22.3.2005.
22 Neues Archiv für die Geschichte der Stadt Heidelberg 1, 1890, S. 188.
23 Ebd. S. 187.
24 Die vollständigen Texte bei Neumüllers-Klauser: Inschriften (wie Anm. 20), S. 356.
25 Karl Pfaff an den Stadtrat, 16.9.1906, StAH UA 208/15. Einen Hinweis auf Francina Belier habe ich, anders als Kowalski: Ritter (wie Anm. 2) S. 30/109, in dieser Akte nicht finden können.
26 Dufner: Ritter (wie Anm. 13) S. 12.
27 Ebd.; Pfaff: Heidelberg (wie Anm. 15), S. 112; Oechelhäuser: Kunstdenkmäler (wie Anm. 16), S. 305 (Datierung hier nur: vor 1576); Linde: Ritter (wie Anm. 17), S. 78.
28 „Françoise Soreau f. de Charles Belier marchant dmt. a Heidelberg" ist am 17./29.8.1588 Taufpatin in Frankenthal, Adolf von den Velden (Hg.): Das Kirchenbuch der französischen reformierten Gemeinde zu Heidelberg 1569–1577 und Frankenthal in der Pfalz 1577–1596, Weimar 1908, S. 56.
29 Ebd., S. 19; siehe auch Alexander Dietz: Frankfurter Handelsgeschichte Bd. 2, Frankfurt/M 1921, S. 28.
30 Vgl. Charlie S. Steen: A Chronicle of Conflict. Tournai 1559–1567, Utrecht 1985.
31 Zu dem Erbvorgang s. Dietz: Handelsgeschichte (wie Anm. 29), S. 256–258.
32 Ebd., S. 257.
33 Die Hinweise auf den Berain von 1607 verdanke ich Jochen Goetze.
34 Dagmar Drüll: Heidelberger Gelehrtenlexikon 1386–1615, Berlin, Heidelberg 2002, S. 505.
35 Kartei Huffschmid im Stadtarchiv Heidelberg, Karte „Belier". Der Irrtum beruht auf einem Exzerpt zu Melchior Adam: Vitae Germanorum Medicorum von 1620, das Gottfried Smend, ein Smetiusnachfahre, angefertigt hat (Typoskript, Heidelberg 1938). Schon Karl Pfaff nennt – ohne Quellenangabe und ohne Behauptung einer Verwandtschaft mit Charles Belier – eine Textstelle zu einem Grabstein für Johanna Belier mit dem Geburtsjahr 1536, freilich ohne die Angabe eines Todesjahrs (Heidelberg und Umgebung, Heidelberg 1910, S. 113).
36 Drüll: Gelehrtenlexikon (wie Anm. 34), S. 12. Es ist typisch für die vorherrschende Ritterliteratur, dass Drüll für Charles Belier die Lebensdaten von Jakob Belier einsetzt.
37 Siehe die biografischen Angaben bei http://wesley.nnu.edu/john_wesley/christian_library/vol15/PART%20IV.htm. Vermutlich ließen sich in Groningen, dem letzten Wirkungsort Altings, noch Überlieferungen zu seiner Familiengeschichte und zu seinen Beziehungen nach Heidelberg finden.
38 Gustav Adolf Benrath: Reformierte Kirchengeschichtsschreibung an der Universität Heidelberg im 16. und 17. Jahrhundert (Veröffentlichungen des Vereins für Pfälzische Kirchengeschichte IX), Speyer 1963, S. 46–79.
39 Kartei Huffschmid (wie Anm. 35).
40 Diez: Handelsgeschichte (wie Anm. 29), S. 258–259.
41 Gerhard Bott: „Ein stück von allerlei blumenwerk – ein stück von früchten – zwei stück auf tuch mit hecht". Die Stillebenmaler Soreau, Binoit, Codino und Marrell in Hanau und Frankfurt 1600–1650, Hanau 2001, S. 17.
42 Ebd., S. 28–43.
43 Peter Kränzle: Joachim von Sandrart, in Biographisch-Bibliographisches Kirchenlexikon, www.bautz.de.
44 Kowalski: Ritter (wie Anm. 2), S. 65–81.
45 Ebd., S. 66.
46 Ebd., S. 80.
47 Dufner: Ritter (wie Anm. 15), S. 11.

48 Elizabeth Bradford Schwartzbaum: The romanesque Sculpture of the Cathedral of Tournai, New York 1977, S. 19f.
49 Heinrich Bott: Gründung und Anfänge der Neustadt Hanau 1596–1620, Bd. 2, Die Anfänge der Neustadt Hanau 1602–1620, Marburg 1971, S. 115, 138. Bott verlegt das Haus Römerstraße 7 versehentlich nach Frankfurt, es gehört aber eindeutig nach Hanau, frdl. Auskunft des Stadtarchivs Frankfurt vom 4.3.2005 und des Stadtarchivs Hanau vom 17.3.2005.
50 Kowalski: Ritter (wie Anm. 2), S. 78.
51 Den Hinweis auf die Fragestellung nach den Proportionen des Goldenen Schnitts an der Ritterfassade verdanke ich Jochen Goetze.
52 Kowalski: Ritter (wie Anm. 2), S. 5.
53 Ludwig Merz: Die Heidelberger Stadtmauern. Neue Aufschlüsse über alte Mauerzüge, Ruperto Carola 38, 1965, S. 177–186, hier S. 177.
54 Karl Pfaff: Heidelberg und Umgebung, Heidelberg 1897[1], S. 76.
55 Ebd. 1904[2], S. 77.
56 Ebd. 1910, S. 112.
57 Bernd Müller: Architekturführer Heidelberg. Bauten um 1000–2000 (Sonderveröffentlichungen des Stadtarchivs Heidelberg 10), Mannheim 1998, S. 52.
58 Linde: Ritter (wie Anm. 16), S. 305.
59 Kowalski: Ritter (wie Anm. 2), S. 36.
60 Siehe Hans-Martin Mumm: Rechte und linke Winkel im Stadtgrundriss. Feldflur, Wege und Hausgrundrisse vor und nach der Stadtgründung, HJG 6, 2001, S. 187–202, bes. S. 196–199. Bemerkenswert ist, dass die Schiefwinkligkeit des Rittergrundstücks genau in die andere Richtung tendiert als die der Nachbargrundstücke und daher nicht ein Relikt der Feldflur um den Schönauer Mönchshof ist, sondern der des Bergheimer Ostfelds entspricht.
61 Kowalski: Ritter (wie Anm. 2) S. 7.
62 Ebd., S. 28, 49.
63 Steen: A chronicle of conflict (wie Anm. 30), S. 85.
64 Ob es sich bei dem militärischen Führer der Tournaier Calvinisten, dem Kaufmann Jean Soreau, der kurz zuvor aus Lothringen gekommen war (ebd. S. 114), um Charles Beliers Schwiegervater handelt, konnte ich nicht ermitteln.
65 Kowalski (wie Anm. 2), S. 22f. Neumüllers-Klauser liest beim letzten Namen statt „F" ein „E" und kommt zu „CHILDERI[CVS REX] IIII", ohne sich mit der schon im Oechelhäuser richtig wiedergegebenen Schreibweise auseinander zu setzen (Inschriften (wie Anm. 20), S. 272).
66 Hormuth: Ritter (wie Anm. 6), S. 6.
67 Heinrich Neu: Pfarrerbuch der evangelischen Kirche Badens von der Reformation bis zur Gegenwart (Veröffentlichungen des Vereins für Kirchengeschichte in der evang. Kirche Badens 13), Bd. 2, Lahr 1939, S. 286.
68 Eine Recherche des Stadtarchivs Heidelberg bezüglich der Familiengeschichte Hormuth blieb leider ohne Ergebnis. Mein Dank gilt Diana Weber für die Unterstützung dieses ‚Ritter'-Projekts.
69 Dufner: Ritter (wie Anm. 14), S. 22.
70 Linde vermutete in den Ziffern die allgemeinen Regierungsjahre der jeweiligen Herrscher, wenn auch „zum Teil falsch", Linde: Ritter (wie Anm. 16), S. 313.
71 Franz Staab: Die Franken. Wegbereiter Europas, in Die Franken. Wegbereiter Europas. Vor 1500 Jahren: König Chlodwig und seine Erben, Begleitbuch zur gleichnamigen Ausstellung im Reiss-Museum Mannheim vom 8.9.1996 bis 6.1.1997, Mainz 1996, S. 10–22, hier Karte S. 14.
72 Ursula Koch: Die Merowinger. Vom Kleinkönigtum zum Großreich, Vernissage 8, 1996, Die Franken. Wegbereiter Europas, S. 20–36.
73 Eugen Ewig: Die Merowinger und das Frankenreich, Stuttgart u.a. 1988, S. 93f.
74 Laurence Leloupe-Le Montreer: Das Bild der Merowinger in Frankreich, in Die Franken (wie Anm. 71), S. 43–52, hier S. 46f.
75 Eberhard Knoblauch: Die Baugeschichte der Stadt Öhringen vom Ausgang des Mittelalters bis zum 19. Jahrhundert, Bd. 1, Stuttgart 1991, S. 246; der Hinweis auf Öhringen bereits bei Kowalski (wie Anm. 2), S. 112.
76 Das Stadtarchiv Öhringen hat mir freundlicherweise Kopien von Detailansichten der Hofapotheke zukommen lassen (Anlage zum Schreiben vom 18.7.2005).

77 Schwartzbaum: Sculpture (wie Anm. 48), S. 85f. und Abb. 59, nach S. 255.
78 Kowalski (wie Anm. 2), S. 91–94.
79 Ebd., S. 85f.
80 Zu den Inschriften siehe Neumüllers-Klauser (wie Anm. 20), S. 272.
81 Günther Debon: Venus die Siegreiche, in ders.: Der Weingott und die Blaue Blume. Dichter zu Gast in Heidelberg, Heidelberg 1995, S. 26–28, hier S. 27.
82 Ebd., S. 26, 241.
83 Linde: Ritter (wie Anm. 16), S. 311.
84 Hormuth: Ritter (wie Anm. 6), S. 6
85 Zuletzt Max Stolppmann, Andrew Cowin: Heidelberg am Neckar. Schloss- und Stadtführer, Dielheim 2004, S. 82. Rolf Kienle spricht vorsichtig von Bildern der „Familie" Beliers, Heidelberger Lieblingsplätze 50, RNZ 2.7.2005
86 Dufner: Ritter (wie Anm. 14), S. 17; zu Linde siehe Pfaff: Heidelberg (wie Anm. 15), S. 110.
87 Linde: Ritter (wie Anm. 16), S. 310.
88 Linde: Gasthaus Ritter (wie Anm. 17), S. 82.
89 Kowalski (wie Anm. 2), S. 47f., 50 und Abb 35.
90 Ebd., S. 49.
91 Ebd., S. 50.
92 http://www.rzuser.uni-heidelberg.de / ~cd2 / drw / e / fa / lken / falken.htm.
93 Johannes Voigt: Geschichte des Deutschen Ritter-Ordens in seinen zwölf Balleien in Deutschland, Bd. 1, Berlin 1857, S.489.
94 Dorothea Walz: Falkenjagd – Falkensymbolik, in Elmar Mittler, Wilfried Werner (Hg.): Codex Manesse. Katalog zur Ausstellung vom 12. Juni bis 4. September 1988 Universitätsbibliothek Heidelberg, Heidelberg [1988], S.350–371, hier S.353.
95 Siehe Günter Heinemann: Pfalzgraf Johann Casimir als Jäger aus Kurpfalz. Das Waidwerk vor 400 Jahren nach Notizen aus seinen Tagebüchern 1567–1589 (Bavaria Antiqua 7), München 1975.
96 Frieder Hepp: „Gar lustig ist die Jägerei!" Die Jagd in der Kurpfalz im 17. und 18. Jahrhundert, in Thomas Werner, Frieder Hepp (Hg.): „… sonst wird dich der Jäger holen!" Die Jagd: Vergnügen und Verderben. Katalog zur Ausstellung des Kurpfälzischen Museums der Stadt Heidelberg vom 3. November 1999 bis 20. Januar 2000, Heidelberg 2000, S. 63–83, hier S. 68.
97 Frieder Hepp: Religion und Herrschaft in der Kurpfalz um 1600. Aus der Sicht des Heidelberger Kirchenrats Dr. Marcus zum Lamm (1544–1606) (Buchreihe der Stadt Heidelberg 4), Heidelberg 1993, S.172–189.
98 Walz: Falkenjagd (wie Anm. 93), S.353.
99 Gerhard Papke: Von der Miliz zum Stehenden Heer. Wehrwesen im Absolutismus, in ders., Wolfgang Petter (Hg.): Deutsche Militärgeschichte in sechs Bänden 1648–1939, München 1983, Bd. 1, S. 25.
100 Peter Krüger: Die Beziehungen der Rheinischen Pfalz zu Westeuropa 1576–82. Die auswärtigen Beziehungen des Pfalzgrafen Johann Casimir 1576–82, Diss., München 1964; zum niederländischen Feldzug s. S. 77–107.

Neues im Wunderhorn

Manfred Hammes
Erzähl' mir vom Süden...
Eine literarische Reise durch Languedoc,
Provence und Côte d'Azur

454 Seiten, mit zahlreichen Abbildungen,
gebunden mit Schutzumschlag
EUR 24,80
ISBN 3-88423-230-4

*Eine äußerst anregende Literatur- und
Kulturgeschichte des französischen Südens,
der schon immer das Land der Schriftsteller
und Briefeschreiber war. Sie finden Beckett
in Roussillon, Lothar Baier an der Ardèche,
Camus in Lourmarin, Jean-Henri Fabre in Sérignan,
Tucholsky in Cannes, um nur einige zu nennen.
Ein idealer Begleiter für die Reise oder einfach zum
Lesespaß.*

Frank Berberich/Gerd Weiberg (Hrsg.)
Der Einstein-Komplex
99 Philosophen, Schriftsteller, Künstler und
Wissenschaftler über ein Genie

Deutsch-englische Ausgabe
204 Seiten, gebunden
12 Farbabb. von Georg Baselitz und Jakob Mattner
EUR 19,80
ISBN 3-88423-243-6

Eine einmalige Mischung aus literarischen Texten,
Gedichten, Aphorismen, Bildern, Erinnerungen,
Gedankenblitzen, längeren Reflexionen und kurzen
Bonmots, die uns das Phänomen Einstein auf neue
und sehr persönliche Weise vermitteln.
Eine Initiative der Kulturzeitung Lettre International
und des Büro Einsteinjahr 2005.

Fordern Sie unser Verlagsverzeichnis an:
Verlag Das Wunderhorn · Bergstrasse 21 · 69120 Heidelberg
www.wunderhorn.de

Friedrich Karl Azzola und Karl Pauligk

Das historische Handwerkszeichen der Heidelberger Weißgerberfamilie Hettebach im Kurpfälzischen Museum. 1719 / 1749

Heidelberg ist an überlieferten Wappen, Handwerkszeichen und Marken so reich, dass sich damit ein ganzes Buch füllen ließ.[1] Allerdings sind Handwerkszeichen der Weißgerber nur selten überliefert, in Heidelberg ein einziges: es ist der Haustein der

Abb. 1:
Der Haustein des Heidelberger Weißgerbers Georg Hieronimus Hettebach, 1719, ist ca. 66 cm hoch, 76 cm breit cm und um 16 cm dick. Die Haareisen sind 43 cm lang, der Stollmond ist 22 cm hoch (Foto: Azzola)

Heidelberger Weißgerber Georg Hieronimus Hettebach und Johann Engelhart Hettebach von 1749 im Lapidarium des Kurpfälzischen Museums (Abb. 1), dessen Inschrift wie folgt lautet:
HAD ... ERBAVT GEORG/
HIERONIMUS HETTEBACH 1719/
RENNOFYRT 1749/
JOHANN ENGELHART HETTEBACH/
MARIA BARBARA HETTEBACHIN/
Alle Großbuchstaben N sind spiegelbildlich gehauen. Unter der Inschrift ist das historische Weißgerberzeichen angeordnet: die beiden sich diagonal kreuzenden Werkzeuge für die Hautbearbeitung auf dem Schabebaum[2] (Abb. 2 und Abb. 8 links unten).

Die Lederproduktion ist traditionell in wenigstens zwei Sparten gegliedert: Die Rotgerber verarbeiteten Rindshäute in strapazierfähige Leder für Sohlen oder Geschirre, wobei sie als Gerbmittel Lohe aus Eichen- oder Fichtenrinde einsetzten; die Weißgerber stellten feinere Leder her für Taschen oder Kleidungsstücke, indem sie zum Beispiel Ziegenhäute mit Alaun bearbeiteten, einem Doppelsalz aus Kalium- und Aluminiumsulfat $KAl(SO_4)_2$; die Sämischgerber, meist dem Weißgerberhandwerk zugeordnet, verarbeiteten Hirschhäute mit dem Gerbmittel Fischtran. In Heidelberg waren im 18. Jahrhundert die Rot- und die Weißgerber in getrennten Zünften organisiert.

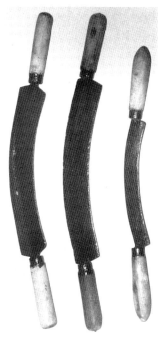

Abb. 2:
Der Rotgerber Hans Richter, 1609, im Hausbuch der Mendelschen Zwölfbrüderstiftung zu Nürnberg, Bd. II,2 fol. 77r (Foto: Stadtbibliothek Nürnberg)

Abb. 3:
Drei Haareisen aus dem Weißgerbermuseum in Doberlugk-Kirchhain, Niederlausitz. Die Längen der drei Werkzeuge betragen von links 61,0 cm, 61,5 cm bzw. 53,0 cm (Foto: Azzola)

Die beiden sich diagonal kreuzenden Werkzeuge, aus denen das Weißgerberzeichen besteht, sind für die Hautbearbeitung besonders wichtig. Sie dienen auf der Außenseite der geäscherten Häute, der Narbenseite, zur Beseitigung der Haare sowie der Oberhaut (= Epidermis[3]) und in den Poren sitzender Reststoffe wie Gneist und Grund. Die enthaarten Häute heißen Blößen. Die Epidermis muss entfernt werden, weil sich nur aus der Mittelschicht der Haut, dem Corium, durch Gerben Leder gewinnen lässt. Deshalb wird diese Schicht auch Lederhaut genannt. Enthaart wird mit dem stumpfen Haareisen. Die Epidermis wird mit dem im Innenbogen ebenfalls stumpen Streicheisen[4] entfernt, denn die Klingen beider Werkzeuge sind gekrümmt (Abb. 3). Hingegen ist der Außenbogen des Streicheisens scharf, ein Unterschied zum Haareisen, der sich nur an den Werkzeugen selbst, doch nicht bei in Stein gehauenen Gerberzeichen erkennen lässt.

Zur Entfernung der Unterhaut sowie möglicherweise noch vorhandener Fleisch- und Fettreste auf der Hautinnenseite, der Fleisch- oder Aasseite, dient das mit einer scharfen Klinge ausgestattete gerade Schereisen, auch Scherdegen[5] genannt.

Zum Enthaaren wird die stumpfe Innenseite des gekrümmten Haareisens auf die Außenseite der geäscherten Haut aufgesetzt. Dabei soll die Rundung des Gerberbaums mit der Krümmung des Werkzeugs möglichst übereinstimmen, damit bei jedem Schub ein recht breiter Streifen der Haut aufgrund ihres Kontakt mit dem Eisen entfernt wird (Abb. 2). Im Gegensatz dazu kann mit der Schneide am Außenbogen

Abb. 4:
Der Weißgerber Barthel Graff, 1682, bei der Arbeit am Stollmond. Aus dem Hausbuch der Mendelschen Zwölfbrüderstiftung zu Nürnberg, Bd. II,2 fol. 156v (Foto: Stadtbibliothek Nürnberg)

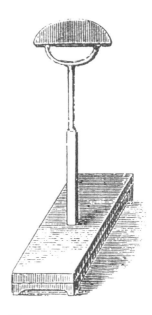

Abb. 5:
Ein Stollmond nach Ferdinand Wiener: Die Weißgerberei, bearb. von Viktor Mikuka, Wien und Leipzig 1920, Figur 11, S. 175. (Reproduktion)

Abb. 6:
Zwei neuzeitliche Stollmonde / Stollpfähle im zu Doberlugk-Kirchhain, Niederlausitz (Foto: Azzola)

eines Streicheisens die geäscherte Haut auch beschnitten, d.h. Zipfel, Fransen oder Randstreifen entfernt werden.

Mit den beiden sich diagonal kreuzenden Haar- oder Streicheisen des Weißgerberzeichens (Abb. 1) ist in vertikaler Anordnung ein Stollmond/Stollpfahl kombiniert, dient doch das Stollen der Erzeugung weicher Leder. Der Stollmond/Stollpfahl war früher ein mit einem Halbmond ausgestatteter, vertikal in einer horizontalen Bodenplatte steckender, teils mit Vollmond (Abb. 4), teils mit einem Halbmond (Abb. 5) ausgestatteter Stab.[6] Erst neuerdings besteht er aus einem feststehenden Brett mit einer oben daran befestigten tellerähnlichen eisernen Scheibe (Abb. 6). Der Rand dieser Scheibe ist recht dünn, sodass man mit ihr zugleich überschüssige Zipfel am Rande dünner Leder abschneiden kann. Der Durchmesser dieser Scheiben beträgt 20 bis 30 cm. Zum Stollen dicker, steiferer Leder kommen auch kleinere Scheiben zum

Einsatz. Die Scheibe eines Stollmondes ist in der Regel hohlspiegelartig geformt, wobei die Auslenkung von der Ebene um zehn Winkelgrade beträgt. In ihrer Mitte weist die Scheibe eine Aussparung auf. Einen analog ausgeführten Schlichtmond der Gerber zeigt Abb. 7. Bemerkenswerterweise ist der Stollmond des Heidelberger Weißgerbers Georg Hieronimus Hettebach, 1719 (Abb. 1), mit dem Stollmond nach Vogel und Gabler,[7] Nürnberg 1795 (Abb. 8) nahezu identisch.

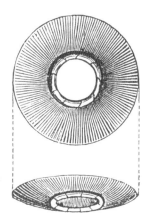

Abb. 7:
Ein Schlichtmond in Aufsicht und Seitenansicht nach Ferdinand Wiener: Die Weißgerberei, 3. Aufl., bearb. von Viktor Mikuka, Wien und Leipzig 1920, Figur 12, S. 176 (Reproduktion)

Beim Stollen wird das Leder an seinem Rand vom Weißgerber mit beiden Händen gefasst und im straff gespannten Zustand nicht zu schnell über die eiserne Scheibe gezogen. Die Darstellungen der stollenden Weißgerber auf den Abbildungen 4 und 8 (rechts unten) sind dabei im Hinblick auf das Stollen recht informativ. Beim Stollen liegt das Leder mit seiner Fleischseite auf dem Eisen, sodass der Gerber den Narben[8] während des Stollens ständig beobachten kann. Nach Bedarf wird er die Spannung oder den Winkel verändern, unter dem er das Leder über das Eisen zieht. Nach jedem Zug greifen die Hände etwas weiter, wodurch das Stück streifenweise über die eiserne Scheibe gezogen wird, gelegentlich nicht nur längs, sondern auch quer. Da man beim Stollen jedes Stück einzeln bearbeitet, lassen sich die sehr unterschiedlich strukturierten Bereiche von Kopf-, Rücken- bzw. Bauchhaut der Tiere zielgerichtet so verändernd beeinflussen, dass man ein möglichst gleichmäßiges, weiches Leder erhält.

Die Lederhaut, das Corium, besteht aus Bindegewebe, dessen dichtes Geflecht aus kollagenen und elastischen Fasern ihm Festigkeit und Elastizität verleiht.[9] In ihr vollziehen sich beim Äschern durch chemische Reaktionen äußerlich nicht wahrnehmbare Veränderungen. Hierbei wird ein geringer Prozentsatz Eiweiß, das chemisch nicht besonders stabil ist, abgebaut und aus der Haut entfernt,[10] die einzelnen Fasern werden voneinander getrennt, was jedoch beim Trocknen des Leders wieder etwas verloren geht. Durch das Stollen wird die zuvor erwähnte Isolierung der Fasern voneinander wieder regeneriert, indem die Fasern nunmehr mechanisch durch Dehnen, Stauchen und Biegen des Leders erneut voneinander getrennt werden. Allerdings muss man Sorgfalt walten lassen, damit das Material keine Schäden erleidet. So kann beispielsweise der aus besonders feinen Fasern aufgebaute Narben des Leders aufbrechen, was nicht eintreten darf; und sofern nicht sichtbare Fasern im Inneren des Leders brechen, sinkt seine bedeutsame Reißfestigkeit. Da man beim Stollen das Leder biegt, dehnt und spannt, erzielt man nicht nur eine Ebnung, insbesondere durch die Beseitigung von Falten, sondern auch eine Flächenvergrößerung, was den Erlös wesentlich beeinflusst, wird doch Leder zumeist nach seiner Oberfläche berechnet und gehandelt.

Manuell wird heute kaum noch gestollt, denn diese Handarbeit ist inzwischen zu teuer geworden. Deshalb wurden seit dem ausgehenden 19. Jahrhundert Stollmaschinen unterschiedlicher Wirkungsweisen entwickelt. Da vornehmlich alaungegerbte Leder aus Lamm- und Ziegenhäuten gestollt wurden, um sie als weiche Bekleidungsleder

Abb. 8:
Der Weißgerber nach Vogel und Gabler, Nürnberg 1795 (Ledertechnik in Raum und Zeit, wie Anm. 7). Links vorn ein Weißgerber am Schabebaum, rechts vorn ein Weißgerber beim Stollen (Reproduktion)

einsetzen zu können, entwickelte sich der Stollmond zugleich zum charakteristischen Bestandteil historischer Weißgerberzeichen,[11] wie wir hier am Beispiel des Heidelberger Haussteins aus dem Jahr 1749 (Abb. 1) aufzeigen konnten.

Anmerkungen

1 Harald Drös: Heidelberger Wappenbuch. Wappen an Gebäuden und Grabmälern, auf dem Heidelberger Schloß, in der Altstadt und in Handschuhsheim, Heidelberg 1991, darin eine Skizze des Weißgerberzeichens auf Tafel 29.
2 Abb. 2 findet sich auch in Margarete Wagner: Das alte Nürnberg. Einblick in vier Jahrhunderte Handwerksleben, Hürtgenwald 1980, als Abb. 57 auf S. 202.
3 Die Epidermis ist die Oberhaut, d.h. die oberste Schicht der Haut. Im Gegensatz zur Lederhaut, der Mittelschicht (= dem Corium), besteht ihr Zellgewebe aus dem Eiweiß Keratin.
4 Günter Groß: Zur geschichtlichen Entwicklung des Lohgerberhandwerks im Erzgebirge und in den angrenzenden Gebieten, Diss. Freiberg in Sachsen 1989, Anl. 1.
5 Die Fleischseite der Häute wird vom Gerber auf dem Scherbaum mit dem Scherdegen bearbeitet. Ein leider verschollenes Bruchstück eines spätmittelalterlichen Steinkreuzes mit einem Scherdegen als Gerberzeichen wurde jüngst publiziert; dazu bei Friedrich Karl Azzola, Karl Pauligk und Joachim Schirmer: Das verschollene Steinkreuz von Salmünster. Das spätmittelalterliche Denkmal eines Gerbers und Schuhmachers? Zeitschrift des Vereins für hessische Geschichte und Landeskunde (Kassel) 101, 1996, S. 179–184. Siehe auch bei Friedrich Karl Azzola und Karl Pauligk: Der Scherdegen eines Gerbers im Museum der Stadt Worms, Der Wormsgau 17, 1998, S. 128–132.
6 Friedrich Karl Azzola und Karl Pauligk: Der Stollmond vom Dreifaltigkeitsaltar, um 1470, in St. Georg zu Dinkelsbühl, Alt-Dinkelsbühl 73 Nr. 6 (Nov. 1997), S. 41–45; zugleich Beilage in Fränkische Landeszeitung (Ansbach) Nr. 270 vom 22./23. Nov. 1997.

7   Ledertechnik in Raum und Zeit. Veröffentlichung aus Anlaß des fünfundsiebzigjährigen Bestehens des leder- und pelztechnischen Laboratoriums der Firma BASF, Ludwigshafen o. J. (ca. 1966), die Abb. auf S. 35.
8   Es ist die an die Epidermis grenzende Schicht der Lederhaut. Sie besteht aus besonders feinen Kollagenfasern.
9   W. Burckhardt: Atlas und Praktikum der Dermatologie und Venerologie, München, Berlin und Wien 1969, S. 5.
10 Karl Pauligk und Rudolf Hagen: Lederherstellung, Leipzig 1987, S. 90.
11 Friedrich Karl Azzola und Karl Pauligk: Das Bruchstück eine Grabplatte mit einem Weißgerberzeichen, 1578, außen an der Friedhofskapelle in Michelstadt, Der Odenwald 44 H. 2, Juni 1997, S. 68–74. Dies.: Das Weißgerberzeichen von 1807 am Haus Kellereistraße 31 in Buchen, Der Wartturm (Buchen) 38 Nr. 4, Dez. 1997, S. 3–6. Dies.: Das historische Weißgerberzeichen von 1687 am Haus Schulinstraße 7 in Prichsenstadt, Frankenland 50 H. 5, Okt. 1998, S. 338–343. Dies.: Das Grab-Steinkreuz des Bensheimer Weißgerbers Johannes Watlöff und seiner Ehefrau Anna Margareta, 1690 / 1699, Die Starkenburg (Heppenheim) 75 Nr. 4, 1.10.1998. Dies.: Zwei oberfränkische historische Handwerkszeichen der Weißgerber in Bayreuth, 1743, und in Creußen, 1832, Archiv für Geschichte von Oberfranken 80, 2000, S. 277–288.

Peter Koppenhöfer

Eine Kutschfahrt durch Heidelberg 1824
Der vergessene Autor J. G. Rieger und Heidelberg

> In dem folgenden Textauszug geht es um eine Kutschfahrt von Mannheim über Heidelberg nach Neckargemünd, danach wird auf ein Schiff umgestiegen. Der Ich-Erzähler benutzt eine Dienstreise, um das Neckartal bis Neckarelz und den Odenwald zwischen Erbach und Eberbach zu beschreiben. Es dürfte sich um eine der frühesten Reisebeschreibungen des oberen Neckars und des südlichen Odenwalds handeln.[1] Der Abschnitt ist folgender Veröffentlichung entnommen:
> J. G. Rieger: Vaterländische Wanderungen. Einige Kapitelchen für meinen Freund. Didaskalia oder Blätter für Geist, Gemüth und Publicität, Januar 1824, Nr. 6 und 7.[2]

Du wirst Dich noch erinnern, daß Kutscher Schmitts kleiner Josephel wie der Sonnengott mit uns aus der Stadt flog. O, was das für ein bescheidener sanfter Mensch ist! Du magst ihn fragen, was, so oft und so viel Du immer willst, er – spricht nichts. Warum mußte ich doch bei der letzten Stadtdeputirtenwahl gerade den Schnupfen haben!

Sobald man Seckenheim verläßt, befindet man sich wieder im Freien; aber nicht vor dem Thore, denn es hat keins. Wahrscheinlich sind jetzt die Schwalben an der Schulmeisterswohnung flick geworden und ausgeflogen. Im Orte selbst ist eigentlich kein Storchennest; aber in dem benachbarten Dorfe Neckarau, da soll eins seyn. Leute, auf die ich zählen kann, haben mir dieses betheuert und dabei versichert, wenn man dort einmal die protestantische Kirche erfragt und gefunden habe, so könne man es gar nicht mehr verfehlen, denn es seye oben drauf.

Edingen ist ein freundlicher, friedlicher Ort. Hier starb Karl Ludwig von der Pfalz, der Wiederhersteller des Landes, welches nach dem furchtbaren dreißigjährigen Kriege einer Wüste glich. Ob der Schatten des Nußbaums und der Rebenlaube, in welchem er am 28. August 1680 seinen Geist aufgab, noch da ist, bezweifle ich sehr. So viel aber ist gewiß, daß das dankbare Volk dem großen Manne bis jetzt noch kein Denkmal gesetzt hat, weil er keines bedarf, um der Nachwelt bekannt zu werden. Über das nun folgende Dorf Wieblingen könnte ich Dir auch Manches schreiben; da ich aber gerne noch Einiges über Heidelberg sagen möchte, so muß ich flüchtig wie ein Kabinetskurier hier durcheilen.

Heidelberg ist eine sehr lebhafte Stadt, und gleicht auf's Haar meiner Großmutter. Die alte gebrechliche Gestalt, den muntern fröhlichen Geist, ein Zeichen gut verlebter Jugend, die Geschäftigkeit, die Neigung von alten Liebschaften, von erloschenem Glanz u.dergl. zu sprechen, kurz alles stimmt überein. Am Thore sitzen die Bürger Schildwache. Ich finde diese Einrichtung sehr zweckmäßig, besonders für Städte, wo man steinalte und gebrechliche Leute statt in das Hospital auf die Wache ziehen läßt. Mancher sieht denn doch, wenn er sitzt und einem den Rücken zukehrt, noch etwas gleich. Da ich dieses noch nirgends eingeführt fand, selbst in meiner Vaterstadt nicht, wo man, so zu sagen, doch auch ein wenig mit dem Zeitgeiste fortschreitet, so verweilte ich mit Wohlgefallen auf dieser Schildwa – halt! Da stoß' ich auf einen Sprachschnitzer. Eine Schild wache kann es eigentlich nicht seyn; denn die Herren haben Gewehre neben sich stehen und sind mit Säbel und Patrontasche angeschirrt. Aber? ... Ja da liegt's! Ich suchte vergebens einen passenderen Namen zu finden, auch hieb unser Joseph gerade so unbarmherzig auf die Pferde, daß mir die Gedanken wie die Blitze auf meines Onkels nobler Sonntagsweste durcheinander fuhren. Ich muß daher den Gelehrten überlassen, für solche Wachen einen Namen zu entdecken. Aber die Anregung (denke Dir, ich schlüge dabei mit edelm Stolze, mit der Frechheit – Selbstgefühl wollte ich sagen – eines frisch von der Schulbank auf den Katheder geschraubten Professors, auf die Brust), die hab' ich gegeben – ich! das muß die literarische Welt doch wissen.

Mit der Sprachreinigung ist man hier – weil ich doch einmal auf den Zehen stehe – sehr weit vorgeschritten, und man spricht jetzt schon ein Deutsch hier, das, Gott sei Dank, kein Mensch mehr versteht, der nicht wenigstens einige Jahre seine Studia hier absolvirte. Einiges davon habe ich behalten, stehe aber nicht gut dafür, daß ich es ganz treulich wiedergeben kann. Will man Jemand seines Verstandes wegen verächtlich machen, so ist der Mensch kein Mensch mehr, sondern ein Kameel. Ist Jemand glücklich, so heißt es: „der Kerl hat ein mordisches Schwein". Wer in Unglück verfällt, hat dagegen ein „fatales Pech". Sagt man Jemand eine Grobheit so hat man ihm „einen Schlingel gestoßen". – Wie klangvoll, viel melodisch! Ach, wenn jetzt die alten Römer noch einmal erständen: sie würden anders urtheilen; sie würden nicht sagen: die Sprache und der Gesang der Deutschen gleicht dem Geschrei wilder Vögel, dem Hinpoltern beladener Wagen über einen Knüppeldamm. Gewiß nicht. Wundern soll's mich dagegen, wenn nicht Rossini irgend eine zuckersüße Oper in dieser Sprache componirt. Du wirst es gar nicht auffallend finden, daß sich der gereinigte Styl schnell bis in die untersten Volksklassen verbreitet hat, und daß man am blauen Montag sogar schon Schneider, Haarkräusler u.a., ganz, ja ganz geläufig mit den blühendsten Redensarten um sich werfen hört. Ja, so was greift um sich wie Kienholzfeuer. Hier nur eine Probe, die ich verbürgen kann.

Ein Barbierer mit der Serviette unter'm Arm und der Wasserflasche in der Hand, begegnete einem Mitbruder und erzählte ihm folgenden höchst wichtigen Vorfall: Denke dir nur, hat mir da gestern der Fuchs, der in den schwarzgelockten Besen, bei welchem wir so viel gepumpt haben, verkeilt ist, einen Schlingel gestoßen. Ich antworte nun freilich darauf: Zieht nicht! Als er mir aber keine Ruhe ließ, stieß ich ihm einen dummen Jungen darauf; da wurde die Bestie wild und brüllte immer fort: Kameel! Kameel! Kameel! Jetzt, dachte ich, ist mir's Wurst und bolzte ihn vor den klotzenden Philistern; der Rindsnagel vertheidigte sich aber ganz pomadig, hatte ein mordisches Schwein, ich dagegen ein so fatales Pech, daß ich endlich die Platte putzen mußte.

Da ich von der ganzen Erzählung nichts verstand, als was noch in dem altmodischen Deutsch gesprochen wurde, so ließ ich mir selbige von einem Eingeweihten übersetzen. Hiernach wollte der Bramarbas folgendes sagen:

„Denke dir nur, hat mich da gestern ein junger Mensch, der in das schwarzgelockte Mädchen, bei dem wir so vile geborgt haben, verliebt ist, einen Schlingel geheißen. Ich antworte nun freilich: ich lege keinen Werth darauf. Als er mir aber keine Ruhe ließ, hieß ich ihn einen dummen Jungen, da wurde der Mensch wild und brüllte immerfort: Elender! Elender! Elender! Jetzt, dachte ich, ist mir's gleichviel, und prügelte ihn mit meinem Stock vor den staunenden Bürgern durch. Der erbärmliche Mensch vertheidigte sich aber ganz gelassen, hatte viel Glück, ich dagegen so viel Unglück, daß ich endlich entfliehen mußte."

Die Stadt hat außer dem Mannheimer Thor noch einige Thore, wo man ebenfalls aus- und einpassieren kann. Sperrgeld wird hier am Tage keines erhoben, weil die Thore offen sind. Ich erstaunte nicht wenig darüber. Das ist ja sonderbar, dachte ich, wir haben ja gar keine Thore, wenigstens keine verschlossenen, und bezahlen doch Sperrgeld.

In Heidelberg werden die Menschen wie die Braukessel geeicht. So viel ich bemerken konnte, giebt es hier mehrere Eichstätten. In einer solchen standen bereits 25 bis 30 junge Leute, die geeicht wurden. Einige lagen schon fertig auf den Bänken. Joseph, unser Kutscher, versicherte uns, daß es hier bisweilen Menschen gäbe, die erst mit dem 27. oder 30. Schoppen gestrichen – voll sind.

Wenn es wahr ist, daß die Kleidung der Abdruck der menschlichen Seele ist, so giebt es in Heidelberg Leute mit viereckigen Seelen, denn viele tragen viereckige Mützen.

Wir hatten hier sehr wohlfeil gelebt, denn wir haben diesmal gar nichts genossen. Du wirst staunen, daß wir dieses über's Herz kriegen konnten. Du wirst aber nicht mehr staunen, wenn du hörst, daß man bei dem Genusse der schönen Natur Essen und Trinken vergißt. Das haben noch alle gefühlvolle Menschen gesagt, die mit angefülltem Magen hieher kamen. Ach! Die Gegend ist aber auch zauberisch, paradiesisch – ja sie ist gar keiner Beschreibung fähig. Bei dem Buchhändler Engelmann kann man sie aber doch auf alle mögliche Weisen mit und ohne Beilagen zubereitet um 3 bis 6 Gulden bekommen.

Du wirst Dich noch erinnern, daß uns vor einiger Zeit unser Haarschneider mit geheimnißvoller Miene offenbarte, auf den Universitäten in Schweden werde jetzt Kriegskunst gelehrt. Du wirst dich noch mit Vergnügen erinnern, wie wir beide uns ansahen und von zehn bis halb eilf die Mäuler aufsperrten. Wie sehr war ich daher erstaunt, diese Studien auch schon im äussersten Süden ins Leben gerufen zu finden. Ich riß das Maul noch halb mal so weit als damals auf: Denn es ist doch eine ganz andere Sache, so etwas zu sehen, als blos davon zu hören. So viel ich aber an den Zöglingen, die eben die Collegia besuchten, bemerkte, wollen die meisten hier Kavallerie studiren. Der Thorschreiber, ein einbeiniger ehrlicher Invalide, dem ich darin ein wenig Scharfblick zutrauen könnte, versuchte es, mich anzulügen und sagte, von den Herren mit den rasselnden Sporen hätten Manche gar kein Pferd; ja vielleicht Steckenpferde; und Steckenpferdereiter gäbe es, das sagte er mit Nachdruck, allerwärts auch genug, wenn sie auch keine Sporn trügen. Das stieg zu mir hoch. Ich verstand es wenigstens nicht. Etwas lag wohl darin, das merkte ich an meiner Überraschung; ich war frappirt; ja, ich muß Dir gestehen, ich war – sprachlos. „Das war ein Stich!" rief mir mein Gefährte leise zu. Jetzt ging mir erst ein Licht auf. Donner und Doria! dachte ich wüthend. Und der Kerl darf in unserm Jahrhundert noch so einen Stich ohne Censur denken – sprechen! Ich blieb verstimmt bis Neckargemünd.

> Die Reise geht dann weiter nach Eberbach, enthält mehrere Abstecher in die dortige Umgebung, so nach Erbach und auf den Katzenbuckel. Sie führt den Icherzähler dann nach Neckarelz und auf einem Neckarfloß wieder zurück nach Heidelberg und Mannheim.

Wer war J. G. Rieger? Bemerkungen zu einem Autodidakten und Schrifsteller der Biedermeierzeit

Der Autodidakt

Erst mit dem 1996 erschienen Reprint von J. G. Riegers herausragenden Mannheimbuch (Historisch-topographisch-statistische Beschreibung von Mannheim, 1824) wurde erstmals genauer nach diesem Autor geforscht. Das Buch ist die erste Stadtbeschreibung

Mannheims und seit langem als unersetzliche Quelle geschätzt. Recherchen von Hans Weckesser konnten das „Geheimnis" dieses Literaten ein wenig lüften.[3] Schon die Vornamen waren nur mit Mühe zu entschlüsseln. Sie ließen sich durch einen späteren Eintrag in einer Liste der Mannheimer Schlossbibliothek auflösen.[4] Angesichts von immerhin drei Buchveröffentlichungen, teilweise in mehrfachen Auflagen[5], ist es sehr erstaunlich, dass Rieger in keinem der sonst so ausführlichen Autoren-Nachschlagewerke (wie Goedecke, Deutsches Literatur-Lexikon) verzeichnet ist. Inzwischen lassen sich etwa 10 weitere Erzählungen und Reisebeschreibungen sowie einzelne Gedichte nachweisen, die in Unterhaltungszeitschriften zwischen 1822 und 1825 veröffentlicht wurden, darunter der voranstehende Text.[6]

Noch außergewöhnlicher wird der Fall Rieger, wenn man die soziale und bildungsmäßige Situation dieses Mannes berücksichtigt. Rieger wurde am 25. März 1798 in Mannheim geboren. Er war der Sohn des Kupferstechers und Malers Johann Jacob Rieger, der schon 1811 starb.[7] Die Armut der zurückgelassenen Familie ergibt sich aus dem Lebensweg der vier Kinder, zwei Töchter und zwei Söhne: Keines der Kinder hat offenbar geheiratet, der Bruder Friedrich war Bedienter, auch eine Schwester „trat in Mietdienste", war also Dienstbotin oder Magd. Die zweite Schwester, Franziska, war Stickerin, worunter man sich allerdings nicht eine einfache Handarbeiterin, eher eine Kunsthandwerkerin oder Künstlerin vorstellen muss. Sie hat die bemerkenswerte Ansicht „Die Süd Seite des Schlosses zu Heidelberg"(1809), geschaffen, eine Seidenstickerei und Gouache nach einer Vorlage ihres Vaters.[8] Ganz offensichtlich war die Künstlerfamilie nach dem Tod des Vaters proletarisiert, vielleicht schon vorher in der für Mannheim schwierigen Übergangszeit der Jahrhundertwende verarmt. Der jüngste Sohn Johann Georg hat nicht studieren können, er ist nicht einmal als Schüler des Mannheimer Lyceums nachweisbar.[9] Wenn er es trotzdem zum Buchautor gebracht hat, muss er ein außergewöhnlicher Autodidakt gewesen sein, ein hochbegabter Außenseiter. Dass er als wenig geachteter Aufsteiger nie richtig unter den Mitschriftstellern ankam, könnte eine Erklärung dafür sein, dass er so schnell vergessen wurde.

Rieger als Zollinspektor in Heidelberg 1826/27

Rieger lebte und arbeitete mindestens ein Jahr als provisorischer Zollinspektor des Rhein-Neckar-Kreises in Heidelberg. Nachweisbar ist er hier in seinem Schriftverkehr mit der Großherzoglichen Steuerdirektion in Karlsruhe vom Juli 1826 bis Ende Juli 1827. Wie kam er in diese relativ anspruchsvolle Position?

Offensichtlich hatte er zuvor in der Zollabteilung der Kreisregierung als „Scribent" gearbeitet. Als solcher wird er im Mannheimer Adressbuch von 1825 genannt. Scribenten waren die unteren Schreibkräfte in den staatlichen Büros. Sie wurden nach örtlichen Prüfungen bei Bedarf eingestellt und mussten sich damals mit Gehältern zwischen 200 und 400fl. abfinden. Sie waren in Baden die Vorläufer der mittleren Beamtenberufe, nannten sich „Skribenten, Teilungskommissare, Aktuare, Amtrevisoratsgehilfen".[10] Rieger muss sich in seiner Arbeit hervorgetan haben. Denn sein Vorgesetzter, der Mannheimer Oberzollinspektor Henninger, hat ihn bereits 1824 „ prov. zur Polizei-Zoll und Akziseaufsicht aufgestellt".[11] So unterschrieb Rieger sein einziges Dokument, das außerhalb des Heidelberger Schriftverkehrs im Generallandesarchiv Karlsruhe auffindbar war. Henninger hatte selber einen Aufstieg aus dem unteren

Zolldienst geschafft, er war lange Rheintorzöllner gewesen. Möglicherweise sah er in Rieger einen seiner Karriere vergleichbaren Fall.

In dieser Zeit als Zollaufseher könnte Rieger Dienstreisen wie diese in den „Vaterländischen Wanderungen" unternommen haben, die nach Eberbach und Neckarelz führte.

Als Rieger 1824 diese Aufsichtsfunktionen zugewiesen wurde, dürfte er schon ein regional bekannter Schriftsteller gewesen sein. Er hatte das Manuskript seines Mannheim-Buches bereits abgeschlossen. Seit 1821 waren Texte von ihm in den Unterhaltungszeitungen der Region erschienen. Seit Ende 1824 war der Außenseiter Rezensent des Mannheimer Theaters für die schon erwähnte Frankfurter Zeitung „Didaskalia". Auch das dürfte bei seinen beruflichen Erfolgen eine Rolle gespielt haben.

Nach Heidelberg kam er im Juni 1826, nachdem sein bisheriger Vorgesetzter Andreas Henninger (1766–1857) im Mai 1826 zum Obereinnehmer in Mannheim ernannt worden war, also zum höchsten Steuerbeamten.[12] Sehr wahrscheinlich hat Rieger nun Henningers bisherige Inspektorfunktionen übernommen. Denn seine Heidelberger Dokumente sind mit dem Briefkopf „Badische Zoll und Accise Inspection des Neckarkreises" geschrieben. Das gleiche Formular benutzte Henninger als Oberzollinspektor in Mannheim. Außerdem unterzeichnete Rieger im September 1826 mit dem Zusatz „prov. Distriktinspektor". Merkwürdig ist Riegers neuer Dienstort Heidelberg, weil die hohe Position des Oberinspektors den Kreisregierungen zugeordnet war, die Kreisregierung des Neckarkreises aber in Mannheim saß.[13]

Jedenfalls musste Rieger nun seine Rezensententätigkeit am Mannheimer Theater einstellen.[14]. Er zog mit seiner Mutter und seiner Schwester Franziska nach Heidelberg. Die Kunststickerin Franziska Rieger starb während dieser Heidelberger Zeit.

In seiner neuen Position hat Rieger sicher auch mehr verdient. Als Distriktinspektor konnte Rieger mit etwa 600 fl. rechnen. Da er jedoch nur provisorisch angestellt war, kann es auch weniger gewesen sein.

Die Zeit in Heidelberg ermöglichte dem Freizeitautor den Zugriff auf die Universitätsbibliothek. Hier könnte Rieger den Schwetzingen-Führer beendet haben, und sicher hat er an seinem anspruchsvollsten Projekt, einem Werk über Handel und Gewerbe in Baden, gearbeitet. Es sollte 1827 bei Groos in Heidelberg erscheinen.[15] Der Kontakt zum Heidelberger Buchhändler ist wohl in dieser Zeit geknüpft worden. Aus nicht bekannten Gründen ist dieses Buch jedoch nicht gedruckt worden; Bruchstücke hat Rieger wohl in seinen Zeitungsbeiträgen verwendet.

Womit hat sich der Distriktinspektor Rieger in Heidelberg beruflich beschäftigt? Er hatte jetzt selber Skribenten unter sich und konnte seine Briefe diktieren. Einer von ihnen war der Kameralpraktikant Carl Danzi, der Sohn des Komponisten Franz Danzi. Dessen Opern hatte Rieger in der Didaskalia wohlwollend rezensiert. Außerdem kannte er sicher seines Praktikanten Schwester, Margarethe Brandt, die in Mannheim Schauspielerin war. Da wird man nicht nur über Zollfragen gesprochen haben. Carl Danzi, der nur wenige Jahre jünger als Rieger war, wurde später Finanzrat.[16]

Es war das Jahrzehnt vor der Gründung des Zollvereins. Die ausufernden Zollvorschriften hielten mit dem wachsenden Handel nicht Schritt. Es gab eine Unmenge zu regeln und viele Möglichkeiten zum „Unterschleif", zur „Zolleinschwärzung". Rieger hatte sich in Mannheim mitunter durchaus als zupackender Kontrollbeamter hervorgetan. Auch seine Heidelberger Tätigkeit geht teilweise in diese Richtung. Dazu einige Beispiele:

Im September 1826 leitete Rieger eine Eingabe der Mannheimer und Heidelberger Strumpfweber und Stricker an seine vorgesetzte Zentralbehörde, die Karlsruher Steuerdirektion, weiter, die von den Zunftmeistern Johannes Sommer, Jacob Sommer und Jacob Greif unterzeichnet war. Sie beschweren sich darüber, dass Wanderhändler aus Hessen-Darmstadt unverzollte oder niedrige verzollte wollene Strumpf- und Kleidungsstücke verkauften und damit ihr Geschäft schädigten. Rieger bestätigte den Sachverhalt. Er habe „sämmtliche Obereinnehmereien des diesseitigen Kreises ersucht …, ihre untergebenen Gardisten wiederholt wegen der Aufsicht auf den durch heßische Unterthanen betrieben werdenden Hausierhandel mit Strumpfweberwaaren anzuweisen …"

Ein besonderes Problem stellte für den Zollinspektor auch der anwachsende Wagenverkehr zwischen Mannheim und Heidelberg dar. Am Ende seiner Heidelberger Amtszeit, im Juli 1827, hat Rieger sich noch einmal grundsätzlich dazu geäußert und eine stärkere Personalausstattung gefordert, da er selber wegen Dienstreisen nicht immer am Ort sein könne. In seinem Bericht gibt er einen eindrucksvollen Überblick über die damaligen Verkehrsverhältnisse.

Es scheine „sehr nothewendig zu seyn, daß das hiesige Aufsichtspersonale den zwischen Mannheim und Heidelberg hin und zurückfahrenden Güterfuhrleuten Rheinhard, Hartmann […] besondere Aufmerksamkeit widme und diese in der Art beaufsichtige, daß sie z.B, in dem hiesigen Lagerhaus keine Transit-Güter am Abend laden, die Wägen alsdann gegen die bestehenden Verordnungen über Nacht in ihre Wohnungen einstellen, und damit erst am anderen Morgen abfahren, daß dieselben Fuhrleute, wenn sie von Mannheim kommen und Transitgut geladen haben, sogleich und mit der ganzen Ladung in das hiesige Lagerhaus fahren, und daß, ehe dort das Ladquantum verifiziert ist, nichts unterwegs abgestoßen werde, sodann daß die zwischen Mannheim und Heidelberg täglich im Gange befindlichen Retourchaisen und sonstigen Lohnwagen, wie die mit Crescentien beladnen Stadtfuhre auch die Wägen der den hiesigen Frucht- und Victualienmarkt besuchenden überrheiner oder Mannheimer Händler am Mannheimer Thor, sodann die Nekarschiffe, sobald sie hier vor Anker liegen, weiter die Post- und endlich die zwischen Offenburg, Frankfurth und Baasel gehenden Eilfrachtwägen vorschriftsmäßig öffter und regelmäßig visiert und besser wie bisher beaufsichtiget werden."

Die Passage überliefert den verdichteten Verkehr im Jahrzehnt vor der Eisenbahn. Die Verkehrsmittel zwischen den Nachbarstädten wurden von Fuhrleuten und Händlern unter anderem dazu benutzt, die Güter, die als Transitwaren durch Baden deklariert und damit niedrig verzollt waren, heimlich doch im Land zu verkaufen. Für die Kontrolleure war vor allem wichtig, dass die Durchgangswaren über Nacht im Lagerhaus der Stadt, also im Untergeschoss des Rathauses, abgestellt werden mussten, um ein heimliches Entladen zu verhindern.

Rieger hatte sich jedoch mit vielerlei anderen Themen zu befassen. In seinen Berichten geht es neben dem allgemeinen Transportwesen auch um spezielle Themen, z.B. um den Hopfenanbau in der Gegend und den Hopfenhandel, um den Weinhandel, die Neckarschifffahrt und um den Rheindurchstich beim Angelhof südlich von Ketsch (wegen der dabei zeitweilig offenen Grenze). [17]

Georg Rieger als Schriftsteller

Riegers Schreibweise, wie sie unser Textauszug bietet, ist originell, lebendig, zum Teil sehr witzig. Situationskomik, Satire, das Spiel mit Worten und Sondersprachen sowie Dialekten sind typisch für diesen Autor. Deshalb gibt es im obigen Beispiel eine so lange Abschweifung zur Studentensprache. Mehr davon findet man vor allem in der bitterbösen Kleinstadtsatire „Maria" und in der Erzählung „Das Rosenfest am Pfingst-Montage in Schwezingen".[18] Im „Rosenfest" ist ein ganzes Kapitel dem Mannheimer Dialekt gewidmet und dürfte wohl für manche Dialektversionen die ersten schriftlichen Belege bieten (z. B. für die Mannheimer „Kipp").

Ohne Zweifel besaß Rieger literarisches Talent, das wegen seiner Außenseiterposition allerdings wohl wenig korrigiert, gefördert und gebildet wurde. Sein Ausschluss von Gymnasialbildung und Studium, das fehlende Netzwerk der Mitschüler und Kommilitonen, Lehrer und Professoren hinterließ Spuren. So benutzte er keine lateinischen Redensarten und Floskeln, die typischen Distinktionszeichen ehemaliger Gymnasiasten. Auffällig ist seine rückwärtsgewandte literarische Bildung mit wenig Anschluss an Zeitgenössisches. Er nennt keine Romantiker, kaum hochrangige Dichtung seiner Gegenwart außer Jean Paul, dem er wohl einiges verdankt, und Theodor Körner. Dagegen versucht er seine Belesenheit und Bildung durch stellenweise geradezu exzessives Zitieren meist klassischer Gedichtzeilen, unter Beweis zu stellen (vor allem im Mannheim- und Schwetzingen-Buch). Dabei ist Schiller sein Lieblingsautor. Bei genauerem Hinsehen fällt auf, dass er die Originale mit kleineren Abweichungen zitiert. Er hat also nicht nachgeschlagen, sondern konnte viele solcher Gedichte auswendig, ein Hinweis auf ein erstaunenswertes Gedächtnis. Vermutlich hatte er finanzielle Schwierigkeiten bei der Beschaffung von Büchern.

Kritisierbar ist nicht selten ein Hang zur Übertreibung, zu Häufung und Übermaß. Manchmal scheint er kein Ende finden zu können. Solche Unsicherheiten in der Proportion der Texte können auch mit seiner Außenseiterposition zusammenhängen. Ob er belesene Freunde hatte, die seine Texte durchsahen?

Der wohl originellste Beitrag Riegers zur Literatur seiner Zeit ist die dokumentarische Dimension mehrerer Werke. Das zeigen schon die Beschreibungen von Mannheim und Schwetzingen. Sein Beruf, der ihn mit vielen Aspekten des Alltagslebens in Kontakt brachte und sein Leben am Rande der Unterschicht haben seinen ungewöhnlichen Blick für Einzelheiten seiner Umwelt geschärft.

Rieger hat einen für die Zeit ganz ungewöhnlichen dokumentarischen, fast schon realistischen Schreibansatz. Dieser Sinn für Alltagsdetails ist am vorliegenden Textauszug gut zu verfolgen. Eine noch wichtigere Rolle spielt das in der Rosenfest-Erzählung mit dem programmatischen Untertitel „Ein Natur- und Sittengemälde aus der Rheinpfalz". „Rheinpfalz" wird hier in seiner alten Bedeutung für Kurpfalz verwendet. Freilich ist Rieger noch kein realistischer Autor; die Genreszenen, vor allem in der Personenbeschreibung, überwiegen. Aber vor allem, wo sein Interesse für Alltagssprache Anknüpfungspunkte findet, gelingen ihm einzigartige Szenen, die ihrer Zeit voraus sind. So überliefert er mit dem Auftritt einer Klezmergruppe einen sicher extrem seltenen Text eines jiddisch-deutschen Liedes.[19] Wie schon bemerkt, scheint ihn das Heidelberger Studentenleben sehr zu interessiert zu haben. Es ist ein fremder, fast ethnologischer Blick von außen. Im „Rosenfest" parallelisiert Rieger den Tanz von Bauerburschen und

-mädchen mit einem Studentenkommers, kleine Teilbilder seines umfangreichen Sittengemäldes während des Schwetzinger Rosenfestes. Dass er von einem „Commerce" schreibt, ist wieder ein Indiz für seinen autodidaktischen Zugang, er kennt das Wort nur vom Hörensagen. Diesen Kommers beschreibt er folgendermaßen (S.119 ff):

> „Eine Gesellschaft lebenfroher Studenten hatte hierher einen der nach den Oster- und Herbstferien gewöhnlichen Fuchs-Commerce (von den Zöglingen, welche noch kein volles Jahr auf der Universität sind, also benannt) ausgeschrieben. Der Präses, ein bärtiger Satyr, leitete lächerlich-ehrwürdig auf seinem Throne von der Tafel herab die ganze Prozedur. Die crassen Füchse waren bereits paarweise eingezogen und sämmtlich von den commandirten zwei Altburschen, bei der Passage durch die, kreuzwis über einander gehaltenen Schläger, mit bramarbasablen Schnurrbärten von gebrannten Kork angeschmiert worden; das Fuchslied:
>
> Was kommt da von der Höh?
> Was kommt da von der ledernen Höh,
> ça, ça ledernen Höh,
> Was kommt da von der Höh? usw.
>
> war gesungen, die possierliche Rede des Präses war geendiget und - man hätte vor Lachen platzen mögen - eine ganze Heerde Brander oder Brandfüchse (Studenten, die noch nicht voll das zweite halbe Jahr auf der Universität leben), bis zur Ausgelassenheit froh, beklatscht und ausgelacht von den Umhersitzenden, ritten mit ihren Schnurrbärten, dicke brennende Zöpfe von Papier in die Haare geflochten, auf ihren Stöcken um die Tafel, einander nach."

Die beiden Gruppen lässt Rieger nun aufeinanderstoßen, aber eingedenk seiner Festutopie einer sozialen Versöhnung rechtzeitig vor der großen Keilerei durch das Eingreifen von „Großherzoglichen Dragonern" trennen. Man wird Johann Georg Rieger als Vorläufer einer realistischen und dem Sozialen geöffneten Literatur einschätzen können. Er ist zu Unrecht vergessen worden.

Das letzte Lebensjahrzehnt Riegers

Nach seiner Heidelberger Zeit hat Rieger anscheinend nichts mehr veröffentlicht, es ließen sich jedenfalls keine späteren Texte finden. Nach dem Jahr in Heidelberg arbeitete Rieger wohl in derselben Position in Mannheim, ohne dass aus dieser Zeit Dokumente von ihm auffindbar waren. Im Adressbuch von 1829 wird er sogar als „Oberzollinspektor" geführt. Dabei muss es sich jedoch um ein Versehen oder eine Verkürzung seiner Stellenbeschreibung gehandelt haben. Er kann unmöglich in eine so hohe Stellung gelangt sein.[20] Das ist um so unwahrscheinlicher, als er sich im gleichen Jahr 1829 aus Mannheim mit unbekanntem Ziel für drei Jahre abgemeldet hat.[21] 1834 wird er im Adressbuch wieder als „Scribent" bezeichnet, das heißt: er war wieder in die Stellung eines niederen Schreibers abgestiegen.

Rieger ist dann relativ jung 1838 40-jährig in Mannheim gestorben, wahrscheinlich in ziemlicher Armut und wahrscheinlich als letzter seiner Familie. Klarsichtig hat er ein solches Ende schon als 26-Jähriger vorausgesehen. Im Reisebericht „Vaterländische Wanderungen", aus dem die Heidelberg-Passage stammt, notierte er gegen Ende:

> „An meinem Sarge weinen höchstens einige Freunde; sie werden sich trösten, mich beklagen, und meiner auch manchmal gedenken. Aber ich lasse keine unversorgte Gattin, keine darbenden Kinder, keine Schätze, deren Entbehrung mich etwa schmerzen könnte, zurück. Einfach, arm, bedeutungslos gehe ich, höchstens mit einem leichten Seufzer über getäuschte Hoffnungen, verfehlte Lebenszwecke, voll süßer Erinnerung und Hoffnung in das Reich des Friedens ein."[22]

Anmerkungen

1. Also noch vor der einschlägigen Veröffentlichung: Karl Jäger: Handbuch für Reisende in den Neckargegenden von Cannstadt bis Heidelberg und in dem Odenwalde. Heidelberg 1824 (im Verlag Engelmann, der sich auf regionale Reiseführer spezialisiert hatte.) Allerdings ist schon in Helmina von Chézys „Handbuch für Reisende nach Heidelberg", Heidelberg o. J.(1816¹) ein umfangreicher Abschnitt „Das Neckarthal" enthalten, von dem Rieger sichtlich profitiert hat.
2. Die „Didaskalia oder Blätter für Geist, Gemüt und Publizität" erschienen 1823 bis 1833 in Frankfurt, teilweise selbständig, teilweise als Beilage verschiedener Frankfurter Tageszeitungen. Begründet wurde diese Zeitung von Johann Konrad Friederich. Vgl. Friedrich Clemens Erbrard, Louis Liebmann: Johann Konrad Friederich. Ein vergessener Schriftsteller, Frankfurt / M 1918.
3. Hans Weckesser: Das Geheimnis des J. G. Rieger, Mannheimer Geschichtsblätter 1997, S. 315–323.
4. Außerdem ist „Georg Rieger" in den Mannheimer Adressbüchern erwähnt. Ein späteres Zeugnis von Rudolf Sillib: Vom Schwetzinger Theater, Die Rheinlande 13 (1907), S.153, deutet auf eine mögliche mündliche Tradition hin: „In einer anspruchslosen Novelle hat 1824 Georg Rieger, das, Rosenfest am Pfingstmontag in Schwezingen', ... zu verherrlichen gesucht." Der Mannheimer Sillib war Direktor der Heidelberger Universitätsbibliothek. Die Bücher von J. G. Rieger in der Heidelberger UB weisen entgegen sonstigen Bibliotheksgepflogenheiten keine handschriftliche Auflösung der Abkürzungen auf.
5. Neben dem Mannheim-Buch, der Erzählung „Das Rosenfest am Pfingst-Montag in Schwezingen", erschienen in Mannheim 1824 und 1831, war Rieger der Mitautor des mit Zeyher herausgegebenen „Schwezingen und seine Gartenanlagen", Mannheim 1826. Stilvergleiche legen nahe, dass Rieger dieses Buch fast ganz allein geschrieben haben muss. Dieser Schlossgartenführer ist in mindestens acht Auflagen erschienen, eine davon auf Französisch. Vgl. Johann Michael Zeyher und die ersten Beschreibungen des Schwetzinger Schloßgartens. Biographie und Bibliographie, bearbeitet von Susanne Bährle und Heinz E. Veitenheimer, Heidelberg 1999.
6. Außer den genannten sind das folgende Veröffentlichungen: 1) Fragmente einer malerischen Reise. Reisebericht aus Mainz in „Charis" 1821/1822; 2) Die Kartenschlägerin. Erzählung in „Rheinische Erholungsblätter 1822; 3) Maria. Erzählung in „Rheinische Erholungsblätter" 1822; 4) Gedichte und Aphorismen. In „Charis" und „Rheinische Erholungsblätter" 1821/22; 5) Das Feuerwerk. Erzählung in „Didaskalia" November 1823; 6) Auch ein Abentheurchen nachts im Walde. Erzählung in „Charis", Dezember 1823; 7) Trompetenstöße aus Mannheim. Artikelserie in „Didaskalia", November/Dezember 1824; 8) Schriesheim und das Ludwigsthal. Materialien zu einem größeren Gemälde. Historisch-topographische Beschreibung in „Didaskalia", Mai-Juni 1825.
7. Die folgenden Daten nach Weckesser a.a.O und dem Familienbogen der Familie Rieger Stadtarchiv Mannheim Zugang 12/1982.
8. Thilo Winterberg: Heidelberg im 19. Jahrhundert veranschaulicht an repräsentativ ausgewählten Beispielen aus Privatsammlungen, in Carl-Ludwig Fuchs, Susanne Himmelheber: Biedermeier in Heidelberg 1812–1853, Heidelberg 1999, S. 143.
9. Er fehlt sowohl im sehr genau geführten Matrikelbuch des Lyceums (StAM Zg 36/1996, Nr. 1) als auch in den erhaltenen Jahrgangs-Schülerlisten (GLA 213/3117).
10. Friedrich Frank: Geschichte der mittleren Justiz- und Verwaltungsbeamten Badens. Ein Beitrag zur Geschichte der Bureaukratie. Freiburg 1919, S. 13. Ein anschauliches Bild dieser eher bemitleidenswerten Angestellten in der Zeit um 1830 liefert Joseph von Reichlin-Meldegg: Aus den Erinnerungen eines badischen Beamten, Freiburg/B 1872, S. 10ff.
11. GLA 416/74, Bericht vom 2. Oktober 1824.
12. GLA 233/30231 Schreiben des Finanzministeriums vom 15. Mai 1827; zur Person Henningers: Familienbogen Stadtarchiv Mannheim Zugang 12/1982.
13. Vgl. Friedrich Dittenberger: Geographisch-statistisch-topographische Darstellung des Großherzogthums Baden nach den neuesten Einrichtungen und Quellen bearbeitet. Karlsruhe 1825, S.179.
14. Allerdings schon mit „Didaskalia" vom 22. März 1825. Gleichzeitig erschien eine Besprechung „von einem neuen Correspondenten", verfasst von dem ebenfalls als Schriftsteller hervortretenden Mannheimer Christian Bork, einem ehemaligen Schauspieler.

15 „Handel und Gewerbe nebst allen damit in Bezug stehenden Staats- und Privat-Instituten des Großherzogthums Baden". Angekündigt für 1827 im Gesamtverzeichnis des deutschen Schrifttums bei der Verlagsbuchhandlung Groos, Heidelberg.
16 Anton Pichler: Chronik des Großherzoglichen Hof- und National-Theaters in Mannheim. Zur Feier seines hundertjährigen Bestehens am 7. October 1879: Mannheim 1879, S. 216, 227. Zu Carl Danzi: Freiherr von Wechmar: Handbuch für Baden und seine Diener oder Verzeichniß aller badischer Diener vom Jahr 1790 bis 1840, nebst Nachtrag bis 1845, Heidelberg 1846.
17 GLA 416 / 92 sowie 93, 101 und 147.
18 Erschienen in Mannheim 1824 mit dem Untertitel „Natur- und Sittengemälde aus der Rheinpfalz". Die Erzählung „Maria" erschien in dem von Karl August Gebauer hg. Mannheimer Unterhaltungsblatt „Rheinische Erholungsblätter" 1822, Nr. 40 bis 49.
19 Das Rosenfest am Pfingstmontag, a.a.O., S. 45ff.
20 Im Nachschlagewerk für badische Beamte kommt Rieger nicht vor, bei einem Oberzollinspektor hätte das der Fall sein müssen: Wechmar a.a.O (s. Anm 15).
21 Familienbogen a.a.O.
22 Didaskalia a.a.O., 10. Februar 1824.

Hans Schmiedel

Ein Kolonialdenkmal in Heidelberg

Dieser Aufsatz[1] beschreibt ein Kolonialdenkmal, welches für Jahrzehnte vergessen war. Es wird berichtet über die Umstände der Aufstellung des Denkmals und über die Personen, die mit dem damaligen Geschehen im Jahre 1924 verknüpft waren, insbesondere über den deutschen Geographen Dr. Alfred Hettner.

1. Einleitung

Denkmäler, wozu sind die da? Zum „mal denken"? Oder zum „denk mal nach"? In einem Lexikon heißt es: „Als Denkmal wird ein Gegenstand bezeichnet, der an etwas erinnern soll oder kann."[2] Manchmal sind Denkmäler Mittelpunkt eines Lebens oder einer ganzen Zivilisation. Wenn der Zeitgeist sich einmal wendet, kann das Gegenteil eintreten: Das Denkmal wird gestürzt; als Symbol des gestern noch Verehrungswürdigen, wird es so gründlich zerstört, daß nichts mehr übrig bleibt. Manchmal schlummern Denkmäler im Wüstensand oder unter vielen Metern von Erde und Schutt. Nach manchen wird gesucht; manche werden durch Zufall gefunden, restauriert oder auch mit Absicht zerstört, um Platz für ein Parkhaus zu machen. Andere, die Jahrtausende überdauert haben, werden mutwillig mit Kanonen beschossen oder aus „religiösen" Gründen in die Luft gejagt. Wiederum andere, die auch die Zeit überdauert haben, sind nun den Ausdünstungen der heutigen Welt ausgesetzt, leiden unter der neuartigen, säurehaltigen Luft und verschwinden von ganz alleine. Manchmal ist es ganz gut, wenn Denkmäler versteckt und unauffällig sind, sodaß ihnen keine Beachtung geschenkt wird; das ist eine hervorragende, wenn auch mitunter gefährliche Tarnung.

2. Das Denkmal

Das im folgenden beschriebene Denkmal habe ich vor kurzem durch Zufall wiedergefunden. Es ist ein kleines, auf den ersten Blick weniger bedeutend anmutendes Denkmal, das keine sehr große Rolle in der Welthistorie gespielt hat oder spielen wird. Es steht ganz unscheinbar, abseits der Großstadthektik, neben einem Brunnen, auf einer Waldlichtung vor den Toren Heidelbergs; ca. einen knappen Meter hoch, vielleicht 60 cm breit und 30 cm tief, ein Klotz aus einem ziemlich harten Gestein, bemoost und meistens von Gräsern zugewachsen. Eine Straße führt nahe vorbei, aber niemand hält an, um zu lesen. Trotz der Straße ist es idyllisch, man kann dort gut spazieren gehen, und ungeachtet der Nähe zur Stadt ist man schnell allein. Es trägt eine Schrift, die in den letzten Jahrzehnten wohl einmal restauriert worden ist; daher ist sie gut lesbar:

„24. IV. 24
ZUM GEDENKEN AN DIE 40
JÄHR. KOLONIALGESCHICHTE
DES DEUTSCHEN REICHES"

Recherchen bei der Stadtverwaltung haben ergeben, daß die Existenz des Denkmals nicht (oder kaum) bekannt war. Laut Kulturamt der Stadt Heidelberg wird es auch in der einschlägigen Literatur nicht erwähnt.[3] Erst später, im Laufe der Nachforschungen,

Abb. 1 und 2:
Der „Kolonialstein" von 1924 beim Bierhelderhof (Foto: Privatbesitz des Autors)

sollte es sich herausstellen, daß es doch noch eine, wohl einzige Erwähnung gibt, nämlich in einem Führer für Wanderwege und Grillplätze.[4]

3. Bedeutung des Datums

1884, das Deutsche Reich ist gerade einmal 13 Jahre alt. Aus einer Ansammlung vieler Kleinstaaten, Königreiche und Fürstentümer ist ein einheitlicher Staat geworden, man ist plötzlich in einer Liga von gestandenen Weltmächten: Rußland, England, Frankreich, ja selbst die Niederlande, Belgien und auch (noch) Spanien, Portugal: Staaten mit einer einheitlichen Zentralgewalt, Mächte mit einer Marine, einem stehenden Heer und – Kolonien.

Da die Spitze des Deutschen Reiches anfänglich sehr zaudernd an die Kolonialfrage herangeht, ergreifen nun deutsche Kaufleute die Initiative. Sie gründen Handelsstützpunkte und fordern für diese einen staatlichen Schutz. Bismarck schwenkt um und sendet am 24. April 1884 ein Telegramm an den deutschen Konsul in Kapstadt und gewährt darin der „Lüderitzbucht", einem Gebiet im späteren Deutsch-Südwestafrika, den offiziellen Schutz des Deutschen Reiches. Es entstehen die bekannten Kolonien: Togo, Kamerun, Deutsch-Ostafrika mit Ruanda-Urundi, Wituland, Deutsch-Südwestafrika, Deutsch-Neuguinea mit Nauru, den Marshall-Inseln, den Marianen und den Karolinen, Samoa und Kiautschau. Von allen Gebieten sind zwei von besonderer Bedeutung: Nauru und Deutsch-Südwestafrika. Ersteres bringt wirklich Geld ins Reich, und letzteres wird zu einem Einwanderungsland, erst einmal für preußische Zweitgeborene, dann für Siedler, die neues Land suchen.

Als der Weltkrieg ausbricht, halten sich die Mächte der Entente nicht an die vertraglich vereinbarte Neutralität, sondern besetzen die deutschen Kolonien, was manchmal schnell geht (Togo, 27. 8.1914) und manchmal länger dauert (Deutsch-Ostafrika, 14.11.1918). Nach dem Ende des Weltkrieges tritt im Jahre 1919 das Deutsche Reich im Versailler Vertrag sämtliche Kolonien an die Siegermächte ab. In den ersten Jahren der Weimarer Republik war die Erinnerung an die Kolonien und die Größe des Deutschen Reiches jedoch noch wach, so wach, daß irgend jemand Sinn und Bedarf für die Errichtung eines Denkmals empfunden haben mußte.

4. Namen und Begriffe

Woher stammt nun dieses Denkmal? Wer verfaßte die Inschrift und ließ sie dort anbringen? Staatliche Stellen waren es mit Sicherheit nicht. Parteien der Weimarer Republik sicherlich auch nicht. Es gab nur eine einzige Organisation, die die Notwendigkeit von Kolonien hochhielt, die sich um deren Rückgabe an Deutschland bemühte und die die Auswanderung in die ehemaligen Kolonien förderte: die Deutsche Kolonialgesellschaft.

Nach dem Adreßbuch von 1924 war die Deutsche Kolonialgesellschaft in Heidelberg mit zwei Personen verknüpft:
- Frau Klara Wagenmann, Vorsitzende einer Abteilung des Frauenbunds der Deutschen Kolonialgesellschaft, sowie
- Prof. Dr. Alfred Hettner, Vorsitzender einer Abteilung der Deutschen Kolonialgesellschaft.[5]

Den Begriff „Deutsche Kolonialgesellschaft" kennt man vielleicht noch. Als ein Detail soll erwähnt werden, daß die Gesellschaft in den Jahren 1931–1933 als Vizepräsidenten Konrad Adenauer hatte, den späteren und ersten Bundeskanzler der Bundesrepublik Deutschland.

Klara Wagenmann war die Ehefrau von Dr. August Wagenmann, Geheimrat und Professor für Augenheilkunde an der Universität Heidelberg und Autor vieler ophthalmologischer Publikationen. Der „Frauenbund der Deutschen Kolonialgesellschaft" (FDKG), ursprünglich im Jahre 1907 als „Deutschkolonialer Frauenbund" gegründet, wurde 1908 die Frauenorganisation und damit ein Teil der „Deutschen Kolonialgesellschaft" (DKG). Er gab die Zeitschrift „Kolonie und Heimat" heraus. Der Bund versuchte, sowohl die Einwanderung von Frauen in die Kolonien, als auch den Einfluß von Frauen in den Kolonien zu stärken. Zu diesem Zweck unterhielt er u. a. in Rendsburg, Schleswig-Holstein die „Kolonialschule für Mädchen".

Hier lernten heranwachsende Frauen das Lebenswichtige: Eben nicht nur Ko-

Frauenbund der Deutschen Kolonialgesellschaft
(Abteilung Heidelberg)
1. Vorsitzende: Frau Geheimrat Wagenmann, Bergstr. 80
2. Vorsitzende: Frau Professor Häberle, Röderweg 1
Schriftführerin: Fräulein Neuber, ErwinRohdestr. 11a
1. Schatzmeisterin: Frau Bankdirektor Trotter, Leopoldstr. 21
2. Schatzmeisterin: Frau Major Adamy, Weberstr. 15

Deutsche Kolonialgesellschaft
(Abteilung Heidelberg)
1. Vorsitzender: Geh. Hofrat Professor Dr. A. Hettner
2. Vorsitzender: Generalleutnant Neuber, Exzellenz
Schriftführer: Prof. Dr. Häberle und Buchhändler Hch. Eckardt
Schatzmeister: Bankdirektor Fremerey

Abb. 3 und 4:
Die Deutsche Kolonialgesellschaft und ihr Frauenbund, Einträge im Vereinsverzeichnis des Adressbuchs (siehe Anm. 3)

chen, Nähen und Putzen, sondern auch Landwirtschaft, Viehzucht, Buchhaltung, das Führen von Geschäften sowie Reiten und Schießen. Bei der Auswanderung übernahm der Frauenbund die administrativen Belange und teilweise die Reisekosten. Zu Beginn des Ersten Weltkrieges noch ca. 20.000 Mitglieder stark, kam die Tätigkeit nach der Kapitulation praktisch zum Erliegen. Wohl gegen Mitte der 20er Jahre nahm der Frauenbund die Unterstützung von auswanderungswilligen Frauen wieder auf. Nach der Machtübernahme durch die Nationalsozialisten spielten der Bund und auch die DKG keine Rolle mehr.[6]

5. Alfred Hettner

Dr. Alfred Hettner, geb. 6.8.1859, Dresden, gest. 31.8.1941, Heidelberg; deutscher Geograph, Geheimer Hofrat, a. o. Professor seit 1899, erster Inhaber des Lehrstuhls für Geographie an der Universität Heidelberg 1906–1928. Hettner bereiste mehrfach Südamerika, besonders die kolumbianischen Anden, den europäischen Teil Rußlands, Ostasien, besonders Indien aber auch Nordafrika und führte dort intensive Forschungen durch. Er war Verfasser vieler Werke, u. a.: „Die Cordillere von Bogota", „Handbuch der geographischen Wissenschaft" und „Grundzüge der Länderkunde"; und er war Herausgeber der „Geographischen Zeitschrift".

Hettner ist der eigentliche Begründer der modernen Geographie und dieses wohl nicht nur für den deutschsprachigen Raum. Beeinflußt von dem Philosophen Immanuel Kant und die Ansichten vieler Kollegen und Vorgänger berücksichtigend, gibt er der Geographie in einer ganzheitlichen Betrachtungsweise eine neue Gestalt. Geographie besteht nicht nur aus dem möglichst exakten Vermessen von Ländern, Flüssen und Bergen, sondern sie beschreibt auch die physikalischen Einflüsse, Witterungsbedingungen, Meeresströmungen, geologische Gegebenheiten und vor allem die Menschen, die in dieser Umgebung leben. Geographie ist nicht nur Kartographie, sondern die Beschreibung des Zusammenspiels zwischen der Natur auf der einen und den Menschen und ihrem Leben und Handeln auf der anderen Seite.

Abb. 5:
Alfred Hettner (1859–1941), Professor für Geographie in Heidelberg 1899–1928, Vorsitzender der Heidelberger Abteilung der Deutschen Kolonialgesellschaft 1920 bis 1931 (Foto: Biblioteca Luis Angel Arango, Banco de la Republica, Bogota, Republik Kolumbien, http://www.banrep.gov.co/blaa-virtual/letra-v/viaand/indice.htm)

Dieses ist ein gewaltiger, qualitativer Schritt, fast zu vergleichen mit dem Übergang von der „christlichen" zur „arabischen Geographie". Die „christliche Geographie" war auf das Heilige Land zentriert, geographische Gegebenheiten hatten sich den biblischen Bedingungen unterzuordnen, himmlische und andere spirituelle Vorstellungen wurden auf die Erde projiziert, oft mit Jerusalem als Zentrum einer Erdscheibe. Der Aufbau der Erde hatte ganz im Einklang mit den göttlichen Bedingungen zu stehen.

Erst während und nach den Kreuzzügen fanden Karten arabischen Ursprungs mit einer erstaunlichen Exaktheit den Weg nach Europa. Nach diesen Karten konnte man gut und relativ gefahrlos von einem Ort zum andern gelangen, obwohl die arabischen

Karten von einer Erde in Kugelgestalt ausgingen – ganz im Gegensatz zum herrschenden Weltbild. Aber die christlichen Seefahrer sahen das pragmatisch: Die arabischen Karten waren zwar „politically incorrect", aber mit ihnen konnte man vorzüglich navigieren und Handel treiben.

Hettner war in seiner Zeit bekannt und anerkannt, er wurde unter anderem dadurch gewürdigt, daß man einen Gipfel in Deutsch-Ostafrika nach ihm benannte. Noch im Jahr 1920 stand im „Deutschen Kolonial-Lexikon" zu lesen:

„Hochland der Riesenkrater wird ein jungvulkanisches Gebiet in Deutsch-Ostafrika genannt, das im NO von der Ostafrikanischen Bruchstufe (s.d.) abgeschnitten wird. Das 4100 qkm große H.d.R. gehört damit zu dem nördlichen abflußlosen Gebiet von Deutsch-Ostafrika, in dem es dank seiner Höhe eine Art zentraler Stellung einnimmt. Die Einzugsgebiete des Njarasa, Magad und Lawa ja Mweri (s. diese) teilen sich zusammen mit noch 4–5 kleineren, selbständigen abflußlosen Gebieten in seine Hänge. Den NO des H.d.R. nimmt das Winterhochland (so genannt nach dem Verlagsbuchhändler O. Winter-Heidelberg, der die Mittel zur ersten Erforschung gab) ein, das aus 4 Vulkanbergen zusammengeschweißt ist; der Loolmalassin, eine Kraterruine, hat im Hettner-Gipfel mit 3643 m die weitaus höchste Erhebung zwischen Meru und Victoriasee."[7]

An einer bestimmten Stelle, wo die Politik sich mit der von ihm über alles geliebten Geographie traf, hat sich Hettner ebenfalls engagiert: Er war Vorsitzender der Heidelberger Abteilung der Deutschen Kolonialgesellschaft. Dieses Amt bekleidete er nachweisbar von mindestens 1920 bis 1931. In Zusammenarbeit mit dem Frauenbund der Deutschen Kolonialgesellschaft, unter Vorsitz von Klara Wagenmann, versuchte er vorsichtig die Ideale der Kolonialbewegung wieder bekannt zu machen und von der Notwendigkeit einer Kolonialpolitik zu überzeugen.

Außer den beiden Vereinen und deren Vorsitzenden muß noch der städtische Forstmeister, später Oberforstrat Karl Krutina erwähnt werden. Krutina (1867–1944) hatte dieses Amt von 1897 bis 1932 inne. Er war Teilnehmer des verlorenen Weltkriegs und ein Mann von nationaler, nicht nationalsozialistischer Gesinnung. Er setzte sich viele Jahre lang intensiv für die engen freundschaftlichen Verbindungen zwischen der amerikanischen und der deutschen Försterei ein. Die erste und einzige Vollversammlung der „Biltmore Forest School"[8] gedachte seiner – und anderer – in einem Gedenkgottesdienst am 29. Mai 1950, in Asheville, North Carolina. Krutina hielt, wohl mehr als andere Landsleute, sozusagen als Einzelkämpfer, den Kolonialgedanken hoch.

Als Zeichen der Erinnerung und des Gedenkens wurde 40 Jahre nach Bismarcks Schutzbrief für Lüderitz und fünf Jahre nach dem endgültigen Verlust der deutschen Kolonien, ein Findling mit der oben

Abb. 6:
Oberforstrat Karl Krutina (1867–1944) (Foto: Privatbesitz von Friedrich-Franz Koenemann, Heidelberg)

abgebildeten Inschrift aufgestellt. Diese Aktion wurde von der Öffentlichkeit wohl kaum bemerkt. Zumindest wurde in den „Heidelberger Neuesten Nachrichten" im Zeitraum 24.4. bis 30.4.1924 darüber nichts berichtet, obwohl im gleichen Zeitraum durchaus über andere koloniale Angelegenheiten Berichte in der Heidelberger Presse zu finden sind. Im wahrsten Sinne des Wortes wuchs Gras darüber. Die deutsche Öffentlichkeit hatte andere Sorgen, als sich um koloniale Gedenksteine zu kümmern.

Nachdem Adolf Hitler die Macht übernommen hatte, gerieten die Kolonien ganz aus dem Blickfeld der deutschen Politik; Hitler hielt nichts von Siedlungen in Afrika, sondern sah das Wohl und Gedeihen Deutschlands in einer Expansion in Europa und dabei hauptsächlich im Osten. Ein einziges Mal mag der Stein noch einmal öffentlich wahrgenommen worden sein, als nämlich der nahe Brunnen nach der Machtübernahme den Namen Adolf-Hitler-Brunnen erhielt, aber auch darüber ist Gras gewachsen.

Die Verdienste von Hettner für die „neue" Geografie waren zwar allgemein bekannt, aber ihm wurde kein Denkmal gesetzt; aber immerhin erinnert an seinem Haus, Ziegelhäuser Landstraße 19, eine Gedenktafel an ihn:

„In diesem Hause wohnte der Geograph
Prof. Dr. Dr. h.c. Alfred Hettner 1899–1941."

1997 wurde die Klaus-Tschira-Stiftung[9] gerufen. Dr. rer. nat. Klaus Tschira, Physiker, hatte 1972 zusammen mit Partnern in Walldorf bei Heidelberg das Softwareunternehmen SAP gegründet. Nach dem Rückzug aus der aktiven Geschäftsleitung gründete Tschira die Stiftung, die ihren Sitz in der Villa Bosch hat, um Forschungen auf den Gebieten der Naturwissenschaften, Technik und Informationstechnologie zu unterstützen.

Zu den Veranstaltungen der Stiftung zählen die jährlichen „Hettner Lectures"[10], die gemeinsam mit dem Geographischen Institut der Universität Heidelberg veranstaltet werden. Die „Hettner Lectures" dauern ein bis zwei Wochen und werden in Heidelberg abgehalten; dazu werden jeweils herausragende Wissenschaftler der ganzen Welt zu Vorlesungen und Diskussionen eingeladen. Die behandelten Themen sind sehr breit gestreut, und reichen von Themen wie „Vom Mittelalter in die Neuzeit: Jüdische Städtebilder", über „Imagining Globalisation: power-geometries of time-space", bis hin zur „Entwicklung eines internetgestützten Simulationsmodells zur Erfassung unternehmerischer Potentiale".

6. Nachwort

Heute, 80 Jahre nach der Errichtung des Denkmals in Heidelberg: Ein weiterer Weltkrieg hat stattgefunden, die ehemaligen Kolonien der europäischen Mächte sind unabhängig geworden. Das weltweite Machtgefüge hat sich seit dem Ende eines Zweiten Weltkrieges zum zweiten Male gänzlich verschoben. Manchmal kann man sich nicht des Eindrucks erwehren, daß es neue, andere Kolonien mit anderen, neuen Kolonialmächten gibt.

Den Namen Klara Wagenmann und die Begriffe „Frauenbund der Deutschen Kolonialgesellschaft" und „Deutschen Kolonialgesellschaft" kennt kaum noch jemand, nur Historiker und andere Spezialisten, der Name von Prof. Dr. Alfred Hettner hat sich in der Gestalt der Hettner-Veranstaltungen an der Universität Heidelberg erhalten.

Anmerkungen

1. Die ursprüngliche Fassung dieses Aufsatzes wurde im Oktober 2004 in den Mitteilungen der „Namibia Wissenschaftlichen Gesellschaft", NWG 45: 7.–12. Juli-Dezember 2004, Windhuk, Namibia, sowie auf den Internetseiten des Namibiana Buchdepots veröffentlicht. Allen, die am Zustandekommen dieses Aufsatzes beteiligt waren, danke ich sehr herzlich für ihre Beiträge, insbesondere: Dr. Peter Blum, Leiter des Stadtarchivs Heidelberg, Josef Gilsdorf, Privates Denkmal-Archiv, Bergisch-Gladbach, Friedrich-Franz Koenemann, Forst-Direktor i. R., Heidelberg, Hans-Martin Mumm, Leiter des Kulturamts der Stadt Heidelberg und Leena Ruuskanen, Mitarbeiterin des Stadtarchivs der Stadt Heidelberg. Zur Zeit der Erstellung dieses Aufsatzes (Mai 2005) waren alle aufgeführten Links intakt.
2. Online-Lexikon: http://www.lexikon-online.info/q/Denkmal.
3. Stadtbuch der Stadt Heidelberg nebst den Stadtteilen Handschuhsheim, Kirchheim, Wieblingen, den zur Stadt gehörenden Siedlungen Pfaffengrund und Pfädelsäcker sowie dem angrenzenden Teile der Gemeinde Rohrbach für das Jahr 1926, Kapitel Gedenktafeln in der Stadt und auf dem Schlosse Heidelberg, auch http://www.ub.uni-heidelberg.de/helios/digi/hdadressbuch.html; Neue Hefte zur Stadtentwicklung und Stadtgeschichte 2, Heidelberger Denkmäler 1788–1981, Heidelberg 1982 und Jürgen von Eisenwein, Michael Utz, Folg' ich meinem Genius …, Gedenktafeln berühmter Männer und Frauen in Heidelberg, Heidelberg 1998.
4. Friedrich-Franz Koenemann: Wanderungen durch Heidelberger Wälder, Ziele am Wegesrand im alten Stadtwald und in den Wäldern von Handschuhsheim, Neuenheim, Rohrbach und Ziegelhausen. Anhang Schutz- und Grillhütten auf Heidelberger Gemarkung, Heidelberg 1994, S. 64–67.
5. Stadtbuch 1924/1925 (wie Anm. 2).
6. Robert Hirsch: Lobbyisten für die ‚Schutzgebiete, Univ. Berlin, dieses Referat wurde vom Netz genommen, der Link existierte nicht mehr. Eine Kurzfassung des Referates ist unter: http://amor.cms.hu-berlin.de/~ho4442m8/kolonie/kolonie-archiv.zip, und dort in der Datei „kolonialmetropole-lobbyisten.pdf", einzusehen.
7. Heinrich Schnee (Hg.): Deutsches Kolonial-Lexikon, Leipzig, 1920, Band 2, S. 69, zit. n. http://www.stub.bildarchiv-dkg.uni-frankfurt.de/dfg-projekt/Lexikon-Texte/H/Hochland_der_Riesenkrater.html.
8. Inman F. Eldredge, Flowers for the Living, Reunion of the Alumni of The Biltmore Forest School-Asheville, N.C, http://www.lib.duke.edu/forest/Research/Biltmore_Project/Flowers.pdf.
9. Homepage der Klaus-Tschira-Stiftung http://www.kts.villa-bosch.de/deutsch/index.html.
10. Was bezweckt die „Hettner Lecture"? http://www.uni-heidelberg.de/media/geographie/Hettner1998.html.

Claudia-Anja Kaune

Willy Hugo Hellpach (1877–1955)
Liberaler Kultusminister in Baden in der Weimarer Republik

Willy Hellpach war vor allem in der Weimarer Republik ein bekannter Völker-, Arbeits- und Organisationspsychologe, dessen Werke z. T. zahlreiche Auflagen erlebten. Seine Forschungen und seine Person sind im Studium heutiger Psychologiestudenten trotzdem nicht mehr unbedingt Gegenstand, auch wenn die Völkerpsychologie wieder zunehmend das Interesse der Forschung findet. Die wissenschaftliche Arbeit Willy Hellpachs war schon Gegenstand von zwei wissenschaftlichen Untersuchungen.[1] Bisher fehlte jedoch die Würdigung des vielseitigen Intellektuellen in einer wissenschaftlichen Biografie, die auch den wichtigen Teil seines politischen Engagements und seiner politischen Ämter einschließt.[2]

Wichtige Stationen seines Lebens führten Hellpach nach Heidelberg, seit 1926 lebte er fast 30 Jahre dort und wurde 1955 auch auf dem Bergfriedhof beigesetzt. Hellpachs wesentliche Leistungen als badischer Kultusminister in der Weimarer Republik sind Gegenstand dieses Beitrags.[3] Zu den vielfältigen Aufgabengebieten seines Amtes gehörten neben der Bildungspolitik auch die drei badischen Hochschulen, also auch die Ruprecht-Karls-Universität Heidelberg. Nach einem Überblick über Hellpachs Werdegang sollen daher seine Leistungen als Kultusminister zur Sprache kommen. Der Schwerpunkt liegt auf Hellpachs Wirken auf politischer Ebene und seine Vorgehensweise bei Disziplinarfällen mit politischem Bezug. Es zeigen sich hierbei die Anfeindungen, denen die Weimarer Republik vom rechten, aber auch vom linken Spektrum ausgesetzt war, und die Haltung des Kultusministers zu diesen Vorfällen.

I. Biografischer Hintergrund

Willy Hellpach wurde am 26. Februar 1877 im schlesischen Oels in kleinbürgerlichen Verhältnissen geboren. Seine Kindheit war geprägt durch den frühen Tod seines Vaters und die Notwendigkeit des Broterwerbs, durch den seine Mutter wenig Zeit für ihn hatte. Er war ein guter Schüler und entschied sich, nachdem er die dazu notwendige Ergänzungsprüfung zu seinem Realgymnasialabschluss abgelegt hatte, Medizin und Psychologie zu studieren. Zum Wintersemester 1895/96 ging er zunächst an die Universität in Greifswald. In dieser Zeit begann Hellpach auch, sich für Politik zu interessieren.[4] Zum WS 1897/98 wechselte er nach Leipzig, um dort die berühmten Psychologen Wilhelm Wundt und Karl Lamprecht zu hören. Beide beeinflussten Hellpach und sein Werk nachhaltig.[5] Wundt promovierte Hellpach im Jahr 1900 mit Summa cum laude zum Dr. phil.[6] Zur Fortsetzung seiner medizinischen Ausbildung stellte er sich bei Emil Kraepelin, dem bekannten Schüler Wundts, in Heidelberg als Assistent für die Psychiatrische Klinik vor. Das Gespräch verlief jedoch anders als von Hellpach erwartet, sodass er erst zwei Jahre später nach Heidelberg zurückkehrte. In der Zwischenzeit hatte Hellpach sein medizinisches Staatsexamen 1901 in Greifswald erfolgreich abgelegt. Ebenfalls dort erhielt er seine Approbation und leistete seinen 28-wöchigen Militärdienst ab, ohne dass er jedoch am Ende, wie sonst üblich, zum Assistenzarzt der Reserve befördert worden wäre. Er blieb also Unterarzt und litt im Ersten Weltkrieg unter seinem niederen militärischen Rang, der weitere Beförderungen verzögerte.[7]

Hellpach hatte sich schon während des Studiums durch publizistische Beiträge Geld hinzuverdient. In der Zeit zwischen Herbst 1901 und Februar 1902 schrieb er eine 500 Seiten umfassende psychologische Monographie, die sich mit Randgebieten seines Fachbereichs beschäftigte. Diese und andere Veröffentlichungen nährten den Ruf, Hellpach sei ein „Vielschreiber". Drei akademische Berufungen sollten im Verlauf von 20 Jahren an diesem Vorwurf und an daraus resultierenden Zweifeln an Hellpachs Wissenschaftlichkeit scheitern.[8]

1901 kehrte er als Assistent zu Kraepelin nach Heidelberg zurück, um dort seine medizinische Dissertation zu beginnen. Das Thema, das ihm Kraepelin stellte, interessierte Hellpach aber nicht. Umgekehrt konnte sich Kraepelin nicht für das von Hellpach vorgeschlagene Thema erwärmen. In der Folge ließ Hellpach die Arbeit liegen. 1902 wandte sich Hellpach an Hermann Oppenheim an der Berliner Charité, um dort seine Facharztausbildung fortzusetzen. Dieser Wechsel verlief lediglich drei Monate positiv, danach häuften sich die Nachfragen nach dem Stand seiner Arbeit und Hellpach vertröstete seinen Chef. Er begann in dieser Zeit damit, sich wieder stärker politischen Inhalten zuzuwenden.[9]

Abb. 1:
Willi Hellpach (1877–1955, badischer Kulturminister 1922–1925, Staatspräsident 1924–1925, Dozent für Psychologie an der Technischen Hochschule Karlsruhe und der Universität Heidelberg.

1903 wurde Hellpach dann mit Summa cum laude zum Dr. med. promoviert. 1904 beendete er seine neurologische und psychiatrische Facharztausbildung in Heidelberg. Im gleichen Jahr eröffnete er, wie es zu dieser Zeit in Mode gekommen war, eine nervenärztliche Praxis in Karlsruhe. Die Konkurrenz auf diesem Gebiet war groß und das Unternehmen ein wirtschaftliches Risiko. Dass Hellpach in Karlsruhe schnell Fuß gefasst habe, trifft auf die Wirtschaftlichkeit der Arztpraxis nur bedingt zu, wie sich aus Hellpachs Abrechnungen ergibt. Die Praxis gab er 1922 endgültig auf.[10] Seinen Lebensmittelpunkt verlagerte Hellpach also mit Eröffnung seiner Arztpraxis zunächst nach Karlsruhe. Dort nahm er auch am gesellschaftlichen Leben regen Anteil. Seine Habilitation, die erste in seinem Fachbereich an der Fridericiana, musste gutachterlich durch die Ruprecht-Karls-Universität betreut werden und gelang nur unter Mühen und mit Vermittlung Max Webers. Schließlich wurde Hellpach in Karlsruhe zuerst außerplanmäßiger Hochschullehrer und später Leiter des neugegründeten Instituts für Sozialpsychologie. Er war 1920 kurzzeitig Stadtverordneter, ohne dass er selbst diesem Amt besondere Bedeutung beigemessen hätte. Der DDP war er schon kurze Zeit nach deren Gründung, unmittelbar nach seiner Demobilisierung, noch in

Heidelberg, beigetreten. 1919 / 20 war noch nicht absehbar, dass Hellpach eine politische Karriere in dem neuen Staat bevorstehen würde.[11]

II. Hellpach als liberaler Politiker in der Weimarer Republik

Als der badische Minister für Kultus und Unterricht Hummel 1922 aus seinem Amt ausschied, um eine gut dotierte Stelle in der Wirtschaft anzunehmen, war die Personaldecke der badischen DDP dünn. Es folgten vertrauliche Sondierungsgespräche über Hummels Nachfolge in der badischen Regierung. Nachdem mehrere Kandidaten, unter ihnen der Abgeordnete Hofheinz[12], eine Nominierung abgelehnt hatten und die Schwierigkeiten bei der Besetzung in den politischen Kreisen bekannt wurden, trat der Karlsruher Literaturprofessor Karl Holl an seinen Kollegen Willy Hellpach heran, der zurückhaltend reagierte, aber nicht abgeneigt war. Der Vorsitzende der DDP-Landtagsfraktion Glockner[13] kam daraufhin offiziell auf Hellpach zu, der sich drei Tage Bedenkzeit ausbat. Zehn Tage später, am 7. November 1922, wurde er von der Mehrheit des badischen Landtags mit 51 Stimmen von 77 anwesenden Abgeordneten zum neuen badischen Minister des Kultus und Unterrichts gewählt. Das Amt hatte er bis zum 26. November 1925 inne. Die Abgeordneten D. Mayer-Heidelberg (DNVP), Weber (DVP), Bock (KPD) und Klaiber (Landbund) hatten, wie vor jeder Wahl im Badischen Landtag, die schon rituelle Erklärung im Namen ihrer Fraktionen abgegeben, dass sie sich aus prinzipiellen Erwägungen nicht an der anstehenden Wahl beteiligen könnten und sich der Stimme enthalten müssten. Sie begründeten ihre Haltung mit der Ablehnung des Parlamentarismus. Diese Position war aber nicht als Urteil über die Person zu verstehen. Hellpach war als Fachmann in Bildungsangelegenheiten durchaus bekannt. Die DVP reagierte auf Hellpach zurückhaltender. Man wollte erst abwarten, wie sich die Zusammenarbeit mit ihm gestalten würde.[14] Hellpachs Vorgänger im Amt war H. Hummel, der am 2. April 1919 zum Minister des Kultus und Unterrichts gewählt worden war.[15]

Der Landtagspräsident Wittemann hielt nach der Annahme der Wahl durch Hellpach eine kurze Ansprache und übermittelte die Glückwünsche des Hauses. Er wies Hellpach auf den „Widerstreit der Interessen" im Landtag hin, besonders in den Bereichen der Schulpolitik, der Kultur und der Unterrichtsverwaltung, mit denen er bei seiner Arbeit konfrontiert werden würde. Der kommunistische Abgeordnete Bock meldete sich mit einem Zwischenruf, dass sich Hellpach nur mit dem Abgeordneten des Zentrums Prälat Dr. Schofer gut zu stellen brauche, dann werde seine Arbeit deutlich leichter sein. Dieser Hinweis wurde vom Plenum zwar mit Heiterkeit quittiert, enthielt jedoch einen wahren Kern.[16] Kurze Zeit später wurde Hellpach am 19. Dezember 1922 außerdem zum ordentlichen Honorarprofessor an der Technischen Hochschule Karlsruhe ernannt. Eine gewisse lokale Prominenz erzielte er auch durch seine Teilnahme am Honoratiorenstammtisch und die Pflege privater Gastlichkeit. Nach 1917 beschäftigte er sich mit den Überlegungen zu einer Konservativen Demokratie für Deutschland.

Seine Wahl zum Unterrichtsminister bedeutete für ihn eine „große Lebenswende".[17] Hellpachs Wahl zum Kultusminister bewertete auch die Presse positiv. Es gab allerdings auch ironische Bemerkungen darüber, dass ein Nervenarzt somit Kultusminister werde.[18] Dass die Debatten über die Nachfolge Hummels nunmehr verstummt seien, sei erfreulich. Hellpach wurde als Persönlichkeit von „hervorragenden

Führereigenschaften" charakterisiert, der sich sowohl auf wissenschaftlichem wie auf politischem Gebiet einen Namen gemacht habe. Allerdings schien man bei Hellpach eine „klare konstante Linie" zu vermissen.[19] Worin sich ein gelegentlich erörterter nationaler Einschlag allerdings geäußert haben soll, blieb unerörtert. Aus dieser Berichterstattung nährte sich der Eindruck, Hellpach habe sich vom Sozialdemokraten, er war freilich kein Mitglied der SPD, zum Vertreter nationaler Ideen gewandelt, er habe also nach dem Ersten Weltkrieg einen Rechtsschwenk in seinen politischen Vorstellungen vollzogen.[20]

Bei der Beurteilung von Hellpachs tagespolitischen Publikationen stellte die Volkszeitung z. B. größere Schwankungen fest. Er habe ein „so starkes Rechtsorientiertsein im Rahmen der Demokratischen Partei" anklingen lassen, dass „man im letzten Jahr [1921] mit seinem Abgang zur Deutschliberalen Volkspartei" gerechnet habe. Deshalb hoffe man, dass die praktische politische Tätigkeit auf seine „demokratische Grundgesinnung ... befestigend" wirke. Gleichwohl sei Hellpach eine „wertvolle Bereicherung" für die badische Regierung und ein Fachmann im Bereich der „gewerblichen Fachbildung". Er verfüge außerdem über parteipolitischen und fachlichen Einfluss.[21] Die Berichterstattung der Volkszeitung deutete 1921 an, dass Hellpach auch schon in den frühen Jahren der Weimarer Republik für das rechte politische Spektrum reklamiert worden sei. Allerdings gibt das nicht die mehrheitliche Berichterstattung wieder.[22]

Hellpachs Karlsruher Hochschulkollegen schienen über dessen plötzliche politische Karriere nicht sonderlich erfreut. Es war zur Verstimmung unter den Kollegen darüber gekommen, dass Hellpach das Institut, dessen Einrichtung nur unter Schwierigkeiten gelungen war, wissenschaftlich nun nicht in dem Maße würde unterstützen können, wie man das von ihm unter diesen Umständen hätte erwarten können.[23] Er stieß in den ersten zwei Jahren seiner Amtszeit bei badischen Professoren auch auf Widerstand, den sein Hochschulreferent Victor Schwoerer[24] zu beschwichtigen suchte. Hellpachs Versuche, seine berufliche Zukunft während seiner Ministertätigkeit zu ordnen, scheiterten. Anlässlich des Wechsels des Geheimen Oberregierungsrats Schwoerer ins Präsidium der Notgemeinschaft für die Deutsche Wissenschaft, ab 1929 Deutsche Forschungsgemeinschaft, kam dessen Tätigkeit als Hochschulreferent zur Sprache. Beschrieben wurde Schwoerer als „hervorragender Beamter alten Stils" mit den entsprechenden „Tugenden" und „Schwächen". Schwoerer schien neuen Ideen abgekehrt und unflexibel, bei „geistig ausgesprochen konservativer" Haltung politisch liberal, aber im „äußersten rechten Flügel" der DDP zu verorten. Zwischen Schwoerer und dem Zentrum bestand ein Dauerkonflikt, der den Bruch der Koalition im November 1925 förderte.[25]

In seinem Amt lernte Hellpach darüber hinaus die allgemein üblichen Versuche parteipolitischer Einflussnahme auf ministerielle Personalpolitik kennen und die Komplexität politischer Entscheidungsprozesse. Zwischen Hellpach und Schwoerer kam es außerdem zu Reibereien, weil der neue Minister dominant auftrat und die Arbeitsweise Schwoerers nicht respektierte. Da Hellpach aber auf seinen Hochschulreferenten und dessen Erfahrung angewiesen war, konnte er diesen Kurs nicht durchhalten. Die politischen Folgen einer möglichen Entlassung Schwoerers hatte er schnell begriffen. Die Stelle des Hochschulreferenten bot die Möglichkeit, politischen Einfluss auf den Minister und das Ministerium zu nehmen. Bei einem Sturz Schwoerers hätte das Zentrum versucht, einen ihr nahe stehenden Kandidaten zu platzieren. Die Beziehung zwischen Schwoerer und Hellpach entspannte sich im Verlauf der Amtszeit zunehmend. Das zeigte sich z.B. darin, dass sich der Hochschulreferent für Hellpachs Rückkehr – nach Beendigung des Ministeramtes – an die TH Karlsruhe persönlich einsetzte. 1925 besetzte er seinen Hochschulposten in Karlsruhe auch in der Erwartung neu, das Ministerium nach den Wahlen zum badischen Landtag im Herbst 1925, bei Fortsetzung der Koalition, weitere vier Jahre leiten zu können. Die Warnungen Schwoerers, Holls und seiner Frau, Vorsorge für einen anderen Wahlausgang und damit für seine berufliche Zukunft zu treffen, ignorierte er dabei.[26]

In der Rolle als badischer Unterrichtsminister fühlte sich Hellpach so bedeutend, dass er seine Bewertung der politischen Situation Deutschlands an Stresemann[27] mitteilte und sich auch nicht mit Ratschlägen für den Reichskanzler bzw. Minister zurückhielt.[28] Zu Hellpachs Aufgaben zählten aber auch repräsentative Pflichten und die Betreuung von Interessenverbänden und Vereinen[29]. Anlässlich der Kulturtagung in Leipzig sprach er als Vertreter Badens über die Notwendigkeit der Bildung.[30]

1923 war aus verschiedenen Gründen ein schwieriges Jahr für die staatliche Entwicklung Deutschlands. Der Ruhrkampf, die grassierende Hyperinflation, die Währungsreform im November 1923 und der Hitler-Putsch in München können die Fragilität des gesellschaftlichen und staatlichen Konsenses nur andeuten.[31] Hellpach stimmte im gleichen Jahr, in seiner Funktion als Vertreter der badischen Landesregierung im Reichsrat[32], im Konflikt zwischen Bayern und dem Reich für die Resolution der Länder Baden, Hessen und Württemberg, die das Vorgehen Bayerns verurteilte[33]. Im Oktober 1923 war es zum offenen Konflikt mit dem Reich gekommen, weil es Generalstaatskommissar Kahr abgelehnt hatte, das aufgrund des Republikschutzgesetzes[34] ergangene Verbot des Völkischen Beobachters zu vollziehen. Dem DDP-Vorstand bereitete schon 1921 ihre Regierungsbeteiligung in Bayern Schwierigkeiten, da sie als Partei der Mitte republikanisch und demokratisch sein wollten und sich das mit Gustav Ritter von Kahrs Ministerpräsidentschaft von März 1920 bis September 1921 nicht vertrug.[35] Durch Kahrs Ernennung zum Generalstaatskommissar am 23. September 1923 erhielt die ohnehin angeheizte Situation in Bayern eine neue Qualität, da die Regierung Knilling die Verfassung vorübergehend außer Vollzug setzte und die gesamte Exekutivgewalt an Kahr übertrug. In Bayern lag die Macht nun beim Triumvirat Kahr, Lossow und Seißer. Die Regierung unter Stresemann kämpfte zu diesem Zeitpunkt mit dem Ausscheiden der SPD aus der Großen Koalition, sodass sich eine Gelegenheit für Kahr erboten hätte, mit Kampfverbänden loszuschlagen. Obwohl Ludendorff und Hitler auf ihn einwirkten, konnte sich Kahr dazu nicht entschließen. In der Folge versuchte Hitler mit seinem Putschversuch vom 8./9. November 1923, sich der Herrschaft zu bemächtigen.[36] Hellpachs Bedeutung ist bei diesen Vorgängen im Reichrat jedoch als untergeordnet einzuschätzen, zumal die Kompetenzen des Reichsrats in der Weimarer Republik ohnehin gering waren[37].

Hellpach schien außerdem auf seine Rolle in den Geschichtsbüchern bedacht, wenn er forderte, die Leistungen eines Ministers sollten nicht aufgrund standardisierter Bewertungsschemata, z.B. der Anzahl der erlassenen Verordnungen, beurteilt werden, sondern vielmehr auf Grund ideeller Werte, die der Minister verkörpere.[38] Er machte sich sogar Gedanken über eine politische Grabinschrift.[39]

1923 war auch eine für Hellpach wichtige Frage des Schulgesetzes in ein Entscheidungsstadium getreten. Es ging um die Bestimmung der Regelschulform. Am 23. und 24. Januar 1922 hatte die erste Lesung des Gesetzentwurfs im Reichstag stattgefunden, die mit der Überweisung des Entwurfs an den Ausschuss für Bildungsfragen geendet hatte. Trotz intensiver Beratungen konnte man sich in einem wichtigen Punkt nicht einigen: Sollte die Gemeinschaftsschule nun als Regelform eingeführt werden oder aber die Gleichberechtigung von Gemeinschaftsschule, Bekenntnisschule und bekenntnisfreier Schule gelten. Im Oktober 1922 wurden die Verhandlungen zunächst erfolglos abgebrochen. Im Januar 1923 begannen zwischen den Koalitionspartnern DDP, Zentrum, BVP und DVP zwar neue Gespräche, diese fanden aber unter bewusstem Ausschluss der SPD statt[40]. Ziel der Unterredungen war es, einen Kompromiss über die Definition der Gemeinschaftsschule und der Bekenntnisschule zu erarbeiten. Die DDP-Fraktion wandte sich an den Parteiausschuss, um sich für die anstehenden parteipolitischen Verhandlungen abzustimmen. Der Parteiausschuss gab, wie Hellpach[41], der Simultanschule den Vorzug.[42] Die wichtigsten politischen Projekte und Verordnungen Hellpach seiner Amtszeit werden nachfolgend untersucht.

III. Politische Projekte und Verordnungen des Ministers

Hellpachs besonderes Interesse[43] konzentrierte sich auf die Theorie und Praxis von Erziehungs- und Unterrichtsfragen. Hellpach konzipierte ein ambitioniertes Werk zur Pädagogik und Bildungspolitik, das aber nie als Ganzes veröffentlicht wurde. Ideen, mit denen er sich in diesem Zusammenhang beschäftigte, gingen in seine Monographie „Die Wesensgestalt der deutschen Schule" ein. Das Werk erschien zuerst in Leipzig 1925 und in der zweiten Auflage schon 1926. In Artikeln beschäftigte sich Hellpach außerdem kontinuierlich mit Schul- und Bildungsfragen.[44]

Natürlich konnte er sich als Minister nicht nur seinen Lieblingsprojekten widmen. Als Beispiel für andere zeitgebundene Regelungen seien die Schreiben Nr. B 12449 vom 5. März 1923 und Nr. A 28688 vom 15. Oktober 1923 genannt. Hellpach veranlasste, dass wegen der immer noch fortdauernden wirtschaftlich angespannten Lage, Universitäten und deren Angehörige eine taktvolle Zurückhaltung in der öffentlichen Darstellung von Besitz walten lassen sollten. Außerdem kam er seiner Aufgabe als Aufklärer für Volksgesundheit nach.[45]

Die erste Debatte im Landtag 1924 unter Hellpachs Ministerverantwortlichkeit über Fragen des gewerblichen und kaufmännischen Unterrichts entspann sich lebhaft über die Verfassungsmäßigkeit der Erhebung von Schulgeld bei Fortbildungsschulen[46]. Je nachdem, ob man diese Schulen als freiwillige Weiterbildung oder als der Schulpflicht unterliegende Bildungsmaßnahme ansah, unterschied sich der Standpunkt in der Aussprache. Während die DDP eine möglicherweise soziale Ungerechtigkeit durch kriterienabhängige Freistellung von der Verpflichtung zur Zahlung von Schulgeld als beherrschbar ansah, wandte sich die SPD aus grundsätzlichen Erwägungen gegen die Einführung von Schulgeld bei gewerblichen und kaufmännischen Fortbildungsschulen. Überwiegend gemeinsam war allen Parteien die Auffassung, dass Bildung die Ressourcen der Bevölkerung des Landes vergrößere und ihr daher ein übergeordnetes Interesse in der Landespolitik zukommen solle. Bei der Debatte ging es um die Konkurrenz des Artikels 145 WRV und des §19 der Badischen Landesverfassung vom

21. März 1919. Zum Beschluss stand das Notgesetz vom 6. März 1924, dem am Ende der Beratung zugestimmt wurde.[47]

Als Minister beschäftigte ihn auch die Organisation der Verwaltung.[48] Er betreute die badischen Staatsprüfungen,[49] die Einführung von Lehrbüchern,[50] Schülerbelobigungen, Schüler- und Studierendenförderung[51] und Beschwerden über misshandelnde Lehrer. Es ist z.B. eine Beschwerde über Prof. Ahlbecker vom Kurfürst-Friedrich-Gymnasium in Mannheim aktenkundig. Das Schreiben wurde an den Minister gerichtet, befindet sich aber, wie zahlreiche andere dieser Art, in Hellpachs Nachlass, nicht jedoch in den offiziellen Akten.[52] Außerdem beschäftigten ihn Besoldungsfragen[53] und Armenspeisungen[54]. Hellpach führte ein neues Lehrbuch für den Geschichtsunterricht ein. Geschichte sollten seiner Auffassung nach nicht dazu dienen, bestimmte ideologische oder politische Vorstellungen zu transportieren, auch nicht als Unterrichtsfach.[55]

Politik richtet sich aber auch nach der Frage der Finanzierbarkeit, die sich in den Haushaltsberatungen am aussagekräftigsten untersuchen lässt. Die Inflation erschwerte die finanzielle Situation des Landes, so dass auch im Verantwortungsbereich des Kultusministeriums Personal eingespart werden musste. Konkret wurden 789 Stellen nicht nur im Ministerium, sondern auch an den Hochschulen und den diversen Schulen eingespart. Das entsprach einem Personalabbau von 6,44 %. Der Stellenabbau an den Schulen traf auf steigende Schülerzahlen an Gymnasien, Realgymnasien und Oberrealschulen, wie sich aus einer für die Schuljahre 1923/24 und 1924/25 vom Unterrichtsministerium vorgelegten und dem Landtag vorgetragenen Statistik ergab.[56] Bei der Wertschätzung von Bildung für Bürger und Staat erkannte auch der liberale Politiker Hellpach die Aufgaben der Kirchen in diesem Bereich an.[57] Die Berufsschulen, die mit den schon genannten Fortbildungsschulen in Verbindung zu sehen sind, waren sein Hauptansatzpunkt[58]. Er führte am 15. Mai 1924 einen neuen Lehrplan für die Pflichthandelsschule ein, in dem eine Stunde Religions- und Deutsch-Unterricht vorgesehen waren.[59] 14-tägig kamen außerdem eine Stunde Staatskunde-Unterricht und zwei bis drei Stunden in Fremdsprachen und Betriebswirtschaftslehre hinzu.

Im Haushaltsausschuss gab es zwar Bedenken gegen die Einführung des Religionsunterrichts[60], allerdings aus formalen Gründen. Diese Frage sollte dem Landtag vorgelegt und nicht nur im Ausschuss behandelt werden.[61] Die grundsätzlichen politischen Positionen stellten sich wie folgt dar: Die Sozialdemokraten wollten die weltliche Schule ohne Religionsunterricht und das Zentrum die Bekenntnisschule, wohingegen die Demokraten die Simultanschule bevorzugten. Die Simultanschulen waren in Hessen und Baden am häufigsten vertreten.[62]

Unmittelbar im Anschluss fand eine typische Haushaltsdebatte zum Etat des Kultusministeriums für die Jahre 1924 und 1925 statt, an der sich die politischen Fronten und die Kernthemen im Kultusbereich in Baden gut ablesen lassen. Auch in diesen Jahren war der Stellenabbau aufgrund der angespannten Finanzlage des Landes ein Thema. Das rief die entsprechenden Verbände auf den Plan, deren Anliegen wiederum von den Parteien aufgegriffen wurden. So brachte der Hauptbeitrag des Zentrums in der Debatte die Stellungnahme eines Philologenverbandes ein, um das Ministerium daran zu erinnern, dass womöglich bei den Kürzungen wichtige Kultusaufgaben dem Rotstift zum Opfer fielen. Auch die Angst um die finanzielle Sicherung der Neuanschaffungen für die Universitätsbibliotheken kam schon 1924 zur Sprache.[63]

Ein unüberbrückbarer Gegensatz zwischen dem Zentrum und dem Minister ist in den Debatten im Landtag nicht erkennbar. Die Forderung der konfessionell paritätischen Besetzung von Professuren war ein zeittypisches Anliegen des Zentrums, das sich aber auch an einen Minister anderer politischer Herkunft oder Person hätte richten können. Vielmehr stimmten die Redner des Zentrums der ministeriellen Arbeit zu. Dies betraf z. B. Hellpachs Einsatz für die Unabhängigkeit der Hochschulen, seinem Wunsch nach Erziehung zur Demokratie, seiner Schulpolitik, dem neuen Lehrplan und dem neuen Lesebuch. Die Stellungnahme der SPD wies eine weitaus stärkere Front zum Zentrum auf. Diese kritisierten z. B. unabhängige Hochschulen als Staat im Staate. Insgesamt zeigte keine der beteiligten Parteien ein überkritisches Verhalten dem Minister gegenüber.[64]

Hellpach verteidigte seinen Haushalt, indem er sein Verantwortungsgefühl im Sinne der Verfassung betonte und darauf hinwies, dass er Kürzungen in seinem Ressort zu vermeiden versucht habe. Er schloss sich der am Vortag vorgetragenen Diagnose des Zentrums insofern an, als er z. B. die Belastung für die badischen Lehrer anerkannte. Die badischen Universitäten zählte Hellpach zu den Universitäten „allerersten Standards in der Welt", deshalb habe er sich bemüht, sie vor Sparmaßnahmen zu schützen. Zugleich verwahrte er sich dagegen, es handele sich bei den Kürzungen lediglich um eine Geste. Das verhöhne schließlich die Betroffenen.[65]

Hervorzuheben ist Hellpachs Stellungnahme zu einer Einladung der Karlsruher „nationalen Studentenschaft", die auch an andere Mitglieder der badischen Regierung ergangen war, die Hellpach aber öffentlich abgesagt hatte. Er rechtfertigte seine Absage mit der bei dieser Veranstaltung herrschenden politischen Gesinnung. Dort war das Lied der Brigade Erhardt gesungen worden, dessen Text sich in eindeutiger Weise gegen die Republik richtete. Innerhalb der gleichen Debatte, aber in anderem Zusammenhang, wandte sich Hellpach außerdem gegen staatsfeindliche politische Überzeugungen. Er kritisierte besonders den Versuch ihrer Maskierung. Staatsfeindliche Gesinnung mit einer „unsinnigen", „abwegigen" und wissenschaftlich widerlegten Rassentheorie drapieren zu wollen, betrübte und beunruhigte ihn zugleich.[66]

Seine liberale Überzeugung kam insoweit zum Ausdruck, als er feststellte, dass weitreichende Lebensbereiche ohne staatlichen Einfluss bleiben müssten. Der Staat könne nicht alle Bereiche regeln. In der Bildung und Erziehung sollten die Eltern ihrer Verantwortung gerecht werden, das Stichwort der „Schulgemeinde" fiel dabei[67]. Unter diesem Begriff verstand Hellpach die intensive Zusammenarbeit von Elternhaus und Schule. Er sprach sich gegen die Vorstellungen von Boelitz aus. Er bezog sich damit auf die preußische Unterrichtsreform, die eine Veränderung des Unterrichtsplans des Realgymnasiums vorsah, um das humanistische Gymnasium in seiner zentralen Funktion im Bildungssystem und das dahinter stehende Bildungsideal zu schützen. Die dort vertretenen allgemeinen Erziehungsprinzipien unterstützte Hellpach aber. Man muss also von einer begrenzten Kritik ausgehen, die sich vor allem auf den Zeitpunkt der Einführung der Fremdsprachen bezog.

Der Minister hatte es aber auch mit disziplinarrechtlichen Fällen an badischen Schulen zu tun. Ein Lehrer hatte z. B. einen Verlobungsring mit Hakenkreuz getragen und an einer anderen Schule hatten Schülerinnen Hakenkreuze auf den Buchrücken der Bibel gemalt. Der Minister musste eine Stellungnahme vor dem Landtag zu den

Vorkommnissen abgeben. Er ließ dabei keinen Zweifel aufkommen, dass er das Tragen dieser verletzenden politischen Symbole nicht dulden und einschreiten werde, wenn dies nicht ohnehin schon geschehen sei. Durch die Einbindung des Elternhauses in den Erziehungsprozess hoffte Hellpach darauf, dass solche Vorfälle seltener würden.[68] Die Verbindung von theoretischer und praktischer Ausbildung und der Ausbau des Fachschulwesens waren ein besonderes Anliegen des Ministers. Neben den fachlichen Kenntnissen sollte die Bildung der Persönlichkeit nicht zu kurz kommen. Der Religionsunterricht war dabei ein zentrales Thema, das Hellpach leicht in Spannung zum Zentrum bringen konnte. Er äußerte dabei als Protestant den Wunsch, dass sich der Protestantismus „nicht zu weit vom Katholizismus überholen" lassen solle. Trotz dieses Seitenhiebs erhielt er vom badischen Führer des Zentrums, Prälat Dr. Schofer, Zustimmung für seine Ausführungen.[69] Da Hellpach den Religionsunterricht in seiner grundsätzlichen Bedeutung für die Bildung des Charakters der Heranwachsenden anerkannte, verwundert diese Unterstützung nicht.

Während seiner Amtszeit stiftete Hellpach außerdem den „Deutschen Freiheitspreis an der Universität Heidelberg". Er benannte den Preis nach dem maßgeblichen Kommentator der Weimarer Reichsverfassung: „Gerhard-Anschütz-Preis". Der Preis sollte verliehen werden, um die heranwachsende Generation „auf den Boden der neuen Deutschen [sic] Staatsordnung zu führen"[70]. Alle drei Jahre waren zu diesem Zweck in Heidelberg Stiftungstage abzuhalten, um eine Frage aus dem Kreis verfassungs-, wirtschafts- oder kulturpolitischer Beziehungen zwischen ‚Volkstum und Freiheit' zu erörtern. Der Preis wurde, zwar teilweise mit Fristverlängerungen für die Arbeiten, aber doch einigermaßen regelmäßig, gesichert bis 1956 vergeben.[71] Die Stiftungsbedingungen und Bezeichnung des Universitätspreises weisen nicht nur Hellpachs Position zur Weimarer Reichsverfassung aus, sondern zeigen auch sein Engagement für die Republik von Weimar.

Hellpach war in seiner ministeriellen Funktion auch Mitglied der Kultusministerkonferenz[72], der Reichsschulkonferenz[73] und als führender Bildungspolitiker Weimars anerkannt. Die Arbeitspsychologie hatte er schon zuvor in den wissenschaftlichen Lehrbetrieb eingeführt und durch seine Forschungsarbeit auch Einblick in betriebliche und wirtschaftliche Zusammenhänge und Fragestellungen gewonnen. Die Beschäftigung mit diesem Arbeitsgebiet begleitete sein wissenschaftliches und politisches Leben. Eines seiner Ziele in diesem Bereich war es, ein modernes Berufsethos entwickeln zu helfen.[74]

Es stellt sich die Frage nach Hellpachs Anteilen an der Politik während seiner Amtszeit als Minister. Untersucht wird vor allem der Bereich der Schulpolitik, die auch in der Weimarer Republik insofern eine hervorgehobene Stellung einnahm, als die Schule in Verbindung mit der Wirtschaft, dem Staat und dem politischem Bewusstsein zu sehen ist. Mit dem neuen Staat stellte sich auch die Aufgabe der Neuordnung der Schulen, besonders in Bezug auf drei Problemkreise: Zunächst gab es die liberale und sozialdemokratische Forderung nach gleichen Aufstiegsmöglichkeiten unabhängig von Herkunft und Vermögen, anders als im untergegangenen Kaiserreich. Wer in die Volksschule ging, war im Allgemeinen von der höheren Bildung ausgeschlossen. Um dem zu begegnen, wurde, dem westlichen demokratischen Gleichheitsgedanken folgend, die sog. Einheitsschule gefordert. Zweitens sollte, im Anschluss an neuere pädagogische Reformbewegungen, ein auf Selbständigkeit ausgerichteter Unterricht eingeführt werden, eine Verbindung von Kopf- und Handarbeit. Hierfür brauchte man drittens neue Methoden der Lehrerausbildung. Die schwierigste Frage stellte sich aber übergeordnet nach dem Verhältnis von Kirche, Staat und Schule.[75]

Der Kulturkampf hatte in Baden anhaltende Spuren hinterlassen, auch wenn die Gesetze weniger konsequent als in Preußen umgesetzt worden waren.[76] Eine Folge des Kulturkampfes war die auch in der Weimarer Republik immer noch herrschende Sensibilität in Fragen der Gestaltung des Verhältnisses von Staat und katholischer Kirche. Entsprechend war die Regelung des Religionsunterrichts ein bedeutendes Thema der Kultuspolitik. Die Volksschulen waren, abgesehen von Hessen und Baden, überwiegend Bekenntnisschulen, deren Aufsicht häufig auf örtlicher Bezirksebene bei den Geistlichen lag. Im Bestreben, die geistliche Schulaufsicht zu beseitigen und statt der Bekenntnisschule zumindest eine Simultanschule oder eine weltliche Schule einzuführen, trafen sich weitgehend die Vorstellungen der Liberalen, Sozialdemokraten und Demokraten.[77]

Als Hellpach ins Ministerium berufen wurde, war die Reform des Berufsschulwesens im Referentenstadium, sachlich zuständig war Ministerialdirektor Franz Schmidt. Hellpach überarbeitete den Entwurf auf der Grundlage seiner arbeitspsychologischen Kenntnisse und erhöhte den allgemein bildenden Unterrichtsanteil auf ein Drittel des Gesamtunterrichts. Den Inhalt dieser Regelung, nämlich die Aufteilung in die Fächer Religion, Deutsch und Staatskunde, hatte er vorgefunden. Den passenden Lehrplan musste er allerdings noch entwickeln. Die Gesamtstundenzahl von 60 Wochenstunden, die sich in 40 Stunden praktischen Unterricht und 20 Stunden allgemein bildenden Unterricht aufteilte, entwickelte er ebenfalls und übernahm den vorgefundenen Entwurf nicht. Die geforderte parlamentarische Zustimmung sollte durch das Zentrum abgesichert werden. Der dem Zentrum nahe stehende Ministerialdirektor Schmidt war dafür zuständig. Hellpach musste von der Bedeutung des Religionsunterrichts nicht überzeugt werden.[78]

An der Frage des Religionsunterrichts[79] lässt sich Hellpachs politische Orientierung zeigen. In § 40 der Verordnung wurde der Religionsunterricht gesondert geregelt, da dessen Erteilung Sache der entsprechenden Religionsgemeinschaften war. Sogar eine Freistellung vom Religionsunterricht war mit Genehmigung durch die zuständige Stelle der Religionsgemeinschaft zulässig. Auch eine Form des Ethikunterrichts, der in dieser Verordnung „Unterricht in Sittenlehre" hieß, war bei ausreichender Schülerzahl möglich.[80] Diese Regelung deutet stärker auf ein liberales Politikverständnis hin als auf ein konservatives. Hellpach musste bei seinen Überlegungen berücksichtigen, dass er als Kultusminister die Schulen durch Verordnungen zwar verhältnismäßig leicht verändern konnte, die Absolventen der neugeordneten Schulen und ihr Ausbildungsstand aber auch in anderen deutschen Ländern anerkannt werden mussten[81].

Hellpach führte einen neuen vorläufigen Lehrplan für die Handelsfachschulen ein, der mit Beginn des Schuljahres 1924/25 Geltung hatte.[82] Die größte Neuerung bestand in der Einführung von Religionsunterricht.[83] Abweichungen vom vorläufigen Lehrplan[84] und evtl. Beschränkungen oder Umstellungen wurden nur aufgrund gesonderter Genehmigung erlaubt. Hellpach nahm in diesem Erlass auch Stellung zu den „eingegangenen Äußerungen" im Entwurfsstadium des Lehrplans. Der Entwurf sei sowohl von den Schulen als auch von den „Organisationen der kaufmännischen Praxis lebhaft begrüßt" worden. Ganz besonders gelte das für die Einführung einer einheitlichen Betriebswirtschaftslehre. Diese entstand durch die Zusammenführung der folgenden Fächer: Betriebsformen des Handels, Handels- und Wechselrecht und Wirtschaftslehre. Hellpach betonte die Erweiterung des „allgemeinbildenden Unterrichts" durch die Fächer Religion und Deutsch. Von 55 Stellungnahmen hatten sich lediglich sieben gegen die Einführung des Religionsunterrichts und nur acht gegen die Einführung des Deutschunterrichts ausgesprochen. Hellpach ließ diese Tatsache in den Erlass aufnehmen, was eher ungewöhnlich ist.[85] Im Spätherbst 1924 entstand dann auf der Grundlage seiner Erfahrungen als Unterrichtsminister seine schon erwähnte Monographie „Die Wesensgestalt der deutschen Schule". Das Grundlagenwerk, das Hellpach konzipierte, aber nicht vollendete, wollte er „Aristopädie" nennen. Hellpach neigte, wie sich hier zeigt, zu Begriffsneuschöpfungen.[86]

Dem Landtag legte er noch vor der Sommerpause und den Landtagswahlen 1925 den „Entwurf eines Gesetzes über die Ausbildung der Volksschullehrer (Lehrerbildungsgesetz)"[87] vor.[88] Inhalt des Gesetzentwurfes war die Neuregelung der Lehrerausbildung in Anlehnung an die in Preußen und Württemberg herrschende bzw. noch zu schaffende Gesetzeslage.[89] Der Abbau der badischen Lehrerseminare war betrieben worden, weil eine reichseinheitliche Regelung aufgrund des Beschlusses der Reichsschulkonferenz vom 27. November 1919 erwartet wurde.[90] Die Kontinuität in Hellpachs Politik zeigte sich z. B. darin, dass er schon 1923 dem Landtag eine Denkschrift über die Ausbildung der Volksschullehrer zur Aussprache vorgelegt hatte. Er verwies bei seiner Argumentation auf die Rückendeckung durch die Landesschulkonferenz vom Februar 1920 und der Reichsschulkonferenz 1920. Dort hätten sich zuerst die unterschiedlichen Vorstellungen gezeigt, die vor allem durch die schwierige finanzielle Situation der Gemeinden, der Länder und des Reiches bestimmt wurden.[91]

1924 wurde die Wichtigkeit der Allgemeinbildung erneut hervorgehoben und die Ausbildung der Lehrer um ein Jahr verlängert. Auch wurde ein neuer Lehrplan für die Volksschule eingeführt.[92] Das Reifezeugnis wurde somit zur Pflichtvoraussetzung für die Ausbildung. Die bisherigen Seminare wurden zugunsten eines neu einzurichtenden „zweijährigen erziehungswissenschaftlichen Lehrgangs" abgeschafft, der den drei badischen Landeshochschulen jeweils angegliedert wurde. Der Unterricht der angehenden Lehrer war somit unentgeltlich. Außerdem bekamen die Studierenden Unterkunft und Verpflegung. Handlungsbedarf bestand, weil die bisherigen Lehrerseminare bereits in der Schließung begriffen und nur noch bis zum Jahrgang 1925/26 in Funktion waren. Mängel des bisherigen Ausbildungsganges waren darin übereinstimmend von der Landesschulkonferenz und dem Unterrichtsministerium erkannt worden, sodass eine Trennung von allgemein bildender Ausbildung und fachlichem Lehrgang angezeigt erschien.[93]

Am Ende des Lehrerlehrgangs stand eine staatliche Prüfung, die zugleich Einstellungsvoraussetzung für den öffentlichen Dienst war. Zur planmäßigen Einstellung war aber außerdem das Bestehen einer zweiten staatlichen Prüfung notwendig. Das Bestehen der Prüfung gewährleistete „keinen Anspruch auf Verwendung im Schuldienst". Das Ministerium des Kultus- und Unterrichts hatte über die Einstellung zu befinden. Durch die Neuregelung entstanden dem Land Baden geschätzte Mehrkosten in Höhe von 253.400 M. Deshalb konnte die Regelung erst zum 1. April 1926 in Kraft treten. Hellpach stimmte im Wesentlichen mit seiner Partei im Bereich Religion überein.[94]

Ein politisches Ziel Hellpachs war es, den Vorbildcharakter des Landes Baden zu erhalten. Auch deshalb war das „Erziehungswesen" ein Hauptanliegen seiner Politik. Die Volksschule hatte 1924 einen „modernen Lehrplan und ein modernes Lesebuch" erhalten.[95] Im Beitrag Hellpachs zum Lesebuch war die „Demokratie" ein Thema, auch wenn er grundsätzlich für politikfreie Inhalte in Volksschullesebüchern plädierte[96].

In den Tagen des Jahreswechsels 1924/25 lag schon eine „weittragende Vorlage für die Neugestaltung der Lehrerbildung" vor, die den veränderten Anforderungen an eine „zeitgemäße" und „allgemein geistige und erziehliche Ausbildung des Nachwuchses im Lehramt der Höheren Lehranstalten" Rechnung tragen sollte. Ebenso waren Schritte zur Vervollkommnung des Fortbildungsschulwesens erfolgt[97], die von Hellpach als die „größte volkserzieherische Tat seit der Einführung der allgemeinen Volksschulpflicht" und als führend im deutschen Reich gelobt wurden. Im Jahr 1925 sollte der „Ausbau der Volksschule" weiter vorangetrieben und das „Berufs- und Fachschulwesen" durch allgemein bildende Fächer weiter ergänzt werden. Hellpach warb für die Auszahlung der für die drei badischen Hochschulen vorgesehenen Gelder, die zunächst von Sparmaßnahmen bedroht waren. Die Hochschulen konnten ihre Aufgaben nur mit einem angemessenen finanziellen Spielraum erfüllen. Mit seiner Arbeit wollte Hellpach auch dazu beitragen, die Jugend loyal an den neuen Staat zu binden. Er fand in seinem Ministerium einen Stab vor, der darauf bedacht zu sein schien, dem Minister grundsätzlich nicht zu große Freiheiten zu lassen. Die sog. Deutsche Oberschule wollte er nicht einführen, weil er sie für eine Oberrealschule mit verstärktem Deutschunterricht hielt.[98]

Zum Thema Erziehung fühlte sich Hellpach durch seine „literarischen Veröffentlichungen" hinreichend ausgewiesen. Die „Erziehung des sittlichen Menschen und der sittlichen Persönlichkeit" stand für ihn im Mittelpunkt der Erziehung durch den öffentlichen Sektor. Noch so elaborierte didaktische Methoden und intellektuelle, wissenschaftliche und fachliche Unterweisung seien vergebens, wenn der Mensch nicht zur „sittlichen Persönlichkeit" ausgebildet werde.[99] Pädagogik und Didaktik sollten im Schulbetrieb nicht auf die Betreuung von Kindern beschränkt bleiben, sondern auch auf den Unterricht für Jugendliche und junge Erwachsene ausgedehnt werden. Hellpach wollte die demokratische Idee im deutschen Bildungssystem stärken und sorgte als Liberaler für die angemessene Förderung der individuellen, persönlichen Begabung. Er stimmte Dr. Schofer in dessen Ansicht zu, die Begabung „jedes einzelnen Kindes" bei der Erziehung zu berücksichtigen, wenn man Übermüdung, Übererregtheit und Überreiztheit der Kinder vermeiden wolle. „Schematismus" im Umgang mit Kindern sei fehl am Platze.[100]

Seine Leistungen in den Bereichen Lehrerbildung, die Frage der „zeitgemäßen Schulform" sowie Neuerungen bei den Volksschulen, den weiterführenden Schulen und sein Eintreten für die Belange der drei Hochschulen Badens, Heidelberg, Freiburg und die Technische Hochschule Karlsruhe[101] wurden bei seiner Kandidatur für die Reichspräsidentschaft nochmals ausdrücklich hervorgehoben. Im Spitzenamt des Kultus- und Unterrichtsministeriums erkannte Feder „einen Posten weiterer Wirksamkeit" für Hellpach. Außerdem habe er als Ressortminister „Hervorragendes" geleistet, was anlässlich seiner Reichspräsidentschaftskandidatur zur Mobilisierung von Wählerstimmen genutzt wurde.[102]

Zusammenfassend lässt sich über Hellpachs Amtszeit als Unterrichtsminister hinsichtlich seiner Projekte und Verordnungen feststellen, dass es ihm trotz mannigfaltiger Aufgaben gelungen ist, eigene Akzente zu setzen und dauerhafte Ergebnisse zu erzielen. Diese liegen hauptsächlich im Bereich des Berufsschulwesens und in der ersten Stufe der dualen Berufsausbildung. Darüber hinaus stärkte er den allgemein bildenden Unterricht und führte ein Lesebuch, Lehrpläne und höhere Anforderungen in der Ausbildung der Lehrer ein. Die Jugend „auf den Boden der neuen Deutschen Staatsordnung zu führen", war für ihn ein wichtiges Anliegen.

IV. Verwaltungschef und Disziplinarvorgesetzter

Anfangsschwierigkeiten bei der Übernahme des Ministeramts ergaben sich, weil Hellpach mit ministeriellen Verwaltungstätigkeiten nicht vertraut war und den Dienstweg nicht kannte. Hellpach nannte das seine „konstitutionellen Pflichten". Er hatte z.B. eine Verordnung erlassen, ohne den fachlich zuständigen Geheimen Rat zu konsultieren. Schon als Stadtrat hatte er das politische Eigenleben von Behörden kennen gelernt, in das sich weder als Bürgervertreter noch als Homo Novus als Minister hineinregieren ließ. Oft wurden Sachfragen aufgrund der Aktenlage schon Wochen vor der entsprechenden Sitzung entschieden. Oft musste er in den Sitzungen unter Zeitdruck die damit verbundenen Details rekapitulieren, um als Ressortminister diese Entscheidungen verantwortlich zu vertreten. Wenn ihm das nicht gelang, schadete das seinem Ansehen als Minister.[103] Der Erfolg seiner politischen Ziele und deren Durchsetzbarkeit hingen aber auch davon ab, wie gut es Hellpach gelang, die Reibung in der eigenen Verwaltung mit Parteifreunden und Koalitionspartnern der Regierung möglichst gering zu halten, um nicht Ressourcen unnötig im Vorfeld politischer Entscheidungen zu vergeuden.

Als Minister bearbeitete Hellpach auch Bitt-, Anstellungs- und Versetzungsgesuche. Er ordnete z.B. die Leitung des Karlsruher Orchesters und des Badischen Generallandesarchivs neu. Generalarchivdirektor wurde 1925 Franz Schnabel, der früher Gymnasiallehrer, dann Professor in Karlsruhe war. Der Geehrte war, entgegen der Erwartung Hellpachs, von dieser Würde nicht begeistert. Außerdem hatte der Minister in der Begründung für die Ernennung erklärt, dass Schnabel in seinem bisherigen Tätigkeitsfeld nicht ausgelastet sei, was diesen zusätzlich beleidigte.[104]

Auch Schulgenehmigungen fielen in sein Ressort.[105] Der Staatssekretär des Ministeriums für Wissenschaft, Kunst und Volksbildung wandte sich, wie Geheimrat Reinhard, an Hellpach wegen der Fortsetzung der Genehmigung für die damalige Versuchsschule Schloss Salem[106].

Als Dienstherr hatte Hellpach auch verschiedene Aufgaben im Bereich der Schul- und Universitätsverwaltung. Die angespannte fiskalische Lage des Landes Baden war dabei mitbestimmend. Die Handlungsfreiheit des Kultusministers war entsprechend eingeschränkt. So veranlasste Hellpach z.B. die Berufsberatung an den höheren Schulen (Erlass Nr. B 8849 vom 22. Februar 1923) und regelte Assistentenstellen für die Medizinische Fakultät der Universität Heidelberg (Erlass No. A 6906 vom 26. März 1923 mit Bezug auf den Erlass No. A 7284 vom 7. März 1923).[107] Hellpach verlieh auf Beschluss vom 24. November 1923 dem Nachfolger Peters an der Handelshochschule Mannheim,

Otto Selz, die „Amtsbezeichnung ordentlicher Professor". Der Minister war 1923 gefragt worden, ob er die Nachfolge Peters antreten wolle, was er aber angesichts der Attraktivität seines Ministeramtes ablehnte. Seine Ablehnung erfolgte möglicherweise auch, weil die Anfrage nicht von einer renommierten Universität kam und er dort nicht das ‚richtige geistige Klima' vorzufinden glaubte.[108]

Er hatte es aber auch mit dem Fehlverhalten von Professoren und Universitätsangehörigen zu tun. Die nachfolgenden Beispiele zeigen die politische Stimmung und die Schwierigkeiten der Weimarer Politiker auf, einerseits die Republik und ihr Ansehen gegen massive, oft beleidigende Systemopposition zu verteidigen und andererseits die öffentliche Meinung zufrieden zu stellen. Der vorliegende Beitrag muss sich auf Ereignisse beschränken, bei denen Hellpach als Dienstherr betroffen war, die also in sein Ressort fielen. Damit soll aber nicht der Eindruck entstehen, in Baden hätten sich lediglich im Zuständigkeitsbereich des Kultusministers Vorkommnisse dieser Art ereignet. Besonders ist hier eine jüngst erschienene Studie über die Badische Richterschaft zu nennen, erhellt sie doch nicht nur das Verhältnis der Badischen Justiz zur Weimarer Republik, ihren schwierigen Weg zur Demokratie, sondern auch die Zeit des Nationalsozialismus und den Neubeginn nach dessen Untergang.[109]

Schon bald nach Hellpachs Amtsantritt kam es wegen einer Berufungsangelegenheit der planmäßigen außerordentlichen Professur für juristische Hilfswissenschaften an der Universität Freiburg zu einer Landtagsdebatte, die im Rahmen der Haushaltsberatungen stattfand.[110] Es ging dabei um Hermann Kantorowicz, dessen Persönlichkeit kritisch von den Abgeordneten Dr. Hanemann[111] (DNVP) und Marum[112] (SPD) gewürdigt wurde. Der Pazifist und Republikaner Kantorowicz hatte bei den Unruhen, die sich nach dem Mord an Rathenau auch in Freiburg entwickelt hatten, nicht gerade eine „passive Rolle" gespielt[113]. Er sei „organisatorisch auf der Straße tätig" geworden, d. h. er nahm an einer Demonstration teil. In Freiburg war deshalb zu diesem Zeitpunkt noch ein Verfahren wegen Landfriedensbruch anhängig. Kantorowicz war nicht nur Geschichtslehrer, sondern auch Rechts- und Religionsphilosoph. Seine Ansichten stießen jedoch auf erheblichen Widerspruch, besonders, als er die „Begabung" der Deutschen für „Gerechtigkeit" öffentlich in Zweifel zog. Diese Äußerung hatte seinem Ruf auch unter den Freiburger Kollegen geschadet, deshalb distanzierte sich die Juristische Fakultät entgegen ihrer ursprünglichen Empfehlung von Kantorowicz. Während das Zentrum in der Debatte verschiedentlich zustimmte, distanzierte sich die DVP stärker.[114]

Hellpach, der als zuständiger Minister ebenfalls eine Stellungnahme abgeben musste, betonte besonders die wissenschaftliche Qualifikation des zur Berufung anstehenden Kandidaten. Aufgrund des Antrags der Freiburger Juristischen Fakultät aus dem Jahr 1919 über eine planmäßige außerordentliche Professur hielt Hellpach Kantorowiczs Befähigung für eine umfassende Vertretung des Fachs für ausreichend begründet. Darin stimmte er mit der Beurteilung durch den Zentrumsabgeordneten Föhr überein, sodass sich auch in diesem Punkt keine Konfrontation mit dem Zentrum zeigte. Hellpach rückte außerdem zurecht, dass die fragliche Äußerung von Kantorowicz schon aus dem Jahr 1921 stamme und sich wegen seiner Beteiligung an den Unruhen nach dem Rathenau-Mord keine strafrechtlichen Konsequenzen ergeben hätten. Der Kultusminister spielte außerdem Kantorowiczs Rolle bei den Unruhen herunter, indem er darauf hinwies, dass man bei vielen Hochschullehrern Fragen nach deren wissenschaftlichem oder politischem Takt stellen könne. Hellpach wollte es offensichtlich nicht zu einer (partei-)politischen Generaldebatte kommen lassen, sondern versuchte vielmehr, die sachlichen Kriterien der Berufungsangelegenheit zu betonen. Die Haltung der DDP zum Rathenau-Mord war unzweideutig. Der Mord wurde als Anschlag auf die Republik gewertet und Rathenaus Verdienste gewürdigt. Man hinterfragte kritisch, ob das passive Verhalten der Republikaner nicht zu diesen Verhältnissen beigetragen hatte. Trotzdem wurde in der DDP-Führung Kritik an der daraufhin erlassenen Verordnung zum Schutz der Republik vom 26. Juni 1922 laut.[115] Den zahlreichen Kritikern Kantorowiczs schloss sich Hellpach also nicht an, sondern setzte sich für diesen ein. Auch dieses Verhalten Hellpachs zeigt eine Nähe zur Demokratie.

Seit dem staatlichen Neubeginn 1919 hatten sich derartige disziplinarische Fälle mit politischem Hintergrund immer wieder gezeigt und gerade die DNVP bzw. deren Sympathisanten hatten sich dabei in kritikwürdiger Weise hervorgetan. Deshalb riet Hellpach dem politischen Lager des DNVP-Abgeordneten Dr. Hanemann, sie sollten dieses Thema „besser ruhen lassen". Auch für diese Stellungnahme bekam Hellpach die Zustimmung des Zentrums. Sachlich führte er aus, dass aus Sicht des Unterrichtsministeriums das Vorschlagsrecht der entsprechenden Fakultät geachtet werde. An diesem Prozedere solle und werde nicht gerüttelt werden. Andererseits wollte er aber auch das Recht des Ministeriums gewahrt sehen. Das betraf vor allem Berufungsfälle, bei denen sich Streitpunkte bezüglich der Qualifikation ergaben und bei starken politischen Dissonanzen unter den Beteiligten.[116] Die Abstimmung im Landtag ergab eine große Mehrheit für die Einrichtung der planmäßigen außerordentlichen Professur.[117]

Hummel hatte seinem Nachfolger im Ministeramt den „Fall Lenard" aus seiner Dienstzeit hinterlassen. Der Physikprofessor, Nobelpreisträger und Direktor des physikalischen Instituts in Heidelberg, war ein Schüler von Hertz und Quincke und eines der frühesten Beispiele für antidemokratisches und antisemitisches Denken an der Ruperto-Carola. 1920 war Lenard schon aufgefallen, weil er dazu aufgerufen hatte, seinen Gesinnungsgenossen PD Arnold Ruge[118] materiell zu unterstützen. Hellpach erhielt in der Affäre 1922 verschiedene schriftliche Stellungnahmen, die Lenards Verhalten zwar verurteilten,[119] für ihn als akademischen Lehrer aber Stellung bezogen. Die Petition von 1000 Heidelberger Studenten, das entsprach fast der Hälfte aller Studierenden, tat wie die Presseberichterstattung ein Übriges. Erst im Dritten Reich nahmen die unwissenschaftlichen Äußerungen Lenards so signifikant zu, dass sein wissenschaftlicher Ruf ernstlichen Schaden nahm. 1934/35 wurde das physikalische Institut unter der Herrschaft der Nationalsozialisten in Philipp-Lenard-Institut umbenannt. Lenard gilt als signifikantes Beispiel für eklatante politische Fehl- und Vorurteile auch großer Wissenschaftler.[120]

Nachdem Lenards politische Haltung also schon 1920 aktenkundig geworden war, hatte er sich 1921 mit „Befriedigung" über die Ermordung Erzbergers[121] geäußert. Zum Skandal kam es, als er sich zusammen mit seiner wissenschaftlichen rechten Hand weigerte, sein Institut nachmittags zu schließen und halbmast zu flaggen, wie es für die Beerdigung Rathenaus angeordnet war. Der Senat der Universität war gezwungen, das Verhalten Lenards öffentlich zu verurteilen und ein Disziplinarverfahren einzuleiten. Hellpach holte Erkundigungen über diesen Vorgang an der Universität ein, unter anderem beim designierten Rektor Gerhard Anschütz[122]. Anschütz prägte in diesen

Jahren mit anderen, wie Jellinek, der im öffentlichen Recht in Heidelberg ebenfalls bedeutend war, das geistige und politische Klima Heidelbergs. Sein Kommentar der Weimarer Reichsverfassung war prägend für die Interpretation der Verfassung und das juristische Denken. Der Staat war für Anschütz sehr reduziert Machtgebilde und Machteinheit, ein rechtspositiver Begriff, der nicht gerechtfertigt werden musste. Er setzte sich für die Stärkung des demokratisch-parlamentarischen Verfassungsteils ein. Hellpach stimmte mit Anschütz überein, den unitarischen Anteil der Weimarer Verfassung zu stärken, ohne dass Hellpach konkrete Maßnahmen in diese Richtung ergreifen wollte. Die Befugnisse des Reichspräsidenten wollte Anschütz erhalten, Hellpach wollte sie erweitern. Demokratie und Liberalismus waren für Anschütz und Hellpach zentrale Elemente ihres Denkens. Anschütz bevorzugte jedoch ein ausgeprägt parlamentarisches Regierungssystem, wohingegen Hellpach einem stärker präsidentiellen System den Vorrang einräumte. Das Eintreten für die Weimarer Republik kam besonders in der Rektoratsrede von Anschütz aus dem Jahr 1922 deutlich zum Ausdruck.[123]

Hellpach suspendierte Lenard, der sich als Rechtfertigung für sein Verhalten damit herausredete, nichts von der Anordnung gewusst zu haben. Als Lenard aber um seine Entlassung bat, erwiderte Hellpach, dass dies den Verlust eines berühmten Wissenschaftlers bedeute und dies wollte er trotz der Affäre vermeiden. Lenard nahm sein Gesuch zurück, obwohl ihm der Senat einen einstimmigen Verweis erteilt hatte. Sympathisanten unterstützten Lenard, indem sie öffentlichen Druck erzeugten[124] und eine kompromisslose Lösung, die Entfernung Lenards, vereitelten.[125]

Am anderen Ende des politischen Spektrums, aber gleichfalls an der Universität Heidelberg, beschäftigte die Öffentlichkeit der „Fall Gumbel"[126]. Der Pazifist Emil Gumbel war schon früher durch antimilitaristische und justizkritische Publikationen aufgefallen. 1924 veröffentlichte er dann ein Buch mit dem Titel „Verschwörer", das nationalistische, republikfeindliche Geheimbünde zum Inhalt hatte[127]. Der Rektor sah sich dazu gezwungen, eine Stellungnahme der Fakultät zu fordern. Zum Eklat kam es nur drei Wochen später, als Gumbel bei seiner Rede zum zehnten Jahrestag des Kriegsbeginns bei einer Veranstaltung der Deutschen Friedensgesellschaft, deren Ortsvorsitzender er war, die Anwesenden am 26. Juli dazu aufforderte,

> „zwei Minuten im Schweigen der Toten des Weltkrieges zu gedenken, die, ich will nicht sagen, auf dem Felde der Unehre gefallen sind, aber doch auf gräßliche Weise ums Leben kamen."[128]

Der Rektor sah die Würde der Universität „unerhört" verletzt und forderte die Fakultät dazu auf, ein Disziplinarverfahren gegen Gumbel einzuleiten. Am 30. Juli 1924 erging der Beschluss der philosophischen Fakultät, der dem Kultusministerium am folgenden Tag bekannt gegeben wurde. Danach sollte gem. § 4 der Verordnung vom 13. Juli 1921 beim Kultusministerium ein Antrag auf Eröffnung der Untersuchung gegen PD Gumbel gestellt und 2. die Ausübung der Lehrtätigkeit des Genannten für die Dauer des Untersuchungsverfahrens untersagt werden.[129]

Das Verfahren führte zu dessen Suspendierung, wogegen Gumbel am 2. August 1924 Widerspruch einlegte. Gumbel nahm seine Äußerung am 5. August 1924 mit dem Ausdruck des Bedauerns zurück. Hellpach hob daraufhin die Suspendierung auf. Alfred Weber schlug vor, das Verfahren einzustellen. Rektor und Senat sahen in Gumbels Äußerung einen Anlass, grundsätzliche Kritik an ihm zu üben und ihm die Venia Legendi zu entziehen. Karl Jaspers[130] votierte im Disziplinarausschuss, obwohl er die Bedenken gegenüber der Person teilte, als einziger zugunsten Gumbels. Jaspers stimmte beim zweiten Skandal, der sich 1932 an einer weniger drastischen Aussage Gumbels entzündete, wieder für ihn. Diesmal hatte Gumbel gesagt, das geeignete Kriegsdenkmal sei eine ‚riesige Kohlrübe', das auf die Situation des Hungers Bezug nahm. Das sich anschließende Verfahren führte zur Entziehung seiner Venia Legendi, Gumbel wurde aus dem Lehrkörper entfernt. Auch Radbruch konnte als Rechtsbeistand daran nichts ändern. 1932 hatte sich das politische Klima so verändert, dass Gumbel nicht mehr zu halten war und den antidemokratischen Kräften zum Opfer fiel.[131]

Der Pazifist und politisch weit links stehende, radikal demokratische Emil Julius Gumbel war Privatdozent und Statistiker am Institut für Sozial- und Staatswissenschaften an der Universität Heidelberg, dessen Direktoren zu dieser Zeit Alfred Weber und Emil Lederer waren. Gumbel bekam trotz Protests der philosophischen Fakultät und des Senats am 30. Juli 1930 die außerordentliche Professorenwürde vom Kultusminister verliehen. Obwohl dem Senat eine Unterschriftensammlung von Studenten und Heidelberger Bürgern gegen diese Verleihung unterbreitet wurde, weigerte sich dieser standhaft, dem öffentlichen Druck nachzugeben. Es gab z. B. eine förmliche Anfrage im Landtag in der 8. Sitzung vom 19. Dezember 1930, Nr. 46, 358–390, sodass Gumbel zunächst bleiben konnte. Der Senat wollte nicht den Eindruck in der Öffentlichkeit entstehen lassen, die personelle Zusammensetzung der Universität werde durch ‚Volksbegehren' bestimmt.[132]

Die Philosophische Fakultät entschied sich gegen den Antrag der Entziehung der Venia Legendi, distanzierte sich aber entschieden von Gumbel, indem sie feststellte, dass dieser „die nationale Empfindung tief gekränkt" habe. Die Tatsache, dass er der Fakultät angehöre, sei „durchaus unerfreulich". Sie versandten ihren Beschluss, wohl um keine Zweifel an ihrer ‚mehrheitlichen' Gesinnung aufkommen zu lassen, gegen alle akademischen Gepflogenheiten an die Presse und an alle philosophischen und staatswissenschaftlichen Fakultäten. Die Presse kommentierte, je nach politischem Standpunkt, die Rede unterschiedlich. Während der Pfälzer Bote am 28. Juli 1924 neutral berichtete, gingen die Heidelberger Neuesten Nachrichten gleichtags dazu über, ihre Leser gegen Gumbel aufzubringen: Gumbel könne es sich als Verdienst anrechnen, „den gemeinsten Ausdruck für die Opfer des Weltkriegs geprägt zu haben. Pfui Teufel, Herr Gumbel." Damit war der Fall zum Politikum geworden. Die Universität Heidelberg tat sich in den Folgejahren der Affären schwer, politisch engagierte Hochschullehrer zu berufen. Interessanterweise traf das auch Hellpach, dessen Ordinariat von der Fakultät mehrheitlich nach Verhandlungen abgelehnt wurde.[133] Der Minister bezog in der Sitzung des Badischen Landtags am 6. August 1924 Stellung. Gumbel habe eine „ganz außerordentlich verunglückte" Formulierung gewählt. Unabhängig davon, wie man zu Kriegen stehe, müsse man die Gefühle Andersdenkender respektieren. Politisches Fingerspitzengefühl sei nun notwendig, weil diese Frage eine breite Öffentlichkeit erfahren habe. In diesem Zusammenhang wies der Minister darauf hin, dass Beamte, insbesondere diejenigen im Lehrbetrieb, zwar die gleichen verfassungsmäßigen Rechte wie alle Deutschen hätten, aber aufgrund ihrer Stellung auch einer besonderen Verantwortung gegenüber dem Staat gerecht werden müssten. Der Landtag missbilligte die Maßregelung des Privatdozenten Gumbel und forderte die Regierung auf, „denselben in sein Lehramt an der Universität wieder einzusetzen."[134] Am 30. Mai 1925 erging dann die Pressemeldung durch das Ministerium des Kultus und Unterrichts:

„Der engere Senat der Universität Heidelberg hat das Verfahren gegen den Privatdozenten Dr. Emil Julius Gumbel eingestellt."[135]

Jaspers war zwischen 1906 und 1948 in Heidelberg tätig. Wie Hellpach hatte Jaspers Medizin und Psychologie studiert. Jaspers wurde zuerst Professor für Psychologie, dann Ordinarius für Philosophie. 1937 wurde er zwangsweise in den Ruhestand versetzt. Die ‚Psychologie der Weltanschauungen' beschäftigte ihn ebenso wie Hellpach. Mit Hellpach verband ihn die gemeinsame Zeit der Hochschullehrerschaft in Heidelberg, beide schätzten die Ehe als hohes Gut, während Jaspers den Wert der Freundschaft stärker betonte. Freundschaft und Ehe waren für Jaspers Erfahrungen der Kommunikation. Jaspers, dessen Frau jüdischer Herkunft war, betraf die Erfahrung des Dritten Reiches direkter und existentieller als Hellpach, der nicht aus dem Lehbetrieb entfernt wurde. Der Vortragsstil unterschied beide jedoch. Während Hellpach von Freunden und Kritikern gleichermaßen als charismatischer Redner beschrieben wurde, der die Nähe seines Publikums suchte und Emotionen weckte, war Jaspers durch das Vorlesen von Paragraphen und Kapiteleinteilungen eher in Distanz zu seinen Zuhörern. Ein regungsloses Mienenspiel unterstützte diese Nüchternheit. Seine schwere, chronische Bronchenerkrankung ließ ihn schnell an stimmliche Grenzen kommen. Jaspers legte wie Hellpach Wert auf Höflichkeit im Umgang. Außerdem hatten sie in Heidelberg gemeinsame akademische Lehrer, Nissl regte Jaspers zur Habilitation an, die Windelband auf Vermittlung Max Webers betreute. Eine Gemeinsamkeit beider war der Einfluss, den Max Weber auf sie ausübte, wenngleich auf unterschiedliche Bereiche ihres Denkens und ihres Werkes.[136]

An der Universität Freiburg hatte außerdem Fritz Freiherr Marschall von Bieberstein anlässlich der Reichsgründungsfeier 1925[137] eine Festrede in Jamben über Recht und Gesetz gehalten, die zwei äußerst beleidigende Passagen enthielt. Zwei Stellen wurden besonders beanstandet: „Hier nimmt nicht eine gütige Cathedra Petri uns unsere eigene Entscheidung ab – auch nicht die Wissenschaft; sie kann uns höchstens helfen, doch die Verantwortung bleibt uns allein." Und: „An dem Gesetzesrecht gemessen, waren objektiv die Willensakte der Usurpatoren, (der Herren Ebert, Haase und Genossen) [die eingeklammerten Worte sollen im Manuskript gestrichen gewesen sein], die sich angebliche ‚Gesetzeskraft' beilegten (– de facto freilich die Gesundung vorbereitend – [Hellpach konnte keinen stichhaltigen Beweis für diese Zeile finden, die Bieberstein später drucken ließ]), doch nichts als Hochverrat!"[138]

Der Senat distanzierte sich in einem Schreiben an das badische Unterrichtsministerium von den verletzenden Inhalten, die von Theologen, konservativen und sozialdemokratischen Kreisen mit Entsetzen aufgenommen worden waren. Marschall von Bieberstein räumte ein, dass er, aufgrund einer Fiebererkrankung, ursprünglich „aus ästhetischen Gründen" gestrichene Textstellen „aus Unachtsamkeit" vorgelesen habe. Das Originalmanuskript legte er auch auf Anfrage Hellpachs jedoch nicht vor. Biebersteins Einlassungen waren nicht glaubhaft, ließen sich aber nicht widerlegen. Im Disziplinarverfahren, das zunächst mit dem Ziel seiner Entlassung eingeleitet worden war, wurde Bieberstein vom Senat zugute gehalten, er habe immerhin das „offenkundige Bestreben gezeigt, der heutigen Staatsordnung gerecht zu werden." Hellpach gab an, er habe nicht erneut das Andenken Eberts[139], der in der Rede zusammen mit Haase des Hochverrats bezichtigt worden war, in einem Gerichtsverfahren beschädigt sehen wollen und habe es deshalb bei einem dienstrechtlichen Verweis belassen. Dieser wurde am 30. Mai 1925 von ihm ausgesprochen. Allerdings ließ der Gemaßregelte den Vortrag 1927 drucken und zeigte damit seine Uneinsichtigkeit und sein fortgesetzt antidemokratisches Denken. Hellpach konnte in seinen Erinnerungen nicht darauf verzichten anzumerken, dass Marschall von Bieberstein zu früh Ordinarius geworden sei und diese Entgleisung auch damit zusammenhänge. Die Vorgänge sind ausführlich dokumentiert und bekamen auch ein breites Presseecho. Hellpach wurde insgesamt weniger kritisiert als Bieberstein, auf dessen Verfehlung man sich konzentrierte.[140]

Möglicherweise wollte Hellpach auch nur weiteres Aufsehen verhindern und konservative Kreise im Land nicht durch ein hartes Vorgehen gegen Bieberstein, der auch Sympathisanten hatte, provozieren[141]. Hellpachs Bewunderung für Ebert[142] ist nicht aus der Luft gegriffen, sodass die Entrüstung, die er wegen des Magdeburger Urteils empfand, seine Entscheidung nachhaltig beeinflusst haben könnte.

Diese Vorkommnisse nahm Hellpach zum Anlass zu einer grundsätzlichen Stellungnahme. Er forderte die badischen Hochschulen dazu auf, sich endlich mit den Gegebenheiten des neuen Staates zu arrangieren.[143] Es sei völlig unangebracht, „in den Vordergrund der Hochschultätigkeit" die Frage zu stellen, „ob eine Revolution objektiv oder subjektiv Hochverrat sei und wie lange sie es bleibe". Der „akademischen Lehrfreiheit in Baden" wollte und konnte er nicht zu nahe treten. Allerdings dürften weder die Lehr- noch die Meinungsfreiheit als Freibrief für das Recht verstanden werden, „seine Meinung so verletzend ... und so taktlos wie möglich" zu formulieren. Ein „gesundes Empfinden" solle Entgleisungen verhindern helfen, weitere Gesetze hielt er hingegen für wenig Erfolg versprechend. Als Beamte und „Erzieher der Jugend" hätten Hochschullehrer ohnehin besondere Pflichten. Die Häufigkeit solcher Fälle, die ein disziplinarisches Einschreiten von Seiten des Ministeriums erforderlich machten, sei mit der „tragischen" Verkettung von Zufällen zu erklären.[144] Es herrsche grundsätzlich ein gesunder politischer Geist an den badischen Hochschulen und das Auftreten solcher Affären sei zahlenmäßig noch vertretbar. Er hoffte, dass die aus den Vorfällen resultierende zweifelhafte Popularität der badischen Hochschulen nunmehr ein Ende habe, denn von ihnen gehe Gefahr für das Gemeinwesen aus.[145]

In der Debatte im Landtag wurde Hellpach auch mit Kritik konfrontiert. In Anlehnung an Spengler[146] beklagte Prälat Dr. Schofer das „Sinken des sittlichen Niveaus" an den Schulen, was Hellpach als vordergründigen Standardvorwurf der älteren gegen die jüngere Generation abwertete.[147] Die badische Landtagsfraktion der Demokraten unterstützte Hellpach bei seiner Stellungnahme deutlicher, als es die Loyalität zum eigenen Minister erforderte. Hellpach genoss auch noch 1925 Respekt, Anerkennung und Rückhalt unter den badischen Parteikollegen. Es war anerkennend gemeint, wenn Hofheinz feststellte, Hellpach habe in seinem Ressort stets den „demokratischen Standpunkt" vertreten. Damit sei nicht der „parteipolitische" gemeint, sondern der demokratische im übergeordneten Sinne.[148] In der Debatte zeigte sich eine größere Frontstellung zwischen der SPD-Landtagsfraktion, hier dem Abgeordneten Haebler, und Hellpach, als zwischen dem Zentrum und dem Minister.[149]

Auch unter dem Nachfolger Hellpachs, dem Sozialdemokraten Remmele[150], blieb Victor Schwoerer als Hochschulreferent im Amt, sodass dieser nach Rückkehr der DDP in die badische Landesregierung „beinahe wieder so einflußreich" war wie zuvor.

Schwoerer besaß eine starke „Machtposition" und der Einfluss der Bürokratie hatte ein kritisches Maß erreicht. Hellpach kritisierte deshalb, dass Schwoerer die jeweiligen Minister in der öffentlichen Wahrnehmung an den Rand spiele. „Daran hat Schwoerer einen entscheidenden Anteil, wenn auch seine im Vordergrund stehende Arbeit die verborgeneren Leistungen der Minister, denen er gedient hat, oftmals über Gebühr verdunkelt und Dank und Ehrung etwas wahllos auf ihn gelenkt hat." Obwohl dieser Artikel nicht namentlich gekennzeichnet ist, gibt es Anhaltspunkte dafür, dass Hellpach ihn verfasste. Er verfügte über die entsprechenden Detailkenntnisse. Im Text wird auch die Einführung einer grundsätzlichen Altersgrenze von 65 Jahren mit Hellpachs Argumenten abgelehnt.[151]

1925 war auch Hellpach gegen die Fortsetzung der Koalition, falls die DDP zwischen Zentrum und SPD aufgrund ihrer geringen Stimmenzahl zerrieben würde und keine liberalen politischen Ziele verwirklichen könne.[152] Nach dem Scheitern der Koalitionsverhandlungen folgte er im Januar 1926 dem Ruf als ordentlicher Honorarprofessor mit Lehrauftrag für allgemeine und angewandte Sozial- und Völkerpsychologie an die Universität Heidelberg, die der philosophischen Fakultät angegliedert war. Hellpach hielt seine öffentliche Antrittsvorlesung in der Alten Aula am 8. Mai 1926 mit dem Thema: „Erscheinung und Entstehung des Volkstums."[153]

V. Resümee

Hellpach war nicht so zufällig zu seiner Mitgliedschaft bei der DDP gekommen, wie er selbst in seinen Memoiren resümierte. Während seiner politischen Tätigkeit ist an verschiedenen Stellen eine liberale Handschrift erkennbar, so lag ihm z. B. die Förderung des einzelnen, seinen individuellen Fähigkeiten entsprechend, am Herzen.

Nachdem Hellpach aufgrund der schwierigen Personalverhältnissen unversehns zum Amt des Ministers des Kultus- und Unterrichts gekommen war, waren es auch äußere Umstände und nicht eine persönliche Entscheidung, die zur Beendigung seines Ministeramtes führten. Die Koalition zerbrach in der Folge der Landtagswahlergebnisse und der nachfolgenden Verhandlungen vom Herbst 1925. Dass Hellpach keine dauerhaften Ergebnisse aus seiner Amtszeit hinterlassen habe, ist nicht zutreffend. Seine Leistungen als Minister reichen von der Reformierung der Ausbildung der badischen Volksschullehrer, der Einführung eines Lese- und eines Geschichtsbuches, bis hin zur Gewährleistung des ordentlichen Betriebes der Universitäten. Er bemühte sich trotz schwieriger finanzieller Bedingungen um die Auszahlung der Gelder für die badischen Universitäten und um möglichst geringe Einschnitte in der Personalpolitik seines Ressorts. Die wichtigste und dauerhafteste Leistung besteht jedoch in der Einführung der ersten Stufe der Dualen Berufausbildung, deren Vorbildcharakter, in weiterentwickelter Form, noch heute Geltung hat. Angesichts der tief greifenden Systemwechsel ist dieses bleibende Ergebnis kaum hoch genug einzuschätzen.

Hellpachs Aufgabengebiet umfasste auch die Behandlung von Disziplinarfällen an den badischen Schulen und Hochschulen. An diesen Fällen zeigen sich zum einen die Anfeindungen, denen die Republik vom rechten und aber auch vom linken politischen Spektrum ausgesetzt war. Anderseits musste sich der Minister aber auch dem Plenum im Landtag und der öffentlichen Meinung stellen und sich darum bemühen, die ohnehin politisch aufgeheizte Stimmung nicht noch weiter anzuheizen. Hellpach unterstützte die Republik und die Demokratie von Weimar nach Kräften. Trotzdem entließ er z.B. Philipp Lenard nicht. Hier zeigt sich, dass auch die positive Einstellung zur Weimarer Republik nicht ausreichte, um diese Ordnung kompromisslos zu verteidigen.

Hellpach war zwischen 1923 und 1924 zuerst stellvertretender Badischer Staatspräsident und zwischen 1924 und 1925 Badischer Staatspräsident, da die badische Verfassung die Besonderheit eines turnusmäßigen Wechsels beim ersten Amt des Landes vorsah. 1925 kandidierte er außerdem, ebenfalls nicht als erste Wahl, als DDP-Kandidat im ersten Wahlgang zur Reichspräsidentschaft. 1928 gelang ihm mit dem Einzug in den Reichstag ein weiterer politischer Auftritt, der allerdings 1930 sein Ende fand, als er sein Mandat zurückgab. Hellpachs Rolle in den Führungsgremien der DDP war jedoch kein nachhaltiger Erfolg beschieden. Nach der Niederlegung seines Mandates kehrte er nach Heidelberg und an die Ruperto-Carola als Wissenschaftler zurück, ohne dass es ihm gelingen sollte, ein Ordinariat zu erhalten. Oberflächlich betrachtet scheint als Quintessenz seiner lebenslangen Bemühungen nur „Hellpach redet über alles, über alles in der Welt" übrig geblieben zu sein. Als Urheber dieses Spottliedes ist wohl Professor Otto Gradenwitz anzusehen. Gradenwitz soll das abgewandelte Deutschlandlied bei der Überquerung des Ludwigsplatzes (heute Universitätsplatz) kopfschüttelnd gesungen haben. Der „Heidelberger Beobachter" äußerte sich noch 1931 mit Befriedigung über das Scheitern von Hellpachs Reichspräsidentschaftskadidatur.[154]

Hellpach lebte während der Herrschaft der Nationalsozialisten in der Landfriedstraße 14 in Heidelberg in einem Wohnhaus zusammen mit drei jüdischen Familien. Mit Entsetzen und starr vor Angst erlebten er und seine Frau, wie ihre Nachbarn antisemitischen Übergriffen ausgeliefert waren. Eine Gruppe von SA-Männern stürmte die Wohnungen, zerstörte das Mobiliar und misshandelte die jüdischen Mieter. Olga Hellpach sollte ihnen weitere jüdische Mitbewohner nennen, konnte sich jedoch durch ein Ablenkungsmanöver herausreden.[155]

Hellpach erlebte eine finanzielle Maßregelung durch die Nationalsozialisten, zwei seiner Bücher kamen auf den Index der Reichsschrifttumskammer. Bis 1954 war er als Hochschullehrer tätig. Am 6. Juli 1955 starb Hellpach und wurde unter großer Anteilnahme auf dem Bergfriedhof in Heidelberg beigesetzt.[156]

Anmerkungen

1. Klaus Michael Baier: Erkennen und Gestalten. Theorie und Praxis im Werk von Willy Hellpach, Berlin 1988. Thomas Pfanzer: Die Begründung der Arbeitswissenschaft in der Soziologie von Willy Hellpach, Würzburg 1994.
2. Der vorliegende Beitrag stützt sich auf Teilergebnisse der Mainzer Dissertation, vgl. Claudia-Anja Kaune: Willy Hellpach (1877–1955). Biographie eines liberalen Politikers der Weimarer Republik (Mainzer Studien zur Neueren Geschichte, Bd. 15), Frankfurt u.a. 2005.
3. Ebd., Kapitel 3.3, S. 91–130.
4. Universitätsarchiv Heidelberg Personalakte [UA HD PA] 4150. Vgl. Willy Hellpach: Wirken in Wirren. Lebenserinnerungen. Eine Rechenschaft über Wert und Glück, Schuld und Sturz meiner Generation, Bd. 1, Hamburg 1948, S. 7–14, 18, 61, 162, 165, 196f.
5. Vgl. Willy Hellpach: Was bestimmend war für meinen Lebensweg, Die Umschau 35, 1931, H 13–15, S. 245–248, 267–269, 287–290. Ders.: Heilkraft und Schöpfung, Dresden 1934, S. 7–8.
6. Willy Hellpach: Die Farbenwahrnehmung im indirekten Sehen (Philosophische Studien 15), Leipzig 1900, S. 524–578.

7   UA HD PA 4150. Generallandesarchiv Karlsruhe [GLA Ka] 235 / 6135. Vgl. Willy Hellpach: Wirken in Wirren (wie Anm. 4), S. 287–296, 299–301, 330, 345–355.
8   Willy Hellpach: Die Grenzwissenschaften der Psychologie. Die biologischen und soziologischen Grundlagen der Seelenforschung, vornehmlich für Vertreter der Geisteswissenschaften und Pädagogik dargestellt, Leipzig 1902.
9   GLA Ka 235 / 6135, 233 / 29442. UA HD Rep. 27 Nr. 494–495, B 6651 / 1.
10 Willy Hellpach: Analytische Untersuchungen zur Psychologie der Hysterie, Dessau 1903. GLA Ka Nachlaß Hellpach 1, 11, GLA Ka 235 / 6135, 235 / 30083, 235 / 30354, 235 / 30375.
11 GLA Ka 235 / 6135, UA HD PA 4150.
12 GLA Ka 231 / 10956–57, 231 / 2935–36, 231 / 1614, 231 / 2559.
13 Ebd.
14 Vgl. Amtliche Berichte über die Verhandlungen des Badischen Landtags [Amtliche Berichte] vom 7. November 1922, 2. Sitzung, Sp. 25–30. GLA Ka NH 1. GLA Ka 235 / 6135. UA HD PA 4150. Vgl. Willy Hellpach: Triennium Ministeriale. Rückschau und Rechenschaft, in Ders., Prägung. Zwölf Abhandlungen aus Lehre und Leben der Erziehung, Leipzig 1928, S. 234–253. Willy Hellpach: Wirken in Wirren, Bd. 2, Hamburg 1949, S. 149–156. Christoph Führ, Hans Georg Zier (Hg.): Hellpach-Memoiren 1925–1945 (Studien und Dokumentationen zur Bildungsgeschichte 33), Köln, Wien 1987, S. 13. Karl Glockner: Die demokratische Fraktion im badischen Landtag von 1919 bis 1927, in Anton Erkelenz: Zehn Jahre Deutsche Republik, Berlin 1928, S. 206–213.
15 Vgl. Amtliche Berichte (wie Anm. 14).
16 Ebd.
17 GLA Ka NH 1. GLA Ka 235 / 6135. UA HD PA 4150. Schulthess' Europäischer Geschichtskalender, Jg. 1922, Bd. 63, S. 138. Vgl. Willy Hellpach: Triennium Ministeriale, in ders.: Prägung (wie Anm. 14), 234–253. Willy Hellpach. Wirken in Wirren (wie Anm. 14), S. 149–156. Führ / Zier (Hg.): Hellpach-Memoiren (wie Anm. 14).
18 Vgl. „Der Badische Beobachter und der neue Unterrichtsminister", in Der Volksfreund vom 11.12.1922.
19 Vgl. „Prof. Hellpach zum Unterrichtsminister vorgeschlagen", Volkszeitung vom 31.10.1922, Nr. 254.
20 Lankenau: Willy Hellpach. Ein Leben zwischen Politik und Wissenschaft, ZGO 134, 1986, S. 366f.
21 Vgl. „Prof. Hellpach zum Unterrichtsminister vorgeschlagen", Volkszeitung, 31.10.1922.
22 Vgl. „Der Badische Beobachter und der neue Unterrichtsminister" (wie Anm. 18). „Der neue Unterrichtsminister", Badische Schulzeitung 60, 1922, S. 574f. „Zum Nachfolger Dr. Hummels in der Verwaltung des Kultus- und Unterrichtsministeriums wurde von der demokratischen Partei Professor Dr. Hellpach vorgeschlagen", Badische Lehrerzeitung 17, 1922, S. 352.
23 Willy Hellpach: Wirken in Wirren (wie Anm. 14), S. 157–158.
24 GLA Ka NH 306. Vgl. „Schwoerers Weg zur Notgemeinschaft. Badische Hochschulpolitik. Ein wichtiger Beamtenwechsel", in Voss. Ztg. vom 6.8.1928, S. 5. Auch Alfred Weber hatte Schwoerer als einflussreichen Verbündeten in Berufungsfragen kennen gelernt, vgl. Eberhard Demm: Von der Weimarer Republik zur Bundesrepublik. Der politische Weg Alfred Webers 1920–1958 (Schriften des Bundesarchivs, Bd. 51), Düsseldorf 1999, S. 72.
25 Ebd.
26 GLA Ka 235 / 6135. UA HD PA 4150. GLA Ka NH 1, 260. Vgl. Willy Hellpach: Wirken in Wirren (wie Anm. 14), S. 157–168.
27 Eberhard Kolb: Gustav Stresemann (1878–1929), in M. Fröhlich, Die Weimarer Republik. Portrait einer Epoche in Biographien, Darmstadt 2002, S. 199–210.
28 GLA Ka 233 / 28071, 233 / 28073.
29 Zur Knappheit der Brennstoffe bzw. Kartoffelkäferplage, vgl. Amtsblatt des Ministerium des Kultus- und Unterrichts [MdKuU] 1923, S. 19 sowie Amtsblatt des MdKuU 1924, 95. Vgl. Frank J. Hennecke (Hsg.): Schulgesetzgebung in der Weimarer Republik: vom 11. August 1919 bis 24. März 1933. Sammlungen von Rechtsvorschriften des Reiches und der Länder Baden, Bayern und Preußen, Köln / Wien 1991, S. 46–47.
30 Willy Hellpach: Krisis der Bildungsschicht. Vortrag des Herrn Kultusministers Dr. Hellpach, Karlsruhe, auf dem Deutschen Kulturtag in Leipzig 24. / 25. Februar 1923, in Die Hilfe 29, 1923, S. 178–180, 196–198.
31 Vgl. Willy Hellpach: Was bestimmend war (wie Anm. 5), 287–288. Zum Einfluss der Konjunktur, vgl. Falter / Lindenberger / Schumann: Wahlen und Abstimmungen in der Weimarer Republik,

München 1986, S. 205–206, 209–213. Zu Knilling, Kahr, Hitlerputsch und Hitler-Ludendorff-Prozess, vgl. P.C. Hartmann: Bayerns Weg in die Gegenwart. Vom Stammesherzogtum zum Freistaat heute, Regensburg 2004, S. 478–488. Vgl. Kaune (wie Anm. 2), S. 95, FN 301.

32 GLA Ka 231/7174, 231/8914.
33 GLA Ka 233/25607.
34 GLA Ka 233/25604.
35 Vgl. Linksliberalismus in der Weimarer Republik. Die Führungsgremien der Deutschen Demokratischen Partei und der Deutschen Staatspartei 1918–1933 (Quellen zur Geschichte des Parlamentarismus und der politischen Parteien, Bd. 5), Düsseldorf 1980, 186–195.
36 Vgl. Ursachen und Folgen. Vom deutschen Zusammenbruch 1918 und 1945 bis zur staatlichen Neuordnung Deutschlands in der Gegenwart, hg. v. H. Michaelis/E. Schaepler, Bd. 5, Berlin o.J., 395-400, 469ff. Vgl. Hartmann (wie Anm. 31), S. 478–488. Möller: Die Weimarer Republik, München 2004, S. 167–170.
37 Vgl. Hartmann (wie Anm. 31), S. 493.
38 GLA Ka NH 260. Diese Auffassung wiederholte er 1933, vgl. Willy Hellpach, Minister des Geistes, in: Voss. Ztg. v. 19.2.1933, Nr. 85, S. 1–2.
39 Vgl. Amtliche Berichte vom 6.8.1924, 39. und 40. Sitzung, Sp. 2099–2131, Sp. 2155–2230.
40 Die SPD-Position gegenüber der Weltlichkeit der Schule, vgl. Dirk H. Gentsch: Zur Geschichte der sozialdemokratischen Schulpolitik in der Zeit der Weimarer Republik. Eine historisch-pädagogische Analyse zur Schulpolitik der SPD in Deutschland in den Jahren 1919 bis 1933. Eine Studie, Frankfurt u.a. 1994, S. 57–80.
41 GLA Ka NH 81.
42 Vgl. Linksliberalismus (wie Anm. 35), S. 290–294.
43 Vgl. Erlass Nr. B 1851 vom 11.1.1923, sowie die Erlasse des MdKuU, Nr. B 12449 vom 5.3.1923 und Nr. A 28688 vom 15.10.1923. GLA Ka NH 260, 455. Zum Zweikampfwesen, GLA Ka 233/24886. Vgl. Amtliche Berichte vom 18. Juli 1923, 43. Sitzung, Sp. 1981–2034.
44 Vgl. Willy Hellpach: Schulpolitik, in Karlsruher Tagblatt vom 26.4.1919, Nr. 115, S. 1. Ders. Der Abbau des Schulabsolutismus, in Karlsruher Tagblatt vom 15.6.1919, Nr. 164, S. 1. Ders. Das flüssige Element, in Karlsruher Tagblatt v. 21.6.1919. Ders. Die Idee der Reichsschulkonferenz, in Vossische Zeitung vom 26.6.1920, Nr. 317/A170, S. 1–2. Ders. Lehrer und Schüler, in Vossische Zeitung vom 6.7.1920, Nr. 334/B156, S. 1–2. Vgl. zur Position der DDP: Lothar Albertin: Liberalismus und Demokratie am Anfang der Weimarer Republik. Eine vergleichende Analyse der Deutschen Demokratischen Partei und der Deutschen Volkspartei (Beiträge zur Geschichte des Parlamentarismus und der politischen Partei, Bd. 45) Düsseldorf 1972, 287–291. Willy Hellpach: Wirken in Wirren, (wie Anm. 14), S. 199.
45 Ebd.
46 GLA Ka 231/4610, 231/4848, 231/5737, 231/4585, 231/5709, 231/5722, 231/5724.
47 Vgl. Amtliche Berichte vom 28. März 1924, 8. Sitzung, Sp. 305–353.
48 Verordnung [VO] des MdKuU vom 1. April 1924: Die Schulbehörden der Volksschule, GVBl. 1924, 75, ABl. 1924, 35. Bekanntmachung [BK] des MdKuU vom 8. April 1924: Neue Kreisschulamtsbezirke, ABl. 1924, 44.
49 Zur Betreuung der Prüfungsaufgaben der Badischen Staatsprüfung für das höhere Lehramt. GLA Ka NH 455.
50 Vgl. Erlass Nr. B 2473 vom 10.2.1923 des Badischen MdKuU.
51 Die Regelung erfolgte gemäß Art. 146 Abs. 3 WRV i.V.m. §19 Abs. 7 der badischen Landesverfassung. Vgl. dazu die BK des MdKuU vom 16. Mai 1924: Förderung der Ausbildung tüchtiger und bedürftiger Schüler, ABl. 1924, S. 75 sowie die BK des MdKuU vom 6. September 1924: Vollzug des Jugendwohlfahrtsgesetzes, ABl. 1924, S. 127. Zur Bewilligung von Stipendien, Wohlfahrtspflege für Studierende GLA Ka 235/4641, 235/5156, 235/5037. Zu den verfassungsmäßigen Aufgaben des badischen Unterrichtsministeriums, vgl. Günther Anton Regentorp: Entwicklungen und Strukturen der staatlichen Schulverwaltung und Schulaufsicht in Baden von ihren Anfängen bis zur Gegenwart (1803–1983). Ein Beitrag zur deutschen Schulverwaltungsgeschichte, Bonn 1985, S. 217.
52 GLA Ka NH 455.
53 BK des MdKuU vom 9. April 1923: Gewährung von Unterhaltszuschüssen und Vergütungen an Beamte im Vorbereitungsdienst und während der Probezeit, ABl. 1923, S. 54–57. BK des MdKuU vom 6. Dezember 1923: Bezüge der Beamten, ABl. 1923, S. 221–223. Zur Rechtsstellung

der Beamten: BK des MdKuU vom 8. September 1924: Einsichtnahme in die Personalakte, ABl. 1924, 133–137.
54 BK des MdKuU vom 22. November 1923: Kinderspeisung, ABl. 1923, S. 203. BK des MdKuU vom 28. November 1923: Schülerspeisung, ABl. 1923, S. 203.
55 Zum kritischen Spannungsverhältnis von historischer Wissenschaft und Politik und der Legitimation der Politik durch Geschichte, vgl. auch später Willy Hellpach: Die geistige Gesetzmäßigkeit in der Geschichte, in: Karl Heinrich Bauer, Vom neuen Geist der Universität, Heidelberg 1947, S. 187–210. Willy Hellpach: Pax Futura. Die Erziehung des friedlichen Menschen durch eine konservative Demokratie, Braunschweig, Berlin, Hamburg 1949, S. 156–159, 238–240, 105–106.
56 Vgl. Amtliche Berichte vom 4.8.1924, 36. Sitzung, Sp. 1931–1954. GLA Ka 235/32800, 233/25611.
57 Ebd.
58 Zu seinen Aufgaben gehörte auch: Runderlass des MdKuU vom 26. Juli 1923: Feier des Verfassungstages, ABl. S. 142. BK des MdKuU vom 27. November 1923: Schülervereine, ABl. 1923, S. 205. BK des MdKuU vom 13. Januar 1924: Feier und Unterrichtsbefreiung zur Feier des Jahrestages der Reichsgründung 1871, ABl. 1924, S. 1–2. Siehe auch: Die gewerblichen Fortbildungsschulen: Verordnung des Staatsministeriums vom 8.4.1925, GVBl. 1925, S. 79–80 sowie ABl. 1925, S. 95. GLA Ka 233/24700-01, sowie, Die gewerblichen Fortbildungsschulen: Verordnung des MdKuU vom 17.4.1925, GVBl. 1925, 80–82, ABl. 1925, 96–97.
59 GLA Ka 235/36001, 235/36010, 235/36033, 235/36658, 235/36455.
60 GLA Ka 231/4506, 231/4515, 231/4578, 231/4664, 231/4792, 231/4798.
61 Vgl. Amtliche Berichte vom 4.8.1924, 36. Sitzung, Sp. 1931–1944.
62 Vgl. Karl Dietrich Erdmann: Die Weimarer Republik, 13. Auflage, München 1999, S. 262–270.
63 Vgl. Amtliche Berichte vom 5.8.1924, 37. und 38. Sitzung, Sp. 1955–2020, Sp. 2023–2085 sowie vom 6.8.1924, 39. und 40. Sitzung, Sp. 2087–2152, Sp. 2155–2230. So kam es zu einmütigem Abstimmungsverhalten von Zentrum und DDP, vgl. ebd. und Amtliche Berichte vom 26.3.1925, 26. Sitzung, Sp. 1005–1066.
64 Ebd.
65 Vgl. Amtliche Berichte vom 6.8.1924, 39. und 40. Sitzung, Sp. 2087–2152.
66 Ebd., besonders Sp. 2099–2131, Sp. 2155–2230.
67 Auch der Pädagoge Gustav Wyneken hatte schon die Erziehung zur Selbstverantwortung der Schüler gefordert. Es sollten Schulgemeinden und Schülerräte gebildet werden, um Entschließungen zu formulieren, vgl. Erdmann (wie Anm. 62), S. 262–270.
68 Vgl. Amtliche Berichte vom 6.8.1924, 39. und 40. Sitzung, Sp. 2087–2152, besonders Sp. 2099–2131, Sp. 2155–2230.
69 Ebd.
70 GLA Ka 235/30136. Verordnung Nr. A 2785 des MdKuU vom 29.1.1923. Ausführungsbestimmungen: Verordnung Nr. A 5097 vom 28.2.1923.
71 GLA Ka 235/30136. GLA Ka NH 454. „Ein ‚Deutscher Freiheitspreis' an der Universität Heidelberg", in Karlsruher Zeitung vom 2.2.1923, No. 28. „Deutscher Freiheitspreis", in Frankfurter Zeitung vom 22.2.1923, Nr. 141. „Ein Deutscher Freiheitspreis an der Universität Heidelberg", in Heidelberger Neueste Nachrichten vom 2.2.1923, Nr. 28. Zu anderen Heidelberger Stiftungen, GLA Ka 233/24934.
72 Niederschrift über die Konferenz der Kultusminister der Länder am 7. Oktober 1924 in Berlin, in: Christoph Führ. Zur Schulpolitik der Weimarer Republik. Darstellungen und Quellen. Die Zusammenarbeit von Reich und Ländern im Reichsschulausschuß (1919–1923) und im Ausschuß für das Unterrichtswesen (1924–1933), Weinheim 1972, S. 187–196.
73 Es tauchen dort keine neuen Argumente Hellpachs auf. GLA Ka 231/4553.
74 Vgl. dazu GLA Ka NH 231. Willy Hellpach: Die Arbeitshaltung des Formers, in Daimler Werkzeitung 14, 1920, S. 231–232. Ders. Das sozialpsychologische Problem im Wiederaufbau, in Karlsruher Tagblatt vom 10.7.1920, Nr. 185, S. 5. Ders. Wirtschaftliche Psychologie [Vorlesungsmanuskript WS 1920/1921]. GLA Ka NH 230. Willy Hellpach: Der Unterrichtsplan für die Volksschule, in Badische Schulzeitung 62, 1924, S. 367–371. Ders. Die Erziehung der Arbeit, in: Das Problem der Industriearbeit, hg. vom Deutschen Werkbund, Berlin 1925, S. 39–70. Ders.. Die Wesensgestalt der deutschen Schule, Leipzig 1925, S. 74–76. Ders.. Wirtschaft und Schule, in Deutsche Hochschulwarte 6 (1926) 213–221. Ders.: Die öffentliche Erziehung für den Beruf, in

Praxis der Berufsschule 3 (1928) S. 33–44, 79–87. Ders.: Arbeit und Feier, in Prisma 12/13, 1947, S. 51–54. Willy Hellpach: Die Geschichte der Arbeit, in Ders, Universitas Literarum. Stuttgart 1948, S. 191–210. Vgl. auch Führ, Schulpolitik (wie Anm. 72), S. 23. Reinhold Nickolaus: Politischer Unterricht an gewerblichen Berufsschulen in Baden und Württemberg im gesellschaftlichen Kontext. Zugleich ein Beitrag zur Entwicklung der Berufsschule im Südwesten bis zum Ende der Weimarer Republik (Stuttgarter Beiträge zur Berufs- und Wirtschaftspädagogik, Bd. 6), Esslingen 1987, S. 248. Pfanzer (wie Anm. 1), S. 85–114, 167–172. K. Preyer: Quellen zur Berufserziehung: Weimarer Republik, Rheinstetten 1980, S. 240–245.
75 GLA Ka 233/27771. Vgl. Erdmann (wie Anm. 62), S. 262–270.
76 Vgl. Michael Kißener: „Preußisches Probierländle"?, in HJb, 2002, 235–262.
77 GLA Ka 233/27771. Vgl. Erdmann (wie Anm. 62), S. 262–270.
78 GLA Ka 231/4866, 231/4846. GLA Ka NH 261, 306, 454, 456. Willy Hellpach: Wirken in Wirren (wie Anm. 14), S. 211–220, 388–389. Teilweise andere Auffassung bei Friedrich Wielandt: Schule und Politik in Baden während der Weimarer Republik, Freiburg 1976, 264–265. Hennecke (wie Anm. 29), S. 30–152. Hermann Erbacher: Die evangelische Landeskirche in Baden in der Weimarer Zeit und im Dritten Reich 1919–1945. Geschichte und Dokumente, Karlsruhe 1983, 20ff.
79 GLA Ka 231/4506, 231/4515, 231/4578, 231/4664, 231/4792, 231/4798.
80 Ebd. §11, §13 ABl. des Badischen MdKuU 1925, 89–98.
81 Vgl. Willy Hellpach: Wirken in Wirren (wie Anm. 14), 202–203. Baier (wie Anm. 1), S. 88f. Vgl. zum Inhalt des Lehrplans auch Traugott Mayer: Kirche in der Schule. Evangelischer Religionsunterricht in Baden zwischen 1918 und 1945, Karlsruhe 1980, 100. Vgl. auch später Willy Hellpach, Das Erwachen der evangelischen Welt, in NZZ vom 3.7.1927, Nr. 1124, Bl. 8.
82 Dieser ersetzte den vom Landesgewerbeamt erlassene Lehrplan für die Handelsschulen vom 5.8.1909, Schulordnungsblatt 1909, S. 271. GLA Ka 235/36010, 235/36033, 235/36001, 235/36658.
83 Siehe Ziffer 2 des Erlasses des MdKuU vom 15.5.1924, No. D 1670. Der Lehrplan der Handelsfachschulen (Pflichtabteilung der Handelsschule). GLA Ka 235/36001.
84 Neue Stundenpläne bzw. Stundenplanänderungen, die sich aus den Abweichungen der neuen Lehrplanübersicht ergeben, waren bis spätestens 15. Juni des Jahres dem MdKuU vorzulegen, das ergab sich aus Erlass No. D. 2507 vom 6.3.1924, Ziffer 4. Gründe für eine solche Genehmigung waren akuter Lehrermangel oder mangelnde Befähigung der Lehrkräfte. GLA Ka 235/36001, 235/36010, 235/36658, 231/3247.
85 Erlass des MdKuU vom 15.5.1924, No. D 1670. GLA Ka 235/36001.
86 Willy Hellpach: Die Wesensgestalt der deutschen Schule, Leipzig 1925, Leipzig 1926, Vgl. Führ/Zier (Hrsg.): Hellpach-Memoiren (wie Anm. 14), S. 246.
87 GLA Ka 231/4159.
88 GLA Ka 231/4159. Entwurf eines Gesetzes über die Ausbildung der Volksschullehrer (Lehrerbildungsgesetz). Drucksache des Badischen Landtages No. 132. Beilage des Stenographischen Berichtes der Verhandlungen des Badischen Landtages vom 28.7.1925, 40. Sitzung, 1–5. Zur kritischen Haltung des Zentrums und der Erörterung des Entwurfs bei der Herbsttagung im Haushaltsausschuss, vgl. Der Volksfreund vom 26.9. und 28.9.1925 und der Badische Beobachter vom 24.9. und 7.1.1925. Zur Aus- u. Weiterbildung gab es Vorlesungen für Volksschullehrer, GLA Ka 235/4875.
89 Hellpach verkündete das Reichsgesetz über Grundschulen, das die Basis der Regelung bildete, im ABl. 1925, S. 98. Beschlossen wurde, dass die Schulzeit an der Grundschule grundsätzlich vier Klassenstufen umfassen solle. In begründeten Ausnahmefällen waren drei Jahre möglich, um an einer höheren Schule zugelassen zu werden. Das Reichsgesetz trat mit Wirkung vom 18.4.1925 in Kraft.
90 Vgl. Jutta Stehling: Weimarer Koalition und SPD in Baden. Ein Beitrag zur Partei- und Kulturpolitik in der Weimarer Republik, Frankfurt am Main 1983, S. 253–260.
91 Vgl. Amtliche Berichte vom 17. Mai 1923, 30. Sitzung, Sp. 1252–1300.
92 Vgl. Amtliche Berichte vom 5.8.1924, 37. und 38. Sitzung, Sp. 1955–2020, Sp. 2023–2085, sowie vom 6.8.1924, 39. und 40. Sitzung, Sp. 2087–2152, Sp. 2155–2230.
93 Vgl. Denkschrift des MdKuU vom 17.5.1923, 28 ff. Die Aufgaben der neuen pädagogischen Akademien sollten drei Bereiche umschließen: 1. Theoretische Unterweisung 2. Praktische didaktische und pädagogische Übungen in Schulklassen und 3. Lehrgänge. Besuch von Nach-

94 Vgl. besonders den ausführlichen Beitrag von Gertrud Bäumer: Das deutsche Schulwesen, wie es ist und sein soll, in Erkelenz (wie Anm. 14), S. 254–262.

barschulen, Besichtigung von besonderen Schuleinrichtungen und Anstalten. Drucksache des Badischen Landtages No. 132. Beilage des Stenographischen Berichtes in der Legislaturperiode II / 4 der 40. Sitzung des Badischen Landtages vom 28.7.1925.

95 Vgl. Amtliche Berichte vom 5.8.1924, 37. und 38. Sitzung, Sp. 1955–2020, Sp. 2023–2085 sowie vom 6.8.1924, 39. und 40. Sitzung, Sp. 2087–2152, Sp. 2155–2230. Vgl. auch Hellpachs Gedanken über die Tagespolitik hinaus, Willy Hellpach, Das Land Baden – Seine Entwicklung – Seine Zukunft, Berlin 1925.

96 Vgl. Amtliche Berichte vom 6.8.1924, 39. und 40. Sitzung, besonders Sp. 2099–2131, Sp. 2155–2230.

97 GLA Ka 231 / 4866, 231 / 4846, 231 / 4610, 231 / 4848, 231 / 5737, 231 / 4585.

98 Vgl. „Neujahrsempfang im Staatsministerium", in Karlsruher Zeitung vom 2.1.1925, Nr. 1, Bl. 1–2. Vgl. „Neujahrsrede des Staatspräsidenten Hellpach. Über die Zukunft der deutschen Demokratie. Magdeburg. Die Beamtendifferenz", in Frankfurter Zeitung vom 3.1.1925, Nr. 5, 3. GLA Ka 233 / 24311, 233 / 24316. GLA Ka NH 306. Willy Hellpach, Die Führungsaufgabe der akademischen Jugend, in Frankfurter Zeitung vom 1.8.1926, Nr. 565, 3. Willy Hellpach: Wirken in Wirren (wie Anm. 14), 198–211.

99 Amtliche Berichte vom 30.7.1925, 42. Sitzung, Sp. 1858.

100 Vgl. Amtliche Berichte (wie Anm. 99), Sp. 1847–1858. Auch Spätentwickler sollten eine geeignete Förderung erfahren. Willy Hellpach: Wirken in Wirren (wie Anm. 14), S. 211–216.

101 1925 feierte die TH Karlsruhe ihr einhundertjähriges Bestehen, GLA Ka 235 / 30523.

102 Vgl. Feder: Nach der Aufstellung der Kandidaten, in: Berliner Tageblatt vom 13.3.1925.

103 Vgl. Schreiben Hellpachs an das Badische Staatsministerium vom 11.10.1923. GLA Ka NH 455, GLA Ka 233 / 24700. Vgl. auch Willy Hellpach: Wirken in Wirren (wie Anm. 14), S. 198–211.

104 Vgl. Willy Hellpach: Wirken in Wirren (wie Anm. 14), S. 163–165.

105 GLA Ka 235 / 42705.

106 Vgl. Schreiben Beckers an Hellpach vom 9.12.1922 und vom 15.7.1923. GLA Ka NH 259.

107 GLA Ka NH 454. Die Assistenten waren beunruhigt über die Befristung ihrer Verträge auf zwei Jahre, vgl. die Debatte im Landtag, in der Dr. Schwoerer für Hellpach die Bedenken beschwichtigte: Amtliche Berichte über die Verhandlungen des Badischen Landtags vom 20. Juli 1923, 46. Sitzung, Sp. 2125–2176.

108 Schreiben des MdKuU vom 4.12.1923. GLA Ka 235 / 3861, 235 / 4580, 235 / 4585, 235 / 8123. GLA Ka NH 260.

109 Vgl. Michael Kißener: Zwischen Diktatur und Demokratie, Konstanz 2003, passim.

110 Vgl. Amtliche Berichte vom 23. März 1923, 21. Sitzung, Sp. 765–818.

111 GLA Ka 231 / 10956.

112 GLA Ka 231 / 10657. Monika Pohl: Ludwig Marum – ein jüdischer Politiker in Baden, in Stadtarchiv Karlsruhe, Ludwig Marum. Biographische Skizzen, Karlsruhe 1994, S. 36–68.

113 GLA Ka 231 / 7199, 231 / 9179.

114 Amtliche Berichte vom 23. März 1923, 21. Sitzung, Sp. 800–804. Zum juristischen Nachspiel bzw. der Amnestie, vgl. Amtliche Berichte vom 12. April 1923, 24. Sitzung, Sp. 925–964.

115 Vgl. 95. Sitzung des Vorstands vom 26.6.1922, in: Linksliberalismus (wie Anm. 35), S. 256–259.

116 Amtliche Berichte vom 23. März 1923, 21. Sitzung, Sp. 804–805.

117 Ebd., 813. Zu weiteren Äußerungen von Hochschulpersonal mit weniger weitreichenden Folgen, GLA Ka 231 / 8036.

118 GLA Ka 233 / 24953.

119 GLA Ka 233 / 24936-37.

120 Philipp Lenard (1862–1947). Prof. Harries, C. F. von Siemens, PD Glaser und Prof. Boll traten für Lenard ein, in dem sie an den Minister Hellpach schrieben. GLA Ka 235 / 3314. GLA Ka NH 259–260, 458. UA HD Philipp Lenard PA 4800–4803. Schreiben Hellpachs an Lenard vom 19.6.1923. GLA Ka NH 260. Zum juristischen Nachspiel, vgl. Amtliche Berichte vom 12. April 1923, 24. Sitzung, Sp. 925–964.

121 Peter Grupp: Matthias Erzberger (1872–1921), in Fröhlich (wie Anm. 27), S. 164–174.

122 Vgl. Drei Leitgedanken der Weimarer Verfassung, in: Recht und Staat 26, 1923, als Sonderdruck: Ders.: Drei Leitgedanken der Weimarer Reichsverfassung, gehalten an der Jahresfeier der Uni-

versität Heidelberg am 22.11.1922, Tübingen 1923. Vgl. Gerhard Anschütz: Die Verfassung des Deutschen Reichs vom 11. August 1919, 14. Aufl., Berlin 1933, ND Aalen 1987. Vgl. Adolf Laufs: Gustav Radbruch (1878–1949), in Semper Apertus, Bd. III, Heidelberg 1985, S. 148–166. Ernst-Wolfgang Böckenförde: Gerhard Anschütz (1867–1948), in Ebd., S. 167–185. Walter Pauly: Gerhard Anschütz, in M. Stolleis, Juristen. Ein biographisches Lexikon, München 1995, S. 36–37.
123 Vgl. Gerhard Anschütz: Aus meinem Leben, Frankfurt a.M. 1993.
124 So wurden z.B. von der SPD im Landtag Vorwürfe geäußert, dass die Aufklärung der ‚Fälle' unterschiedlich gehandhabt werde, vgl. Amtliche Berichte vom 5.8.1924, 37. und 38. Sitzung, Sp. 1955–2020, Sp. 2023–2085 sowie vom 6.8.1924, 39. und 40. Sitzung, Sp. 2087–2152, Sp. 2155–2230.
125 GLA Ka NH 259–260, 458. UA HD Philipp Lenard PA 4800–4803. Zum juristischen Nachspiel, vgl. Amtliche Berichte vom 12. April 1923, 24. Sitzung, Sp. 925–964. Willy Hellpach: Wirken in Wirren (wie Anm. 14), S. 169–171.
126 GLA Ka 231/4851, 231/4109, 231/7503. Amtliche Berichte (wie Anm. 125) vom 5.8.1924, Sp. 1955–2020, Sp. 2023–2085 sowie vom 6.8.1924, Sp. 2087–2152, Sp. 2155–2230. GLA Ka 235/1890–1895. UA HD Emil Gumbel PA 4007, B-1266/1. Die Antwort der badischen Regierung auf die Anfrage erfolgte in der 39. Sitzung des Badischen Landtags vom 29.4.1931, Sp. 2038–39. Vgl. allgemein zu Gumbel und Heidelberg, Hans Georg Zier: Politische Geschichte von 1918 bis 1933, in: Badische Geschichte. Vom Großherzogtum bis zur Gegenwart, Stuttgart 1987, S. 143–167. Ausführlich abgedruckt sind Gumbels Texte auch bei Christian Jansen: Emil Julius Gumbel. Portrait eines Zivilisten, Heidelberg 1991, zur Universität besonders S. 114–161. Vgl. zur Würdigung durch die Universität, Peter Ulmer: Emil Julius Gumbel (1871–1966). Akademische Gedächtnisfeier anlässlich des 100. Geburtstages, Heidelberg 1993, S. 1–59. Vgl. jüngst mit ausführlicher Literatur, Arthur David Brenner: Emil J. Gumbel, Weimar German pacifist and professor, Bosten/Leiden 2001, Literatur S. 199–220.
127 Emil Julius Gumbel: Verschwörer. Beiträge zur Geschichte und Soziologie der deutschen nationalistischen Geheimbünde seit 1918, Wien 1924. Ders: Zwei Jahre politischer Mord, Berlin 1921. Ders: Vier Jahre politischer Mord, Berlin 1922.
128 GLA Ka 235/1890–1895. GLA Ka 231/4851, 231/4109, 231/7503. UA HD Emil Gumbel PA 4007, B-1266/1.
129 Vgl. Amtliche Berichte (wie Anm. 125) vom 6.8.1924, Sp. 2099–2131, Sp. 2155–2230. GLA Ka 231/4851, 231/4109, 231/7503.
130 Vgl. Dolf Sternberger: Karl Jaspers (1883–1969), in Semper Apertus, Bd. III, Heidelberg 1985, S. 285–298. GLA Ka 235/4944.
131 GLA Ka 235/1893–1895. UA HD Emil Gumbel B-1266/1.
132 Vgl. Reinhard Neumann/Gisbert Freiherr zu Putlitz: Philipp Lenard (1862–1947), in Semper Apertus, Band III, Heidelberg 1986, S. 376–405. Jansen: Professoren und Politik, Göttingen 1992, S. 66–69, 147–149.
133 GLA Ka 235/1893–1895. UA HD B-1266/1. Vgl. Jansen: Emil Julius Gumbel, Heidelberg 1991, passim. Ders., Professoren und Politik, Göttingen 1992, S. 189–194. Vgl. Walter Berschin/Arnold Rothe: Ernst Robert Curtius. Werk, Wirkung, Zukunftsperspektive, Heidelberg 1989, 63–65, 71–72. Wolgast: Das zwanzigste Jahrhundert, in Semper Apertus, Bd. III, Heidelberg 1985, S. 7–9. Zu Alfred Weber in Heidelberg zwischen 1920 und 1933: Demm (wie Anm. 24), S. 1–137.
134 Vgl. Amtliche Berichte (wie Anm. 125) vom 6.8.1924, Sp. 2099–2131, Sp. 2155–2230. Dieses Thema war in der Weimarer Republik Gegenstand auch der juristischen Diskussion, vgl. Gerhard Anschütz/Karl Glockner: Die politische Betätigung der Beamten. Zwei Rechtsgutachten, Bühl 1931, passim.
135 GLA Ka 235/1890–1895. UA HD Emil Gumbel PA 4007, B-1266/1.
136 Vgl. dazu Max Weber: Zur Psychophysik der industriellen Arbeit, in Max Weber Gesamtausgabe, Abt. I, Band 11, Tübingen 1995, S. 162–380. Marianne Weber: Max Weber. Ein Lebensbild, Tübingen 1926, S. 345. Vgl. Apitzsch: Hellpach spricht. Zweiter Vortragsabend der „Neuen Leipziger Zeitung", in Neue Leipziger Zeitung vom 29.2.1931, S. 3. GLA Ka NH 80. Webers Verbindung zur Psychologie, vgl. Sabine Frommer: Naturalismus und Naturalismuskritik. Emil Kraepelins Arbeitspsychologie und ihre Rezeption durch Max Weber, in: Kultur und Kulturwissenschaften um 1900, hrsg. v. G. Hübinger/R. v. Bruch/F.W. Graf, Bd. 2, Stuttgart 1997, S. 190–206. Dies./Jörg Frommer: Der Begriff des psychologischen Verstehens bei Max Weber,

in Psychologie und Geschichte 2, 1, 1990, S. 37–44. Vgl. auch Klüpfel/Graumann: Ein Institut entsteht, Heidelberg 1986, Kapitel II b (9).
137 GLA Ka 233/26758. Vgl. auch Kurt Sontheimer: Die Haltung der deutschen Universitäten zur Weimarer Republik, in Universitätstage 1966, Berlin 1966, S. 24–42. Frank Engehausen, Die Reichsgründungsfeiern an der Universität Heidelberg 1921–1933, in A. Kohnle, F. Engehausen, Zwischen Wissenschaft und Politik. Studien zur deutschen Universitätsgeschichte. Festschrift für Eike Wolgast zum 65. Geburtstag, Stuttgart 2001, S. 521–539.
138 UA Freiburg i.Br. PA B 24/2314, PA B 24/2315, B 110/333, B17/602. GLA Ka NH 260. GLA Ka 237/47243, 233/24924. Die Affäre machte Stellungnahmen des Kultusministeriums notwendig, vgl. Amtliche Berichte vom 5.2.1925, 14. Sitzung, Sp. 582–583, sowie vom 19.3.1925, 25. Sitzung, Sp. 980 und vom 2.4.1925, 31. Sitzung, Sp. 1222–1224.
139 Walter Mühlhausen: Friedrich Ebert (1871–1925), in Fröhlich (wie Anm. 27), S. 139–152. Möller: Die Weimarer Republik, München 2004, S. 11–59.
140 UA Freiburg i.Br. PA B 24/2314, PA B 24/2315, B 110/333, B17/602. GLA Ka NH 260. GLA Ka 237/47243, 233/24924. Vgl. Willy Hellpach: Wirken in Wirren (wie Anm. 14), S. 173–178, 386–387. „Universitätsdebatte im Haushaltsausschuß des Landtags", Freiburger Tagespost vom 24.1.1925. „Das Disziplinarverfahren gegen Frh. Marschall v. Bieberstein", Breisgauer Zeitung vom 26.1.1925. „Der Zwischenfall bei der Freiburger Reichsgründungsfeier", Karlsruher Tageblatt vom 8.2.1925. Vgl. außerdem Amtliche Berichte vom 5.2.1925, 14. Sitzung, Sp. 582–583, vom 19.3.1925, 25. Sitzung, Sp. 980 und vom 2.4.1925, 31. Sitzung, Sp. 1222–1224. Fritz Frhr. Marschall von Bieberstein: Vom Kampfe des Rechtes gegen die Gesetze. Akademische Rede zum Gedächtnis der Reichsgründung, gehalten am 17. Januar 1925 in der Aula der Albert-Ludwigs-Universität, Stuttgart 1927, S. 95–96.
141 Hellpach wurde aber auch von der politischen Rechten attackiert, vgl. „Unhaltbare Zustände in Baden. Der badische Kultusminister Hellpach eine Gefahr für die Hochschulen", Deutsche Hochschulzeitung vom 13.6.1925, Nr. 17, 1. GLA Ka 235/6135.
142 GLA Ka 233/27719, 233/27717.
143 GLA Ka 233/24061.
144 GLA Ka 233/24061.
145 Amtliche Berichte vom 30.7.1925, 42. Sitzung, Sp. 1847–1858.
146 Oswald Spengler: Der Untergang des Abendlandes. Umrisse einer Morphologie der Weltgeschichte, 2 Bde., Wien/Leipzig 1918, München 1922. Zu Spengler, Hans-Christof Kraus: Oswald Spengler (1880–1936), in Fröhlich (wie Anm. 27), S. 233–243.
147 Amtliche Berichte vom 30.7.1925, 42. Sitzung, Sp. 1847–1858.
148 Vgl. Amtliche Berichte vom 31.7.1925, 43. Sitzung, Sp. 1886–1891.
149 Vgl. Amtliche Berichte vom 30.7.1925, 42. Sitzung, Sp. 1862–1870 und vom 31.7.1925, 43. Sitzung, Sp. 1900–1905, 1922–1927.
150 GLA Ka 231/10957.
151 GLA Ka NH 79, 306. „Schwoerers Weg zur Notgemeinschaft", in Voss. Ztg. vom 6.8.1928. Vgl. W. Hellpach: Sinn der Weihnachtskrise, NZZ vom 25.12.1929, Nr. 2560, Bl. 1.
152 Führ/Zier (Hg.): Hellpach-Memoiren (wie Anm. 14), S. 13. WH, Deutsche Politisierung, in: Neue Rundschau 37, 2, 1926, S. 337–350.
153 UA HD PA 4150. Willy Hellpach: Erscheinung und Entstehung des Volkstums (1926), in ders.: Prägung (wie Anm. 14), S. 176–197.
154 Vgl. „Hellpach redet über alles, über alles in der Welt ...", in Heidelberger Beobachter vom 7.2.1931, Nr. 11.
155 Führ/Zier (Hg.): Hellpach-Memoiren (wie Anm. 14), S. 218–219.
156 Kaune: Willy Hellpach (wie Anm. 2), S. 131–176, 243–280, 309–354.

Hans-Martin Mumm

Max Karl Prinz zu Hohenlohe-Langenburg
Zur Biografie eines der Opfer der nationalsozialistischen Justiz
auf dem Heidelberger Bergfriedhof

Seit 1950 gibt es auf dem Heidelberger Bergfriedhof ein Ehrengrab für dort bestattete 27 Personen, die Opfer der nationalsozialistischen Gewaltherrschaft geworden waren. Ein damals gestalteter Gedenkstein war allerdings anonym formuliert: „Den hier ruhenden Opfern der nationalsozialistischen Justiz zum ehrenden Gedenken". Nur wer die Akten kannte, wusste, dass hier auch die Asche von Max Karl Prinz zu Hohenlohe-

Abb. 1 und 2:
Gedenkstätte für die Opfer der Nationalsozialistischen Verfolgung auf dem Heidelberger Bergfriedhof.

Langenburg ruhte, ein Name, mit dessen Leben und Schicksal in Heidelberg niemand etwas verband. 1968 wurden auf einer ergänzenden Namenstafel die Namen von sieben hingerichteten französischen Widerstandskämpfern genannt, und seit 2001 gibt es eine ergänzende Tafel mit den weiteren bislang nicht genannten Namen von zwei Frauen und 18 Männern. Eine Stele aus schwarzem Granit, nach einem Wettbewerb der Stadt Heidelberg von dem Bildhauer Günter Braun aus Eppelheim gearbeitet, gibt dem Ehrengrab nun die künstlerisch gestaltete Form einer Gedenkstätte. Zeitgleich wurde versucht, die Schicksale der dort begrabenen Widerstandskämpfer aufzuklären.[1]

Nun hat Jürgen Walter in einem biografischen Aufsatz im Jahrbuch des Historischen Vereins für Württembergisch Franken das Leben des Widerstandskämpfers Prinz Hohenlohe-Langenburg nach eingehenden Recherchen gewürdigt.[2] Diesem Beitrag ist freilich Hohenlohes Schicksal nach seiner Hinrichtung nicht bekannt. Der Inhalt von Walters Aufsatz soll hier knapp referiert werden.

Max Karl Prinz zu Hohenlohe-Langenburg wurde am 21. Juli 1901 in Toblach in Tirol geboren. Er entstammte einer Seitenlinie der Hohenlohe. Nach gymnasialer Ausbildung ohne Abschluss studierte er in München ab 1920 Malerei, ebenfalls ohne Abschluss. Eine Haftstrafe von 1924 wegen Verstoßes gegen §175 spielte bei seinem Todesurteil eine verhängnisvolle Rolle. Nach einer Erbschaft unternahm er weite Reisen, die er auch journalistisch nutzte. Immer wieder kam er dabei auch nach Berlin, wo er in den wichtigen literarischen Kreisen verkehrte.

1932 ging er in Paris eine „Scheinheirat" mit Georgina Pazquero ein, die jedoch die Zusagen über eine finanzielle Beteiligung an seinen journalistischen Unternehmungen nicht einhielt.[3] Im März 1933 war Hohenlohe wieder in Berlin, suchte gar Kontakt zu SA-Führer Röhm, kehrte dann aber nach Paris zurück. Wichtigste Quelle für diese Zeit sind die Tagebücher Thea Sternheims.[4] Seine Beteiligung an verschiedenen literarischen Unternehmungen gegen die nationalsozialistische Herrschaft in Deutschland führten 1934 zum Entzug der deutschen Staatsangehörigkeit. In seiner Haltung gegenüber dem Nationalsozialismus unterschätzte er die tödliche Bedeutung des Antisemitismus und blieb dem Bild eines „vehementen und mutigen Einzelkämpfers" verhaftet.

Hohenlohes Aufenthalt in Paris war nicht gesichert; 1935 musste er Frankreich verlassen. 1936 nach Paris zurückgekehrt, trat er nun entschieden gegen Hitler-Deutschland auf. Noch vor der Besetzung Frankreichs versuchte er, sich in die Fremdenlegion nach Nordafrika zu retten, wurde aber dann doch interniert. Mitte 1941 kehrte Hohenlohe nach Deutschland zurück, ohne zu ahnen, was auf ihn zukommen würde. Nach Durchlauf durch verschiedene Gefängnisse und Lager wurde er zwischen Januar und April 1942 verhört. Eine Chance auf Freispruch gegen die drohende Anklage gab es schon deshalb nicht, weil von vornherein fest stand, dass er vom Volksgerichtshof zum Tod verurteilt werden würde.

Die weitere Geschichte verlief dann so, wie vor drei Jahren geschildert: Todesurteil am 12. Dezember 1942 in Berlin und Hinrichtung am 27. Juli 1943 in Stuttgart. Zusammen mit ihm wurde am selben Tag der polnische Arbeiter Georg Jaskowski geköpft, der versucht hatte, sich der rechtswidrigen Einberufung zur deutschen Armee durch Flucht in die Schweiz zu entziehen. Beide liegen nun auf dem Heidelberger Bergfriedhof, und ihnen gebührt ein ehrende Angedenken.

Anmerkungen

1   Dieter Fehrentz, Hans-Martin Mumm: Das Mahnmal für die Opfer der nationalsozialistischen Justiz auf dem Bergfriedhof, HJG 7, 2002, S. 271–291, zu Hohenlohe S. 283–285. Unserem Beitrag lagen keine sehr genauen Kenntnisse zu Hohenlohes Biografie zugrunde; auch eine Anfrage beim Hohenlohe-Zentralarchiv hatte nicht zu wirklich verwertbaren Erkenntnissen geführt. Dank dem Schriftentausch, den der Historische Verein für Württembergisch Franken und der Heidelberger Geschichtsverein seit mehreren Jahren pflegen, lassen sich die wechselseitigen Lücken hiermit schließen, siehe Hans-Martin Mumm: Das Grab von Max Karl Prinz zu Hohenlohe-Langenburg auf dem Heidelberger Bergfriedhof, Württembergisch Franken 89, 2005, in Vorbereitung.
2   Jürgen Walter: Max Karl Prinz zu Hohenlohe-Langenburg, die deutsch-jüdische Emigration in Paris und das Dritte Reich, Württembergisch Franken 88, 2004, S. 207-230.
3   Ebd., S. 212.
4   Thea Sternheim: Tagebücher 1903–1971, hg. von Th. Ehrsam, R. Wyss; Bd. 2, 3, Göttingen 2002.

 Heidelberger Dienste gGmbH

Soziale Dienstleistungen für langzeitarbeitslose Menschen, z.B.

■ **AZUBI-FONDS**
Zusätzliche Ausbildungsplätze für motivierte junge Menschen in enger Kooperation mit Stadt, Handwerk und gewerblicher Wirtschaft.

■ **FrauenPlus**
Beratung, Coaching und Vermittlung für Frauen in verschiedenen Lebenssituationen.

■ **Personalservice**
Berufliches Training und Personalentwicklung für ältere Arbeitnehmer/innen.

**Perspektiven für Menschen! –
Heidelberger Dienste gGmbH**

 Arbeit

 Ausbildung

 neue Chancen

HDD • Bergheimer Straße 26 • 69115 Heidelberg • info@hddienste.de • Telefon: 0 62 21 . 14 100

Pierre Mignard, Entführung der Europa –
Madame de Montespan mit ihren Kindern,
um 1675

Lust auf Museum?

Wir bieten nicht nur „Kurpfälzisches", sondern auch …

**Kurpfälzisches Museum
der Stadt Heidelberg**
Hauptstraße 97
69117 Heidelberg
Tel.: 0 62 21-58 34 000/020
Fax: 0 62 21-58 34 900
kurpfaelzischesmuseum@
heidelberg.de

Kassenöffnungszeiten:
Di - So 10 - 18 Uhr
Mo geschlossen

- Von Spitzweg bis Slevogt – Malerei des 19. und 20. Jh.
- Gemälde und Skulpturen 15. – 18. Jh., darunter den „Zwölfbotenaltar" von Tilman Riemenschneider
- Mehr als 20.000 Aquarelle und Zeichnungen der Graphischen Sammlung
- Archäologische Funde von der Ur- und Frühgeschichte bis zur Römerzeit
- Kostbare Exponate aus den Bereichen Stadtgeschichte und Kurpfalz
- Kostümsammlung, historische Möbel und Frankenthaler Porzellan im barocken Ambiente des Palais Morass

Renate Ludwig, Einhard Kemmet

Funde und Ausgrabungen in und um Heidelberg 2003–2004

Im Berichtszeitraum wurden von der Archäologischen Abteilung am Kurpfälzischen Museum insgesamt 58 Bauvorhaben denkmalpflegerisch betreut. Davon erbrachten 32 Baustellenbeobachtungen keinen archäologischen Befund.

Römische Zeit

Heidelberg-Neuenheim, Gerhart-Hauptmann-Straße 18–20. Archäologische Baubeobachtung März 2003

Die Kanalisationsarbeiten im Straßenkörper wurden im Bereich der Nordmauer des römischen Steinkastells vorgenommen. In Höhe der Grundstücke Nr. 18–20 wurde festgestellt, dass die Kastellmauer bereits durch frühere Baumaßnahmen zerstört worden war. Allerdings hat man den antiken Mauerschutt an Ort und Stelle wieder zur Verfüllung verwendet.

Heidelberg-Neuenheim, Im Neuenheimer Feld 267. Archäologische Baubeobachtung Mai/Juni 2004

Im Zuge der Erdarbeiten für einen Versorgungsgraben anlässlich des Neubaus Bioquant der Universität Heidelberg wurde die Römerstraße zwischen Ladenburg und

Abb. 1:
Heidelberg-Neuenheim, Im Neuenheimer Feld 267. Zwei Bauarbeiter an der Fundstelle (Kurpfälzisches Museum, E. Kemmet)

Neuenheim erneut aufgedeckt. Die Fundsteile liegt am Nordrand des ehemaligen römischen Gräberfeldes. Unter dem nördlichen der zwei sich gegenüberliegenden Straßenschnitte entdeckten' Bauarbeiter mittig unter der Straße, knapp 1 m unterhalb des Pflasters, drei Tongefäße, die in die 2. Hälfte des 2. Jahrhunderts n. Chr. datieren (Abb. 1). Über die Motive der ungewöhnlichen Platzwahl unter der Straße kann nur spekuliert werden.

Siehe ausführlicher Bericht: C. Berszin, A. Hensen, E. Stephan, J. Wahl: Eine ungewöhnliche Deponierung unter der Römerstraße von Heidelberg-Neuenheim nach Ladenburg, Rhein-Neckar-Kreis, Archäologische Ausgrabungen in Baden-Württemberg 2004, (2005), S.176–179.

Heidelberg-Wieblingen, Mittelgewannweg 10. Archäologische Untersuchung August 2003

Bei Aushubarbeiten zum Bau eines neuen Büro- und Lagergebäudes wurden acht Siedlungsgruben angeschnitten, die z.T. durch die schon weit fortgeschrittenen Aushubarbeiten stark gestört waren. Zu den besterhaltenden Befunden gehört ein Nord-

Abb. 2:
Heidelberg-Wieblingen, Mittelgewannweg 10. Pfostenlöcher eines Grubenhauses (Kurpfälzisches Museum, E. Kemmet)

Süd orientiertes Grubenhaus mit 3,20 m Breite und eine erhaltenen Länge von noch 5 m. Drei der ursprünglich sechs Eck- bzw. Firstpfosten konnten dokumentiert werden (Abb. 2). Nach Aussage des Fundmaterials gehören die Strukturen zu einer bislang unbekannten Siedlung, die um 100 n. Chr. nahe dem Alt-Neckar bestand. Topografische Lage, Bauweise und Datierung sprechen für einen neckarsuebischen Zusammenhang.

Alamannisch - Fränkische Zeit

Heidelberg - Handschuhsheim, In den Pfädelsäckern 5. Archäologische Untersuchung Mai 2003

Bei Kanalbauarbeiten wurden Reste einer Bestattung entdeckt, die aber schon bei früheren Bodeneingriffen teilweise zerstört worden war. Das beigabenlose Skelett liegt am westlichen Rand des frühmittelalterlichen Friedhofs „Pfädelsäcker", dem zweiten in Handschuhsheim bekannt gewordenen merowingischen Bestattungsplatz. Dieser wurde bislang nur im Bereich der bebauten Flächen ausgegraben. Weitere Bestattungen sind noch im Boden der Gärten des ca. 80 x 220 m großen Gesamtareals zwischen Zeppelinstraße und In den Pfädelsäckern, Angelweg und Berliner Straße zu vermuten.

Mittelalter

Heidelberg-Bergheim, In Höhe Vangerowstraße 11/Ecke Kirchstraße. Archäologische Baubeobachtung Oktober/November 2003

Beim Austausch von Fernwärmeleitungen wurden in den Baugrubenwänden Skelette beobachtet, die bereits durch den Einbau der alten Rohre i.J. 1951 mehr oder weniger stark gestört worden waren. Es handelt sich um Bestattungen des gleichen Gräberfeldes, das man 1980 beim Bau des Spielplatzes der Kindertagesstätte in der Vangerowstraße 11 entdeckte. Die dort gefundenen Skelette und Beigaben datieren den Friedhof in die Karolingerzeit.

Heidelberg-Handschuhsheim, Grahamstraße 17. Fundmeldung September 2003

Frau M. Schmitt machte auf ein Säulenkapitell aufmerksam, das seit den 50er Jahren des letzten Jahrhunderts in ihrem Garten lag und aus der Michaelsbasilika auf dem Heiligenberg stammen soll.
   Siehe ausführlicher Bericht: E. Kemmet, Ein romanisches Würfelkapitell und ein gotisches Maßwerkfenster von St. Michael auf dem Heiligenberg. Jb. Stadtteilverein Handschuhsheim 2004, S. 12–13.

Neuzeit

Heidelberg-Altstadt, Friedrich-Ebert-Anlage, östlich von Flst. Nr. 913/1. Archäologische Untersuchung Mai bis August 2003

Bei Kanalbauarbeiten wurde in Höhe der Peterskirche die südliche Stadtmauer zweimal auf ca. 1,20 m Breite angeschnitten. Die Sohle lag 3,50 m, die Maueroberkante 1,15 m unter heutiger Oberfläche (Abb. 3). Das an dieser Stelle vom Bagger durchtrennte Mauerstück ist Teil eines Querriegels am östlichen Ende der südlichen Stadtmauer. Dieser Querriegel wurde an seinem südlichen Ende vom Kuhtor abgeschlossen.

Heidelberg-Altstadt, Kanzleigasse 1. Archäologische Untersuchung Mai bis August 2003

Anlässlich der Renovierung der Kindertagesstätte konnten an der Süd- und Ostseite sieben Befunde beobachtet und dokumentiert werden, die wohl in Zusammenhang mit der an dieser Stelle befindlichen Kanzlei stehen (Abb. 4). Darunter ein vollständig erfasster Keller (Bef. Nr. 5) und zwei Gewölbeansätze (Bef. Nr. 6 und 7), die nicht im Verband mit einer Ost-West verlaufenden Mauer stehen.

Abb. 3:
Heidelberg-Altstadt, Friedrich-Ebert-Anlage, östlich von Flst. Nr. 913/1. Die Reste der südlichen Stadtmauer in der Baugrubenwand (Kurpfälzisches Museum, E. Kemmet)

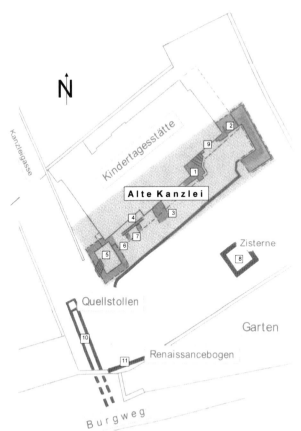

Abb. 4:
Heidelberg-Altstadt, Kanzleigasse 1. Plan der Kindertagesstätte mit den eingetragenen archäologischen Befunden 1–7 (Kurpfälzisches Museum, E. Kemmet)

Heidelberg-Altstadt, Obere Neckarstraße 19–21. Archäologische Ausgrabung Juni 2002 bis Mai 2003

Siehe ausführlicher Bericht: M. Benner, F. Damminger, A. Wendt: Archäologie und Bauforschung in der Heidelberger Mönchmühle, Archäologische Ausgrabungen in Baden-Württemberg 2003, (2004), S. 206ff.

Heidelberg-Altstadt, Grabengasse 7. Archäologische Ausgrabung September 2003 bis März 2004

Siehe ausführlicher Bericht: M. Benner, F. Damminger: Zwischen Suburbium und Altstadt. Archäologische Untersuchungen in der Grabengasse 7, Heidelberg, Archäologische Ausgrabungen in Baden-Württemberg 2004, (2005) S.232–236.

Bitte melden Sie archäologische Funde und Beobachtungen! Sie helfen damit, unersetzbare Zeugnisse der Vor- und Frühgeschichte des Heidelberger Raumes vor ihrer undokumentierten Zerstörung zu bewahren. Auskünfte und Beratung erteilen:
Kurpfälzisches Museum der Stadt Heidelberg, Archäologische Abteilung, Schiffgasse 10, 69117 Heidelberg, Tel. 06221 / 58-34180, Fax 06221 / 58-49420
Regierungspräsidium Karlsruhe, Fachbereich Archäologische Denkmalpflege, Moltkestraße 74, 76133 Karlsruhe, Tel. 0721 / 926 4850.

KURPFÄLZISCHER VERLAG HEIDELBERG

10 Jahre
> HEIDELBERG - Jahrbuch zur Geschichte der Stadt <

herausgegeben vom Heidelberger Geschichtsverein   Ladenpreis 18,- Euro.
Mitglieder des Vereins erhalten das Jahrbuch als Jahresgabe

Kurpfälzischer Verlag – Dr. Hermann Lehmann – Dreikönigstraße 10 – 69117 Heidelberg
T: 06221-20503   F: 06221-28695   eMail: kurpfaelzischer.Verlag@t-online.de

Stefan Weber: Das Leben des Eberhard von Kumbd. Heidelbergs Anfänge und weibliche Frömmigkeit am Mittelrhein. Neuedition, Übersetzung, Kommentar (Heidelberger Veröffentlichungen zur Landesgeschichte und Landeskunde 11), 309 S., Universitätsverlag Winter, Heidelberg, 2004, 42,00 Euro

Die beiden Themen des Untertitels und das Presse-Echo zu Beginn des Jahres 2005 wecken Neugier und Interesse an dieser biographischen Neuerscheinung. Eberhard wurde 1165 als Sohn des Ministerialen Wolfram in Bacharach am Rhein geboren. Im Alter von etwa 15 Jahren wurde er als Gefährte der Pfalzgrafenkinder am Hof des Pfalzgrafen Konrad von Staufen aufgenommen; er hielt sich abwechselnd auf der Burg Stahleck über Bacharach und der Burg Heidelberg auf. In der Regierungszeit dieses bedeutenden Pfalzgrafen kristallisierten sich Bacharach, Alzey, Neustadt und Heidelberg als territoriale Kerne der Pfalzgrafschaft heraus. Eberhards Wunsch, als Mönch in das Zisterzienserkloster Schönau einzutreten, wurde vom dortigen Abt abgelehnt: Eberhard sei zu jung, ihm fehle die notwendige Bildung, weder seine Eltern noch der Pfalzgraf würden dazu die Erlaubnis geben. Die Aufnahme als Laienbruder lehnte Eberhard aus religiöser Überzeugung ab.

In dieser Zeit häuften sich bei Eberhard Visionen, Wundererscheinungen, Translokationen, Weissagungen, ekstatische Anfälle und Krankheiten. Seine Vita spricht von excessus mentis (Geistesverzückung) und spiritus fortitudinis (Geist der Stärke). Der religiöse Wille Eberhards war stark genug, die gesundheitlichen Probleme zu meistern. Mit Unterstützung des Pfalzgrafen und einer heimischen Adelsfamilie gründete er im Jahre 1183 im Hunsrück das zisterziensische Frauenkloster Kumbd, von dem sich sein späterer Beiname ableitet. Das Kloster diente in der Folgezeit auch zur Versorgung weiblicher Familienangehöriger. Schon 1191 im Alter von 26 Jahren starb Eberhard; seine Zeitgenossen verehrten ihn wie einen Heiligen. Die Biographie wurde rund drei Jahrzehnte nach seinem Tod (um 1230) verfasst.

Wer in Webers Buch freilich eine spannende Verbindung von Biographie, Religions- und Territorialgeschichte erwartet, sieht sich enttäuscht. In der überarbeiteten Fassung seiner Magisterarbeit bietet der Verfasser eine Neuedition und Übersetzung der Vita Eberhards (die letzte erschien 1962) sowie einen ausführlichen Kommentar. Mit philosophisch-historischer Genauigkeit und Zuverlässigkeit überprüft er die Textvarianten und erarbeitet eine Übersetzung in Nähe zum lateinischen Original. Der Kommentar enthält neben Texterläuterungen viele zusätzliche Informationen, orientiert sich aber strikt an der Kapitelabfolge, was die Lesbarkeit als fortlaufenden Text nicht fördert. Wie von einer guten Textedition zu erwarten, fehlen die Überlieferungsgeschichte, Zitat-, Wort- und Namensverzeichnis nicht.

Über mittelalterliche Volksfrömmigkeit erfährt man viel, nicht nur über „weibliche Frömmigkeit". Und wie steht es mit neuen Erkenntnissen zur Geschichte der Heidelberger Stadtgründung? Dass um 1180 bereits vor der ersten urkundlichen Erwähnung Heidelbergs (1196) eine Burg auf der Molkenkur und ein Burgweiler um die Peterskirche bestanden, ist seit den historischen Forschungen von M. Schaab und den archäologischen Analysen von M. Benner und A. Wendt unbestritten. Die erhellenden Aufsätze der letztgenannten in den ersten Jahrgängen dieses Jahrbuchs sucht man im Literaturverzeichnis vergebens.

Die Vita des Eberhard von Kumbd führt uns in anschaulicher Weise die Religiosität eines jungen Adligen und die Wirkung auf seine Umwelt vor Augen. Dass der Text in dieser sorgfältigen Neuedition vorliegt, ist als Gewinn für die Regional- und Mentalitätsgeschichte zu betrachten.

Reinhard Riese

Werner Moritz (Hrg.): Eine neue Gründungsurkunde für die Universität Heidelberg. Archiv und Museum der Universität Heidelberg, Schiften, Nr. 8. Heidelberg et al. 2005. 58 S, zahlr. Abb., mit einem Farbdruck der Replik im hinteren Umschlag, 9,90 Euro

Man mag dazu stehen, wie man will: Fälschung, Replik, anchronistisches Duplikat oder verdienstvoller Denkmalschutz - den im Umgang mit historischen Hinterlassenschaften und Denkmälern bewanderten Rezensenten beschleicht zunächst einmal Unbehagen.

Eine rechtlich sehr bedeutsame Urkunde aus dem Jahre 1386, deren Auswirkungen bis in die Gegenwart und sehr wahrscheinlich noch weit darüber hinaus gelten, ist durch wider besseres Wissen jahrzehntelange unsachgemäße Präsentation im Sonnen - und Tageslicht nahezu bis zur Unleserlichkeit verblaßt. Zwar sind zuvor kompetente Abschriften und Transkriptionen angefertigt worden, das Original jedoch ist in seiner diplomatischen und paläographischen Ureigenschaft verloren.

Dank aktueller Technik, von wenigen Spezialisten beherrschter alter Handwerkstechnik, deren einfühlsame Anwendung und einer gehörigen Portion historisch-hilfswissenschaftlicher Kenntnisse konnte es jedoch gelingen, eine der scheinbar eidetisch verlorenen Gründungsurkunden der Universität Heidelberg zu rekonstruieren und originalgetreu wiederherzustellen.

Über den gesamten Vorgang liegt eine ausführliche Dokumentation des Archivs der Universität Heidelberg vor.

Jürgen Miethke schildert einleitend den Kontext der Urkunde im Rahmen der Heidelberger Universitätsgründung.

Reinhard Düchting lieferte eine Transkription nach neuesten paläographischen Standards und eine behutsame, sorgfältig kommentierte Übersetzung, die beide punktuell von den überkommenen abweichen, jedoch zukünftig als Norm anerkannt werden müssen.

Eine außerordentlich gründliche und umfassende Untersuchung der neueren Überlieferungsgeschichte und der Diplomatik der Urkunde ist Joachim Dahlhaus zu verdanken. Spannend ist darin die Entdeckung der Prager Restauratorin Andrea Popprová dargestellt, daß das wohl seit längerer Zeit verlorene Siegel Ruprechts d. J. anläßlich einer Restaurierung der Urkunde in der zweiten Hälfte des 19. Jahrhunderts durch ein anderes, von Ruprecht zur Zeit der Besiegelung aber nicht benutztes ersetzt wurde.

Die von Werner Moritz knapp erläuterte Überlieferungsgeschichte der Urkunde, eng mit der des Archivs der Universität verbunden, liest sich eher wie die ihrer fortgesetzten Mißhandlung. Vielfach wurde sie bei drohenden kriegerischen Verwicklung mit dem Archiv an sichere Orte verbracht, dabei häufig genug eilig und unsachgemäß verpackt, schließlich über Jahrzehnte öffentlich ausgestellt und dem schädlichen Tageslicht ausgesetzt, sodaß die Schrift bis zur Unleserlichkeit verblaßte.

Spannend zu lesen auch der Bericht von Andrea Popprová über ihre Rekonstruktion der Urkunde und der Siegel. Dabei bediente sich die Restauratorin ausschließlich der im Mittelalter üblichen Techniken und Materialien.

Jochen Goetze

Theodor Strohm (Hg.): Almosenordnung des Kurfürsten Friedrich III. für die Pfalz einschließlich der Bestimmungen für die Stadt Heidelberg, in ders., Michael Klein (Hgg.): Die Entstehung einer sozialen Ordnung Europas, Bd. 1 Historische Studien und exemplarische Beiträge zur Sozialreform im 16. Jahrhundert, Bd. 2 Europäische Ordnungen zur Reform der Armenpflege im 16. Jahrhundert (Veröffentlichungen des Diakoniewissenschaftlichen Instituts 22–23), 464 und 352 S., Universitätsverlag Winter, Heidelberg 2004, 24,00 Euro und 20,00 Euro, hier Bd. 2, S. 302–327

Wer bei google das Stichwort „Almosenordnung" eingibt, erhält von der fürsorglichen Suchmaschine die Rückfrage: „Meinten Sie ‚Allesinordnung'?" Das ist gut gefragt, denn im 16. Jahrhundert war nichts in Ordnung. Im Zeitalter von Glaubensspaltungen, neuartigen Massenbewegungen und wirtschaftlicher Umbrüche war auch das Sozialsystem des Mittelalters in Unordnung geraten. Teils in kommunaler, teils in kirchlicher oder klösterlicher Zuständigkeit hatte sich ein Almosenwesen etabliert, das aus geistlichen wie materiellen Gründen in die Kritik geriet. Für das ganze Jahrhundert wurde die Redeweise von den „starcken Bettlern" typisch, das der Herausgeber leider in die Anmerkung verweist (S. 307), sodass der Schlagwortcharakter etwas untergeht; die „starcken Bettler" waren dasselbe wie „Florida Paul": eine Schlagzeile in großen Buchstaben, mit der bestehende Sozialsysteme geschleift werden sollten. Zugleich – und auch darin liegen die Parallelen zur Gegenwart auf der Hand – waren die Einrichtungen des Mittelalters überholt und konnten die neuen Herausforderungen nicht bestehen.

In Heidelberg hatte die Kirchenordnung Ottheinrichs von 1556 bereits die Aufhebung der Klöster vorgesehen, die von Friedrich III. vollendet wurde. Die dadurch frei gewordenen Einkünfte wurden nicht einfach dem Staatshaushalt einverleibt, sondern verblieben der – nun reformierten – Kirche oder wurden besonderen Einrichtungen übertragen. Die Almosenordnung von 1574 grenzt sich einleitend von allen Ketzereien ab; Zauberer seien zu züchtigen, Wiedertäufer zum Tod zu verurteilen. Sie kommt dann zum Kern ihrer Überlegungen, dem Versagen des bisherigen Almosenwesens und der Notwendigkeit, zwischen unverschuldet Armen und denen zu unterscheiden, die nur dem Müßiggang nachgehen. Konsequent ist das Bettelverbot, das sich hauptsächlich gegen umherziehende Arme richtet. An neuen oder neu ausgestatteten Einrichtungen sind die beiden landesherrlichen Spitäler in Heidelberg (an der Stelle des heutigen Palais Morass) und Alzey zu nennen. Zu ergänzen ist der Handschuhsheimer Klosterhof (Atzelhof), der 1575, erneuert 1588 unter Johann Casimir, zu einem Landeswaisenhaus wurde und dem die nicht schlechten Einkünfte der Heiligenbergklöster zugewiesen wurden. In der Fläche des Landes haben die Pfarreien die Hauptaufgabe, wobei die Pfarrer durch Almosenpfleger zu entlasten sind, die sehr detailliert zur Rechenschaftslegung verpflichtet werden. An Einnahmen zur Armenversorgung sind Kollekten und Opferstöcke, Sondersteuern und Stiftungen heranzuziehen. Typisch für Friedrich III. sind die Passagen, in denen die Meister zur Mäßigung gemahnt werden, um ihre Beschäftigten nicht zur Prasserei zu verleiten.

Ganz nach ‚Bundestagswahlkampf', aber vielleicht ja doch ernsthaft umgesetzt, klingt das Programm „Hundert Hausarme und hundert arme Schüler sollen im heimatlichen Land versorgt werden" (S. 321f.) Spätestens hier zeigt sich ein Mangel der gesamten Edition, in der Fragen nach der Realisierung der jeweils aufgestellten Maximen, nach den Interessen der unterschiedlichen Akteure und nach der in vielen Regionen höchst dramatischen Entwicklung im Verlauf des 16. Jahrhunderts weitgehend ausgeblendet bleiben. Die informative Einleitung zur Almosenordnung von 1574 von dem Heidelberger Diakoniewissenschaftler Theodor Strohm (S. 302–304) verweist zu Recht auf die Quellenverluste von 1689/93, die aber nicht für alle Teile der Kurpfalz gelten. Angesagt wäre eine Auswertung örtlicher Quellenbestände – kommunale Rechnungen, Visitationen, bauliche Befunde –, um doch empirisches Material für den Bereich des wichtigsten calvinistischen Flächenstaats im Deutschen Reich auswerten zu können.

Im Blick auf beide Bände stellen sich vordringlich die Fragen nach den Auffassungen, die die großen Volksbewegungen wie Bauernkriege und Wiedertäufertum zur Armutsfrage hatten, und wie sich die mit großer Heftigkeit durchgesetzte Abschaffung der kommunalen Selbstverwaltung – übrigens auch in der Pfalz – auf die Armenversorgung ausgewirkt hat. Mit Michael Gaismairs „Landesordnung für Tirol" von 1526 (Bd. 1, S. 266–276, Einleitung von Nils Petersen) kommt ein Bauernführer vom Realoflügel zu Wort, der sehr armenfreundliche Bestimmungen vorlegt und zugleich als ernsthafter Revolutionär weiß, dass die Expropriation der Expropriateure, also die Enteignung von Adel und Kirche, nicht hinreichen wird, sondern dass mit der weiteren Entwicklung der Landwirtschaft die Basis des gesellschaftlichen Reichtums ausgedehnt werden muss.

Das umfangreiche Gutachten des Humanisten Juan Luis Vives von 1526 für die Stadt Brügge (Bd. 1, S. 277–339, Einleitung Theodor Strohm) stellt die avancierteste Position in der ersten Hälfte des 16. Jahrhunderts dar. Noch entfernt von reformatorischem Eifer schwebt Vives eine Kommunalisierung des Almosenwesens vor. Seine Maximen sind armenfreundlich und schließen sogar körperliche und überhaupt erstmals geistige Behinderungen ein. Die von Vives formulierten Grundsätze haben wohl in der Zeit der tatsächlichen Praxis der flandrischen Städte entsprochen, es stellt sich aber die Frage, was aus dieser Praxis geworden ist, nachdem der Brüsseler Zentralismus Karls V. und Philipps II. die bestehenden Selbstverwaltungen zerstörte.

Die vorliegende Edition versammelt Texte, die bisher nicht ausreichend in ihrem Zusammenhang untersucht worden sind. Sie wirft wie alle guten Bücher weitere Fragen auf, an denen gearbeitet werden sollte. Für Heidelberg gilt, dass der Quellenverlust des Orleanschen Erbfolgekriegs unter Rückgriff auf anderenorts erhaltene Akten auszugleichen ist. Allein schon wegen der Parallelen zur Gegenwart, die sich in vielen der dokumentierten Passagen ganz unauffällig aufdrängen, ist diese Edition verdienstvoll und anregend zu nennen.

Hans-Martin Mumm

Annette Frese, Frieder Hepp u. Renate Ludwig (Hgg.): Der Winterkönig. Heidelberg zwischen höfischer Pracht und Dreißigjährigem Krieg. Begleitbuch zur gleichnamigen Ausstellung im Kurpfälzischen Museum der Stadt Heidelberg, 2004–2005. Remshalden 2004, 101 S. zahlr. Abb. 14,00 Euro

Im Anschluß an die beiden großen Ausstellungen über Kurfürst Friedrich V., den „Winterkönig" in Amberg und Den Haag veranstaltete das Kurpfälzische Museum der Stadt Heidelberg eine eigene, intime Ausstellung. Hatte das Haus der Bayerischen Geschichte in Amberg noch den Glanz der politischen Karriere Friedrichs gezeigt, Haags Historisch Museum in Den Haag das Leben der Familie des Winterkönigs als Exilanten in den Niederlanden in den Mittelpunkt gestellt, so legte das Kurpfälzische Museum einen Schwerpunkt auf die Geschehnisse in und um Heidelberg, die Hofhaltung, den Hortus Palatinus, das Leben in der Stadt und in den Heerlagern des Dreißigjährigen Krieges.

Zur Ausstellung ist ein kleines Begleitbuch erschienen, das unter dem Titel „Der Winterkönig" den erklärenden Untertitel „Heidelberg zwischen höfischer Pracht und Dreißigjährigem Krieg" führt.

Annette Frese schildert knapp die Lustbarkeiten und aufwendige Repräsentation der Heidelberger Jahre Elisabeth Stuarts und Friedrichs V. Prunkvolle Bankette, Feuerwerke, Theater, Komödien und Maskeraden, Jagden und Ballette dienten der fürstlichen Zerstreuung, forderten in der calvinistischen Pfalz und später auch im Exil in den Niederlanden aber auch manche Kritik heraus.

Anhand eines zeitgenössischen Berichts über die Feierlichkeiten anläßlich der Taufe des späteren Kurfürsten Karl Ludwig beleuchtet Klaus Winkler den Ablauf der mit Theateraufführungen, Banketten und Musikdarbietungen opulent gestalteten Festabläufe. Natürlich konnten derartige Feste nur mit einer entsprechenden Hofkapelle gestaltet werden und so gibt Winkler auch einen knappen Überblick über den Aufbau, das Personal und die für den Heidelberger Hof entstandene Literatur.

Aufstieg und Fall des Winterkönigs fand in der Flugblattliteratur der Zeit großen Wiederhall. Teilweise als objektive Berichterstattung über die Vorgänge, boshaft spottend oder als politische Agitation der einen oder anderen Seite, als gesellschaftlicher Klatsch oder sensationslüsterne Übertreibung überschwemmten sie in teils riesigen Auflagen fast ganz Europa. Frieder Hepp untersucht zu ‚Deß gewesten Pfaltzgrafen Glück und Unglück' die Flugblätter und Neuen Zeitungen insbesondere im Hinblick auf die bildlichen Darstellungen, die erstmals in der poltischen Polemik und Propaganda eingesetzt wurden.

‚Lacrumae Haidelbergenses' (Heidelberger Tränen) nennt Renate Ludwig ihre Auswertung der von Berndmark Heukemes begonnenen systematischen Ausgrabungen im Stadtgebiet. Eine inzwischen große Zahl von Funden aus der Zeit vor und während des Dreißigjährigen Krieges läßt einen guten Blick auf das Leben im Heidelberg dieser Jahre zu: die Stadt und ihre Bewohner hatten sich der glanzvollen höfischen Lebensweise angepaßt und teilweise Luxusgüter von erheblichen Werten angesammelt. Auf der anderen Seite steht die Auswertung des sog. Tilly-Fundes, eines Fundkomplexes aus den Lagern des Tillyschen Heeres 1622 um Heidelberg. Ein plötzliches Unwetter hatte die Lager vernichtet. Das überraschend reiche Fundmaterial (Waffen, Trachtteile, Geschirre) hat große Bedeutung, da daraus allgemeine Schlüsse über die „Überlebensgemeinschaft" der Söldner und ihrer Führer in dieser Zeit gezogen werden können.

Marcus Junkelmann steuert einen knappen aber inhaltsreichen Artikel über Waffen und Ausrüstung bei, erläutert die verschiedenen Waffen und Kampfarten.

Mehr als nur „Bemerkungen zur Archäologie der Neuzeit", wie Rainer Schreg seinen Beitrag bescheiden untertitelt, vermittelt diese kleine Übersicht über die neue Disziplin der Archäologie der Neuzeit Einblicke in die Methodik, insbesondere auch in die Entwicklung archäologischer Interpretationsmodelle.

Jochen Goetze

Peter Bilhöfer: Nicht gegen Ehre und Gewissen. Friedrich V., Kurfürst von der Pfalz – der Winterkönig von Böhmen. Diss. phil. Mannheim 1999. Heidelberg 2004. Rhein-Neckar-Kreis, Bausteine zur Kreisgeschichte 7. 328 S., zahlr. Abb. 19,00 Euro

Das Bild Kurfürst Friechs V. von der Pfalz, des böhmischen „Winterkönigs" hat in der Geschichte mancherlei unterschiedliche Darstellungen und Würdigungen erfahren, die Urteile reichen von „unbedeutend" bis zur Verehrung als Märtyrer und Kultfigur, insbesondere die protestantischen Historiker des 19. Jahrhundert sahen in ihm ein Opfer der Spätfolgen der Gegenreformation.

Peter Bilhöfer gab seiner nunmehr in erweiterter Fassung im Druck vorliegenden Biographie Friedrichs V. den programmatischen Titel „Nicht gegen Ehre und Gewissen", damit bereits auf seine Einschätzung der Person und des Wirkens Friedrichs hinweisend, ohne in eine einseitige Betrachtung zu verfallen (Die eigentliche Dissertation ist in den wissenschaftlichen Bibliotheken als Microfiche erreichbar). Natürlich handelt es sich bei der Arbeit um den Typus einer klassischen historischen Biographie, doch die Intentionen des Verfassers gehen darüber hinaus: anders als in den klassischen Vorbildern ordnet Bilhöfer die Geschehnisse um Friedrich V., aber auch seine eigenen Aktivitäten in das historische Umfeld ein, läßt äußere, nicht beeinflußbare Zwänge deutlich werden, zeichnet die Grenzen der Wirkungsmöglichkeiten des jungen Kurfürsten, des böhmischen Königs und des Exilanten nach.

Mittelpunkt der gut gegliederten, den Lesefluß anregenden Darstellung ist die Person Friedrichs, seine Vorlieben und Eigenheiten, seine Kanten und seine Nachgiebigkeit und Gutmütigkeit

– schonungslos entblättert er aus den jeweiligen politischen und privaten Situationen den Charakter des Helden, obschon eine deutliche Sympathie des Verfassers für den Helden erkennbar wird.

Der Titel ‚Nicht gegen Ehre und Gewissen' steht nicht umsonst – Bilhöfer hat nach langjähriger Beschäftigung mit der historischen Person (seine Mannheimer Magisterarbeit von 1994 widmete sich bereits mit einer auf die Jahre 1629 – 1632 begrenzten Studie der Biographie Friedrichs V.) ein eindringliches Charakterbild geschaffen, das insofern weit über den klassischen Typ der historischen Biographie hinausgeht.

Die Faszination der historischen Darstellung und die Eindringlichkeit der Charakterschilderung täuschen leicht darüber hinweg, daß die vorliegende Biographie auf außerordentlich gründlichem Quellenstudium ruht, erst im Anhang der Quellenedition (S. 195 – 217) wird der gesamte Umfang der Arbeiten Bilhöfers deutlich, zahlreiche neu erschlossene Quellen komplettieren das vom Verf. entworfene kritische Bild Friedrichs V., einer nicht schillernden, aber eigenständigen, in sich abgerundeten Persönlichkeit.

Jochen Goetze

July Sjöberg: Das große Fass zu Heidelberg. Ein unbekanntes Kapitel kurpfälzischer Kunstgeschichte, 52 S., Neckargemünd-Dilsberg, 2004, 9,90 Euro

Wer nach Heidelberg kommt, muss das Große Fass auf dem Schloss sehen. Besuchern wie Goethe, Mozart und Victor Hugo soll das weltberühmte Weinfass wichtiger gewesen sein als das ganze Schloss. Steht man dann vor dem Wunderwerk im Fassbau, so ist man von der Größe und Handwerksfertigkeit beeindruckt. Ansonsten ist es von erhabener Schlichtheit. Als einziger Schmuck ist auf der Vorderseite die Wappenkartusche mit den Initialen Carl Theodors und dem Kurhut angebracht, die vielleicht einmal aufgefrischt gehört. Dazu kommen in jüngster Zeit Graffiti der Touristen, worunter immer häufiger chinesische Schriftzeichen auftauchen. Dass an der selben Stelle einmal nacheinander drei andere Weinfässer gestanden haben sollen, die weitaus repräsentativer, das heißt künstlerisch wertvoller ausgestattet waren, kommt einem nicht eben in den Sinn.

Die Kunsthistorikerin und Schlossführerin July Sjöberg hat bisher unbekannte Akten im Badischen Generallandesarchiv ausgewertet und es unternommen, „ein unbekanntes Kapitel kurpfälzischer Kunstgeschichte" (Untertitel) aufzuschlagen. Die schmale, reich bebilderte Broschüre, herausgegeben von Stefan Wiltschko, résümiert in gedrängter Form die Kunstgeschichte der insgesamt vier Heidelberger Fässer, vor allem der nie zur Ausführung gekommenen Entwürfe für den Schmuck des jüngsten Fasses. Für das am 29. August 1751 fertiggestellte heutige Fass liegen Zeichnungen von fünf unterschiedlichen Künstlern vor, darunter zwei namentlich bekannte (Paul Egell, Johann Michael Düchert). „Das breite Spektrum in Stil und künstlerischer Qualität der Entwürfe verwundert ebenso wie das letztliche Scheitern ihrer Umsetzung." (S. 11). Am 17. Februar 1752 hatte der Kurfürst seine Entscheidung getroffen. Sjöberg zufolge sei die Wahl auf einen Künstler gefallen, von dem nur das Monogramm „PV" bekannt ist. Sein Entwurf zeigt den vorderen wie den hinteren Fassboden. Die aquarellierte Zeichnung des vorderen Bodens enthält die Initialen Carl Theodors auf rotem, hermelingesäumten Schild, umrahmt von vollplastischen Figuren. Obwohl man den hinteren Fassboden in dem engen Keller kaum wahrnimmt, lag auch für ihn eine farbige Zeichnung vor, die eine große Rosette und figürlichen Schmuck aufweist. Selbst die hölzernen Fasslager sind seitlich mit Maskenköpfen geschmückt.

Auch die Vorgänger des heutigen Fasses hatten eine farbig gefasste Schnitzverzierung. Bereits das erste, 1589 von Pfalzgraf Johann Casimir veranlasste, im Dreißigjährigen Krieg stark beschädigte Fass soll rot gestrichen gewesen sein. Für das Carl-Ludwig-Fass von 1664 und das

Carl-Philipp-Fass von 1728 geben die Akten Auskunft über farbigen Schmuck. Die Kartusche des heutigen Fasses lässt unter dem Staub noch Farben ahnen. Auf den Fässern von 1664 und 1728 sollen sich moralisierende Darstellungen befunden haben wie etwa die der schlangenhäuptige Medusa oder die des Bacchus, dessen aufgeschwemmter Körper die negativen Auswirkungen des Weinkonsums demonstrierte. Ob diese Warnungen ernst genommen wurden, ist nicht überliefert. Wenn ja, dann wäre eigentlich kein so großes Fass nötig gewesen.

Auch namhafte barocke Künstler am kurpfälzischen Hof wie Matthaeus van den Branden und Peter Anton Verschaffelt waren Sjöberg zufolge an der Ausgestaltung des Carl-Theodor-Fasses einbezogen. Wäre der Entwurf des unbekannten Künstlers „PV" zur Ausführung gekommen, so würden heute zwei meterhohe Raubtiere, ein Löwe und eine Löwin, in den Zwickeln der Lagerkeile sitzen, die Besucher des Fasskellers begrüßen. Doch der erste Kostenvoranschlag des Hofkellermeisters Johann Jakob Englert schien der kurfürstlichen Regierung zu hoch. Matthaeus van den Branden, der für die Realisierung des Fassschmucks vorgesehen war, war wegen der Arbeiten für die Mannheimer Jesuitenkirche unabkömmlich. Augustin Egell, der Sohn des verstorbenen Hofbildhauers Paul Egell, war bereit, für wesentlich weniger Lohn zu arbeiten. „Der manches Mal im wahrsten Sinne des Wortes bis aufs Blut geführte Wettbewerb um den Aufstieg in der Hierarchie der Hofämter machte auch vor dem höfischen Kunstbetrieb nicht Halt" (S. 45). Beim Schmuck des hinteren Fassbodens und bei den Fasslagern werden Abstriche gemacht. Dem Kurfürsten ist auch dies noch zu teuer. Er hat für Schwetzingen, Mannheim und Benrath so ehrgeizige Pläne, dass die ehemalige Residenz ins Hintertreffen gerät. Der Fassschmuck wird niemals geliefert, in den Akten erscheint die Angelegenheit nur noch mittelbar. Nur drei Schmuckelemente gelangen zur Ausführung: die Initialenkartusche, die volutenförmigen Lager und die Holzgalerie auf dem Fass. Es sei „nicht einmal auszuschließen, daß die heute am Fass vorhandene Kartusche einfach irgendwo vorrätig war oder abgenommen wurde, um dem Fass einen notdürftigen Schmuck zu geben" (S. 47).

Eine etwas rätselhafte Abbildung zeigt und erläutert Sjöberg am Schluss ihrer Broschüre: die Fassansicht von Peter Friedrich von Walpergen. Der gehörlose Feldmesser zeichnet und koloriert 1753 das Carl Theodor-Fass nicht wie es ist, sondern wie er es gerne gehabt hätte. Hier ziert das Fass eine Figurengruppe, Löwen sitzen in den Zwickeln der Lager, leibhafte Musikanten stehen auf den Konsolen, in der Mitte des Fassbodens die auf Hermelin ausgebreitete Wappen Carl Theodors.

July Sjöberg hat das Verdienst, die in den Akten des Generallandesarchivs verborgenen Ideen für die künstlerische Ausgestaltung des Heidelberger Fasses ans Tageslicht gezogen zu haben. Wer will, mag mit ihrer Broschüre in der Hand einen neuen Blick auf das Große Fass wagen.

Hansjoachim Raether

Frieder Hepp, Ulrike Pecht, Armin Schlechter (Hgg): „Und dir schenken ein kunstlos Lied". Dichter auf der Durchreise. Katalog zur Ausstellung des Kurpfälzischen Museums und der Universitätsbibliothek Heidelberg im Rahmen der Baden-Württembergischen Literaturtage 2004, 60 S., Verlag Regionalkultur, Heidelberg u. a. 2004, 9,90 Euro

Nicht erst in heutiger Zeit wirbt das kulturelle Heidelberg mit einem traditionell intensiven Verhältnis zur Literatur. Schon der Historiker Philip Witkop sprach in seiner 1916 erstmals erschienenen Studie „Heidelberg und die deutsche Dichtung" in leicht mystifizierendem Vokabular von einem diesbezüglichen „Wallfahrtsort". Er trug damit dem Umstand Rechnung, dass viele bedeutende Autoren ihre Heidelberg-Begeisterung zwar wort- und versreich formulierten, die Stadt am

Neckar aber jeweils nur vorübergehend zum Wohnort wählten – wenn überhaupt. „Dichter auf der Durchreise" lautete daher der treffende Untertitel für eine Studioausstellung, die zwischen Oktober und November 2004 im Kurpfälzischen Museum zu sehen war. Sie warf ein Licht auf jene Zeit um 1800, in der Heidelberg nicht zuletzt von den Dichtern wiederentdeckt wurde, nachdem die Stadt im 18. Jahrhundert ihre einstige Bedeutung als politisches, geistiges und kulturelles Zentrum der Kurpfalz eingebüßt hatte.

Der parallel zur Ausstellung erschienene Katalog vergegenwärtigt dies noch einmal in aller Kürze: Hatte man mit der Wiederbelebung der Universität um 1803 einen wichtigen strukturellen Beitrag für den nun einsetzenden Aufschwung der Stadt geleistet, sorgten Literaten und Künstler zum einen für die ästhetische Formulierung der nun als reizvoll empfundenen landschaftlichen und städtebaulichen Situation Heidelbergs (im 18. Jahrhundert hatte man die Lage der Stadt noch als eng und unattraktiv empfunden), zum anderen belebten sie das intellektuelle Klima der nun badischen Universitätsstadt. Die Herausgeber der Publikation verlassen sich dabei ganz auf die großen Namen: Goethe, Hölderlin, von Arnim und Brentano, Görres, Eichendorff, Jean Paul. In dieser Reihenfolge werden die Aufenthalte der Genannten kurz rekapituliert und mit ausgewählten Dokumenten illustriert. Genutzt wurden vor allem die Bestände des Kurpfälzischen Museums und der Universitätsbibliothek, die sich bei dieser kleinen Schau beteiligt hat. Der Charakter einer Studioausstellung erklärt die Beschränkung auf exemplarische Dokumente, nicht jeder Aspekt kommt somit zur Darstellung. Im Großen und Ganzen ist das auch geglückt, lediglich im Falle Eichendorffs hätte man sich ein wenig mehr Heidelberger Zeugnisse gewünscht – einzig der Eintrag in der Matrikel der Universität repräsentiert dessen Aufenthalt am Neckar.

Spektakulär Neues kann angesichts zahlreicher Forschungsarbeiten zu diesem Thema natürlich nicht erwartet werden. Zum ersten Mal im Original zu sehen war in der Ausstellung Hölderlins handschriftlicher Entwurf der „Heidelberg"-Ode aus dem Frühsommer 1798 – im Katalog ist diese Doppelseite als Faksimile abgedruckt. Das skurrilste Zeugnis aber stellt eine Haarlocke Jean Pauls dar (im Katalog leider nicht abgebildet). Dieser hatte als berühmter und gefeierter Dichter zweimal in Heidelberg Station gemacht (1817 und 1818) und wurde – wie auch der ihn begleitende Hund – von seinen zahlreichen Verehrerinnen und Verehrern derart bedrängt, dass dieser anschließend die fehlende „Symmetrie" auf seinem Kopf beklagte. Fazit: Der schön bebilderte und sorgfältig gemachte Ausstellungskatalog im Quadratformat eignet sich vor allem als Einstieg in eines der spannendsten Kapitel Heidelberger Literatur- und Geistesgeschichte.

Oliver Fink

Benno K. M. Lehmann, Doris Meyer zu Schwabedissen (Bearb.) Heidelberg – Karlsruhe. Zentren der Kunst im 19. Jahrhundert, Katalog zur Ausstellung im Museum im Alten Rathaus Neckargemünd und im Grafschafts Museum Wertheim, 106 S., Neckargemünd, Wertheim 2003, 12,00 Euro

Das ganze Mittelalter hindurch arbeiteten die Heidelberger Pfalzgrafen an einer Landbrücke, die die ferne Oberpfalz mit dem Zentrum verbindet. Verträge, Pfandschaften, Aufkäufe und Eroberungen waren die eingesetzten Mittel. Im 19. Jahrhundert kehrte sich die Richtung um, als die bayerischen Könige auf Kosten Badens nach einer Verbindung zu Rheinbayern suchten; Kaspar Hauser musste dafür sterben.

Vor zwei Jahren haben die Museen von Neckargemünd und Wertheim, zweier Städte, die exakt auf dieser Achse liegen, in einem gemeinsamen Ausstellungsprojekt diese Landbrücke gewissermaßen nachgestellt. Der Fokus lag dabei auf der großherzoglich-badischen Zeit des 19. Jahrhunderts und den beiden nordbadischen Kunstzentren Heidelberg und Karlsruhe. Heidelberg hatte nach dem Übergang an Baden und der Reorganisation der Universität 1803 zunächst die größere Bedeutung. Die Schule des Universitätszeichenlehrers Friedrich Rottmann und die Sammlung der Gebrüder Boisserée mit ihren Restauratoren ließen Heidelberg zum Kunstzentrum werden. Die Attraktivität des Karlsruher Hofes und schließlich die Gründung der Karlsruher Akademie der Bildenden Künste 1854 haben die Akzente verlagert, ohne dass Heidelberg völlig bedeutungslos geworden wäre.

Der angezeigte Katalog bieten eine übersichtlich gestaltete Biografiensammlung mit Werkbeispielen. Karlsruher Künstler haben um die Ordnungszahl ein grünes und Heidelberger ein rotes Kästchen; Künstlerinnen der fraglichen Zeit kennt der Katalog nicht. Lebensläufe und Werkthemen, die beide Städte berühren, sind grafisch nicht eigens ausgewiesen; so sind Feodor Dietz mit seinem Bild „Zerstörung Heidelbergs 1689 durch Melac" und die in Heidelberg geborenen Karl Ludwig Fahrbach und Wilhelm Trübner nur als Karlsruher Erscheinungen dargestellt. Das mindert den Wert des preiswerten Katalogs als Nachschlagewerk aber nicht: Die Brüder Carl Philipp und Daniel Fohr, die Brüder Ernst, Bernhard und Wilhelm Fries, Charles de Graimberg, Johann Georg Primavesi, George Augustus Wallis, Friedrich Rottmann und seine Söhne Carl und Leopold stehen für die frühere Zeit; Georg Philipp Schmitt und seine Söhne Guido und Nathanael, Theodor Verhas und der, hier grün karierte, in Heidelberg gestorbene Karl Weysser belegen die Bedeutung Heidelbergs als Kunststadt in der zweiten Hälfte des 19. Jahrhunderts.

Natürlich sind ein paar Namen zu vermissen, Goetzenberger, Köster und am Ende des Jahrhunderts Carl Happel hätten das Bild noch runder erscheinen lassen. Aber auch so hat es den Urlauber gefreut, in Wertheim auf dieses Buch gestoßen zu sein.

Hans-Martin Mumm

Carsten Juwig, Reinhard Düchting: Heidelberger Köpfe. Die Professorenporträts von Dénes v. Szebeny. Katalog zur Ausstellung im Universitätsmuseum Heidelberg, 28. Oktober 2004 – 23. Januar 2005, Selbstverlag, Heidelberg 2004, ohne Preisangabe

Gelegentlich findet sich im Antiquariathandel der Katalog der Ausstellung von 1953 im Kurpfälzischen Museum zur Erinnerung an die Reorganisation der Universität von 1803. Von Universität und Stadt war damals die Last des Dritten Reichs abgefallen (auch wenn viele Verantwortliche noch oder wieder im Amt waren), und es galt nun, die längere und bessere Geschichte ins Gedächtnis zu rufen. Im Katalog von 1953 abgebildet sind neben wenigen Gebäuden fast nur Professorenporträts, deren Bandbreite von Rudolph Agricola bis Gustav Radbruch reicht. Beschwören möchte diese Galerie meist streng blickender Professoren eine fast heile Patriarchenwelt, die ganz ohne Frauen und ohne Mittelbau auskommt.

Diesen Katalog oder ähnliche Bildersammlungen muss der Zeichner und Grafiker Dénes von Szebeny (1921–1996) vor Augen gehabt haben, als er zum Universitätsjubiläum 1986 im Einvernehmen mit dem Rektorat eine 50-teilige Serie mit Bildnissen Heidelberger Professoren schuf, die damals nicht ausgestellt wurde. Dass sie nun doch zu sehen war, ist das Verdienst des Universitätsmuseums. Die Auswahl ist ein wenig zeitnäher und reicht von Samuel Pufendorf bis Walter Bothe. Szebenys Zeichenstift lässt die Gesichter weniger streng und individueller erscheinen als auf den Originalvorlagen. Liebenswert ließe sich diese Präsentation nennen, aber auch sehr, sehr fossil.

Hans-Martin Mumm

Volker von Offenberg: Prost Heidelberg! Die Geschichte der Heidelberger Brauereien und Bierlokale (Schriftenreihe des Stadtarchivs Heidelberg, Sonderveröffentlichung 15), 192 S., Verlag Regionalkultur, Heidelberg u. a. 2005, 22,80 Euro

„Heidelberg ist die Gastwirtschaft Deutschlands", soll Jean Paul 1817 nach ausgiebigem Trinkgelage bekundet haben. 188 Jahre später schreibt Volker von Offenberg die Heidelberger Biergeschichte. In Bier umgerechnet fünf Halbe wird man investieren müssen, um alles zu erfahren, was der in Handschuhsheim lebende Maler und Oberstudienrat an Dokumenten und Devotionalien zusammengetragen und analysiert hat. Das Buch ist opulent ausgestattet mit informativen Bildern und Dokumenten aus von Offenbergs unerschöpflichen Sammlungen – und außerdem grafisch äußerst animierend gestaltet.

Sichtbar werden in Offenbergs Darstellung die Epochen der lokalen Braugeschichte, die Geschichte einzelner Brauereien und ihrer Verquickung mit dem Umfeld von Gasthäusern und den Gewerben rund ums Bier. Wie nahezu alle Gewerbe- und Wirtschaftsgeschichte muss sich der Autor auch hier auf lückenhafte Dokumentationen einlassen. Den eigenen Betrieb zu archivieren, gehört eher zu den letzten Aktivitäten, denen sich ein Unternehmer widmet. Um so mehr Anerkennung ist Offenbergs Geduld und Beharrlichkeit anzuerkennen, die auch noch den kleinsten Braubetrieb erfasst.

Dass sich Offenberg nicht in Anekdoten und folkloristischen Details verliert, verdankt sich seinem systematischen Interesse am Wandel von Produktion, Vertrieb und „Technologie" der Bierproduktion, sowohl im wirtschaftlichen wie im kulturell-gesellschaftlichen Kontext. Völlig zu Recht betont er, dass der südwestdeutsche Raum auch seine „Bierschwerpunkte" hat und keinesfalls ausschließlich mit dem Weinanbau assoziiert werden darf. Eine historische Exkursion breitet daher zunächst die leider spärlichen Kenntnissen zur vorneuzeitlichen Brautätigkeit in Heidelberg aus. Genutzt wurden schon damals die Kühl- und Lagermöglichkeiten am Nordhang des Königsstuhls und das qualitätsvolle Quellwasser. Erst für 1588 sind vier „Breuer" oder „Sieder" nachweisbar, 1603 erfolgt mit er „Bier-Ordnung der Stadt Heydelberg" kurfürstlicherseits die für Reinheit, Brauqualifikation, Produktionsumfang und Besteuerung maßgebliche Standardsetzung. Die Vorläufer von Gewerbeaufsicht und Controlling firmieren als „sonderbare Bierköster", „Umbgelter" und „Dörrbesichtiger".

Informationsreicher kann Offenberg darstellen, wie nach der Stadtzerstörung das 18. Jahrhundert von Wirtschaftsaufschwung, fürstlicher Gewerbepolitik und Zuzügen kundiger Brauer profitierte und die erteilten „Brau- und Schankgerechtigkeiten" florierten. Aufschlussreich sind für diese Epoche die anschaulich geschilderten Produktionsbedingungen mit all den empirischen Risiken, die der chemisch unaufgeklärte Brauprozess beinhaltet („Saures Bier"). Das technisch raffinierte System der Heidelberger Wasserversorgung stellte andererseits einen eminenten Standortvorteil der Stadt dar. Die regionale Konkurrenz durch Mannheim wird ebenso verdeutlicht wie die schrille Kombination von katholischem Marienkult und Schankbetrieb, die der Brauer Hartliebs um die Marienstatue auf dem Kornmarkt als Bet- und Pilgerstätte unmittelbar vor seinem Gasthaus etablierte. Offenbergs Bierkompendium ist voll von diesen Geschichten, was auch nicht anders vorstellbar ist, denn Bier ist die Begleitflüssigkeit geselligen (auch politischen)Treibens in allen seinen Spielformen schlechthin, wie nicht zu letzt die Exkursionen in die 1848er Ereignisse, die Arbeiterkultur des 20 Jahrhunderts, das Dritte Reich und die Studentenbewegung der 68er zeigen.

Neben vielen kurzlebigen Braubetrieben und den Familiendynastien Schaaf, Landfried und Bartholomä (S. 59–64) fokussiert Offenberg die Firmengeschichte der tragenden Säulen Heidelberger Bierproduktion: Das sind die Brauerei „Zum Güldenen Schaf" in der Hauptstraße 115, die am Beginn der Schlossquell-Firmengeschichte stand, und die auf 1797/1799 zurückgehende Engelbrauerei, die schon Ende des 19. Jahrhunderts den Sprung zum „industriell geprägten Braubetrieb" (S. 37) geschafft hatte und an ihrem Standort in der Ziegelgasse bis 1967 bestand. Nebenbei findet die Biergrundlage von Portlandzement eine anekdotische Würdigung.

Als virtuelle Stadtführung bieten sich die Rundgänge zu den Brauhäusern, Biergärten und -kellern (S. 41–49) an. Gründlich referiert werden auch das studentische Biertrinken, seine Rituale, Regeln und Orte, die längst Teil einer (Trink-) Kulturgeschichte der Stadt geworden sind. Dazu gehört auch der Heidelberger Biercomment vom 11. März 1815, zunächst eine Persiflage gesetzlicher Regelungswut, aber bis 1870 zum bierernsten Paragraphenmoloch entwickelt, ganz parallel zur Entwicklung der staatstragenden Attitüden des ursprünglich radikalbürgerlichen Verbindungsstudententums. Nicht fehlen dürfen das legendäre Pauklokal Hirschgasse der Ditteneys, sowenig wie der „Seppl" des Ditteney-Sohnes Joseph, der die Braukunst der Theologie, vermutlich zu beiderseitigem Nutzen, vorzog und dessen Kellnerinnen alle Anna hießen (S. 82). Deutlich wird, dass die „romantische" Biergemütlichkeit und der heute nach ihr Ausschau haltende Massentourismus durchaus gemeinsame regressive Bedürfnisse bedienen.

Wirtschaftsgeschichtlich ist es Offenberg gelungen, den Wandel der handwerklichen Produktionsweise zur Brauindustrie gegen Ende des 19. Jahrhunderts mit allen ihren Folgen hinsichtlich der schrumpfenden Zahl an Kleinbetrieben und der Konzentration, technisch und volkswirtschaftlich nachzuzeichnen. In Heidelberg ist diese Epoche mit der Verlagerung nahezu aller Brauereien in den Stadtteil Bergheim verbunden. Beispielhaft schildert Offenberg den Niedergang der Brauereien „Zur Stadt Straßburg" am Neckarstaden, „Zum Bachlenz" in Handschuhsheim und „Zum Badischen Hof" in Kirchheim. Unter den harten Konditionen der Monopolbildung bröselt das Reinheitsgebot, wie der große Bierpanschereiprozess 1885 verdeutlicht, bei dem 19 städtische Bierbrauer fürs Panschen verurteilt wurden.

Ausführlich dargestellt wird die Entwicklung der großen und bestandskräftigen Brauereien, die rechtzeitig auf den Industrialisierungsprozess des Braugewerbes setzen. Richtungweisend waren dabei die Gebrüder Volkert und Kleinlein, die an eine seit 1749 existierende Brautradition anschlossen, aber 1871 den Schritt aus der Altstadt wagten und sich in Bergheim eine zukunftsträchtige Expansionsfläche erwarben. Der auf dem Fuß folgende Konkurs veranlasste die Gründung einer Aktiengesellschaft, die den Heidelbergern das helle Bier „Wiener Brauart" bescherte, den Bergheimern eine stetige Versorgung mit Stangeneis gewährleistete und den Aktionären in den folgenden Jahren ganz ordentliche Dividenden sicherte. Die regionale Eisenbahn und der Transport mit Lastkraftwagen verbreitete das Heidelberger Aktienbier in die entlegensten Winkel des Umlands, noch bis 1962 beschäftigt der Betrieb aber auch zwei Brauereipferde. Seit 1941 wirbt die Aktienbrauerei mit der Silhouette des Schlosses, ein Logo, das bis vor wenigen Jahren die Bierdeckel der Schlossquellbrauerei zierte. Ganz in der Nähe etabliert sich 1876 die Schroedelsche Brauereigesellschaft, auch sie auf Aktienbasis, an der Ecke Bergheimer- und Kirchstraße, mit dem Großen Fass als Logo.

Die dritte der zu Aktiengesellschaften gemauserten Brauereien ist die Engelbrauerei, die sich in der Altstadt ausbreitet und dort, trotz chronischer Raumnot und lärmgeplagter Nachbarn, bis 1967 verbleibt. Das Logo von Engelbräu sind die beiden in Sandstein gehauenen Engel vom Ruprechtsbau des Schlosses, die alsbald eine Vielzahl von Accessoires zieren. Offenberg bietet eine vertiefte Deutung der Emblematik, der sich die Engelbrauerei bedient, wozu auch der sechszackige Stern gehört, der in Deutschland als Brauereisymbol seit 1397 nachweisbar ist, aber auch als jüdisches Symbol verwendet wurde und vom ersten zionistischen Weltkongress 1897 als ausdrückliches Symbol des Judentums kreiert wurde.

Zur Wirtschaftsgeschichte gehören die Absatzkrisen der Jahrhundertwende, Rohstoffkontingentierung, Absatzschwund und die „Verwendung" von Arbeitskräften im Kriegsdienst im Ersten Weltkrieg, die prägnant geschildert und in zeitgeschichtliche Zusammenhänge gestellt werden. 1919 sind nur noch die Aktienbrauerei und der Engelbräu übrig geblieben, nachdem die HAB im März 1919 endgültig den Schroedelbräu geschluckt hat.

Mit Buchhändler Wolff, Pfarrer Quenzer, Medizinalrat Dr. Mittermaier, Pfarrer Schmitthenner und weiterer Prominenz war die Antialkoholbewegung verbunden, deren umfangreiches Engagement gegen den Suff sich nicht auf Propaganda und Aufklärung beschränkte, sondern auch den Betrieb alternativer „alkoholfreier" Gaststätten und Pensionen in Angriff nahm.

Das letzte Kapitel ist der Nachkriegsepoche gewidmet, die gekennzeichnet ist durch die friedliche Koexistenz der verbleibenden Großbetriebe. Mit der Einführung der Bezeichnung „Schlossquell" erhält die HAB eine weitere Profilierung, wohingegen das qualitätsvolle und innerbetrieblich mustergültig geführte Engelbräu im Zug des Brauereisterbens der 60er und 70er Jahre zum Spielball von Konzerninteressen wird und nach kurzer Übernahme durch Henniger schließlich liquidiert wird.

Nicht minder dramatisch und quälend verläuft die nachfolgende Odyssee von Schlossquell über unzählige Besitzerwechsel und als „Anhängsel und Spielball großer Getränkekonzerne". Ausführlich zeichnet Offenberg die anhaltende Verwurstung und Verwertung der Schlossquellbestände in immer neuen Beteiligungsformaten ab, aber – dem kultivierten Genießer zum Troste – auch die Renaissance Heidelberger Brautraditionen in der Gasthausbrauerei Vetter im Schöneck (Steingasse) und seit 1999 im Schwarzen Schiff in Neuenheim, sowie seit 200 in der Kulturbrauerei in der Leyergasse.

Ein eher skeptischer Ausblick beschließt Offenbergs Darstellung. Viel bleibt tatsächlich nicht von der originären Heidelberger Brautradition, deren räumliche Artefakte ohnehin fast vollständig beiseite geräumt sind. Wahrscheinlich bleiben ein paar qualitätsvolle Gasthausbrauereien, die – Paradox der Geschichte – an die handwerklichen Brautraditionen des 18. und 19. Jahrhunderts anschließen. Das Übrige besorgen die Bierkonzerne, die sich die Heidelberg-Chiffren als Logos nutzbar machen.

Norbert Giovannini

Peter Drings, Jörg Thierfelder u.a. (Hgg.): Albert Fraenkel. Ein Arztleben in Licht und Schatten. 1864–1938, 412 S. ecomed Verlagsgesellschaft Landsberg / Lech 2004, 32.00 Euro

Das Buch ist – obwohl vor allem der Untertitel zunächst so verstanden werden kann – keine Biografie, „wenn man darunter die Erzählung einer Lebensgeschichte aus der Perspektive eines einzelnen Autors versteht", heißt es im Vorwort. Es ist eine Sammlung von Aufsätzen, die sich mit Albert Fraenkel beschäftigen. Die Herausgeber begründen ihre Vorgehensweise u.a. mit der zu bewältigenden Materialfülle und der Komplexität der Person Fraenkels als Arzt, Forscher und Sozialreformer. Gemeint ist damit, dass Fraenkels Leben und seine Arbeit als praktischer Arzt (z.B. in Badenweiler), seine Forschungen in Heidelberg und Straßburg und seine sozialreformerische Tätigkeit (z.B. im Speyererhof) ausführlich in Einzeluntersuchungen dargestellt werden. Dabei war eine größere Zahl von Archivbeständen auszuwerten: so z.B. in den Stadtarchiven von Heidelberg und Mannheim, im Gemeindearchiv Badenweiler, in den Klinikarchiven der Thoraxklinik und des Speyererhofs und vor allem im Privatarchiv des Enkels von Albert Fraenkel, Roland Köster. Ihm ist das Buch auch gewidmet. Das Buch enthält also eine Reihe von Aufsätzen verschiedener Autoren (12), die sich alle mit Albert Fraenkel beschäftigen, aber jeweils verschiedene Abschnitte und verschiedene Aspekte seines Lebens und Wirkens darstellen. Kann eine solche Zusammenstellung von Texten dem Leser dennoch einen Gesamteindruck der Persönlichkeit Albert Fraenkels vermitteln?

Albert Fraenkel wurde 1864 in Mußbach (Pfalz) als Sohn einer seit längerem dort ansässigen jüdischen Familie geboren. Er studierte Medizin in München und Straßburg und ließ sich 1890 in Badenweiler als Landarzt nieder. Die Ortswahl hatte sicher auch damit zu tun, dass er sich einen günstigen Einfluss auf seine Gesundheit versprach. Fraenkel war nämlich 1889 an Tuberkulose erkrankt. Zwei Sanatorien leitete Fraenkel in den nächsten Jahren in Badenweiler, und in den Wintermonaten forschte er von 1893 bis 1905 am Pharmakologischen Institut der Universität in

Heidelberg. 1896 ließ er sich taufen und war seither Mitglied der evangelischen Kirche, als „nichtarischen Christen" wird er sich 1934 bezeichnen, als solche Unterscheidungen eine Bedeutung bekamen. Im selben Jahr heiratete er Erna Thorade, eine ‚Arierin' in der Sprache des 3. Reiches, was ihm in den letzten Jahren seines Lebens während der Naziherrschaft einen gewissen Schutz gewährte.

Während seiner Studentenzeit hatte Fraenkel in zwei Etappen seinen Militärdienst absolviert und während des 1. Weltkrieges leitete er ein sog. Beobachtungslazarett in Heidelberg, wohin „diagnostisch unklare Fälle" aus anderen Lazaretten überwiesen wurden. Ein bedeutsames Ergebnis seiner Forschung war die „intravenöse Strophantintherapie", eine neue – und damals nicht unumstrittene – Therapie bei Herzkranken, für deren Verbreitung er sich zeit seines Lebens in vielfältiger Weise einsetzte. Die Firma Boehringer & Söhne, die die Vermarktungen der Strophantinampullen übernahm, wurde für ihn nach 1933 besonders wichtig, da sie ihm in dieser Zeit, als er keinerlei Gehalt oder Pension erhielt, weiterhin die Tantiemen für das Produkt bezahlte und ihn auch sonst unterstützte.

1920 zog die Familie (das Ehepaar und zwei Töchter) endgültig nach Heidelberg, und hier ist sein Name bleibend verbunden mit dem Ausbau des Tuberkulosekrankenhauses in Rohrbach und der Neugründung des Speyererhofes. An beiden Häusern ist seine Tätigkeit heute auch optisch gewürdigt: seit 1946 im Speyererhof durch eine Büste von Otto Schließler und seit wenigen Monaten steht auch im Garten der Thoraxklinik eine Büste Fraenkels, angefertigt von Helmut Heinze. (Über seine Intentionen beim Verfertigen der Büste berichtet der Bildhauer in einem Beitrag am Ende des Buches.)

Die Arbeit Fraenkels an beiden Kliniken wurde 1933 abrupt unterbrochen: Er wurde auf Grund des „Badischen Judenerlasses" bzw. des „Gesetzes zur Wiederherstellung des Berufsbeamtentums" entlassen. Die Diskriminierungen des Regimes blieben ihm und seiner Familie in den folgenden Jahren nicht erspart: Eine Hausdurchsuchung fand statt, sein Pass wurde ihm zeitweise entzogen und im September 1938 wurde ihm wie allen jüdischen Ärzten die Approbation entzogen. Freunde blieben ihm allerdings auch: Pfarrer Maas gehörte dazu, das Ehepaar Jaspers und frühere Mitarbeiter. Die Firma Boehringer & Söhne ermöglichte ihm die Teilnahme an mehreren medizinischen Auslandskongressen. Seine Tochter Annemarie, die in Nationalökonomie promoviert hatte und als Leiterin des evangelischen Jugend- und Wohlfahrtsdienstes tätig war, wurde nach diffamierenden Artikeln in der Heidelberger „Volksgemeinschaft" von der Kirche entlassen. Als Albert Fraenkel im Dezember 1938 starb, verweigerte ihm die Stadtverwaltung das Begräbnis auf dem nichtjüdischen Teil des Bergfriedhofes. Erst 1947 konnte die Urne im Grab der Familien Fraenkel und Anschütz beigesetzt werden.

Fraenkels Lebensweg wird am Anfang des Buches nachgezeichnet von Jörg Thierfelder, bescheiden bezeichnet als biografische Skizze. Als Einführung, als Überblick und für das Verständnis der folgenden Aufsätze ist dieser Text unbedingt hilfreich, sogar notwendig.

In den folgenden zwei Aufsätzen (von Rolf Albert Langendörfer sowie von Karin Voigt und Bernd Weidmann) erfährt der Leser vieles über die Häuser, in denen Fraenkel in Badenweiler seine beiden Sanatorien eingerichtet hatte, und in denen er u.a. Patienten wie Hermann Hesse und Karl Jaspers behandelte. Die Darstellung ist so detailreich, dass sie jederzeit als Stadtführer in dem Kurort dienen kann. Fraenkel ließ die Häuser Anfang des 20. Jahrhunderts im Jugendstil umbauen und einrichten, was zum Teil auch heute noch zu sehen ist. Mit der „intravenösen Strophantintherapie", ihrer Erprobung und Fraenkels intensivem Bemühen, sie bei den Ärzten durchzusetzen, beschäftigen sich mehrere Teile des Buches. Die Anordnung der Aufsätze muss nicht als unbedingte Abfolge beim Lesen verstanden werden. Möglicherweise ist es für das Verständnis eines medizinischen Laien sogar hilfreich, sich eine eigene Reihenfolge zusammenzustellen. Janos Somogyi und Friedrich Willig vermitteln dem Leser das nötige Grundverständnis für Strophantin und seine Bedeutung in der Medizingeschichte. Albert Fraenkel konnte 1905 auf einer Station der Straßburger Universitätsklinik die von ihm erfundene „intravenöse Strophantintherapie" anwenden. Über „die glänzenden Erfolge der neuen Methode" berichtete er seinen Fachkollegen in München.

Aber es gab in den folgenden Jahren noch viele Widerstände zu überwinden, und immer wieder musste er versuchen, mit Artikeln in Zeitschriften oder mit Fortbildungsseminaren die Abneigung der Ärzte gegen die neue Therapie zu überwinden. Die „Scheu vor der intravenösen Technik" war groß und hielt bis zum 2. Weltkrieg an. Fraenkel suchte sie auch abzubauen durch Anweisungen auf den Beipackzetteln der Strophantinampullen der Firma Boehringer & Söhne. Diese Vorgänge werden minutiös geschildert in dem Aufsatz von Christian Bonah, in dem man auch viel über den kulturpolitischen Auftrag der Straßburger Universität erfährt (die Universität sollte nach der 1871 erfolgten Annexion des Elsass „Vorposten deutscher Kultur und deutschen Geistes werden"), sowie in den Ausführungen von Egon Dietz über die Geschäftsbeziehungen Albert Fraenkels zur Firma Boehringer & Söhne in Mannheim.

Vier Aufsätze beschäftigen sich mit den beiden Kliniken in Heidelberg, denen Fraenkel seit den frühen 20er Jahren seine Arbeit widmete. Beim Ausbau der Rohrbacher Einrichtung ging es Fraenkel auch um ein neues Konzept: ein Krankenhaus für Tuberkulosekranke sollte eingerichtet werden, keine Heilstätte. Die Verhandlungen, die er darüber mit der Landesversicherungsanstalt Baden als dem erwünschten Träger des Krankenhauses führte, sind ausführlich dokumentiert in dem Aufsatz von Peter Drings und Michael Ehmann. Angefügt sind in Auszügen Arbeiten Fraenkels über Tuberkulose.

Die Frage, ob ein Krankenhaus oder ein Sanatorium errichtet werde, spielte auch bei der Gründung des Speyererhofs eine Rolle: Fraenkel wollte ein „klinisches Therapeutikum", ein Krankenhaus einrichten, aber der Widerstand aus der Fakultät der Universität führte zunächst zur Bezeichnung „Mittelstandssanatorium". Und obwohl dies nur für vier Jahre galt, war es sogar nach dem 2. Weltkrieg schwierig, die Benennung „Sanatorium" „aus den Köpfen der Bevölkerung und der Ärzteschaft zu eliminieren", schreibt Friedrich Willig, der Faenkels Zeit als Leiter des Speyererhofs als „Höhepunkt seines Ansehens" beschreibt. Als ehemaliger Leiter des Speyererhofes (1974–1997) berichtet Willig auch über die Geschichte des Krankenhauses während seiner eigenen Tätigkeit, z.B. über die Festveranstaltung aus Anlass des 50-jährigen Bestehens im Jahr 1977. Über die Gründungsphase und die ersten Jahre des „Mittelstandssanatoriums", vor allem auch über die finanziellen Probleme, die zu bewältigen waren, schreibt Martin Krauß. Er meint, dass Fraenkels Engagement für den Mittelstand, wie es in der Benennung der Einrichtung zum Ausdruck kommt, auch in seiner Biografie begründet sei. Auf Grund seiner Herkunft, Ausbildung und Tätigkeit in Badenweiler sei er mit den gesundheitlichen Problemen dieser Schicht vertraut gewesen. Die wirtschaftliche Situation gerade auch dieser Gruppe hatte sich durch den 1. Weltkrieg und die Nachkriegszeit verschlechtert, so dass das besondere Engagement Fraenkels für die nichtversicherten Freiberufler, die Beamten, Handwerker und Landwirte verständlich ist.

Die Übersicht einer Schwester („Patienten, die ich gepflegt habe"), die im Buch abgebildet ist, zeigt aber, dass im Speyererhof auch berühmte Personen behandelt wurden z.B. Gerhart Hauptmann und Wolfgang Fortner. Zur Untersuchung kamen auch (nach dieser Zusammenstellung) Gustav Stresemann und Carl Zuckmayer.

Michael Ehmann wählte für seinen Aufsatz ein Zitat als Titel: „Mit dem Professor ist trotz aller Liebenswürdigkeit schwer arbeiten." So urteilte eine Schwester des bayerischen Roten Kreuzes in einem Bericht. Es wäre aber irreführend aus diesem Satz zu schließen, es hätte nur Schwierigkeiten gegeben in der Zusammenarbeit zwischen Fraenkel und den Schwestern in den beiden Krankenhäusern. Auf dem Speyererhof waren dies Schwestern vom Bayerischen Roten Kreuz, um deren Mitarbeit sich Fraenkel bei der Gründung des Hauses sehr bemüht hatte, und im Rohrbacher Krankenhaus arbeiteten die katholischen „Bühler Schwestern". Zu Konflikten kam es allerdings in beiden Fällen: vom katholischen Orden verlangte Fraenkel immer wieder, dass jüngere Schwestern geschickt würden, da sie besser ausgebildet waren als die älteren. In den Vertrag mit dem Orden ließ er schließlich die Pflicht der Schwestern zur „theoretischen Bildung" aufnehmen. Auf dem Speyererhof verlangte er die Abberufung einer leitenden Oberschwester. Ehmann sieht den Hintergrund für diese Forderung eher in den finanziellen Schwierigkeiten des Krankenhauses als im Fehlverhalten der Schwester. Der Aufsatz dokumentiert insgesamt (auch die Verträge mit der jeweiligen Schwesternschaft werden abgedruckt) die Zusammenarbeit Fraenkels mit dem Pflegepersonal der beiden Krankenhäuser und sein dabei verfolgtes Ziel: moderne Kliniken auf dem wissenschaftlichen Niveau der Zeit einzurichten. Nebenbei erfährt der Leser in diesem Aufsatz auch einiges zur Geschichte der Pflegeberufe im 20. Jahrhundert.

Die berühmtesten Patienten Albert Fraenkels schon in seiner Badenweiler Zeit waren sicher Hermann Hesse und Karl Jaspers. Und ihre Äußerungen über bzw. zu ihrem Arzt sind gewiss die am häufigsten zitierten. Hesse beschreibt Fraenkel in seiner Erzählung „Haus zum Frieden" als einen Arzt mit großem Einfühlungsvermögen. Und im Gefolge dieser Schilderung werde Fraenkel oft idealisiert, es „werden Fraenkel quasigöttliche Fähigkeiten zugesprochen", schreibt Bernd Weidemann in seiner Untersuchung. Karl Jaspers Brief zu Fraenkels 70. Geburtstag (1934) hat ähnliche Verbreitung gefunden und auch Jaspers „neigt noch etwas zur verklärenden Idealisierung", meint Weidemann. Um zu einer zu einer präziseren Kenntnis des Wesens und Charakters Albert Fraenkels zu kommen, untersucht er sehr genau die Umstände, unter denen Hesse und Jaspers (dieser als 20-jähriger Student) in Badenweiler mit Fraenkel zu tun hatten, und er kommt zu einer sehr differenzierten Beurteilung sowohl der beiden Patienten wie ihres Arztes. Der Leser erfährt in dieser sehr sorgfältig gearbeiteten Untersuchung vieles über Hesse, über Jaspers und über Fraenkel. Und über Fraenkel von einer etwas anderen Perspektive als in den übrigen Aufätzen. Weidemann sagt, dass in den vielen Berichten, die es über Fraenkel gibt, meistens von seinen „objektiven Leistungen" d.h. von seinen medizinischen Arbeiten und Leistungen die Rede ist. Das gilt im Wesentlichen auch für dieses Buch.

Damit ist die am Anfang gestellte Frage, ob eine Zusammenstellung von Aufsätzen – wie es hier geschieht – einen Gesamteindruck der Persönlichkeit Albert Fraenkels vermitteln kann, bereits beantwortet. Der Leser weiß nach der Lektüre, was Albert Fraenkel in seinem Beruf Bedeutendes geleistet hat, er hat eine Vorstellung gewonnen von einem deutschjüdischen Lebensweg am Ende des 19. und in der ersten Hälfte des 20. Jahrhunderts, von seinen Erfolgen und Niederlagen und Diskriminierungen am Ende dieses Lebens. Trotzdem würde man gerne noch mehr erfahren über die Persönlichkeit Albert Fraenkels, sein Wesen, seinen Charakter, auch über seine politische Haltung, die nur in wenigen Andeutungen angesprochen wird. Man kann sich kaum vorstellen, dass die Ausgrenzungen und Verfolgungen (Fraenkel erlebte in Heidelberg die Reichspogromnacht) ihn nicht zu Äußerungen veranlasst haben. Ob das im Buch angeführte Privatarchiv seines Enkels wohl noch mehr Hinweise auf diese Zeit enthält?

Das Buch ist reich bebildert, jeder Aufsatz schließt mit einer umfangreichen Literaturliste, und es ist auch für Leser interessant, die sich nur für einen Teil der Themen interessieren, etwa für die Geschichte des Speyererhofes oder die Entwicklung der Strophantintherapie.

Ingrid Moraw

Werner Schreiner (Bearb.): … an einem Strang. Eisenbahngeschichte im Rhein-Neckar-Dreieck, hg. vom Verkehrsverbund Rhein-Neckar, 112 S., Ludwigshafen 2004, Euro 18,00
Josef Kaiser: 50 Jahre Heidelberger Hauptbahnhof. Von den Anfängen bis zum modernsten Bahnhof Deutschlands. Mit Beiträgen von Martin Schack und Richard Winter, 144 S., Ludwigshafen 2005, 18,00 Euro

Im Dezember 2003 wurde die S-Bahn Rhein-Neckar eröffnet, und in diesem Jahr wurde der Heidelberger Hauptbahnhof 50 Jahre alt. Die beiden angezeigten Bände nehmen diese Ereignisse zum Anlass für zwei Publikationen, die unsere Kenntnisse über die Eisenbahngeschichte Heidelbergs und der Region auffrischen und vertiefen. Layout und Produktionsmanagement – ‚Verlag' ist out – lagen für beide Broschüren bei „pro Message oHG" in Ludwigshafen, und sie sind deshalb in Format und Machart sehr ähnlich.

Hervorzuheben ist die Fülle an Abbildungen von Dokumenten, Streckenplänen und historischen Fotos. Im Kapitel „Eisenbahnarchitektur und technische Anlagen" (Schreiner, S. 82–94) wird die – auch länderübergreifende – Einheitlichkeit der baulichen Gestaltung der Bahnhofsanlagen in der Gründerzeit deutlich. Das Kapitel „Eisenbahnpersonal, Sozialeinrichtungen, Frauen im Eisenbahndienst" (ebd., S. 99–103) fallen die Fotos mit melancholisch dreinblickenden Schaffnerinnen von 1914ff. und vom Innenleben des Heidelberger Bahnbetriebswerks auf, das derzeit vom Verfall bedroht ist. Hinzuweisen ist auch auf die sehr seltenen Fotos von der Judendeportation 1940 in Bruchsal (ebd. S. 60). Bei Kaiser sind die Pläne vom alten Bahnhof (S. 16–21), die Fotos zu den Hospital- und Königstuhltunnels (S. 23), der Streckenplan zur Zeit der Neueröffnung 1955 (S. 90f.) und eine Karikatur von Horst Busse (S. 106) hervorzuheben, auf der ein bärtiger Alter den alten Bahnhof fortträgt und einem jungen Mützenträger mit dem neuen Bahnhof auf dem Arm zuruft: „Wart' nur mal, wie du in 115 Jahren aussehen wirst!" Jetzt stehen nach gerade 50 Jahren der neue Bahnhof und sein Platz unter ungeheurem Veränderungsdruck.

Demgegenüber treten die Texte zurück. Wer etwa nach den genauen Baudaten des Königstuhltunnels sucht, ist weiterhin auf die Festschrift von 1980 angewiesen. Verdienstvoll ist die Auflistung aller „Streckeneröffnungen" mit exakten Datumsangaben (Schreiner, S. 106–108); Streckenschließungen sind freilich nicht aufgelistet. Unter kulturhistorischen Aspekten sind die Passagen zum Bahnhofsbuchhandel seit 1854 (Kaiser, S. 27f.) und die Dokumentation einer Sendung des Süddeutschen Rundfunks vom 7. und 8. Mai 1955 (ebd., S. 91–118) von Interesse. Vom Schriftsteller Fritz Nötzold ist da zu lesen: „Lassen Sie uns ... Abschied nehmen von dem alten Bahnhof Heidelberg. ... In wenigen Stunden wird es hier ganz still sein ... Wir haben allerdings einen schönen, neuen Bahnhof, aber der alte ist den Heidelbergern doch ans Herz gewachsen. Leb wohl, alter Bahnhof Heidelberg" (ebd., S. 95).

Hans-Martin Mumm

Gerhard Nebel: „Alles Gefühl ist leiblich". Ein Stück Autobiographie. Hg. von Nicolai Riedel. Mit einem Essay von Martin Mosebach (Marbacher Bibliothek 6), Marbach, Deutsche Schillergesellschaft 2003, 263 S. 18,00 Euro

Nebel (1903–1974) war studierter Klassischer Philologe, Hauslehrer und auf vielen Gymnasien des Rhein- und Bergischen Landes, seit der Frühpensionierung 1955 freier Schriftsteller und Reisender in mythischen Landschaften, in Treue und Distanz Stefan George, Martin Heidegger, Ernst Jünger, Carl Schmitt und Erhart Kästner verbunden, konservativ-antizivilisatorischer und streitfreudiger Kulturkritiker mit beklemmenden Obsessionen (der Institution Schule, des Sports); 2003 ist sein Briefwechsel mit Jünger veröffentlicht und viel besprochen worden – Martin Mosebach hat den außenseiterischen Denker Nebel in einem klugen Essay porträtiert (223–248).

Der hier aus dem Marbacher Nachlass sorgfältig edierte Teil der Autobiografie aus dem Jahr 1968 umfasst die Kindheits-, Lehr- und Wanderjahre bis 1938: also Kindheit und Jugend in Dessau und, nach dem frühen Tod der Eltern, Koblenz, Studium der Philosophie und Klassischen Philologie in Halle, vor allem Freiburg, Marburg, Heidelberg und Köln; früher Schuldienst. Die zwei Jahre Heidelberg 1925–1927 (= Kap. VI S. 77–93) enden mit der philosophischen Promotion bei Ernst Hoffmann: Plotins Kategorien einer intelligiblen Welt (gedruckt 1929); von Köln aus ist er noch einmal in Heidelberg, als sein jüngerer Bruder in der Thorax-Klinik in Rohrbach stirbt (125f.). Nebel wohnte zuerst in Rohrbach, dann in „einem altertümlichen Haus der Brunnengasse ... neben dem Zimmer, in dem Norbert von Hellingrath seine Hölderlin-Entdeckung vollbracht hatte" (79f.), später am Oberen Faulen Pelz. Die Idealität der Stadtlage fängt er ein, angesichts der Schloß-Ruine erfährt er „Architektur als Pharmakon" (81), im jüdischen Milieu der Universität fühlt er sich „wohl wie in einem heißen Bad" (84) und macht erste Erfahrungen eines Antisemitismus; großartig im Kontrast zu Heidegger das Porträt von Jaspers (87), Karl Mannheim weist ihn auf den langen Schatten des toten Max Weber hin (91f.). In Klassischer Philologie ist Otto Regenbogen sein Lehrer, imponierend in seiner Gelehrsamkeit, die aber „mir doch nur die Oberfläche ritzte" (86); der Latinist dagegen (Nebel beschweigt den Namen Karl Meister wie später den des Kölner Gräzisten Josef Kroll) erscheint ihm, barsch und wohl ungerecht, als ein „Versager", ein „armes Männlein, bei großem Wissen ungebildet, sich an die äußerlichsten Äußerlichkeiten hängend (85, 87). Auch theologische Vorlesungen hört er bei (Martin) Dibelius, der im Annotierten Personenverzeichnis (252) irrtümlich zu Otto D. aufgelöst worden ist. Die Erinnerungen von Gerhard Nebel sind für die Zeitgeschichte des 20. Jahrhunderts bis 1935 von hohem Interesse, auch für Stadt und Universität Heidelberg um und nach 1925.

Reinhard Düchting

Weiss'sche

Universitätsbuchhandlung
gegr. 1593 Inh. Gerhard Rönick

1593-1993

400 Jahre
die Buchhandlung
für Literatur, Kunst und Geisteswissenschaften.

69117 Heidelberg · Universitätsplatz 8
Telefon 06221/22160 · Fax 18 15 69

Buchhandlung Schmitt

SCHMITT & HAHN
Allgemeines Sortiment
Hauptstraße 8
☎ 06221/845-196
📠 06221/13837-7

LIBRESSO - FACHBUCH
Medizin, Naturwissenschaft
Brückenstraße 4
☎ 06221/845-192
📠 06221/407843

HEIDELBERG

- IM HAUPTBAHNHOF -

INTERN. PRESSECENTER
☎ 06221/845-193
📠 06221/585123

BUCHHANDLUNG
☎ 06221/845-194
📠 06221/650210

BUCHMARKT
☎ 06221/650212
📠 06221/650210

www.Buchhandlung-Schmitt.de

Neue Veröffentlichungen zu Stadtgeschichte

HJG: Heidelberg. Jahrbuch zur Geschichte der Stadt, hg. vom Heidelberger Geschichtsverein
MGBl: Mannheimer Geschichtsblätter. Ein historisches Jahrbuch zur Archäologie, Geschichte, Kunst- und Kulturgeschichte Mannheims und der ehemaligen Kurpfalz, Neue Folge, hg. von der Gesellschaft der Freunde Mannheims und der ehemaligen Kurpfalz, Mannheimer Altertumsverein von 1859 in Verbindung mit dem Stadtarchiv und dem Reiss-Museum der Stadt Mannheim
ZGO: Zeitschrift für die Geschichte des Oberrheins, Neue Folge, hg. von der Kommission für geschichtliche Landeskunde in Baden-Württemberg

Selbständige Veröffentlichungen 2004 und Nachträge

Bilhöfer, Peter: „Nicht gegen Ehre und Gewissen. Friedrich V., Kurfürst von der Pfalz – der Winterkönig in Böhmen, Heidelberg 2004

Blum, Peter (Hg.): ... verliebt in Heidelberg (Reihe Archivbilder des Stadtarchivs Heidelberg), Erfurt 2004

Bürger für Heidelberg e.V. und Alt Heidelberg e.V. (Hg.): Palais Nebel. Barockpalais – Pavillons – Garten. Geschichte und Bedeutung eines Kulturdenkmals in der Heidelberger Altstadt, Heidelberg 2004

Drings, I.; Thierfelder J. u.a. (Hgg.): Albert Fraenkel. Ein Arztleben in Licht und Schatten 1864–1938, Landsberg/Lech 2004

Feuerstein-Praßer, Karin: Sofie von Hannover (1630–1714). Wenn es die Frau Kurfürstin nicht gäbe ..., Regensburg 2004

Freese, Annette; Hepp, Frieder; Ludwig, Renate (Hg.): Der Winterkönig. Heidelberg zwischen höfischer Pracht und Dreißigjährigem Krieg, Begleitbuch zur gleichnamigen Ausstellung im Kurpfälzischen Museum vom 21.11.2004–27.2.2005, Remshalden 2004

Hachmeister, Lutz: Schleyer: Eine deutsche Geschichte, München, 2004

Hampe, Karl: Kriegstagebuch 1914–1919, hg. von Folker Reichert und Eike Wolgast, München 2004

Hartmann, Dagmar: Henkenhaf und Ebert. Architekten der Stadthalle Heidelberg, Heidelberg 2004

Himmelheber, Susanne; Hoffmann, Karl-Ludwig (Hg.): Neue Kunst – Lebendige Wissenschaft. Wilhelm Fraenger und sein Heidelberger Kreis 1910–1937, Heidelberg 2004

Jäger, Willi (Hg.): Der Heidelberger Karl-Theodor-Globus von 1751 bis 2000. Vergangenes mit gegenwärtigen Methoden für die Zukunft bewahren (Schriften der Mathematisch-naturwissenschaftlichen Klasse der Heidelberger Akademie der Wissenschaften 14), Berlin u.a. 2004

Jansen, Christian (Bearb.): Nach der Revolution 1848/49. Verfolgung, Realpolitik, Nationsbildung. Politische Briefe deutscher Liberaler und Demokraten 1848–1861 (Veröffentlichung der Kommission für Geschichte des Parlamentarismus und der politischen Parteien), Düsseldorf, 2004

Jungaberle, Henrik; Claussen, Cornelius; Röske, Thomas (Hgg.):Rausch im Bild - Bilderrausch: Drogen als Medien von Kunst in den 70er Jahren (Begleitband zur Ausstellung Rausch im Bild - Bilderrausch. Drogen als Medien von Kunst in den 70er Jahren ; Sammlung Prinzhorn, Heidelberg, 14.10.2004–30.1.2005), Heidelberg 2004

Lehmann, K.M.; Meyer zu Schwabedissen, Doris (Bearb.): Heidelberg – Karlsruhe. Zentren der Kunst im 19. Jahrhundert. Katalog zur Ausstellung im Alten Rathaus Neckargemünd und im Grafschaftsmuseum Wertheim, Neckargemünd und Wertheim 2003

Mengersen, Oliver v. u.a. (Hgg.): Personen, Soziale Bewegungen, Parteien. Beiträge zur Neuesten Geschichte. Festschrift für Hartmut Soell, Heidelberg 2004

Meurer, Bärbel (Hg.): Marianne Weber. Beiträge zu Werk und Person, Tübingen 2004

Pädagogische Hochschule Heidelberg, Vereinigung der Freunde der Pädagogischen Hochschule

Heidelberg e.V. (Hgg.): Einblicke in 100 Jahre Lehrerbildung in Heidelberg. Ein langer Weg zu einer forschungsbasierten Bildungswissenschaftlichen Hochschule. Heidelberg 2004

Reichold, Michael (Hg): Ottheinrich von der Pfalz-Neuburg (1502–1559), Regensburg 2004

Roth, Anja-Maria (Hg.): Ein Franzose in Heidelberg. Stadt und Schloss im Blick des Grafen Graimberg. (Paris 1774–1864 Heidelberg), Heidelberg 2004

Santak, Michael (Hg): Mythos Heidelberg, Heidelberg 2004

Schlieben, Barbara; Schneider, Olaf; Schulmeyer, Kerstin (Hgg.): Geschichtsbilder im George-Kreis: Wege zur Wissenschaft, Göttingen 2004

Schreiner, Werner (Bearb.): … an einem Strang. Eisenbahngeschichte im Rhein-Neckar-Dreieck, hg. Vom Verkehrsverbund Rhein-Neckar, Ludwigshafen 2004

Sjöberg, July: Das große Fass zu Heidelberg, Neckargemünd-Dilsberg 2004

Stadtteilverein Handschuhsheim (Hg.): Jahrbuch 2004, Heidelberg 2004

Stolpmann, Max; Cowin, Andrew: Heidelberg. Schloss- und Stadtführer, Heidelberg 2004 (Ausgabe in deutscher, englischer, französischer, italienischer und spanischer Sprache)

Theater der Stadt Heidelberg: 20 Jahre zwinger 3. Kinder- und Jugendtheater der Stadt Heidelberg 1984–2004, Heidelberg 2004

Universitätsmuseum Heidelberg (Hg.): Heidelberger Köpfe. Die Professorenporträts von Dénes v. Szebeny. Ausstellung im Universitätsmuseum Heidelberg, 28.10.2004–23.1.2005, Heidelberg 2004

Weber, Stefan: Das Leben des Eberhard von Kumbd. Heidelbergs Anfänge und weibliche Frömmigkeit am Mittelrhein, Heidelberg 2004

Wehling, Hans-Georg; Wehling, Rosemarie (Hgg.): Wegmarken südwestdeutscher Geschichte, Stuttgart 2004

Wehr, Helmut (Hg.): Erich Fromm, Weinheim und Basel 2004

Wessendorf, Hans J. (Hg.): Architektur in Heidelberg. Das Anwesen Friedrich-Ebert-Anlage 27 aus dem Jahre 1911, Heidelberg 2004

Wininger, Josef: Ludwig Feuerbach. Denker der Menschlichkeit, Berlin 2004

Artikel und selbständige Beiträge nach Epochen geordnet

Vor- und Frühgeschichte

Hensen, Andreas: Der Kriegsgott auf der Taschenapotheke, in: Stadtteilverein Handschuhsheim (Hg.): Jahrbuch 2004, Heidelberg 2004, S. 91–94

8.–18. Jahrhundert

Bechtel, Alfred: Pfälzer Kolonisten in Veltenhof, in: Stadtteilverein Handschuhsheim (Hg.): Jahrbuch 2004, Heidelberg 2004, S. 81–85

Bilhöfer, Peter: „Nicht gegen Ehre und Gewissen. Friedrich V., Kurfürst von der Pfalz – der Winterkönig in Böhmen, Heidelberg 2004

Cobbers, Arnt: Der Chor der Heidelberger Heiliggeistkirche. Ein unterbewerteter Königsbau, in: Dauer und Wechsel, Berlin 2004, S. 17–32

Cser, Andreas: Der konservative Protest: Zur Beschwerdeschrift der Heidelberger Zünfte vom Oktober 1789, in: Uffelmann, Uwe; Seidenfuß, Manfred (Hgg.): Verstehen und Vermitteln. Armin Reese zum 65. Geburtstag, Idstein 2004, S. 95–108

Erhard, Arno: Kloster Neuburg und die Familie von Fleckenstein, HJG 9, 2004/05, S. 163–167

Feuerstein-Praßer, Karin: Sofie von Hannover (1630–1714). Wenn es die Frau Kurfürstin nicht gäbe …, Regensburg 2004

Foerster, Thomas: Die historische Verkehrslage Heidelbergs im unteren Neckartal, HJG 9, 2004/05, S. 103–120

Freese, Annette: Zwischen Lustbarkeit und Repräsentation. Die Heidelberger Residenz 1613–1619, in: Freese, Annette; Hepp, Frieder; Ludwig, Renate (Hgg.): Der Winterkönig, Remshalden 2004, S. 13–28

Freese, Annette; Hepp, Frieder; Ludwig, Renate (Hgg.): Der Winterkönig. Heidelberg zwischen höfischer Pracht und Dreißigjährigem Krieg. Begleitbuch zur gleichnamigen Ausstellung im Kurpfälzischen Museum vom 21.11.2004–27.2.2005, Remshalden 2004

Gärtner, Magdalene: Höfische Repräsentation und Festkultur. Die „Reiß" Kurfürst Friedrichs V. von der Pfalz, in: Schlottermöller, Uwe; Richter, Maria (Hgg.): Morgenröte des Barock. Tanz im 17. Jahrhundert, Freiburg 2004, S. 53–70

Goetze, Jochen: „Gemeinsame Sache". Kurpfalz, Hirschhorn und die Schicksale der Juden im 14. Jahrhundert, HJG 9, 2004/05, S. 11–22

Hepp, Frieder: „Deß gewesten Pfaltzgrafen Glück und Unglück". Aufstieg und Fall des „Winterkönigs" im Spiegel zeitgenössischer Flugblattpublizistik, in: Freese, Annette; Hepp, Frieder; Ludwig, Renate (Hgg.): Der Winterkönig, Remshalden 2004, S. 39–52

Jäger, Willi (Hg.): Der Heidelberger Karl-Theodor-Globus von 1751 bis 2000. Vergangenes mit gegenwärtigen Methoden für die Zukunft bewahren (Schriften der Mathematisch-naturwissenschaftlichen Klasse der Heidelberger Akademie der Wissenschaften 14), Berlin u.a. 2004

Junkelmann, Marcus: Waffen und Ausrüstung am Beginn des Dreißigjährigen Krieges, in: Freese, Annette; Hepp, Frieder; Ludwig, Renate (Hgg.): Der Winterkönig, Remshalden 2004, S. 65–76

Kemmet, Einhard: Ein romanisches Würfelkapitell und ein gotisches Maßwerkfenster von St. Michael auf dem Heiligenberg in Heidelberg-Handschuhsheim, in: Stadtteilverein Handschuhsheim (Hg.): Jahrbuch 2004, Heidelberg 2004, S. 12–13

Kemmet, Einhard: Frühneuzeitliche Wasser- oder Quellstollen in der Karlsstraße 16 mit Kulturmüll vom Ende des 19. Jahrhunderts, HJG 9, 2004/05, S. 121–128

Kollnig, Karl: Christian Mayer – Der Hofastronom Carl Theodors, in: Stadtteilverein Handschuhsheim (Hg.): Jahrbuch 2004, Heidelberg 2004, S. 41

Kollnig, Karl: Melanchthon in Heidelberg. Ausarbeitung der Universitätsstatuten, in: Stadtteilverein Handschuhsheim (Hg.): Jahrbuch 2004, Heidelberg 2004, S. 42

Ludwig, Renate: „Lacrumae Heidelbergenses". Die archäologische Überlieferung zur Belagerung 1622, in: Freese, Annette; Hepp, Frieder; Ludwig, Renate (Hgg.): Der Winterkönig, Remshalden 2004, S. 53–64

Miethke, Jürgen: Die Anfänge der Universitäten Prag und Heidelberg in ihrem gegenseitigen Verhältnis, in: Miethke, Jürgen: Studieren an mittelalterlichen Universitäten, Leiden [u.a.] 2004, S. 407–428

Miethke, Jürgen: Marsilius von Inghen als Rektor der Universität Heidelberg, in: Miethke, Jürgen: Studieren an mittelalterlichen Universitäten, Leiden [u.a.], 2004, S. 429–452

Miethke, Jürgen: Studieren an mittelalterlichen Universitäten. Chancen und Risiken. Gesammelte Aufsätze, Leiden u.a. 2004

Mumm, Hans-Martin: Am jähen Steig. Altstraßen und Hohlwege im Stadtwald. Erwägungen zu den Verkehrsbeziehungen in Mittelalter und früher Neuzeit, HJG 9, 2004/05, S. 79–101

Pietzsch, Eberhard: Digitalisierung mittelalterlicher Bildhandschriften an der Universitätsbibliothek Heidelberg, ein DFG-Projekt, in: Kulturgut aus Archiven, Bibliotheken und Museen im Internet, Stuttgart 2004, S. 143–146

Reichold, Michael (Hg): Ottheinrich von der Pfalz-Neuburg (1502–1559), Regensburg 2004

Schick, Paul: „Zwingenberger, Du hast mich gestochen. Der Tod des Hans von Handschuhsheim vor 404 Jahren, in: Stadtteilverein Handschuhsheim (Hg.): Jahrbuch 2004, Heidelberg 2004, S. 123

Seele, Heide: Dauerausstellung zum Mittelalter. Heidelberger Schloss, in: Hierzuland 18/2003, S. 64

Sjöberg, July: Das große Fass zu Heidelberg, Neckargemünd-Dilsberg 2004

Sinn, Peter: Das Doppelschild am Steinachsweg mit Blick Richtung Steinberg in Heidelberg-Handschuhsheim, in: Stadtteilverein Handschuhsheim (Hg.): Jahrbuch 2004, Heidelberg 2004, S. 43–46

Strohm, Theodor: Almosenordnung des Kurfürsten Friedrich III. für die Pfalz einschließlich der Bestimmungen für die Stadt Heidelberg, in: Strohm, Theodor; Klein Michael (Hgg.): Die Entstehung einer sozialen Ordnung Europas, Bd. 2 Europäische Ordnungen zur Reform der armenpflege im 16. Jahrhundert, Heidelberg 2004, S. 302–327

Weber, Stefan: Das Leben des Eberhard von Kumbd. Heidelbergs Anfänge und weibliche Frömmigkeit am Mittelrhein, Heidelberg 2004

Winkler, Klaus: Musik und Tanz am Heidelberger Hof von Friedrich V. und Elizabeth Stuart, in: Freese, Annette; Hepp, Frieder; Ludwig, Renate (Hgg.): Der Winterkönig, Remshalden 2004, S. 29–38

18.–19. Jahrhundert

Hentschel, Uwe: „Ein Buchhändler, wie Sie es waren, ist so ehrwürdig, wie eine unschuldige Magd im Wirtshause": Johann Georg Zimmer - der Verleger der Heidelberger Romantik, in: Leipziger Jahrbuch zur Buchgeschichte H.13, 2004, S.11–38

Mertens, Dieter: Die oberrheinischen Universitäten zwischen Habsburg und Burgund, in: Krimm, Konrad; Brüning, Rainer (Hgg.): Zwischen Habsburg und Burgund, Ostfildern 2003, S. 275–287

Roth, Anja-Maria (Hg.): Ein Franzose in Heidelberg. Stadt und Schloss im Blick des Grafen Graimberg (Paris 1774–1864 Heidelberg). Herausgegeben für das Kurpfälzische Museum von Frieder Hepp, Heidelberg 2004

Wininger, Josef: Ludwig Feuerbach. Denker der Menschlichkeit, Berlin 2004

19. Jahrhundert

Jansen, Christian (Bearb.): Nach der Revolution 1848/49. Verfolgung, Realpolitik, Nationsbildung. Politische Briefe deutscher Liberaler und Demokraten 1848–1861 (Veröffentlichung der Kommission für Geschichte des Parlamentarismus und der politischen Parteien), Düsseldorf 2004

Lehmann, K.M.; Meyer zu Schwabedissen, Doris (Bearb.): Heidelberg – Karlsruhe. Zentren der Kunst im 19. Jahrhundert. Katalog zur Ausstellung im Alten Rathaus Neckargemünd und im Grafschaftsmuseum Wertheim, Neckargemünd und Wertheim 2003

Mumm, Hans-Martin: „Gegessen und gefaulenzt." Hans Christian Andersen in Heidelberg, HJG 9, 2004/05, S. 169–172

Schwinge, Gerhard: Zur Neuorganisation der Universität Heidelberg vor 200 Jahren und zum Einfluss des ebenfalls 1803 nach Baden berufenen Jung-Stilling in den Jahren 1803–1805, in: Zeitschrift für die Geschichte des Oberrheins N.F. 112, 2003, S. 415–442

Walter, Rudolf: Zur Kirchenmusikpraxis der Pfarrkirche Heiliggeist im 19. Jahrhundert, HJG 9, 2004/05, S. 23–46

19. und 20. Jahrhundert

Bahls, Dietrich (Hg.): Heidelberger Karzerpoesie, Heidelberg 2004

Bahls, Dietrich: Wilckens-Schule Heidelberg. Eine Gebäudebeschreibung mit Bildern, Heidelberg 2004

Baier, Christof: Das „träumerische Läuten im Flug der einsiedlerischen Holzbiene". Wilhelm Fraenger über Ernst Kreidolf, in: Hofmann, Karl-Ludwig; Himmelheber, Susanne (Hgg.): Neue Kunst - Lebendige Wissenschaft, Heidelberg 2004, S. 55–67

Bechtel, Alfred: Kirchenrat August Christian Eberlin. Zur Erinnerung an sein 120. Todesjahr, in: Stadtteilverein Handschuhsheim (Hg.): Jahrbuch 2004, Heidelberg 2004, S. 77–79

Blum, Peter (Hg.): ... verliebt in Heidelberg (Reihe Archivbilder des Stadtarchivs Heidelberg), Erfurt 2004

Braun, Michael: „Der badische Geist" oder „die Eigenart der `natürlichen Demokratie`" – Der Landtag in der politischen Kultur Badens, in: Mengersen, Oliver v. u. a. (Hgg.): Personen, Soziale Bewegungen, Parteien, Heidelberg 2004, S. 323–238

Buchholz, Stephan: Marianne Webers Bedeutung für die Rechtsgeschichte, in: Meurer, Bärbel (Hg.): Marianne Weber, Tübingen 2004, S. 157–171

Drings, I.; Thierfelder J. u. a. (Hg.): Albert Fraenkel. Ein Arztleben in Licht und Schatten 1864–1938, Landsberg / Lech 2004

Düchting, Reinhard: „... Verfasser hat sich in den Stoffmassen behauptet." Zur Heidelberger Preisschrift (1913) und Dissertation(1917), in: Hofmann, Karl-Ludwig; Himmelheber, Susanne (Hgg.): Neue Kunst - Lebendige Wissenschaft, Heidelberg 2004, S. 27–35

Gensichen, Sigrid: Tugenden von Carl Schäfer, Reflexionen eines Oberfinanzrats und ein heimgekehrtes Modell. Neues zum Heidelberger Schlossstreit, HJG 9, 2004 / 05, S. 129–149

Gilcher-Holthey, Ingrid: Modelle „moderner Weiblichkeit". Diskussionen im akademischen Milieu Heidelbergs um 1900, in: Meurer, Bärbel (Hg.): Marianne Weber, Tübingen 2004, S. 29–57

Giovannini, Norbert: „Kämpfen soll er, dieser `Sozialistische Student`. Die Sozialistische Studentengruppe in Heidelberg und ihr Zeitungsprojekt 1930 / 31, in Oliver v. Mengersen u. a. (Hg.): Personen, Soziale Bewegungen, Parteien, Heidelberg 2004, S.339–364

Giovannini, Norbert: Fraenger und Freunde. Hinweise zum studentischen Umfeld der `Gemeinschaft` und einigen Protagonisten der sozialistischen Studentengruppe 1919–1922, in: Hofmann, Karl-Ludwig; Himmelheber, Susanne (Hgg.): Neue Kunst - Lebendige Wissenschaft, Heidelberg 2004, S. 173–185

Göttert, Margit: Gertrud Bäumer und Marianne Weber. Kampfgefährtinnen im Bund Deutscher Frauenvereine, in: Meurer, Bärbel (Hg.): Marianne Weber, Tübingen 2004, S. 127–155

Hachmeister, Lutz: Schleyer. Eine deutsche Geschichte, München 2004

Hampe, Karl: Kriegstagebuch 1914–1919, Hg. von Folker Reichert und Eike Wolgast, München 2004

Hartmann, Dagmar: Henkenhaf und Ebert. Architekten der Stadthalle Heidelberg, Heidelberg 2004

Hempel, Wolfgang: Das Erbe Wilhelm Fraengers. Probleme und Perspektiven eines Nachlassverwalters, in: Hofmann, Karl-Ludwig; Himmelheber, Susanne (Hgg.): Neue Kunst - Lebendige Wissenschaft, Heidelberg 2004, S. 278–285

Hofmann, Karl-Ludwig; Himmelheber, Susanne: Neue Kunst - Lebendige Wissenschaft, in: Hofmann, Karl-Ludwig; Himmelheber, Susanne (Hgg.): Neue Kunst - Lebendige Wissenschaft, Heidelberg 2004, S. 11–16

Hohenadl, Stefan: „... die Häute meines Herzens lösten sich." Anmerkungen zu Carl Neumann (1860–1934), einem Lehrer Wilhelm Fraengers an der Heidelberger Universität, in: Hofmann, Karl-Ludwig; Himmelheber, Susanne (Hgg.): Neue Kunst - Lebendige Wissenschaft, Heidelberg 2004, S. 36–44

Jansen, Christian: Die soziale Lage der Hochschullehrerschaft im Kaiserreich und in der Weimarer Republik im Vergleich: zum Beispiel Heidelberg, in: Werner Buchholz (Hg.): Die Universität Greifswald und die deutsche Hochschullandschaft im 19. und 20. Jahrhundert, Stuttgart 2004, S.169–189

Jungaberle, Henrik; Claussen, Cornelius; Röske, Thomas (Hgg.): Rausch im Bild - Bilderrausch: Drogen als Medien von Kunst in den 70er Jahren (Begleitband zur Ausstellung Rausch im Bild - Bilderrausch. Drogen als Medien von Kunst in den 70er Jahren); Sammlung Prinzhorn, Heidelberg, 14.10.2004–30.1.2005, Heidelberg 2004

Keller, Werner: Hans Philipp Ehrenberg. Philosoph, Universitätslehrer und Pfarrer – ein judenchristliches Schicksal in Deutschland, in: Stadtteilverein Handschuhsheim (Hg.): Jahrbuch 2004, Heidelberg 2004, S. 29–33

Kempter, Klaus: Camilla Jellinek und die Frauenbewegung in Heidelberg, in: Meurer, Bärbel (Hg.): Marianne Weber, Tübingen 2004, S. 111–125

Krüger, Christa: „Doppelsternpersönlichkeiten". Konzept einer Partner-Ehe, in: Meurer, Bärbel (Hg.): Marianne Weber, Tübingen 2004, S. 59–75

Langner, Martin: „Es brennt!!!" - die Geschichte der Feuerbekämpfung in Heidelberg, in: Brandhilfe 52/2005, S. 88–89

Langner, Martin: An Katastrophe knapp vorbei: „Brennt Passagierschiff": Heidelberg, Sonntagmorgen, 18.7.2004, 2.07 Uhr, in: Brandhilfe 51/2004, S. 304–306

Langner, Martin: Bei der Feuerwehr schlugen die Funken, in: Brandhilfe 51/2004, S. 238–239

Lauterer, Heide-Marie: Marie Baum und der Heidelberger Freundeskreis, in: Meurer, Bärbel (Hg.): Marianne Weber, Tübingen 2004, S. 91–109

Lepsius, Rainer M.: Mina Tobler, die Freundin Max Webers, in: Meurer, Bärbel (Hg.): Marianne Weber, Tübingen 2004, S. 77–89

Lichtblau, Klaus: Die Bedeutung von „Ehefrau und Mutter in der Rechtsentwicklung" für das Werk Max Webers, in: Meurer, Bärbel (Hg.): Marianne Weber, Tübingen 2004, S. 199–211

Meurer, Bärbel (Hg.): Marianne Weber. Beiträge zu Werk und Person, Tübingen 2004

Meurer, Bärbel: Marianne Webers wissenschaftliche Arbeit und ihr Verhältnis zur Wissenschaft Max Webers, in: Meurer, Bärbel (Hg.): Marianne Weber, Tübingen 2004, S. 213–241

Mumm, Hans-Martin: „Nicht suchen, sondern finden". Karl Lohmeyer (1878–1957) und das Kurpfälzische Museum, in: Hofmann, Karl-Ludwig; Himmelheber, Susanne (Hgg.): Neue Kunst - Lebendige Wissenschaft, Heidelberg 2004, S. 162–172

Paul, Hanns Christian: Ein ungewöhnlicher Freund Fraengers: der Rechtshistoriker Hans Fehr, in: Hofmann, Karl-Ludwig; Himmelheber, Susanne (Hgg.): Neue Kunst - Lebendige Wissenschaft, Heidelberg 2004, S. 111–122

Perkow, Ursula: Zweimal „Gnädiger Herr Graham" in Handschuhsheim (1861–1914). Das Schlösschen als ländliche Residenz des Minenkönigs und seiner Familie, in: Stadtteilverein Handschuhsheim (Hg.): Jahrbuch 2004, Heidelberg 2004, S. 95–102

Präger, Christmut: „Brücke zwischen moderner Kunst und dem Publikum". Wilhelm Fraenger und der Heidelberger Kunstverein, in: Hofmann, Karl-Ludwig; Himmelheber, Susanne (Hgg.): Neue Kunst - Lebendige Wissenschaft, Heidelberg 2004, S. 45–54

Rohen-Pardun, Karen: Die Zeichnungen Adolf Wölflis in der Sammlung Wilhelm Fraengers, in: Hofmann, Karl-Ludwig; Himmelheber, Susanne (Hgg.): Neue Kunst - Lebendige Wissenschaft, Heidelberg 2004, S. 143–150

Röske, Thomas: „Außerhalb der Kontinuität geschichtlicher Prozesse". Wilhelm Fraenger und Hans Prinzhorn blicken auf die Kunst von Außenseitern, in: Hofmann, Karl-Ludwig; Himmelheber, Susanne (Hgg.): Neue Kunst - Lebendige Wissenschaft, Heidelberg 2004, S. 130–142

Roth, Jürgen: Zur Geschlechterproblematik in der Weberschen Familiengeschichte, in: Meurer, Bärbel (Hg.): Marianne Weber, Tübingen 2004, S. 11–27

Schaffrodt, Petra: „Das Käthchen von Heilbronn". Gustel Fraenger als Mitarbeiterin ihres Mannes, in: Hofmann, Karl-Ludwig; Himmelheber, Susanne (Hgg.): Neue Kunst - Lebendige Wissenschaft, Heidelberg 2004, S. 19–26

Schipperges, Thomas: Alte und neue Musik im Kontext der Gemeinschaft, in: Hofmann, Karl-Ludwig; Himmelheber, Susanne (Hgg.): Neue Kunst - Lebendige Wissenschaft, Heidelberg 2004, S. 101–110

Schlieben, Barbara; Schneider Olaf; Schulmeyer, Kerstin (Hgg): Geschichtsbilder im George-Kreis, Göttingen 2004

Schreiner, Werner (Bearb.): ... an einem Strang. Eisenbahngeschichte im Rhein-Neckar-Dreieck, hg. vom Verkehrsverbund Rhein-Neckar, Ludwigshafen 2004

Scialpi, Julia: Die geistige Gemeinschaft um Richard Benz. Sinndeutungen der Gegenwart im Geiste Heidelbergs, in: Hofmann, Karl-Ludwig; Himmelheber, Susanne (Hgg.): Neue Kunst - Lebendige Wissenschaft, Heidelberg 2004, S. 151–161

Susanne Himmelheber, Karl-Ludwig Hoffmann (Hg.): Neue Kunst – Lebendige Wissenschaft. Wilhelm Fraenger und sein Heidelberger Kreis 1910–1037, Heidelberg 2004

Universitätsmuseum Heidelberg (Hg.): Heidelberger Köpfe. Die Professorenporträts von Dénes v. Szebeny. Ausstellung im Universitätsmuseum Heidelberg, 28. Oktober 2004 – 23. Januar 2005. Texte von Carsten Juwig und Reinhard Düchting, Heidelberg 2004

Weckel, Petra: Der Komödiant und sein Adlatus: Heinrich George und Wilhelm Fraenger, in: Hofmann, Karl-Ludwig; Himmelheber, Susanne (Hgg.): Neue Kunst – Lebendige Wissenschaft, Heidelberg 2004, S. 265 – 274

Wobbe, Theresa: Marianne Webers kultursoziologische und frauenpolitische Perspektive, in: Meurer, Bärbel (Hg.): Marianne Weber, Tübingen 2004, S. 173 – 197

Zuschlag, Christoph: „... eine Ebene des geistigen Gemeinschaftslebens. Wilhelm Fraenger und die Gotheins, in: Hofmann, Karl-Ludwig; Himmelheber, Susanne (Hgg.): Neue Kunst – Lebendige Wissenschaft, Heidelberg 2004, S. 123 – 129

20 und 21. Jahrhundert

Achenbach, Susanne; Gräff, Sybille: Auswirkungen von Behavioural Enrichment auf die kämpferischen Auseinandersetzungen der drei männlichen Löwen (Panthera leo) des Tiergartens Heidelberg : mit 4 Tabellen = Effect of behavioural enrichment on the fighting conflict of the three male lions (Panthera leo) at Tiergarten Heidelberg, in: Der zoologische Garten. N.F. H.74, 2004, S. 116 – 130

Becker, Martin: Frieda Fromm-Reichmann, ihr Leben und Wirken in Heidelberg, in: Wehr, Helmut (Hg.): Erich Fromm, Weinheim und Basel 2004, S. 112 – 119

Besier, Herhard: Albert Böhler (1908 – 1990) – Heidelberger Theologiestudent, Religiöser Sozialist und deutscher Emigrant, in: Mengersen, Oliver v. u. a. (Hgg.): Personen, Soziale Bewegungen, Parteien, Heidelberg 2004, S. 79 – 122

Betz, Frank Uwe: Das Heidelberger Lager des Kultur- und Rundfunkamtes von 1936, HJG 9, 2004 / 05, S. 47 – 56

Drings, I.; Thierfelder J. u. a. (Hgg.): Albert Fraenkel, Landsberg / Lech 2004

Drings, P.; Ehmann, M.: Albert Fraenkel und das Tuberkulosekrankenhaus Rohrbach in: Drings, I.; Thierfelder J. u. a. (Hgg.): Albert Fraenkel, Landsberg/Lech 2004, S. 241 – 294

Du Bois, Fletcher; Wehr, Helmut: How to find Fromm, in: Wehr, Helmut (Hg.): Erich Fromm, Weinheim und Basel 2004, S.120 – 131

Dunkhase, Jan-Eike: Jenseits von „Einsamkeit und Freiheit" – Werner Conze und die Heidelberger 68er – eine bildungshistorische Krisenkonstellation, in: Mengersen, Oliver v. u. a. (Hgg.): Personen, Soziale Bewegungen, Parteien, Heidelberg 2004, S. 155 – 176

Dutzi, Claudia: Die historische Ausstattung der Villa Bosch in Heidelberg, in: Historische Ausstattung, Marburg 2004, S. 271 – 290

Ehmann, Michael: „Mit dem Professor ist trotz aller Liebenswürdigkeit schwer arbeiten." Albert Fraenkel und die Schwestern in Rohrbach und auf dem Speyershof, in: Drings, I.; Thierfelder J. u. a. (Hgg.): Albert Fraenkel, Landsberg / Lech 2004, S. 341 – 380

Fleige, Ludwig: Heidelberg Speyererhof, Klinikkapelle. Neugestaltung, Planung und Bauleitung, in: Das Münster 57, 2004, S. 295

Fleige, Ludwig; Wolf-Holzäpfel, Werner: Heidelberg, Pfarrkirche St. Albert, Liturgische Neugestaltung: Entwurf, Planung und Bauleitung, in: Das Münster 57, 2004, S. 298

Funk, Rainer: „Nichts Menschliches ist mir fremd", Heidelberger Lehrjahre des Humanisten Erich Fromm, in: Wehr, Helmut (Hg.): Erich Fromm, Weinheim und Basel 2004, S. 66 – 82

Gfäller, Georg R.: Vorgeschichte des Heidelberger Instituts für Gruppenanalyse, in: Gruppenanalyse, Gruppendynamik, Psychodrama, Heidelberg 2004, S. 100 – 102

Goetze, Jochen: Architektur in Heidelberg. Das Anwesen Friedrich-Ebert-Anlage 27 aus dem Jahre 1911, hg. Von Hans J. Wessendorf, Heidelberg 2004

Hachmeister, Lutz: Schleyer. Eine deutsche Geschichte, München 2004

Hausmann, Frank-Rutger: Kriegsanglistik in Heidelberg. Johannes Hoops und Harro de Wet Jensen, in: Hausmann, Frank-Rutger: Anglistik und Amerikanistik im „Dritten Reich", Frankfurt am Main 2003, S. 237–247

Heinze, Helmut: Über die Entstehung der Büste Albert Fraenkels für die Thoraxklinik in Heidelberg-Rohrbach, in: Drings, I.; Thierfelder J. u. a. (Hgg.): Albert Fraenkel, Landsberg / Lech 2004, S. 381–394

Helmstädter, Ernst (Hg.): Nach Krieg und Gefangenschaft auf die Schulbank. Mit dem Heidelberger Kriegsteilnehmerförderkurs zum Abitur. Elf Lebensberichte, Münster 2004

Holl, Eugen: 2003 – Jahr der Heidelberger Jubiläen, in: Stadtteilverein Handschuhsheim (Hg.): Jahrbuch 2004, Heidelberg 2004, S. 51–53

Holl, Eugen: Das Eleonorenhaus in Handschuhsheim, in: Stadtteilverein Handschuhsheim (Hg.): Jahrbuch 2004, Heidelberg 2004, S. 47–49

Kaufmann, Gerhard: Die neue Orgel der katholischen Pfarrkirche St. Johannes in Heidelberg-Rohrbach, in: Ars organi H.52, 2004, S. 27–29

Köhl, Rainer: Tangos und eine späte Entdeckung: Komponistinnen bei den Heidelberger „Gegenwelten", in: Neue Zeitschrift für Musik 165, 2004, S. 68

Krauß, Martin: Speyerershof. Vom Mittelstandssanatorium zum internistischen Krankenhaus, in: Drings, I.; Thierfelder J. u. a. (Hgg.): Albert Fraenkel, Landsberg/Lech 2004, S. 295–310

Kremer, Bernd Mathias: Das katholische Herz von Heidelberg. Die Innenrenovation der Jesuitenkirche ist vollendet, in: Konradsblatt 88 / 2004, S. 15–17

Lessing, Hans-Erhard: Der Längste im ganzen Reich! Badens Hofsalonwagen No.1 aus Heidelberg, HJG 9, 2004 / 05, S. 179–190

Lohaus, Karl: Als Kalorien noch Hamsterware waren. Erinnerungen an die Zeit der Lebensmittelkarten: 1950 wurden sie abgeschafft, in: Stadtteilverein Handschuhsheim (Hg.): Jahrbuch 2004, Heidelberg 2004, S. 121

Maier, Hans; Nostalgisches aus Handschuhsheim, in: Stadtteilverein Handschuhsheim (Hg.): Jahrbuch 2004, Heidelberg 2004, S. 107–112

Mengersen, Oliver v. u. a. (Hgg.): Personen, Soziale Bewegungen, Parteien. Beiträge zur Neuesten Geschichte. Festschrift für Hartmut Soell, Heidelberg 2004

Mumm, Hans-Martin: Das Modell der Heidelberga. Elisabeth Götz, geb. Michelbach, Guido Schmitts Gemälde „Heidelberga" (1886) und die „Heidelberga" an der Stadthalle (1903), HJG 9, 2004 / 05, S. 173–178

Pädagogische Hochschule Heidelberg, Vereinigung der Freunde der Pädagogischen Hochschule Heidelberg e.V. (Hgg.): Einblicke in 100 Jahre Lehrerbildung in Heidelberg. Ein langer Weg zu einer forschungsbasierten Bildungswissenschaftlichen Hochschule. Heidelberg 2004

Santak, Michael (Hg): Mythos Heidelberg, Heidelberg 2004

Schack, Martin: Kühne Klarheit. Vor 50 Jahren nahm der neue Heidelberger Hauptbahnhof Gestalt an, in: Eisenbahn-Geschichte 1 / 2003, S. 8–16

Schadt, Jörg: Zur Rolle der kurpfälzischen Gebiete im Kampf um den Südweststaat, in: Mengersen, Oliver v. u. a. (Hgg.): Personen, Soziale Bewegungen, Parteien, Heidelberg 2004, S. 409–422

Schipperges, Thomas: Musikwissenschaft versus Musikunterricht an der Universität Heidelberg. Marginalien zu einer Debatte der zwanziger Jahre (zugleich ein Beitrag zur Geschichte der Hedwig-Marx-Kirsch- Stiftung), in: Musik in Baden-Württemberg 10 / 2003, S. 229–247

Schlechter, Armin: Mit der Weltoffenheit war es schnell vorbei. Die Universitätsbibliothek Heidelberg vom Ende der Weimarer Republik bis zum Neuanfang nach 1945, in: BuB 56 / 2004, S. 428–436

Schwarzkopf, Christoph: Adolf von Oechelhaeuser – ein Badener auf den Tagen für Denkmalpflege 1900–1902. Denkmalpflege in Baden-Württemberg. Nachrichtenblatt des Landesdenkmalamtes, Jg.33, 2004, H.1, S. 13–22

Theater der Stadt Heidelberg: 20 Jahre zwinger 3. Kinder- und Jugendtheater der Stadt Heidelberg 1984–2004, Heidelberg 2004

Thierfelder, Jörg: Albert Fraenkel. Eine biographische Skizze, in: Drings, I.; Thierfelder J. u.a. (Hgg.): Albert Fraenkel, Landsberg/Lech 2004, S. 17–70

Uffelmann, Uwe: Das Fach Geschichte an der Pädagogischen Hochschule Heidelberg 1962–2004, in: Uffelmann, Uwe; Seidenfuß, Manfred (Hgg.): Verstehen und Vermitteln, Idstein, 2004, S. 7–20

Uffelmann, Uwe: Geschichte vor Ort : eine Reise zu Zisterzienserstätten im Rahmen der Geschichtslehrerfortbildung, in: Landesgeschichte und Geschichtsdidaktik, Schwäbisch Gmünd 2004, S. 211–222

Walter, Jürgen: Max Karl Prinz zu Hohenlohe-Langenburg, die deutsch-jüdische Emigration in Paris und das Dritte Reich, in: Württembergisch Franken 88, 2004, S. 207–230

Weber, Thomas: Anti-semitism and philo-semitism among the British and German elites. Oxford and Heidelberg before the First World War, in: The English historical review 118/2003, S. 86–119

Weber, Thomas: Oxford and Heidelberg universities before the First World War : British and German elite institutions in comparative perspective, 2003 (Oxford, Univ., Diss.)

Wehr, Helmut (Hg.): Erich Fromm, Weinheim und Basel 2004

Weidmann, Bernd: Einfühlsamer Geist und verlässliche Existenz. Der Arzt Albert Fraenkel im Spiegel seiner Patienten Hermann Hesse und Karl Jaspers, in: Drings, I.; Thierfelder J. u.a. (Hgg.): Albert Fraenkel, Landsberg/Lech 2004, S. 119–153

Wessendorf, Hans J. (Hg.): Architektur in Heidelberg. Das Anwesen Friedrich-Ebert-Anlage 27 aus dem Jahre 1911, Heidelberg 2004

Willig, Friedrich: Albert Fraenkel: Internist und Pionier der klinischen Pharmakologie. Von der Jahrhundertwende zum Speyererhof, dem Höhepunkt seines Ansehens, in: Drings, I.; Thierfelder J. u.a. (Hgg.): Albert Fraenkel, Landsberg/Lech 2004, S. 311–341

Wolff, Claudia: Ach Heidelberg. Über die Verstörung eines Stadtgefühls, HJG 9, 2004/05, S. 57–76

Wolgast, Eike: Geschichtswissenschaft in Heidelberg 1933–1945, in: Hartmut Lehmann, Otto G. Oexle (Hgg.): Nationalsozialismus in den Kulturwissenschaften, Göttingen 2004, S. 145–168

Zimmermann, Peter: Theodor Haubach (1896–1945). Eine politische Biographie, München u.a. 2004

Zu mehreren Zeitabschnitten

Bürger für Heidelberg e.V. und Alt Heidelberg e.V. (Hgg.): Palais Nebel. Barockpalais – Pavillons – Garten. Geschichte und Bedeutung eines Kulturdenkmals in der Heidelberger Altstadt, Heidelberg 2004

Burger, Bert: Zur städtebaulichen Entwicklung in Handschuhsheim. Strategien zur Erhaltung des Stadtbildes, in: Stadtteilverein Handschuhsheim (Hg.): Jahrbuch 2004, Heidelberg 2004, S. 69–75

Foerster, Thomas: Die historische Verkehrslage Heidelbergs im unteren Neckartal, HJG 9, 2004/05, S.103–120

Haßlinger, Ludwig: Das heutige Heidelberger Rathaus auf den Grundmauern von vier Gastwirtschaften, in: Stadtteilverein Handschuhsheim (Hg.): Jahrbuch 2004, Heidelberg 2004, S. 87–90

Hepp, Frieder: Steinerne Zeugen der Stadtgeschichte. Ein Blick in das Lapidarium des Kurpfälzischen Museums, in: Uffelmann, Uwe; Seidenfuß, Manfred (Hgg.): Verstehen und Vermitteln. Idstein, 2004, S. 205–222

Jung, Andreas; Maul, Erika: Historische Weinberge bei Heidelberg. Letzte Zeugnisse alter Bergsträßer Weinbautradition, in: Deutsches Weinbau-Jahrbuch H.55, 2004, S.19–26

Junghans, Thomas: Lebensräume aus Stein. Der spontane Pflanzenwuchs der Mauern in und um Heidelberg, in: Unser Land 2004, S.193–195

Mumm, Hans-Martin: Am jähen Steig. Altstraßen und Hohlwege im Stadtwald. Erwägungen zu den Verkehrsbeziehungen in Mittelalter und früher Neuzeit, HJG 9, 2004/05, S. 79–101

Pfeiffer, Harald: Musizierende und komponierende Frauen in Heidelberg bis zum 19. Jahrhundert, HJG 9, 2004/05, S. 153–161

Schlechter, Armin: Universitätsbibliothek Heidelberg, in: Gierlichs, Joachim; Hagedorn, Annette (Hgg.): Islamische Kunst in Deutschland, Mainz 2004, S. 123–124

Stolpmann, Max; Cowin, Andrew: Heidelberg. Schloss- und Stadtführer, Heidelberg 2004 (Ausgabe in deutscher, englischer, französischer, italienischer und spanischer Sprache)

Wolgast, Eike ; Drüll-Zimmermann, Dagmar: Das Heidelberger Gelehrtenlexikon, in: Universität Heidelberg (Hg.): Ruperto-Carola, 2004/2, S. 4–9

Elektronische Informationsmedien / Datenbanken

www.digi.ub.uni-heidelberg.de/diglit/Bernhard1933 (Digitale Fassung von Jakob Bernhard: Kurpfälzer Sagenborn)

www.haidelberg.de (Homepage des Heidelberger Geschichtsvereins e.V.)

www.heidelberg.de/synagogenplatz/ (Homepage der Initiative für eine Gedenktafel auf dem Heidelberger Synagogenplatz)

www.kurpfalz-geschichte.de (Virtuelle Bibliothek zur Geschichte der Kurpfalz des Instituts für Fränkisch-Pfälzische Geschichte, der Universität Heidelberg und der Universitätsbibliothek)

www.ub.uni-heidelberg.de/allg/benutzung/bereiche/sagen (Literaturliste zur Sagensammlung der Universitätsbibliothek und der Stadtbücherei)

www.ub.uni-heidelberg.de/helios/digi/hdadressbuch.html (Vollständige Dokumentation der Heidelberger Adressbücher)

www.ub.uni-heidelberg.de/news/vortragsreihe.html (Ausstellungskatalog zur UB-Ausstellung Bücherschätze aus Kloster Salem)

www.heidelberg.de/frauen/stadtspaziergang/startseite (Amt für Frauenfragen, Stadtspaziergänge)

Verzeichnis der Autorinnen und Autoren

Dr. Friedrich Karl Azzola, geb. 1931, Chemiker, Prof. an der Fachhochschule Wiesbaden, Veröffentlichungen über historische Werkzeuge. Fichtenstraße 2, 65468 Trebur (p)

MichaeL Buselmeier, geb. 1938, Schriftsteller. Kühler Grund 58, 69126 Heidelberg (p)

Dr. Reinhard Düchting, geb. 1936. Prof. i. R. für Lateinische Philologie des Mittelalters und der Neuzeit. Kopernikusstraße 12, 69207 Sandhausen (p)

Dr. Oliver Fink, geb. 1969, Germanist. Pressestelle der Universität Heidelberg, Grabengasse 1, 69117 Heidelberg (d)

Dr. Norbert Giovannini, geb. 1948, Hauptschullehrer an der Wilckensschule in Heidelberg, Fachleiter am Staatlichen Seminar für Didaktik und Lehrerbildung Mannheim. Zähringerstraße 45, 69115 Heidelberg (p) N.Giovannin@t-online.de

Dr. Jochen Goetze, geb. 1937. Untere Neckarstraße 62, 69117 Heidelberg (p)

Dr. Claudia-Anja Kaune, Jg. 1969, 1992 Bankkauffrau, Studium der Mittleren und Neueren Geschichte und Politischen Wissenschaft in Heidelberg und Mainz, 2005 Promotion in Mainz, Ehrenamtliche Richterin am Landgericht Frankfurt/M, Arbeitsschwerpunkte: Zeitgeschichte, Demokratietheorie, politische Biografie. Eschersheimer Landtstraße 248F, 60320 Frankfurt/M, Kaune-Frankfurt@t-online.de

Einhard Kemmet, geb. 1951, Grabungstechniker an der Archäologischen Abteilung des Kurpfälzischen Museums. Heidelberg, Schiffgasse 10, 69117 Heidelberg (d)

Dr. Ewald Keßler, geb. 1940, Wissenschaftlicher Angestellter i.R., Ewald.Kessler@urz.uni-heidelberg.de

Sascha Köhl, stud. phil. (Kunstgeschichte und Geschichte). Ringstraße 37/14, 69115 Heidelberg (p), barney-gumble@gmx.li

Dr. Peter Koppenhöfer, geb. 1945, Lehrer an der Integrierten Gesamtschule Mannheim, Herzogenriedstraße 50, 68169 Mannheim

Dr. Renate Ludwig, Leiterin der Archäologischen Abteilung am Kurpfälzischen Museum Heidelberg. Schiffgasse 10, 69117 Heidelberg (d)

Ingrid Moraw, Lehrerin für Geschichte, Politik und Deutsch i.R., Robert-Stolz-Weg 8, 68181 Leimen (p)

Hans-Martin Mumm, geb. 1948, Leiter des Kulturamts der Stadt Heidelberg. Haspelgasse 12, 69117 Heidelberg (d), Kaiserstraße 10, 69115 Heidelberg (p)

Dr. Karl Pauligk. Postfach 1636 in 09586 Freiberg/Sachsen (p)

Hansjoachim Räther, geb. 1949, Historiker. Klingenteichstraße 6, 69117 Heidelberg (p)

Dr. Reinhard Riese, geb. 1944, Lehrer für Geschichte, Latein und Politik am Bunsen-Gymnasium Heidelberg. Rohrbacher Straße 159, 69126 Heidelberg (p).

Dr. Hans Schmiedel, geb. 1949, Dr. rer. nat. Heidelberg 1979, Tätigkeiten in der Werkstoffforschung, im Vertrieb wissenschaftlicher Analysegeräte und in der Telekommunikationsbranche, ein Hobby u.a. ist Namibia und die deutsche Kolonialgeschichte. Postlagernd, Poststraße 4-6, 64201 Darmstadt, Fax: 0304-8498 9961, schmiedel.hans@gmx.de (p)

Dr. Rudolf Walter, geb. 1914, Prof. für Musikwissenschaft i. R., Lehrbeauftragter für Musikgeschichte an der Universität Mainz. Eppelheim (p)